Infrastrukturprojekte 2018
Bauen bei der Deutschen Bahn

Bibliographische Information der Deutschen Bibliothek:
Die Deutsche Bibliothek verzeichnet diese Publikation in der Deutschen Nationalbibliographie; detaillierte bibliographische Daten sind im Internet unter http://d-nb.de abrufbar.

© 2018 PMC Media House GmbH
Espenschiedstraße 1, D-55411 Bingen/Rhein
Office Hamburg:
PMC Media House GmbH
Heidenkampsweg 75
20097 Hamburg
Telefon: +49 (0) 40 228679 500, Telefax: +49 (0) 40 228679 503
E-Mail: office@pmcmedia.com
Internet: www.pmcmedia.com

Alle Rechte der Verbreitung und Wiedergabe vorbehalten. Übersetzungen in eine andere Sprache, Nachdruck und Vervielfältigung – in jeglicher Form und Technik, einschließlich Übernahme auf elektronische Datenträger und Speicherung in elektronischen Medien, auch auszugsweise – nur mit schriftlicher Genehmigung des Verlags gestattet.

Herausgeber: DB Netz AG, www.dbnetze.com

Redaktionsschluss: 1. August 2018

Geschäftsführung: Detlev K. Suchanek, Antonio Intini

Projektleitung: Willy Waßmuth, Consultant

Konzept und inhaltliche Beratung: Axel-Björn Hüper

Anzeigenleitung: Dirk J. Bogisch (Bogisch GmbH)

Vertrieb und Buchservice: Sabine Braun

Layout, Gestaltung: TZ-Verlag & Print GmbH, Roßdorf

Druck: TZ-Verlag & Print GmbH, Roßdorf

Printed in Germany

ISBN 978-3-96245-163-9

Eine Publikation der PMC Media House GmbH

Infrastrukturprojekte 2018
Bauen bei der Deutschen Bahn

Herausgeber: DB Netz AG

Inhalt

Frank Sennhenn
Grusswort — 7

Eleonore Lohrum / Jannik Grimm
Planungsbeschleunigung
für moderne Verkehrswege — 8

Daniel Forsmann
Projekte besser umsetzen –
die Weichen sind gestellt — 14

Christoph Klenert / Matthias Klein / Michael Gieschke /
Martin Reichelt / Johannes Lorch / Sven Adam
BIM hilft bei Neuplanung:
Offenburg–Riegel — 18

Thilo Liebig
Lean Construction jetzt! — 26

Tobias Richter / Thomas Herr
Knoten Halle: erfolgreich
mit Lean Management — 30

Heinz Ehrbar
Projektbeschleunigung
von Neu- und Ausbaumaßnahmen — 36

Heike Hörz
Digitalisierung treibt den Kulturwandel — 38

Bastian Schütt / Steffen Scharun / Valentin Beill
BIM fördert Partnerschaft in der Bauausführung — 42

Marcus Schenkel / Matthias Bergmann
Ausbau Stendal–Uelzen im BIM-Pilotprojekt — 48

Reinhard Domke / Veit Appelt / Otto Sporbeck /
Klaus Tilger / Peter Drecker
Linienbestimmung für eine neue
Eisenbahnstrecke — 54

Thomas Lottig / Benjamin Döring
Dank Partnerschaft pünktlich wieder in Betrieb — 66

Markus Kretschmer
2. Stammstrecke München – Planung optimiert — 74

Regine Thometzek / Sandra Braunreuter
Acht Monate, vier Gleise, 9,5 Kilometer Strecke — 80

Melanie Dittkrist / Christian Hering / Ulrich Mölke /
Rainer Schmidt
Mehr Güterzüge,
weniger Lärm in der Lausitz — 86

Mirko Vogel / Gerd-Dietrich Bolte /
Johannes Neufeld / Angelika Britz
Projekte für nachhaltige Mobilität
in den Metropolen — 94

Norbert Janiak / Ilona Nadler
Mehr Kapazität schaffen
für den Deutschlandtakt — 102

Florian Liese
Bahnausbau in der Metropolregion München — 108

Christian Beckmann / Stefan Röver
ETCS für die Digitale Schiene Deutschland — 114

Bernd Elsweiler / Karsten Bruß
Erstes digitales Stellwerk: Aufbruch in die Zukunft — 120

Mustapha Ezzaki
DB-Brückenbauprogramm:
875 Brücken bis 2019   124

Malte Holz / Teresa Krüger
Eisenbahnüberführung
ersetzt zwei Bahnübergänge   128

Fritz Mögle / Florian von der Heyde /
Peter Prisslinger
Brücken schieben auf der Gäubahn   132

Alexander Maier / Sascha Martin-Albrecht
Kreuzungsbauwerk Mannheim-Friedrichsfeld   138

Marc Booß / Silvia Kotter
Neues Kreuzungsbauwerk Gümmerwald   146

Karin Kübler / Ana Adriana Hociota
Lebensräume für Kleintiere im „VarioStein"   152

Stefan Bolz / Jens Brand-Gast / Yüksel Büyükasik /
Matthias Fritz
Elektronisches Stellwerk für 120jährige Strecke   158

Stefan Geckle / Thomas Börsig
Hauptbahnhof Mannheim:
Ein Nadelöhr wird erweitert   164

Dietmar Orwat / Thomas Thürer
Mobilitätsdrehscheibe
am Hauptbahnhof Augsburg   170

Janina Allmendinger / Steffen Gräbitz
Im Tunnel durch den Tunnel
unter dem Petersberg   178

René Hallbauer / Theresa Jansen
Zwei neue Rettungsstollen
für den Mainzer Tunnel   184

Martin Behse / Dieter Hartleben
Richtiger Schienenschliff
für lange Lebensdauer   190

Cornelius Toussaint
Innovative Gleiserneuerung
in der Verbundvergabe   198

Helmut Ahrens / Michael Schelske
Neue Sicherungsanlage für
Bahnübergang Borgsdorf   206

Quellen- und Bildnachweis   212

Partner der Bahn   215

Sehr geehrte Leserinnen und Leser,

der Gesetzentwurf zur Planungsbeschleunigung ist im Gesetzgebungsverfahren. Bund und Bahn versprechen sich davon einfachere und transparentere Genehmigungsverfahren – selbstverständlich bei Wahrung der Interessen von Mensch und Umwelt. Der erste Beitrag in diesem Band beschäftigt sich nicht ohne Grund mit dem Thema Planungsbeschleunigung: Wollen wir in Deutschland die Ziele zum Klimaschutz erreichen, muss mehr Verkehr auf die Schiene kommen. Dazu haben wir eine umfassende Investitionsoffensive gestartet, deren Erfolg wiederum davon abhängt, ob wir Infrastrukturprojekte schneller und besser planen sowie umsetzen können.

Am Beispiel der Metropolräume Berlin, Frankfurt und München wird in diesem Buch aufgezeigt, welche Herausforderungen Bevölkerungswachstum und überproportional steigende Wirtschaftsleistung für die Verkehrsinfrastruktur bedeuten und wie die Verkehrsnetze zukunftsfähig gemacht werden können. Neben den Instrumenten zur Beschleunigung der Planung brauchen wir zur Umsetzung der ehrgeizigen Pläne auch die Unterstützung der Öffentlichkeit. Diese lässt sich am besten gewinnen, wenn der Nutzen überzeugend und der Zeitplan verlässlich ist, wenn dem Bürger Gehör verschafft wird.

Die Partnerschaft mit den Nachbarn entlang der Bahnstrecken ist ebenso unerlässlich wie der partnerschaftliche Umgang zwischen Auftraggeber und Auftragnehmern. Am Beispiel der Baustellen zwischen Berlin und Dresden sowie nördlich von Bamberg in Oberfranken zeigt sich dies ebenso wie bei der Optimierung der Planungen für die zweite S-Bahnstammstrecke in München. Die Einführung der BIM-Methodik erhöht den Druck, transparent und partnerschaftlich zusammenzuarbeiten. Das bedeutet Kulturwandel und Veränderungsbereitschaft; auch diesem Thema widmet sich das vorliegende Buch.

Ein weiterer Schwerpunkt sind unsere Investitionen in die Erhaltung der bestehenden Infrastruktur. Im Fokus steht hier die Erneuerung bzw. Ertüchtigung von 875 Eisenbahnbrücken im Rahmen der aktuellen Leistungs- und Finanzierungsvereinbarung für das Bestandsnetz. Mit den bereits umgesetzten Maßnahmen hat sich der Zustand der Brücken seit 2015 spürbar gebessert. Einen weiteren Sprung werden wir bis Ende 2019 machen, denn in diesem und dem nächsten Jahr stehen besonders viele Erneuerungen an.

Wie im vorangegangenen Band geht es auch in diesem um die Modernisierung der Leit- und Sicherungstechnik. „Digitale Schiene" ist ein Programm, um die 180jährige Eisenbahn auf die Höhe des 21. Jahrhunderts zu bringen. Ein Baustein sind digitale Stellwerke. In Annaberg-Buchholz haben wir Anfang 2018 ein erstes Stellwerk mit der neuen digitalen Architektur in Betrieb genommen. Bahn und Industrie, Politik und Behörden sind nun gefragt, die Vorteile der Digitalisierung im Schienenverkehr in ganzer Breite zum Tragen zu bringen. Ein Anfang ist gemacht.

Ihr
Frank Sennhenn
Vorstandsvorsitzender der DB Netz AG

Planungsbeschleunigung für moderne Verkehrswege

Anfang der 90er Jahre des letzten Jahrhunderts machten Wortungetüme Schlagzeilen. Sie lauteten „Verkehrswegeplanungsbeschleunigungsgesetz" (Gesetz zur Beschleunigung der Planung für Verkehrswege in den neuen Ländern sowie im Land Berlin) und „Fernverkehrswegebestimmungsverordnung". Angesichts des hohen Bedarfs im Ausbau der Verkehrsinfrastruktur und aufgrund der Wiedervereinigung der beiden Teile Deutschlands verfolgten diese Vorschriften das berechtigte Ziel, die Zulassungsverfahren für die Planung von Infrastrukturvorhaben deutlich zu beschleunigen. Eine Ausweitung auf das gesamte Bundesgebiet erfolgte 1993 mit dem Planungsvereinfachungsgesetz (Gesetz zur Vereinfachung der Planungsverfahren für Verkehrswege) und weiteren Gesetzen.

Bild 1: Eisenbahnbrücke Langefeldstraße Hannover

Der Gesetzgeber verfolgte nicht nur das Ziel der Beschleunigung, sondern wollte auch größtmögliche Planungssicherheit für die Projekte erreichen. Auch wenn die gesetzlichen Regelungen von der Rechtsprechung nicht beanstandet wurden, blieb der Vorwurf in der Öffentlichkeit bestehen, dass die gesetzlichen Regelungen die Bürgerrechte beschränken würden.

Die heutige Bilanz der Planungszeiträume zeigt, dass die damaligen Beschleunigungsansätze durchaus Früchte getragen haben. So konnten maßgeblich die „Verkehrsprojekte Deutsche Einheit" zügig planerische Realisierungsreife erlangen und weitgehend beschleunigt umgesetzt werden. Zu verzeichnen ist jedoch auch, dass die Planfeststellungsverfahren für die Bedarfsplanvorhaben Schiene derzeit im Durchschnitt über drei Jahre dauern.

Hierfür gibt es vielfältige Gründe. Unter anderem entfalten die gestiegenen Anforderungen in Sachen Baulärm und des europäischen Umweltrechts entschleunigende Wirkungen.

Auch hat man erkannt, dass im Planfeststellungsverfahren zwar eine formelle Beteiligung der betroffenen Öffentlichkeit rechtlich vorgesehen ist, die Betroffenen jedoch nicht im notwendigem Maß erreicht wurden, sodass Planfeststellungsverfahren teilweise durch Einwendungen und Bürgerproteste gelähmt wurden. Die Beteiligten sind zu der Erkenntnis gelangt, dass eine frühzeitige und vor allem praxistaugliche Öffentlichkeitsbeteiligung dazu geeignet ist, die Anzahl der Widersprüche in den Genehmigungsverfahren zu verringern. Unter dem Titel „Handbuch für eine gute Bürgerbeteiligung" hat das BMVI im Jahr 2012 schließlich nach Untersuchung verschiedener Verkehrsprojekte eine Sammlung von Vorschlägen veröffentlicht, wie die bestehende formelle Beteiligung in den verschiedenen Planungsschritten verbessert und um freiwillige informelle Beteiligungsschritte ergänzt werden kann.

Vor dem Hintergrund des nach wie vor hohen Bedarfs an Infrastrukturmaßnahmen ist nachvollziehbar, dass erneut Anläufe unternommen werden sollen, die Planung zu beschleunigen. So beschäftigte sich auch eine vom BMVI ins Leben gerufene Reformkommission Bau von Großprojekten in ihrem Abschlussbericht aus dem Jahr 2015 mit den Möglichkeiten, die Planung von großen Verkehrsprojekten weiter zu optimieren. In diesem Zusammenhang positiv hervorzuheben ist, dass die Entscheidungsträger seit einigen Jahren erkannt haben, dass der Erhalt und die Weiterentwicklung des Verkehrsträgers Schiene in Deutschland im Sinne einer effizienten und zukunftssicheren Verkehrspolitik einer stabilen Finanzierung bedürfen. Mit verschiedenen Finanzierungsinstrumenten wie der Leistungs- und Finanzierungsvereinbarung (aktuell LuFV II), dem Zukunftsinvestitionsprogramm (ZIP) und der Bedarfsplanumsetzungsvereinbarung (BUV) wurden wesentliche Grundlagen für eine nachhaltige Finanzierung der Schieneninfrastruktur durch den Bund geschaffen. Somit ist die Finanzierung von Infrastrukturprojekten nicht länger die größte Herausforderung. Vielmehr fordern die Möglichkeiten der Finanzierung und die zwingend erforderlichen und dringlichen Investitionen in die Eisenbahninfrastruktur nunmehr eine zeitnahe Umsetzung auf Grundlage beschleunigter Genehmigungsverfahren.

Kritiker mögen einwenden, dass eine weitere Beschleunigung der Genehmigungsverfahren angesichts der heutigen europäischen Rahmenbedingungen nicht möglich sei und dass die Rechte der Bürger und der anerkannten Vereine nicht noch stärker beschnitten werden sollten.

In dem vom Bundesminister für Verkehr und digitale Infrastruktur Alexander Dobrindt im Juli 2016 einberufenen „Innovationsforum Planungsbeschleunigung" hat sich jedoch gezeigt, dass es eine Fülle von Maßnahmen gibt, die sich einerseits mit geltendem EU-Recht vereinbaren lassen und andererseits ihren Schwerpunkt darin haben, dass sie auf Transparenz und Verständlichkeit der Planung gegenüber dem Bürger setzen, Doppelprüfungen vermeiden, Schnittstellen einsparen und Standardisierungen ermöglichen. Die heutige Qualität der beabsichtigten Beschleunigungsmaßnahmen ist also eine ganz andere als in den 90er Jahren des letzten Jahrhunderts.

Vor dem Hintergrund des weiterhin hohen Bedarfs an Infrastrukturmaßnahmen werben die DB Netz AG, aber auch die Bauwirtschaft, die nicht zuletzt auf baureife Projekte angewiesen ist, für folgende Maßnahmen:

Frühe Öffentlichkeitsbeteiligung

Bei der DB Netz AG liegt heute ein Schwerpunkt bei der Planung von größeren Vorhaben in der frühen Einbindung der Öffentlichkeit in die Planungen. Nur hierdurch kann erreicht werden, dass sich die potenziell von einem Bauvorhaben Betroffenen frühzeitig artikulieren und ihre Belange in die Planung einbringen können. Voraussetzung hierfür ist unter anderem eine gute Verständlichkeit der Planung. Dies kann durch digitale, dreidimensionale Darstellungen des Vorhabens unterstützt werden. Hierbei bietet die Methodik des Building Information Modeling (BIM), die bis 2020 bei allen neuen Projekten der DB umgesetzt werden soll, große Chancen. Bei umfassender Anwendung lassen sich aus einem BIM-Modell 3-D-Darstellungen des Projekts auswerfen, mit Hilfe derer sich Betroffene einen guten Eindruck des fertigen Bauwerks und der Umgebung machen können. Auch der Fortgang des Bauablaufs (4-D) und die Entwicklung der Kosten (5-D) lassen sich visualisieren. Daher sollte die BIM-Methodik über den gesamten Planungsprozess einschließlich der Planfeststellungsverfahren implementiert werden, um die durch die Digitalisierung der Prozesse entstehenden Potenziale vollständig heben zu können und die heute üblichen Medienbrüche zu vermeiden.

Bild 2: Elsterbrücke bei Kubitz

Konzentration der behördlichen Zuständigkeiten

Damit diese bereits in den frühen Planungsphasen sinnvoll einzusetzende Methode durchgängig ihre Potenziale entfalten kann, werben die DB Netz AG und die Bauwirtschaft dafür, die Anzahl der Schnittstellen zu den heute in den Planfeststellungsverfahren zu beteiligenden Behörden zu minimieren. Eine Konzentration der Zuständigkeiten für die Durchführung des Anhörungsverfahrens als Bestandteil des Planfeststellungsverfahrens beim Eisenbahn-Bundesamt würde dies sicherstellen. Mit dieser Maßnahme ließen sich ferner Standardisierungen einheitlich durchsetzen, Doppelprüfungen vermeiden und personelle Ressourcen besser aussteuern.

Überarbeitung der Regelungen zu Baulärm

Während einerseits die Rechtsprechung des Bundesverwaltungsgerichts anlässlich einer Entscheidung zur U5 in Berlin klargestellt hat, dass dem Thema Baulärm bereits in der frühen Planungsphase angemessen Rechnung zu tragen ist und folglich auch entsprechende Schutzmaßnahmen gegen den von der Baustelle ausgehenden Baulärm im Planfeststellungsbeschluss Niederschlag finden müssen, haben Fachgutachter darauf hingewiesen, dass die von 1970 stammende Allgemeine Verwaltungsvorschrift zum Schutz gegen Baulärm (AVV Baulärm) reformbedürftig ist. Insbesondere bei kleinräumigen Maßnahmen hat die Behandlung des Themas Baulärm im planungsrechtlichen Zulassungsverfahren aktuell die Bedeutung des Züngleins an der Waage. So werden nicht nur für Maßnahmen des Brückenprogramms, sondern auch für Schallschutzwände des Freiwilligen Lärmsanierungsprogramms des Bundes aus Gründen des Baulärms zurzeit Planfeststellungsverfahren durchgeführt, wo in der Vergangenheit Plangenehmigungen für ausreichend erachtet wurden. In der Konsequenz verzögert sich daher die Umsetzung von Schutzmaßnahmen, die zugunsten der Betroffenen Anwohner möglichst zügig umgesetzt werden sollten – aufgrund der Überschreitung der Werte der AVV Baulärm in wenigen Nächten – um mehrere Monate.

Abhilfe schaffen könnte der Erlass einer Ausführungsvorschrift zum Bundesimmissionsschutzgesetz (BImSchV). Auf diese Weise könnten handhabbare Maßstäbe für die Beurteilung gesetzt werden, wann, in welchem Umfang und unter welchen Vorgaben Schienenbauvorhaben unter Baulärmgesichtspunkten zulässig sind und wann die Bewältigung des Baulärms die Durchführung eines Planfeststellungsverfahrens erfordert. Gleichzeitig könnte die von den Fachgutachtern monierte Unzulänglichkeit der Berechnungsvorschrift behoben werden.

Stärkere Nutzung von Plangenehmigungen, auch bei UVP-Pflicht

Nach der derzeitigen Regelung des Verwaltungsverfahrensgesetzes (VwVfG) müssen auch für kleinräumige Maßnahmen, wie die Sanierung bzw. der Eins-zu-eins-Ersatzneubau einer Brücke, Planfeststellungsverfahren durchgeführt werden, selbst wenn die Maßnahmen keine Belange Dritter berühren, jedoch beispielsweise mit dem Eingriff in den Wasserhaushalt aufgrund einer Tiefgründung die Pflicht einhergeht, eine Umweltverträglichkeitsprüfung (UVP) durchzuführen. Da die Planfeststellungsbehörde alle Entscheidungen zu treffen hat, wäre in diesen Fällen zwar eine Öffentlichkeitsbeteiligung durchzuführen, gleichwohl könnte die Zulassungsentscheidung in Form einer Plangenehmigung ergehen, welche im Hinblick auf das Verwaltungsverfahren deutlich effizienter und schneller zu erreichen ist, als ein Planfeststellungsbeschluss. Anhand des Brückenbauprogramms der DB Netz AG, wonach im aktuellen LuFV (II)-Zeitraum von 2015–2019 insgesamt 875 Brücken erneuert werden sollen, zeigt sich, dass eine Stärkung des Instruments der Plangenehmigung beschleunigende Wirkung entfalten kann.

Vorläufige Anordnung

Eine weitere zeitsparende Maßnahme bedeutet die Absicht einer Gesetzesänderung, die die Möglichkeit einräumt, bereits vor Erlass des Planfeststellungsbeschlusses vorbereitende Maßnahmen mit vorläufiger Anordnung durch die Planfeststellungsbehörde zuzulassen. Auf diese Weise können beispielsweise erforderliche Baufeldfreimachungen unter anderem durch Leistungsverlegungen oder Rodungen in vegetationsarmen Zeiten, also in Zeiten, in denen Vögel noch nicht bzw. nicht mehr brüten, bereits erfolgen, bevor der Planfeststellungsbeschluss erlassen worden ist. Voraussetzung

Bild 3: Brücke über die Aller bei Verden

hierfür ist jedoch, dass die Baumaßnahme voraussichtlich wie geplant zugelassen wird.

Finanzierung von Eisenbahnkreuzungsmaßnahmen

Es hat sich gezeigt, dass aufgrund der stellenweise prekären Haushaltssituation nicht alle Kommunen in der Lage sind, bei Ausbauvorhaben der Schieneninfrastruktur, die auch Kreuzungen mit Straßen umfassen, der Kostenteilungsregelung nach §§ 3, 13 Eisenbahnkreuzungsgesetz (EKrG) nachzukommen und ein Drittel der kreuzungsbedingten Kosten zu tragen. Dies führt häufig dazu, dass Kreuzungsvereinbarungen nicht geschlossen werden. Hierdurch werden die Planung und die Umsetzung der Schieneninfrastrukturmaßnahmen verzögert. Entsprechendes gilt für die Kostenteilungsregelung nach §§ 3, 12 EKrG. Nur wenige Bundesländer haben Fördermittelrichtlinien erlassen, die den Kommunen entsprechende Zuwendungen von Bau- und Verwaltungskosten gewähren. Eine Ausweitung dieses Ansatzes ist erforderlich, um entsprechende Verzögerungen zu vermeiden. Auch ist zu prüfen, inwieweit sich der Bund hier stärker engagieren muss. Gehäuft sind Kreuzungsbauwerke bei Streckenausbauten mit überregionaler Bedeutung, wie z. B. Ausbau der Betuwe-Linie, anzutreffen. Somit wäre die Verantwortlichkeit für die finanzielle Realisierbarkeit eher beim Bund als bei den Kommunen zu sehen.

Stichtagsregelung zugunsten Planungssicherheit

Bei größeren Vorhaben, bei denen vom Planungsbeginn bis zum Erlass des Planfeststellungsbeschlusses mehrere Jahre ins Land gehen, bewirken

Änderungen der Planungsgrundlagen aufgrund der erforderlichen Planungsanpassungen zeitlichen Verzug, insbesondere, wenn die Änderungen nochmals ins Verfahren gegeben werden müssen, d.h. eine erneute Offenlegung einer Planänderung erforderlich wird. Ist der Planfeststellungsbeschluss erstmal erlassen, bedarf es auch bei Änderungen der Planungsgrundlagen keiner Anpassung des Planfeststellungsbeschlusses mehr. Bei den letzten Änderungen des Bundes-Immissionsschutzgesetzes und der 16. Bundesimmissionsschutzverordnung hat der Gesetz- und Verordnungsgeber eine Stichtagsregelung eingeführt, nach welcher die Änderungen nicht für Verfahren gelten, bei denen das Planfeststellungsverfahren bereits beantragt wurde und die Auslegung des Plans bereits öffentlich bekannt gemacht wurde. Sofern beispielsweise die Zugzahlen nicht gravierend steigen, würde eine solche Stichtagsregelung auch bei einer Änderung der Zugdaten, die der langfristigen Verkehrsprognose zugrunde liegen, helfen, Projekte zügiger umzusetzen.

Beabsichtigte Maßnahmen zur Planungsbeschleunigung

Zusammenfassend ist festzustellen, dass das Thema Planungsbeschleunigung mittlerweile wieder einmal in der öffentlichen Debatte angelangt ist. Vorhabenträger und Behörden haben den dringenden Handlungsbedarf erkannt und erste Schritte zur Verbesserung der Situation eingeleitet. Zusammen mit dem Abschlussbericht des Innovationsforum Planungsbeschleunigung hat das BMVI im Mai 2017 ein Strategiepapier Planungsbeschleunigung veröffentlicht und damit die vorläufige Marschroute für die Umsetzung der erarbeiteten Lösungsansätze festgelegt.

Auch der Koalitionsvertrag vom 14. März 2018 zwischen CDU/CSU und FDP sieht einige Maßnahmen vor, wie die Planungsbeschleunigung in Zukunft gelingen soll. So ist hier die Rede von einem „Planungs- und Baubeschleunigungsgesetz", mit dem „deutliche Verbesserungen und noch mehr Dynamik in den Bereichen Verkehr, Infrastruktur, Energie und Wohnen" erreicht werden sollen. Im Juni 2018 hat das BMVI den Entwurf eines Gesetzes zur Beschleunigung von Planungs- und Genehmigungsverfahren im Verkehrsbereich veröffentlicht, der Mitte Juli 2018 vom Bundeskabinett beschlossen wurde. Der Regierungsentwurf nimmt unter anderem einige Vorschläge aus dem Abschlussbericht des Innovationsforums Planungsbeschleunigung auf.

Da sich der vorliegende Regierungsentwurf auf die jeweiligen Fachplanungsgesetze beschränkt, sind darüber hinaus weitere Anstrengungen im Hinblick auf die Schaffung einer Wissensplattform zum Umweltschutz und zur systematischen Erfassung von Kartier- und Artendaten, ein Neuanlauf für eine Bundeskompensationsverordnung und eine Überarbeitung der Artenschutzliste wünschenswert.

Eleonore Lohrum
DB AG
eleonore.lohrum@deutschebahn.com

Jannik Grimm
Bundesvereinigung Mittelständischer Bauunternehmen e.V.
jannik.grimm@bvmb.de

Projekte besser umsetzen – die Weichen sind gestellt

Seit 1. Januar 2018 ist die Bedarfsplanumsetzungsvereinbarung (BUV) in Kraft. Die Bundesregierung und die Deutsche Bahn haben sich in dieser Vereinbarung auf eine Neuregelung des Finanzierungsregimes für den Bedarfsplan verständigt. Ihr Ziel ist es, Projekte stabiler, schneller und effizienter abzuwickeln.

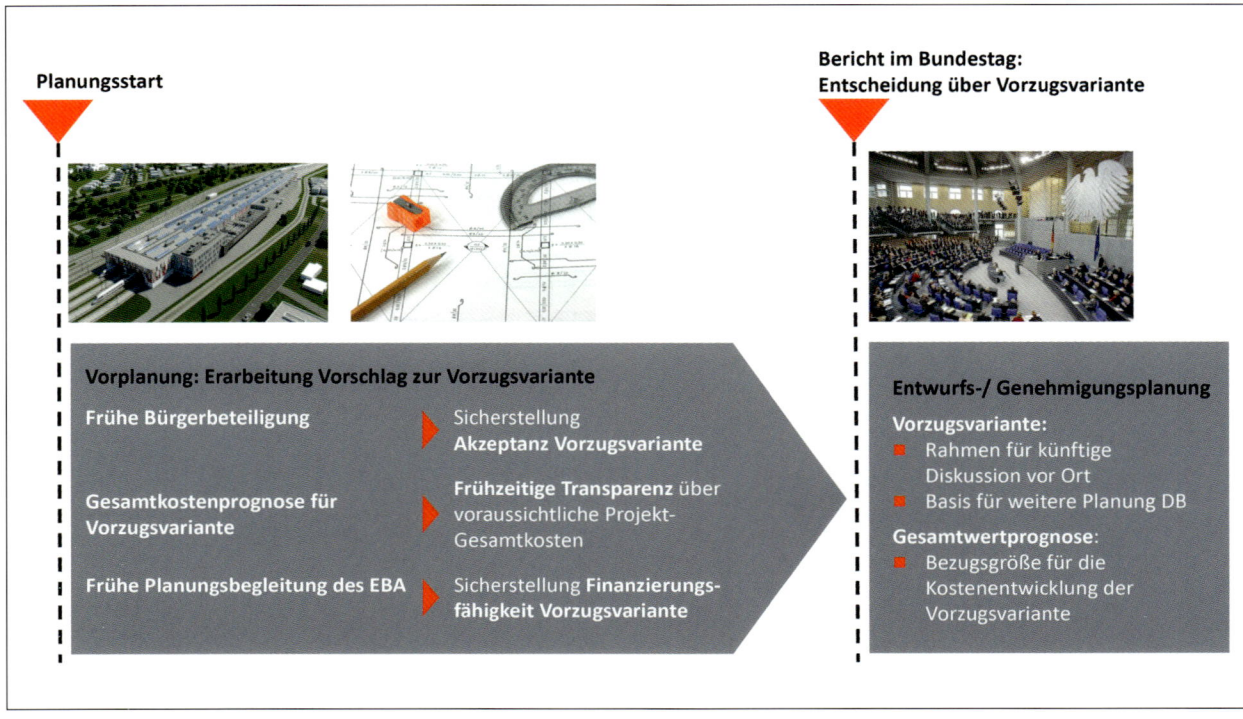

Bild 1: Strukturierte parlamentarische Befassung schafft verlässlichen Planungsrahmen und hilft, Mehrkosten zu vermeiden

Kernelemente der Vereinbarung sind eine Parlamentsbeteiligung an der Entscheidung zur Vorzugsvariante, die Ablösung der Planungskostenpauschale durch eine Gesamtprojektkostenbetrachtung (Projektförderung), die Eigenmittelbeteiligung der Deutschen Bahn in Höhe der wirtschaftlichen Tragfähigkeit des Projektportfolios, eine engere Planungsbegleitung durch das Eisenbahnbundesamt sowie die Pönalisierung der Einhaltung von Inbetriebnahmeterminen. Insgesamt können Projekte so schneller und effizienter abgewickelt werden.

Optimierungspotenzial der heutigen Finanzierungssystematik im Bedarfsplan

Die Finanzierungssystematik für den Bedarfsplan wies bis Ende 2017 nach gemeinsamem Verständnis von BMVI, EBA und DB Optimierungspotentiale auf:

▌ **Umgang mit unwirtschaftlichen Projekten:** Das Aktiengesetz verlangt vom Vorstand der DB Netz AG, zur Wahrung des Unternehmenswohls, wirtschaftlichen Schaden abzuwenden. Dem gegenüber steht die Regelung des BSWAG, welche die Aufgabe für die Realisierung von

Neu- und Ausbauvorhaben den EIU überträgt. Wenn sich alle Parteien im alten Finanzierungsregime „systemkonform" verhalten hätten, ergäben sich daraus projektverzögernde Diskussionen zu Finanzierungsmodalitäten und Projektumfang, da in der bisherigen Finanzierungssystematik aufgrund der sich zunehmend verschlechternden Wirtschaftlichkeit des Portfolios Projekte so nicht hätten weitergeführt werden können.

▌ **Fehlanreize im System:** Die bis Ende 2017 geltende Planungskostenpauschale von 18 % koppelte die durch den Bund finanzierten Planungskosten an die Baukosten. Dies bedeutete, dass mit einer stärkeren Steigerung der Baukosten gegenüber den Planungskosten auch die Planungskostenfinanzierung der EIU stieg und damit die Eigenmittel der DB sanken. Ein Anreiz für die DB Netz AG zur Optimierung der Gesamtprojektkosten oder zur Vermeidung höherer Baukosten durch intensivere Planung in den frühen Leistungsphasen bestand damit seinerzeit nicht.

▌ **Planungsunsicherheit bei Bund und DB:** Die Bundestagsbeschlüsse zur Rheintalbahn wurden in der erklärten Absicht gefasst, eine menschen- und umweltgerechte Realisierung von Schienenwegen durch Bürgerbeteiligung und ggf. Schutzmaßnahmen über das gesetzliche Maß hinaus zu ermöglichen. Würde dies ohne einen klaren Prozess auf andere Projekte übertragen, bestünde die Gefahr, dass vorhandene Planungen umgeworfen und Projekte z. T. vollständig neu geplant werden müssten. Die daraus resultierende Verteuerung der Vorhaben würde bei konstanter Bundeshaushaltslinie zu erheblichen Verschiebungen (Dekaden) anderer Projekte führen.

Verbesserungen durch die BUV

BMVI, EBA und DB haben angesichts der aufgezeigten Optimierungspotentiale eine verbesserte Finanzierungssystematik ausgehandelt: die Bedarfsplanumsetzungsvereinbarung. Mit der BUV wird für wesentliche Schwachstellen der alten Regelung ein Systemwechsel erreicht:

▌ **Interessenkongruenz zwischen Bund und DB:** Mit der BUV wird das Gesamtprojektportfolio neuer Vorhaben auf Basis des Ende 2016 beschlossenen Bedarfsplan Schiene des BVWP 2030 einmal jährlich dem Bundestag zur Kenntnis gegeben. Aufgrund der Darstellung von Vorzugsvariante und Alternativen hat der Bundestag hier die Möglichkeit, für Projekte am Ende der Vorplanung über Beschlussanträge Änderungen festzulegen. In Verbindung mit intensivierter Begleitung der Projektplanungen durch das EBA, welche bereits mit Projektstart losgeht und eine frühzeitige, inhaltliche Abstimmung zwischen DB und Bund sicherstellt, entsteht so ein Rahmen, in dem Projekte nach der Entscheidung zur Vorzugsvariante schnell weitergeführt und umgesetzt werden können. Neu ist auch die verbindliche Festlegung der DB auf Inbetriebnahmetermine: Mit Abschluss der Genehmigungsplanung wird ein pönalisierter Termin zur Inbetriebnahme vereinbart und festgeschrieben. Sollten sich Projektinbetriebnahmen gegenüber dem Plan verzögern, so ist die DB zu Pönalezahlungen verpflichtet, deren Höhe vom Projektumfang abhängt.

▌ **Gesamtoptimierungsanreize:** Vor Einführung der BUV wurden Baukosten weitgehend vollständig, Planungskosten hingegen nur in Höhe von bis zu 18 % der Baukosten vom Bund getragen. Mit Einführung der BUV ist diese unterschiedliche Betrachtungsweise der Kosten aufgehoben und die Planungskostenpauschale für alle Projekte im BUV-Regime abgeschafft. Es erfolgt eine Förderung der Gesamtkosten eines Projektes („Projektförderung"). Der Eigenmittelbeitrag der DB bemisst sich seitdem hauptsächlich an der wirtschaftlichen Tragfähigkeit des Projektportfolios, die sich wiederum aus der Summe der jeweiligen wirtschaftlichen Vorteilhaftigkeiten der darin enthaltenen Projekte ergibt. Hierdurch entsteht der Anreiz zur Gesamtkostenoptimierung. Denn an jeder Kostensteigerung über die prognostizierten Gesamtkosten hinaus wird die DB in Höhe der Tragfähigkeitsquote beteiligt. Zum Gesamtoptimierungsanreiz trägt auch die o. g. Pönale bei, die zusätzlich zum Eigenmittelanteil aus Tragfähigkeit anfällt. Darüber hinaus entstehen weitere Belastungen aus weiterhin nicht- oder nur teilzuwendungsfähigen Sachverhalten und unternehmerischen Risiken.

▌ **Planungssicherheit:** Mit der BUV werden die Planungskosten in der für das Projekt notwendigen Höhe finanziert, während der Vorplanung werden die Ist-Planungskosten vom Bund nicht nur vor-, sondern komplett finanziert (bis auf den später ermittelten und zu zahlenden Anteil aus Tragfähigkeit). So kann die Einbeziehung der betroffenen Bürger und die Kommunikation mit Ihnen bereits frühzeitig und umfassender als bislang beginnen und ermöglicht die rechtzeitige Auseinandersetzung mit möglichen Forderungen bspw. zum Lärmschutz. Die mit der BUV gestärkte, intensive Planungsbegleitung durch das EBA erlaubt die parallele Prüfung der Finanzierbarkeit dieser Forderungen. Eine so entstandene Vorzugsvariante, ggf. ergänzt um

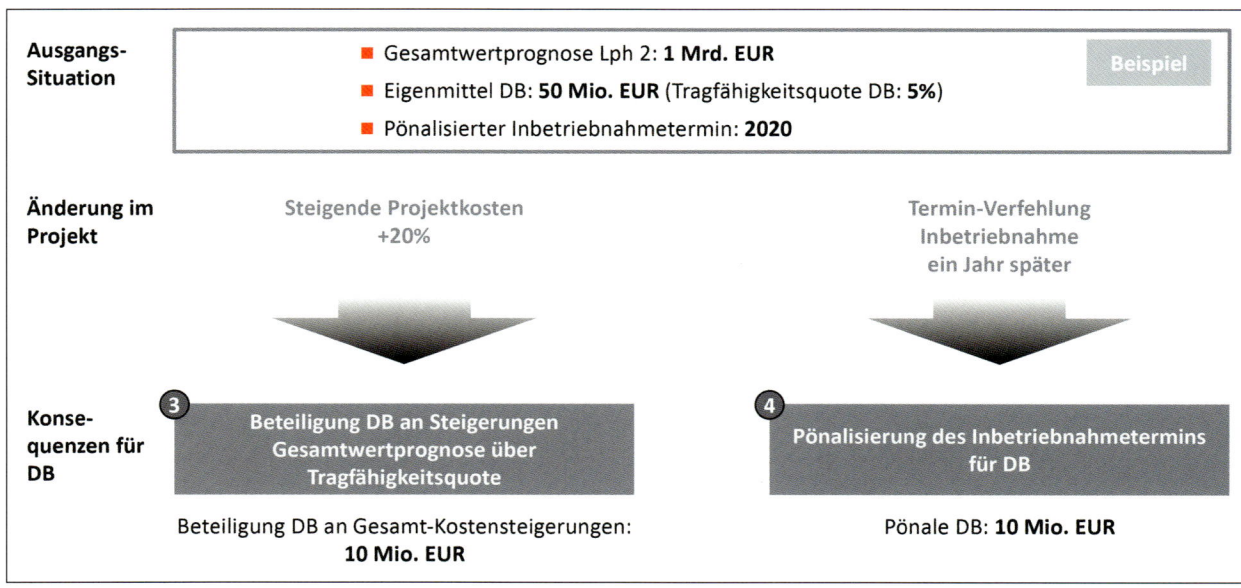

Bild 2: Die DB erhält einen klaren Anreiz zur Einhaltung von Kosten- und Terminvorgaben

bewertete Forderungen aus der frühen Bürgerbeteiligung, bildet die Quintessenz aus den Ergebnissen zur Bürgerbeteiligung und Finanzierbarkeit. Diese Vorzugsvariante wird dem Bundestag in einem Bericht vorgelegt, der auch zusätzliche Forderungen der Bürger enthält, die über die wirtschaftlichste vorgeschlagene Variante hinausgehen. Durch dieses Verfahren wird ein Rahmen für eine Debatte über konkrete Lösungen im Einzelfall geschaffen. Die Ergebnisse der Bundestagsbefassung bilden dann die Basis für die weitere Planung der DB. Dieses Vorgehen wird in 2018 zum ersten Mal u. a. am Projekt FBQ angewendet.

Positive Wirkung der BUV auf Projektumsetzung und Projektkosten

Mittels der BUV können Projektrisiken minimiert und eine schnellere und effizientere Projektrealisierung gewährleistet werden:

▎ **Vermiedene Risiken in Projekten:** Die frühe Festlegung einer akzeptierten, wirtschaftlichen Vorzugsvariante durch den Bundestag verhindert die Entstehung von zusätzlichen Projektkosten und -verzögerungen. Im heutigen Projektportfolio bestehen Risiken in Milliardenhöhe, wenn Eingaben zu Projektanpassungen erst sehr spät im Projektablauf zustande kommen. Die DB nimmt an, dass durch die frühzeitige Erarbeitung von akzeptierten und wirtschaftlichen Lösungen über die BUV 20 bis 25 % dieser Risiken vermieden werden können. Darüber hinaus sichert das Vermeiden von Projektverzögerungen die positiven volkswirtschaftlichen Effekte der Vorhaben, z. B. aufgrund von höherer Verkehrsnachfrage oder Verkehrsverlagerung von der Straße zur Schiene.

▎ **Schnellere Projektrealisierung:** Die vereinfachte Projektfinanzierung ermöglicht eine detailliertere Vorplanung, inkl. einer intensiven früheren Bürgerbeteiligung und eine intensivere Planung und Abstimmung der einzelnen Bauleistungen. So werden bessere Entscheidungsgrundlagen in den frühen Leistungsphasen geschaffen, die in späteren Projektphasen Zeit sparen können. Die intensivere Planungsbegleitung des EBA hilft darüber hinaus, Antrags- und Prüfungszeiten zu verkürzen. Durch die frühe Festlegung der Vorzugsvariante eines Projekts ermöglicht die BUV, Abstimmungszeiten zur Projektfinanzierung zwischen DB und BMVI/BMF erheblich zu reduzieren. Gleichzeitig ist davon auszugehen, dass sich eine höhere Akzeptanz für die Projekte auch in einer geringeren Anzahl von projektverzögernden Klagen niederschlägt. Alle Projekte, insbesondere planungskostenintensive Maßnahmen (bspw. in Knoten oder mit engem Bezug zum Bestand) mit hohem verkehrlichen und volkswirtschaftlichen Nutzen aus der Engpassauflösung können so schneller umgesetzt werden. In Summe hält die DB eine Verkürzung der Projektlaufzeiten um durchschnittlich ein bis zwei Jahre für möglich.

▎ **Effizientere Projektdurchführung:** Die höhere Planungsqualität und die weniger häufigen Neu- und Umplanungen senken die Planungskosten ebenso wie ein effizienter Antrags- und Genehmigungsprozess. Gleichzeitig führt die höhere Planungsqualität zusammen mit der höheren öffentlichen Projektakzeptanz aus der Bürgerbeteiligung in den frühen Leistungsphasen zu Einsparungen bei Nachträgen der Bauunternehmen. Das effizientere Realisieren der Vorhaben wird nach Einschätzung der DB die jährlichen Projektkosten weiter reduzieren.

In Summe ist dadurch bei gleichem Projektportfolio im eingeschwungenen Zustand ein Rückgang des Mittelbedarfs bei BSWAG-Projekten zu erwarten. Diese frei werdenden Mittel können genutzt werden, um weitere dringend benötigte Schieneninfrastrukturmaßnahmen frühzeitig zu realisieren. Die Belastung aus Eigenmitteleinsatz für die DB sinkt dabei nur, wenn die Leistung kostentreu und rechtzeitig erbracht wird. Werden Termine und Kosten nicht eingehalten, brauchen die Mehrkosten diesen Vorteil wieder auf.

Die Bedarfsplanumsetzung ist zum 1. Januar 2018 in Kraft getreten.

Dr. Daniel Forsmann
Leiter Steuerungsprojekt Bedarfsplanumsetzungsvereinbarung
DB Netz AG
daniel.forsmann@deutschebahn.com

BIM hilft bei Neuplanung: Offenburg–Riegel

Im Rahmen des Bundesverkehrswegeplans plant und realisiert die DB Netz AG das Projekt Ausbau- und Neubaustrecke Karlsruhe–Basel (ABS/NBS Karlsruhe–Basel). Das Projekt beinhaltet unter anderem die Erweiterung der vorhandenen Rheintalbahn um zwei zusätzliche Gleise. Der beplante Korridor verläuft über fast 200 km durch die Oberrhein-Region.

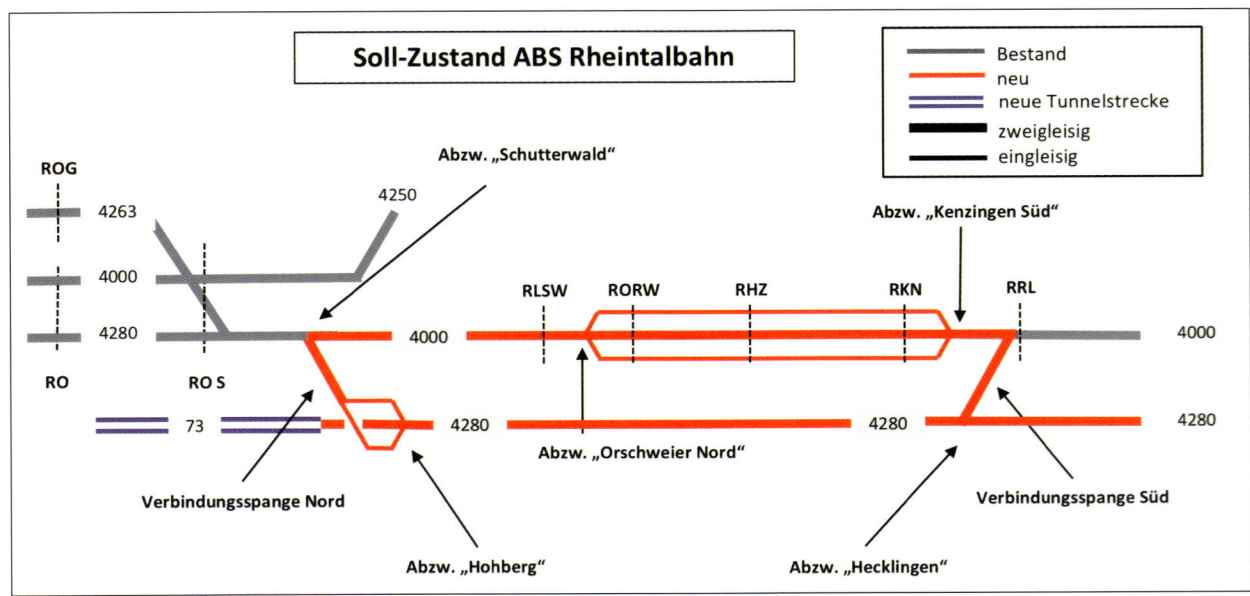

Bild 1: Schematische Darstellung des Soll-Zustands der ABS Rheintalbahn (Rtb)

Historische Entwicklung des Gesamtprojekts

Das Projekt teilt sich in neun Streckenabschnitte, die wiederum in einzelne Planfeststellungsabschnitte gegliedert sind. Der Streckenabschnitt 7 reicht von Appenweier bis Riegel und teilt sich in vier Planfeststellungsabschnitte.

Die bisherigen Planungen sahen in diesem Bereich eine enge Bündelung mit der bestehenden Rheintalbahn vor. Nach Einleitung der Planfeststellungsverfahren im letzten Jahrzehnt wurde im Rahmen der Anhörungsverfahren eine überdurchschnittlich große Anzahl von Einwendungen gegen die Trassenplanung vorgebracht. Der massive öffentliche Protest der Bürgerinitiativen und der politischen Mandatsträger führte schließlich im Jahr 2009 zur Einrichtung eines sogenannten Projektbeirats „Rheintalbahn" unter Führung des Bundesministeriums für Verkehr und digitale Infrastruktur (BMVI) und des Ministeriums für Verkehr und Infrastruktur Baden-Württemberg (MVI). Aufgabe des Projektbeirats und der zusätzlich eingerichteten Arbeitsgruppen war es, die sechs „Kernforderungen" der Region nach besserem Lärmschutz mittels Tunnel, Tieflagen und alternativer Trassenführung zu gliedern, planerisch zu untersuchen und die grundsätzliche technische Machbarkeit dieser Alternativüberlegungen samt den Bedingungen dafür darzustellen.

Der Projektbeirat hat in zehn Sitzungen zwischen 2009 und 2015 die Kernforderungen behandelt und im Weiteren Bundes- und Landtagsbeschlüsse zur Finanzierung der übergesetzlichen Maßnahmen initiiert.

Die DB Netz AG war sowohl vorstandsseitig wie auch durch die Projektorganisation im Projektbeirat vertreten und hat in vielen Sitzungen gemeinsam mit Vertretern der Region die Machbarkeitsuntersuchungen erörtert.

Für den Streckenabschnitt 7 sind die Kernforderungen 1 (Tunnel Offenburg) und 2 (Autobahnparallele Güterzugstrecke von Offenburg bis Riegel) relevant. Die Untersuchung hat dabei ergeben, dass im Bereich Offenburg eine Untertunnelung und zwischen Offenburg und Riegel eine autobahnparallele Trassenführung der zwei Neubaugleise zur Aufnahme des Güterzugverkehrs grundsätzlich technisch möglich sind und die Konflikte mit der an der Rheintalbahn ansässigen Bevölkerung deutlich minimieren könnten.

Durch den Projektbeirat und schließlich durch einen Bundestagsbeschluss am 28.1.2016 wurde entschieden, dass der Tunnel Offenburg, die autobahnparallele Trassenführung sowie der Ausbau der bestehenden Rheintalbahn weiterverfolgt werden sollen. Die entsprechende Aufgabenstellung wurde zwischenzeitlich auch in den Bundesverkehrswegeplan (BVWP) 2030 aufgenommen.

Grundlagen der Planung StA 7

Bevor aus den Projektbeirats- und Bundestagsbeschlüssen die Beauftragung von Planungsbüros hervorgehen konnte, hatte die DB Netz AG die Aufgabe, die verkehrlichen und betrieblichen Anforderungen an den Streckenabschnitt unter nunmehr völlig veränderten Rahmenbedingungen neu zu beschreiben. So galt es, den Tunnel Offenburg an die Bestandsstrecken anzubinden, Ersatzlösungen für die vom Tunnel aus nicht anfahrbaren Überhol- und Dispositionsgleise des Güterbahnhofs Offenburg zu finden sowie den notwendigen Umfang und die Ausgestaltung der Streckenverknüpfungen zu definieren. Dies gestaltet sich naturgemäß schwieriger, wenn die zu verbindenden Strecken nicht mehr in unmittelbarer Parallellage, sondern 1–2 km voneinander entfernt verlaufen.

Betriebliche Erfordernisse und bestehende Engpässe

In der Verkehrsprognose des Bundes werden erhebliche Verkehrszuwächse, insbesondere im Schienengüterverkehr (SGV), erwartet. Entsprechende Studien haben gezeigt, dass die prognostizierten Verkehrsmengen durch den Zulauf des SGV aus den Nordseehäfen und der neuen Eisenbahn-Alpentransversale (NEAT) durch die Schweiz im Abschnitt von Karlsruhe bis Basel nur mit einem durchgehenden viergleisigen Ausbau bewältigt werden können. Aus diesem Grund ist die Maßnahme ABS/NBS Karlsruhe – Basel bereits im aktuellen Bundesverkehrswegeplan verankert.

Nach den Vorgaben der Projektbeiratsbeschlüsse vom 26.6.2015 sind die Planungen jetzt auf die Realisierung einer parallel zur BAB A5 liegenden zweigleisigen Neubaustrecke für den Schienengüterverkehr für eine V_{max} von 160 km/h sowie die Ertüchtigung der Rheintalbahn für eine V_{max} von 250 km/h auszurichten.

Die ertüchtigte Rheintalbahn soll planmäßig den gesamten Personenverkehr und denjenigen Güterverkehr mit Quelle/Ziel zwischen Friesenheim und Herbolzheim aufnehmen.

Betriebsprogramm

Personenfernverkehr

Im SPFV sollen im Zielzustand vier Linien verkehren, die in Summe zwischen Mannheim und Basel einen Halbstundentakt ergeben. Offenburg soll im Wechsel mit Baden-Baden alternierend bedient werden, was für diese beiden Bahnhöfe einen stündlichen Verkehrshalt bietet. Des Weiteren sollen die Reisezeiten des SPFV durch Beschleunigungsmaßnahmen so verkürzt werden, dass im Bahnhof Basel SBB der nächstfrühere, integrale Taktknoten in das Schweizer Netz erreicht wird.

Personennahverkehr

Im Schienenpersonennahverkehr (SPNV) ist von einer signifikanten Ausweitung des Angebots auszugehen. Dies betrifft in erster Linie die Verkehre zwischen Offenburg und Basel. Die Planungen des Landes Baden-Württemberg sehen ein halbstündliches S-Bahn-Angebot mit allen Halten und ergänzend dazu einen stündlichen schnellen Regionalexpress vor.

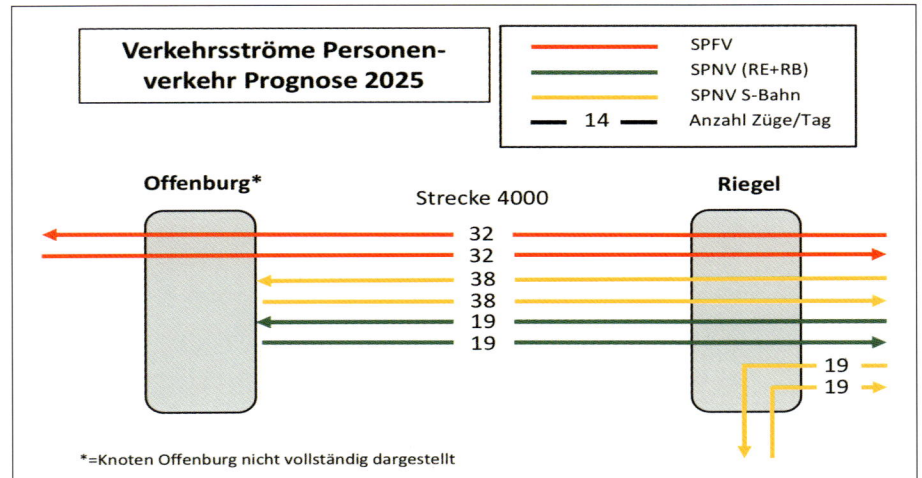

Bild 2: Verkehrsströme im Personenverkehr Prognose 2025

Güterverkehr

Die Zuglasten und -längen auf dem TEN-T-Korridor Rhine-Alpine werden sich entsprechend des fortschreitenden Infrastrukturausbaus zur durchgehenden Flachbahn nach Inbetriebnahme des Gotthard- und des Monte-Ceneri-Basistunnels erhöhen. Diese liegen im Bereich von bis zu 2.000 t Wagenzuggewicht und 740 m Gesamtzuglänge.

Der Planfeststellungsabschnitt 7.1 Appenweier–Hohberg (Offenburger Tunnel)

Im Planfeststellungsabschnitt (PfA) 7.1 der Ausbau- und Neubaustrecke Karlsruhe–Basel ist die OBERMEYER Planen + Beraten GmbH (OBERMEYER) im Auftrag der DB Netz AG mit der Planung des Offenburger Tunnels beauftragt. Das Ziel des Vorhabens ist, insbesondere den Schienengüterverkehr auf einer der höchstbelasteten Schienenstrecken Europas, dem sogenannten Korridor A zwischen Rotterdam und Genua, zukünftig unterirdisch unter Offenburg hindurchzuführen (Bild 3). OBERMEYER ist für diesen Abschnitt seit Beginn des Jahres 2017 als Gesamtplaner mit der Grundlagenermittlung und der Vorplanung beauftragt. 2018 wurde OBERMEYER im Zuge einer gesonderten Ausschreibung zusätzlich mit der 5-D-Modellierung des PfA 7.1 als BIM-Pilotprojekt beauftragt.

Projektgrundlage

Der Projektbeirat Rheintalbahn – bestehend aus Vertretern des Bundes, des Landes Baden-Württemberg, der Region und Stadt Offenburg sowie der Deutschen Bahn – hat 2015 beschlossen, dass Güterzüge in Zukunft das Stadtgebiet Offenburg unterqueren sollen. 2016 stimmte der Bundestag sowohl für das Projekt als auch für dessen Finanzierung. Der Neubau des Offenburger Tunnels ist eines der größten aktuellen Ausbauvorhaben der Deutschen Bahn.

Wesentliche Planungsgrundlagen der konventionellen Planung sind

- Geschwindigkeiten:
  maximal v = 120 km/h im Bereich des Tunnels (1)
  maximal v = 160 km/h im Bereich der Neubaustrecke (2)
  maximal v = 250 km/h im Bereich des Ausbaus der Rheintalbahn (3)
- Längsneigung: maximal 6‰

Bild 3: Übersicht Trassenverlauf PfA 7.1

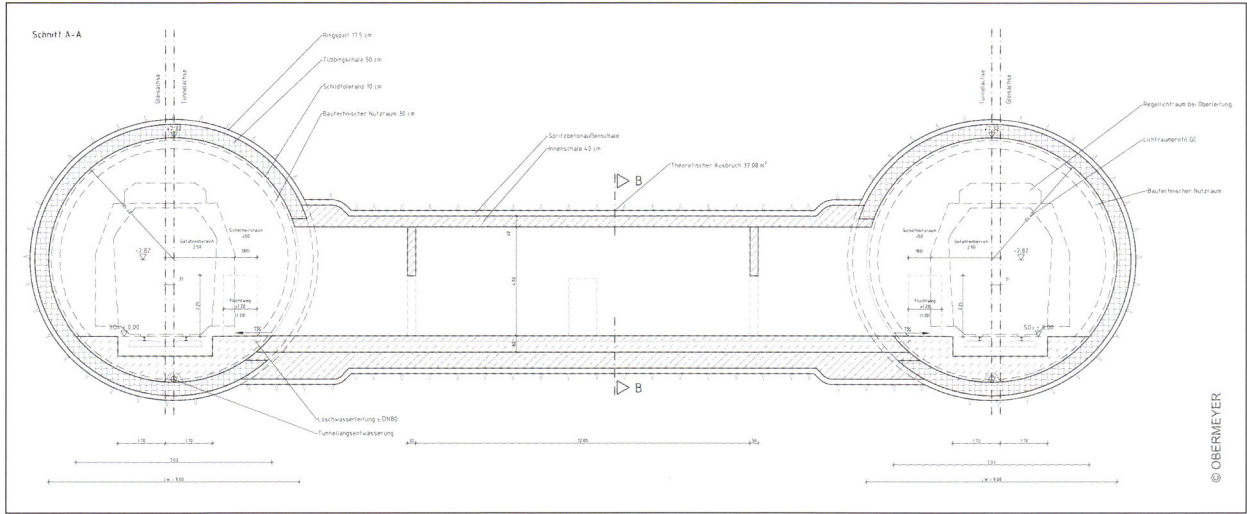

Bild 4: Zwei eingleisige Tunnelröhren mit Verbindungsbauwerk

Das Projekt

Im Zuge der Planung des Offenburger Tunnels soll im PfA 7.1 eine ca. 15 km lange Neubaustrecke für den Güterverkehr entstehen. Rund elf km davon verlaufen unter der Stadt Offenburg, weitere ca. drei km in Trogbauwerken. Der Tunnel wird aus rettungstechnischen Gründen mit zwei eingleisigen Tunnelröhren geplant (Bild 4). Diese werden alle 500 m mit Verbindungsbauwerken verbunden. Dort, wo auf Grund eines großen Abstands der beiden Tunnelröhren keine Verbindungsbauwerke möglich sind, werden zusätzlich Notausgänge errichtet. Südlich von Offenburg verläuft die Neubaustrecke dann parallel zur Bundesautobahn A5 bis zum Planfeststellungsabschnitt 7.2.

Zusätzlich zum Tunnel und der Neubaustrecke wird die Rheintalbahn auf ca. sechs km Länge im Bereich südlich von Offenburg für eine Geschwindigkeit von 250 km/h ausgebaut. Für die Anbindung der Güterzüge wird südlich von Offenburg die ca. drei km lange Verbindungsspange Nord geplant, die die Rheintalbahn mit der Neubaustrecke verbinden wird. Im Bereich des gesamten PfA 7.1 werden im Rahmen des Projekts elf Über- bzw. Unterführungen öffentlicher Straßen und Wege, 15 Rettungsplätze sowie Schallschutzwände auf einer Gesamtlänge von ca. 20 km geplant.

Innovativer Planungsansatz

Parallel zur konventionellen Planung kommt erstmalig im Großprojekt Karlsruhe–Basel die BIM-Methodik in den frühen Leistungsphasen zum Einsatz. Dafür erstellt OBERMEYER für eine Strecke von etwa 24 km ein 3-D-Bestandsmodell als Grundlage. Anschließend können die Ingenieure auf Basis dieses 3-D-Modells bis zu zehn verschiedene 3-D-Planungsvarianten generieren, die darauf aufbauend zu 4-D- und 5-D-Datenmodellen weiterentwickelt werden können. Mit Hilfe der Bestands- und Planungsmodelle können die Planer hochauflösende

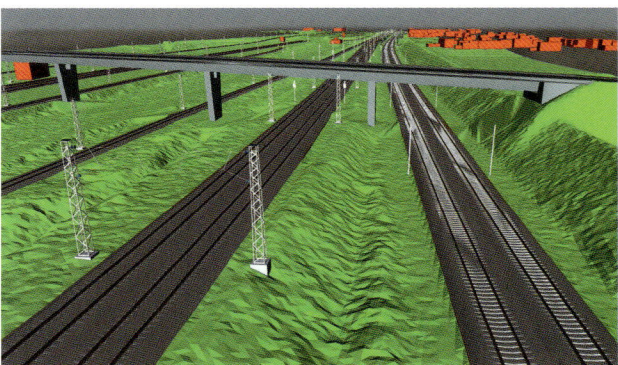

Bild 5: BIM-Bestandsmodell

Visualisierungen erzeugen, die u. a. zur frühen Öffentlichkeitsbeteiligung im Projekt beitragen können (Bild 5).

Das Projektteam

Durch OBERMEYER werden alle erforderlichen Leistungen für die Planung der Verkehrsanlagen, der Ingenieurbauwerke, der Streckenausrüstung, der Umweltplanung sowie der Vermessung als Gesamtplaner erbracht. Für die Umweltplanung wird OBERMEYER dabei durch ifuplan aus München, für die Planung der Leit- und Sicherungstechnik durch die ISB Rhein-Main GmbH aus Frankfurt/Main und für die Vermessungsleistungen durch die Ingenieur-Team Geo GmbH aus Karlsruhe unterstützt.

Technische Projektinhalte Planfeststellungsabschnitte PfA 7.2 – 7.4:
Das Planungsteam

Im April 2017 wurden die fachgewerkeübergreifenden Planungsleistungen für die PfA 7.2 – 7.4 von der DB Netz AG an die Ingenieurgemeinschaft Schüßler-Plan, Mailänder Consult, SWECO, BUNG und DB E&C vergeben.

Durch die Ingenieurgemeinschaft werden alle erforderlichen Leistungen für die Planung der Verkehrsanlagen, der Ingenieurbauwerke, der Streckenausrüstung, der Umweltplanung sowie der Vermessung als Gesamtplaner erbracht. Für die schalltechnischen Untersuchungen und die Erstellung der erschütterungstechnischen Berichte wird die INGE durch das Büro Krebs+Kiefer Fritz AG unterstützt. Die technische und kaufmännische Federführung der Ingenieurgemeinschaft erfolgt durch die Schüßler-Plan Ingenieurgesellschaft mbH.

Technische Projektinhalte Planfeststellungsabschnitte PfA 7.2 – 7.4:
Allgemeine Vorhabenbeschreibung

Autobahnparallele Trasse (NBS)

Geplant ist die Führung des Güterverkehrs über zwei Neubaugleise in Parallellage der BAB A5

- unter Berücksichtigung eines künftigen sechsstreifigen Ausbaus der BAB A5 und dem Abrücken der Trassenführung von der BAB A5 (im Bereich von Rast- oder Parkplatz und WC-Anlagen (PWC-Anlagen) und im Bereich der Anschlussstellen (AS), um die Rampen der AS über die Gleise führen zu können),
- mit weitergehender Führung des Güterverkehrs im Regelverkehr.

Die Trasse verläuft von Norden kommend direkt anschließend an den Tunnel Offenburg und wird mit oben genannten Ausnahmen über den Gesamtabschnitt parallel zur BAB A5 geführt. Das zugrunde gelegte mittlere Abstandsmaß zur BAB A5 orientiert sich an der Bündelungssituation in den angrenzenden PfA 8.0 und 8.1 mit einem Maß E = 18,5 m.

Im Bereich der Anschlussstellen Lahr, Ettenheim, Rust und Herbolzheim wird der Abstand zur BAB A5 um bis zu ca. 25 m vergrößert, um die dazwischenliegenden BAB-Anschlüsse über die NBS-Gleise führen zu können. Des Weiteren sind größere Aufweitungen zwischen der NBS (Güterzugtrasse) und der BAB A5 in folgenden Bereichen zu berücksichtigen:

- Umfahrung und Verschiebung PWC-Anlage ‚Schutter' km 156,2 bis km 157,8; Vergrößerung des Abstands zur BAB A5 um bis zu 75 m,
- Umfahrung Raststätte ‚Mahlberg' km 168,2 bis km 170,7; Vergrößerung des Abstands zur BAB A5 um ca. 165 m.

Im Bündelungsbereich mit der BAB A5 besitzt die NBS eine ähnliche Gradiente wie die BAB A5 und verläuft somit in ähnlicher Höhenlage.
Im Bereich der Straßenüberführungen wird die NBS voraussichtlich entweder punktuell abgesenkt, um die größere lichte Höhe der NBS gegenüber der BAB A5 zu berücksichtigen, oder die Straßenüberführungen einschließlich der Straßendämme werden angehoben.

Ertüchtigung der ABS Rheintalbahn (Rtb)

Geplant ist der Ausbau der Rheintalbahn vorrangig für den Personenfern- und -nahverkehr unter folgenden Prämissen:

- Erhöhung der Streckengeschwindigkeit der vorhandenen Rheintalbahn auf 250 km/h.
- partieller viergleisiger Ausbau zur behinderungsfreien Überholung des Personennahverkehrs durch den Personenfernverkehr in drei Abschnitten: im Bf. Friesenheim, im Bf. Lahr und von Orschweier bis Kenzingen
- Verbesserung des Schallschutzes
- Erweiterung von EÜ (Eisenbahnüberführungen)/ SÜ (Straßenüberführungen)

- Anpassungen oder Umplanungen der Verkehrsstationen unter Berücksichtigung des Denkmalschutzes

Die Gradiente des Ausbaus der Rheintalbahn entspricht im Wesentlichen der Gradiente der vorhandenen Gleisanlagen.

Streckenvarianten PfA 7.2–7.4

Erste Planungsschritte

Nach Sichtung der übergebenen Bestandsunterlagen wurde mit einer autobahnparallelen Trassenfindung unter Berücksichtigung der Kernforderung 2 (KF 2) begonnen. Diese ersten Schritte der Trassenfindung wurden mit dem Programm Vis-All® 3-D durchgeführt. Dieses Programm erlaubt es, auf Grundlage eines digitalen Geländemodells und eingepflegter Betroffenheiten wie z. B. FFH-Gebiete, europäische Vogelschutzgebiete und Wasserschutzgebiete in einem iterativen Prozess eine Linienfindung durchzuführen. Dabei werden simultan Mengen (Erdbau, Gleise, etc.) und dazugehörige Kosten ermittelt. Weitere Ergebnisse sind Pläne mit Darstellung der vorgenannten Betroffenheiten und grafische Darstellungen von Dämmen, Einschnitten und Bauwerken. Es ist somit die bildliche Darstellung der NBS im bestehenden Gelände möglich.

Parallel wurden in Abstimmungen mit den Behörden (u. a. Regierungspräsidium (RP) Freiburg) in eigens zum Zweck der Planungsbegleitung gegründeten Arbeitskreisen und Arbeitsgruppen die Eingangsparameter für die Planung definiert. So wurde u. a. das anzusetzende mittlere Abstandsmaß zwischen bahnrechtem Streckengleis und der Streckenachse der bestehenden BAB A5 definiert. Weiterhin erfolgten Abstimmungen mit dem Ziel, die Eingangsdaten (Zugzahlen, Prognosewerte des Kfz-Verkehrs, Gebietseinordnungen usw.) für die lärmtechnischen Berechnungen festzulegen.

Parallel zur Trassenfindung der NBS wurden an der Rtb Variantenuntersuchungen zur Gestaltung der Gleisanlagen in den Bahnhöfen mit dem Ziel der Umsetzung der in der Aufgabenstellung definierten betrieblichen Ziele bearbeitet.

Bereits in den Untersuchungen zur Kernforderung 2 wurden zu den Belangen des Naturschutzes neu zu erwartende Konflikte insbesondere mit den Zielen des Natura 2000-Gebietsnetzes aufgezeigt. Zur Lösung dieser Konflikte wurden diverse Vermeidungs-/Minimierungsmaßnahmen (z. B. Tunnel- und Galerielösungen, abschnittsweises Tieferlegen und Heranrücken der Trasse an die Autobahn A5 (BAB A5)) vorgestellt und diskutiert.

Planerische und konstruktive Besonderheiten

Grundsätze der Untersuchungen und Planungen sind die betriebliche und verkehrliche Aufgabenstellung der DB Netz AG, die zu berücksichtigenden Richtlinien der DB AG und die allgemein anerkannten Regeln der Technik.

Folgende weitere Festlegungen aus der Aufgabenstellung und den Abstimmungsterminen mit Dritten sind als Planungsgrundlage festgeschrieben:

- Die Neubaustrecke wird im gesamten Bereich der PfAs 7.2–7.4 geländenah trassiert und orientiert sich an der Gradiente der BAB A5.
- An den Anschlussstellen der Autobahn soll die Gradiente nach Möglichkeit um ca. 2,0–3,0 m abgesenkt werden, um Eingriffe in die bestehenden Straßenanlagen und Straßenbrücken über die Autobahn zu vermeiden bzw. zu minimieren.
- Vorhandene Fließgewässer sind vorzugsweise zu überqueren, um Zerschneidungen zu vermeiden.

Bild 6: Gestaltungsvariante PWC Schutter

- Die Längsneigung beträgt maximal 6‰, wodurch die NBS als Flachlandbahn charakterisiert werden kann.
- Gewährleistung des durchgängigen 6-streifigen Ausbaus der BAB A5 und
- möglichst geringe Flächeninanspruchnahme von landwirtschaftlichen Flächen und in besonders geschützten Gebieten.

Parallelplanung zum Ausbau der BAB A5

Der derzeit noch vierstreifige Autobahnabschnitt zwischen Offenburg und Freiburg hat bereits heute in einigen Bereichen die Grenze der Leistungsfähigkeit erreicht, die sich in entsprechenden Verkehrsverhältnissen und einer hohen Stauwahrscheinlichkeit niederschlägt.

Seitens des Verkehrsministeriums Baden-Württemberg ist daher der sechsstreifige Ausbau dieses Streckenabschnitts geplant, wodurch der Regelquerschnitt der Autobahn von einem heutigen Regel-Querschnitt RQ31 (31m Breite) auf zukünftig RQ36 (36m Breite) aufgeweitet werden wird. Das Projekt ist im aktuellen Bundesverkehrswegeplan als „Projekt des weiteren Bedarfs WB*" aufgenommen worden, womit zumindest das Planungsrecht gesichert ist.

Die Gesamtbreite des Verkehrswegs (inklusive Mittelstreifen) beträgt nach dem Ausbau zwischen den Außenkanten der an die Fahrbahnen angrenzenden Bankette im Regelquerschnitt 36 m. Infolge unterschiedlicher Höhenlagen der Fahrbahn sind, hieraus sich ergebende Straßendämme und -böschungen, erforderliche Entwässerungseinrichtungen und technische Ausstattungen, Ein- und Ausfahrtsspuren an den Anschlussstellen etc. sind bei der Trassierung der Bahnstrecke und den zu definierenden Abstandsmaßen zusätzlich zu berücksichtigen.

Gewässerquerungen

Infolge der autobahnparallelen Trassierung werden zahlreiche Fließgewässer tangiert, die die geplante Bahnstrecke und die BAB A5 in Ost-West-Richtung queren. Teilweise besitzen die Gewässer einen besonderen Schutzgebietsstatus.

Nach den Festlegungen der Arbeitskreise (AK), bestehend aus Vertretern der DB AG und des RP Freiburg, sollen nach den Ergebnissen des „AK Ökologie – Gewässer und Boden" vorhandene Fließgewässer nicht zerschnitten werden, um so einen ausreichenden Abflussquerschnitt zu gewährleisten und Auswirkungen auf umweltfachliche Belange zu minimieren.

Um dies sicherstellen zu können, muss die Bahnstrecke die Gewässer über- oder unterqueren; dies ist im Einzelfall und in der Folge in der Örtlichkeit aufeinanderfolgender, benachbarter Gewässer zu berücksichtigen. Düker – Unterquerungen der Bahnstrecke nach dem Prinzip der „kommunizierenden Röhren" – sollen vermieden werden.

Die Abflussleistungen vorhandener Gewässer sind unter Zugrundelegung der bekannten Bestandswerte in ausreichendem Maß hydraulisch nachzuweisen.

Christoph Klenert
Leiter Außenbeziehungen,
Großprojekt ABS/NBS Karlsruhe – Basel
(I.NGK (7)), DB Netz AG
christoph.klenert@deutschebahn.com

Dipl.-Ing. (FH) Matthias Klein
OBERMEYER Planen + Beraten GmbH
Niederlassungsleiter Karlsruhe
Bereichsleiter Schiene

Michael Gieschke
OBERMEYER Planen + Beraten GmbH
Abteilungsleiter Schienenverkehrsanlagen, Gesamtprojektleiter PFA 7.1

Dipl.-Ing. Martin Reichelt
Koordinator Ingenieurgemeinschaft
PfA 7.2-7.4

Dipl.-Ing. Johannes Lorch
Gesamtprojektleitung Ingenieurgemeinschaft PfA 7.2-7.4

Sven Adam
Projektabschnittsleiter StA 7ABS/NBS
Karlsruhe – Basel, DB Netz AG

Lean Construction jetzt!

Vor dem Hintergrund wachsender Ballungszentren, zunehmenden Straßenverkehrs sowie der Herausforderungen in Verbindung mit den CO_2-Zielen ist der Ausbau des Eisenbahnverkehrs in Deutschland alternativlos. Daher ist eine Beschleunigung der Schieneninfrastrukturprojekte zwingend geboten. Hier kann Lean Construction – im Zusammenspiel mit BIM und partnerschaftlicher Projektabwicklung – einen wertvollen Beitrag zur Beschleunigung leisten.

Handlungsbedarf

Die Verkehrsprobleme in Deutschland werden immer deutlicher. Die Länge der Staus auf bundesdeutschen Autobahnen hat sich von 2005 bis 2016 ungefähr vervierfacht (Quelle: ADAC, 2017). Durch den immer weiter zunehmenden Straßenverkehr werden erzielte Verbesserungen in den CO_2-Emissionen der Fahrzeuge aufgefressen, sodass das Erreichen der vereinbarten Emissionsziele kaum noch möglich erscheint (Quelle: Umweltbundesamt, 2017). Die Bevölkerungsdichte in den Ballungsräumen nimmt weiter zu. Für München wird beispielsweise für 2030 eine Bevölkerungsdichte prognostiziert, wie sie heute in Rio de Janeiro oder Mexiko Stadt anzutreffen ist (Quelle: Planungsverband Wirtschaftsraum München (2013), Referat für Stadtplanung München (2017)). Es wird also darum gehen, die erforderliche Verkehrskapazität mit geringstem Flächenverbrauch zu realisieren. Und hier ist die Eisenbahn alternativlos: beträgt der Flächenverbrauch eines mit einer Person besetzten Autos 75–115 m², so schafft dies ein langer S-Bahnzug mit rund einem Zehntel des Flächenverbrauchs (Quelle: Hochschule für Technik Rapperswil/Mercator Stiftung 2016). Es ist also offensichtlich, dass nur mit einer deutlichen Steigerung des Schienenverkehrs die Stauprobleme gelöst, die Klimaziele erreicht und das Metropolenwachstum bewältigt werden können.

Das Dilemma ist allerdings, dass die Planung und Realisierung von hierfür dringend erforderlichen großen Schieneninfrastrukturprojekten heute oft 20 bis 25 Jahre oder mehr benötigt. Diese Zeitbedarfe sind nicht geeignet, mit der Entwicklung des Bedarfs Schritt zu halten. Schon heute besteht ein erheblicher Investitionsrückstau, den es gilt, schnellstmöglich abzubauen. „Minimalinvasive" Eingriffe in die Abläufe, Prozesse und Regelungen zur Planung und Realisierung von Großprojekten werden also nicht ausreichen. Lean Construction kann jedoch einen wesentlichen Beitrag zur Bewältigung der Herausforderungen leisten.

Ursprung und Bedeutung von Lean Construction

„Lean Management" ist in den letzten Jahrzehnten zu einem festen Begriff in den meisten Industrien und Branchen geworden. Ausgehend vom Toyota Production System (TPS), dessen Wurzeln in die 1930er-Jahre zurückreichen, wurden viele Grundgedanken zunächst in der US-amerikanischen Automobilindustrie übernommen, bevor Lean Management auch in europäische Industrien Einzug hielt.

Seit Beginn der 1990er-Jahre wird die Anwendung von Lean Management auch in der Bauindustrie als „Lean Construction" entwickelt, mit speziell auf die Belange des Bauwesens ausgerichteten Methoden. Seitdem werden in zahlreichen Ländern Methoden des Lean Construction erfolgreich eingesetzt.

Bemerkenswerte Ergebnisse liefert eine Umfrage unter mehr als 1500 Führungskräften der Industrie im deutschsprachigen Raum aus dem Jahr 2016 (Quelle: 25 Jahre Lean Management, Staufen AG und Institut für Produktionsmanagement, Technologie und Werkzeugmaschinen (PTW), Technische Universität Darmstadt, Februar 2016): Erwartungsgemäß liegt die Automobilindustrie mit dem Einsatz von Lean Management in Führung. Sind es dort 92 % der befragten Führungskräfte, die angaben, mit Methoden des Lean Management zu arbeiten, so sind es im Maschinen- und Anlagenbau immerhin 71 % und in der Elektroindustrie 67 %. Der Dienstleistungssektor zeigt dagegen mit 21 % noch Potenzial. Noch bescheidener sieht es aber in der Bauindustrie aus, wo es lediglich 7 % sind!

Ursachen für die geringe Verbreitung von Lean Construction in der Baubranche gibt es einige. Eine sehr häufige Erklärung – insbesondere auch bei Infrastrukturprojekten – ist, dass es sich ja schließlich bei den Projekten meistens um Unikate handele und daher Ansätze, wie sie bei Massen- oder Serienfertigungen zum Einsatz kommen, nicht funktionieren könnten. Das ist jedoch falsch. Auch in der Flugzeugindustrie war diese Haltung relativ lange vorzufinden. Weit verbreitet war die Auffassung, dass jedes Flugzeug aufgrund der spezifischen Anforderungen der Kunden einerseits und der kontinuierlichen Weiterentwicklung andererseits bei vergleichsweise langen Produktions-/Durchlaufzeiten ein Unikat darstelle und daher Lean-Ansätze völlig ungeeignet wären. Heute ist auch dort die flächendeckende Anwendung von Lean-Prinzipien bis tief in die Lieferantenketten und in die administrativen Prozesse hinein nicht mehr wegzudenken. Nur so war der enorme Anstieg der Flugzeugproduktion z. B. bei Airbus zwischen 2003 und 2017 um 135 % bei vergleichsweise moderatem Anstieg der Beschäftigung (+30 %) zu erreichen (Quelle: Airbus). Vergleichbare Produktivitätssteigerungen findet man in der Bauindustrie nicht.

Mittlerweile erkennt man jedoch insbesondere im Hochbau das Potenzial von Lean-Ansätzen und so ist davon auszugehen, dass Lean Construction in den nächsten Jahren eine immer breitere Anwendung finden wird.

Die Basis: Lean-Prinzipien und -Methoden

Was macht nun ein Lean-Management-System aus? Fragt man Unternehmen, die Lean Management eingeführt haben, nach den wesentlichen Erfolgen durch Lean Management, dann hört man neben den erwartbaren Antworten wie „höhere Produktivität und Effizienz" und „höhere Qualität" auch vielfach Aussagen wie „höhere Kundenzufriedenheit" und „höhere Mitarbeiterzufriedenheit". Um diese Aussagen besser einordnen zu können, hilft ein Blick auf eine Auswahl der wichtigsten Eckpfeiler bzw. Prinzipien eines Lean-Management-Systems:

- Wertschöpfung: der Wert des Produkts/der Dienstleistung für den Kunden steht im Fokus. Damit wird unterschieden zwischen Aktivitäten, die Wert schöpfend sind (d. h. dem Produkt oder der Dienstleistung einen Wert hinzufügen, für den der Kunde bereit ist zu bezahlen) und solchen, die als Verschwendung bezeichnet werden und die es gilt, möglichst zu vermeiden oder zumindest zu minimieren (siehe Bild 1 „7 Verschwendungsarten").
- Fließ-Prinzip: Der Prozess sollte so angeordnet sein, dass ein gleichmäßiges Fließen von Material oder Information möglich ist. Damit werden Staustufen vermieden, so dass keine Wartezeiten oder Hektik im Prozess entstehen. In der Konsequenz werden Durchlaufzeiten des Prozesses deutlich reduziert.
- Pull-Prinzip: Der Prozess wird vom geforderten Endergebnis aus gezogen und angestoßen. Dabei wird nur dann und in der erforderlichen Menge produziert, wenn dies vom nachfolgen-

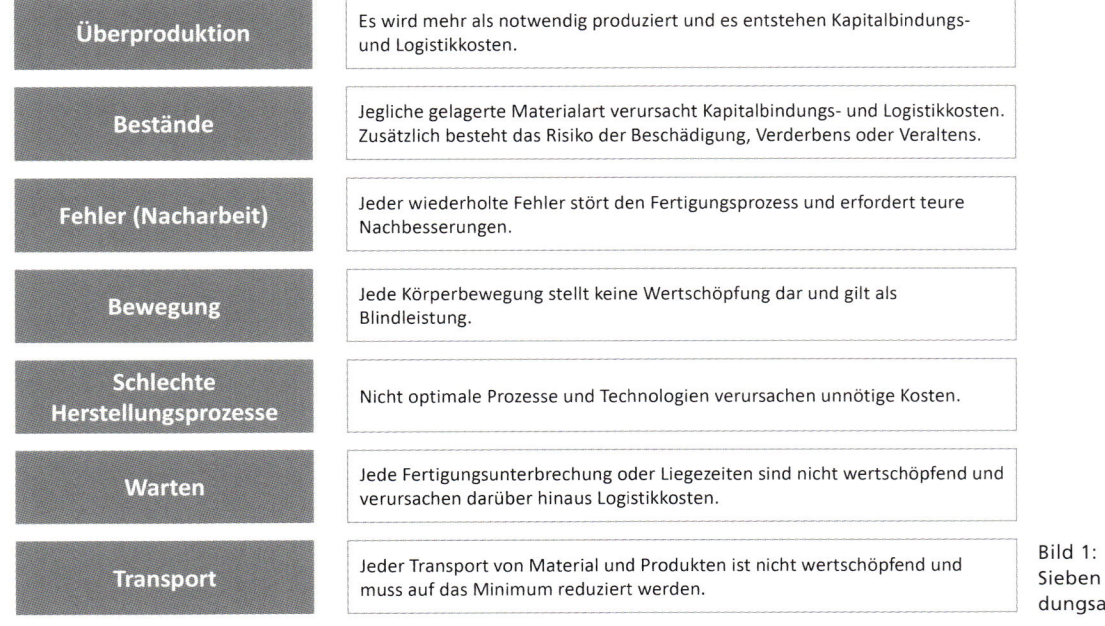

Bild 1: Sieben Verschwendungsarten

den Prozessschritt angefordert wird. Damit wird die Grundlage für Just-in-Time geschaffen.
- Takt-Prinzip: Ziel ist es, einen einheitlichen Taktschlag für alle am Prozess Beteiligten zu erzeugen, sodass der Prozess selbständig und durch minimale Steuerungsaufwände ablaufen kann.
- Null Fehler: Es gilt das Idealbild einer vollständig fehlerfreien Prozesskette. Dies ist in der Praxis natürlich nicht erreichbar. Aber um diesem Ideal möglichst nahe zu kommen, müssen alle auftretende Fehler und Probleme gründlich analysiert, die Ursachen verstanden und vollständig und nachhaltig beseitigt werden.
- Transparenz: Auf Abweichungen von Standards und von Soll-Betriebszuständen ist schnellstmöglich zu reagieren. Transparenz schafft einen Vergleich zwischen Soll und Ist, sodass jeder Mitarbeiter aktiv mitgestalten kann. Darüber hinaus wird mit einer eindeutigen Darstellung des Prozesses mit entsprechenden Daten eine sichere Ausführung und Verbesserung unterstützt.

Die Umsetzung dieser Prinzipien im Lean Construction wird durch speziell entwickelte bzw. angepasste Methoden wie z. B. „Standardisierte Projektabwicklung", Last Planner System (LPS©), Taktplanung und Taktsteuerung, die konzentrierte Anordnung aller am Projekt Beteiligten in einem Raum/Gebäudeteil („big room") sowie die Erzeugung der erforderlichen Transparenz durch Team- und Takttafeln erreicht. Sinnvoll unterstützt wird die kooperative Projektarbeit durch den Einsatz von Building Information Modelling (BIM).

Die Erfahrung zeigt, dass Projekte, die unter Berücksichtigung von Lean-Prinzipien und unter Einsatz der Lean-Construction-Methoden geplant und gesteuert werden, oftmals deutlich schneller als geplant fertig werden, zumindest aber einen deutlich ruhigeren Verlauf, gleichbleibende Qualität sowie höhere Termin- und Kostenstabilität aufweisen. Dies kommt auch den Mitarbeitern und Führungskräften zugute, denn diese können sich vollständig auf die Erfüllung Ihrer wertschöpfenden Aufgaben konzentrieren, ohne immer wieder in den sonst häufig zu beobachtenden „Krisenmodus" umschalten zu müssen.

Kulturelles Umdenken

Das erfordert allerdings auch ein Umdenken in der Projektkultur. Heute sind „unsere Helden" in der Regel diejenigen, die ein in „Schräglage" geratenes Projekt mit harter Hand und „Krisenmanagement" irgendwann ins Ziel bringen. Wenn dann am Ende nach diversen Terminverschiebungen und Kostenerhöhungen die Eröffnungsfeier stattfindet, erfreuen sich alle daran, dass es endlich doch noch geklappt hat und würdigen die „herausragende Managementleistung" und Kraftanstrengung.

Dass dabei sowohl Geld als auch Ressourcen verschwendet werden, ist eine negative Begleiterscheinung, die es eigentlich zu vermeiden gilt. Viel besser wäre es, wenn der Leitsatz „erst planen, dann bauen" so ernst genommen würde, dass eine große Menge der unvorhergesehenen Ereignisse und damit die Krise gar nicht erst auftreten. Dazu gehört, dass nicht nur das Objekt selbst sorgfältig geplant wird, sondern bereits von Projektbeginn an beispielsweise die Bedürfnisse der Öffentlichkeit, die Umweltanforderungen und insbesondere auch der Erstellungsprozess sowie der Materialfluss unter den herrschenden Betriebsbedingungen mitbetrachtet werden. Es zeigt sich immer wieder, dass die nicht ausreichende oder zu späte Betrachtung dieser Aspekte sehr oft zu erheblichen Nacharbeiten in späteren Projektphasen oder sogar Störungen im Bauablauf führen, die dann meistens zu hohen Mehrkosten und Zeitverzügen führen.

Ein frühzeitiges Einbinden entsprechender Ausführungskompetenz ist daher für Großprojekte alternativlos, wie es z. B. in Finnland im Rahmen des dort angewandten Allianz-Modells seit einigen Jahren erfolgreich praktiziert wird (Quelle: Pekka Petäjäniemi, Innovative Vertragsmodelle – Erfahrungen mit Allianz-Modellen bei Infrastrukturprojekten in Finnland, 2. GLCI-Konferenz 25.10.2016 in Frankfurt/Main).

Die maximale Nutzung von existierenden Standards und Erfahrungen („Best Practice") sowie ein scharfer Blick auf potenziell auftretende Störungen und Probleme und deren proaktiver Lösung sind dabei unverzichtbar. Das macht deutlich, dass Lean Construction eben nicht nur eine Frage von Prozessen, Methoden und Tools ist, sondern dass vor allem der Überzeugung, der Einstellung und dem Verhalten der am Projekt Beteiligten eine dominierende Rolle zukommt (siehe Bild 2 „Eisberg"), die allerdings häufig in ihrer Wirkung unterschätzt wird. Unabdingbar ist daher das bedingungslose „Management-Commitment" für diesen Weg.

Damit wird auch der Maßstab für die Würdigung von Projektmanagement-Leistung umzustellen sein: Nicht nur derjenige, der ein Krisenprojekt letztendlich zum Ende bringt wird künftig der „Held" sein, sondern dem, der innerhalb des Planungsrahmens sein Projekt plant und möglichst störungsarm ins Ziel steuert gebührt die entsprechende Wertschätzung.

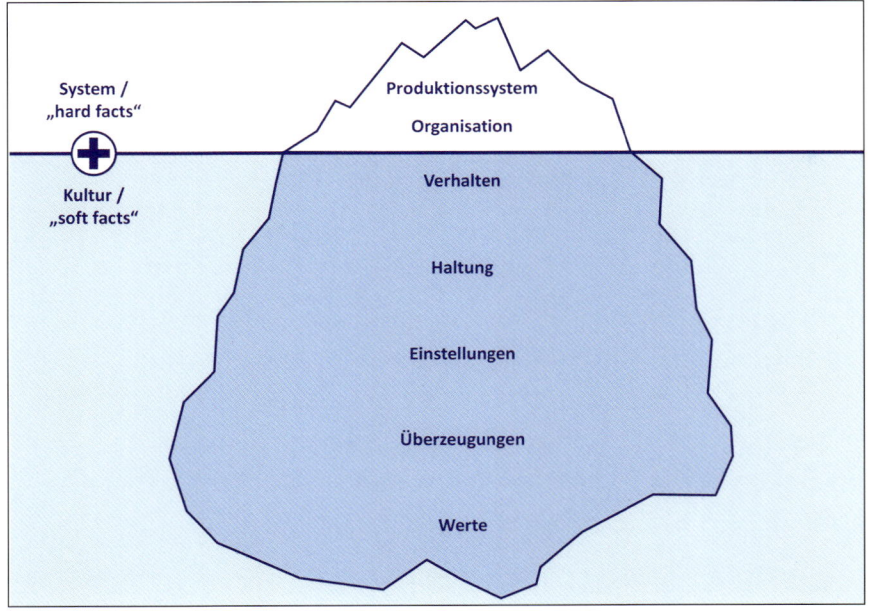

Bild 2: Eisberg

Partnerschaftliche Projektbearbeitung (PPA) als Schlüssel zum Erfolg

In Projekten verhält es sich nicht viel anders als im Sport: Nur das Team, in dem sich jeder einzelne Spieler am konsequentesten dem gemeinsamen Ziel unterordnet und seinen maximalen Beitrag in diesem Sinne leistet, wird am Ende am erfolgreichsten sein. Die Situation in großen Bauprojekten stellt sich heute zumeist jedoch anders dar. Beispielsweise möchte der Bauherr sein Projekt möglichst schnell und zu minimalen Preisen realisiert bekommen. Der Auftragnehmer dagegen möchte naturgemäß seinen Gewinn maximieren. Je härter die Gangart in diesem Spiel wird, desto verhärteter werden die Fronten. Nicht selten kommt es zu Situationen, in denen der Auftraggeber im stark eingegrenzten Verständnis des Zwangs zur „wirtschaftlichsten Lösung" bei der Auftragsvergabe fast ausschließlich auf den Preis achtet. Zwar werden dann aufgrund des hart geführten Preiswettbewerbs vordergründig „Vergabegewinne" zu verzeichnen sein, der Auftragnehmer wird jedoch aufgrund der für ihn sehr nachteiligen vertraglichen Preise von Beginn an gezwungen sein, jede Möglichkeit zur Erstellung eines Nachtrags zur Wiederherstellung oder Vergrößerung des Gewinns zu nutzen. Die Folge sind häufig zeitraubende (auch gerichtliche) Streitigkeiten, die dem eigentlichen Projektziel diametral entgegenstehen.

Ziel muss also sein, zu einem partnerschaftlichen Verhältnis zu kommen, in dem Bauherr und alle Projektpartner von einer erfolgreichen Projektdurchführung profitieren, aber auch die auftretenden Probleme und Schwierigkeiten im Interesse des Projekterfolgs gemeinsam lösen (siehe auch: BMVI, Endbericht Reformkommission „Bau von Großprojekten", Juni 2015). Hierzu gehören u. a. entsprechende vertragliche Regelungen.

Unverzichtbar wird aber auch sein, dass zwischen den Projektbeteiligten eine belastbare Vertrauensbasis etabliert wird, um die erforderliche Transparenz und Problemlösungsprozesse erfolgreich und nachhaltig implementieren zu können. Nur in einem solchen Rahmen werden Lean Construction und BIM die volle Wirkung entfalten können.

Ausblick

Die Herausforderungen beim Bau von Schieneninfrastruktur in Deutschland sind enorm hoch. Jedoch sind auch die Möglichkeiten, die Planungs- und Realisierungszeiten von Großprojekten drastisch zu verkürzen, längst nicht ausgeschöpft. Die DB Netz AG hat daher begonnen, Lean Construction in Kombination mit BIM und partnerschaftlicher Projektabwicklung für ihre Großprojekte zu nutzen. Dies wird eine deutliche Schubkraft erzeugen, wenn alle Beteiligten ihr Handeln am gemeinsamen Ziel ausrichten.

Dipl.-Ing. Thilo Liebig
DB Netz AG
Leiter Qualitätsmanagement Großprojekte
thilo.liebig@deutschebahn.com

Knoten Halle: erfolgreich mit Lean Management

Der Umbau des Eisenbahnknotens Halle wurde 1992 in den Bundesverkehrswegeplan aufgenommen. Ursprünglich veranschlagte Bauzeit: Neun Jahre. Mit dem offiziellen Spatenstich am 29. August 2014 konnte jedoch ein optimiertes Baukonzept umgesetzt werden. Ziel: Inbetriebnahme der für die Aufnahme des schnellen Bahnverkehrs Berlin–München im Verkehrsprojekt Deutsche Einheit Nr. 8 erforderlichen Infrastruktur bis Dezember 2017. Lean Managemet half dabei.

Bild 1: Luftbild VDE 8 Knoten Halle

Außerdem bestand die Herausforderung, die neue Zugbildungsanlage (ZBA) im Herzen der innerstädtischen Eisenbahninfrastruktur im Sommer 2018 in Betrieb zu nehmen. Im März des Jahres 2016 ergab sich auf Grundlage von Sonderuntersuchungen der Tragwerke der Personenunterführung auf der Ostseite des halleschen Hauptbahnhofes die Notwendigkeit, mit Ausnahme des denkmalgeschützten Hallendaches, die komplette Infrastruktur auf dieser Seite zu erneuern. Ebenso wurde für den Umbau der Westseite, nunmehr ab 12/2017 festgelegt, dass in Analogie der Ostseite verfahren wird. In der zeitlichen Konsequenz ergab sich die notwendige Verlängerung der Bauzeit um je ein Jahr je Bahnhofseite.

Eine weitere Veränderung zeigte sich im Februar 2017 aufgrund der Ergebnisse aus der Nachrechnung der statischen Tragfähigkeit der Arkaden am Bahnhofsvorplatz. Die erforderlichen Nachweise für einen Erhalt konnten nicht erbracht werden. Somit musste auch in diesem Fall die Entscheidung zu Gunsten eines Ersatzneubaus getroffen werden.

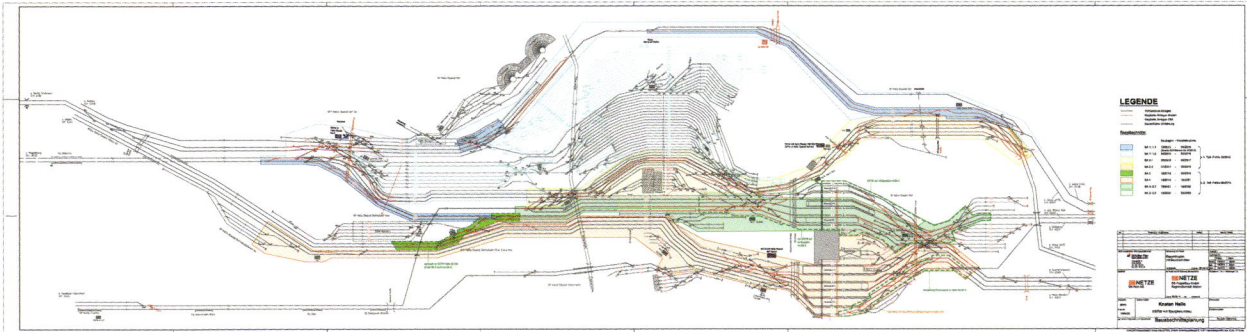

Bild 2: Bautechnologie 09/2010

Um die Durchbindung des VDE 8, die Inbetriebnahme der ZBA und die Erweiterung der Bauaufgaben Ost- und Westseite des halleschen Hauptbahnhofes sowie den Neubau der Arkaden zu gewährleisten, war es erforderlich, einen optimierten Projektablauf gemeinsam mit den Bauunternehmern zu entwickeln.

Lean Management

Das neue Bauphasenkonzept, die Inbetriebnahme der ZBA, aber auch die veränderte Bauaufgabe stellten das gesamte Projektteam, aber auch die Bauunternehmen, sowie sämtliche Projektpartner vor enorme Herausforderungen. Die Planung, Steuerung und Überwachung der Bauabläufe auf einer der größten innerstädtischen Baustelle in Deutschland machten es notwendig, bei Durchführung der klassischen Bauberatungen neue Methoden zur Anwendung zu bringen.

Einführung des Lean Management im Knoten/ZBA Halle

Um die Bauabläufe des Bauvorhabens Knoten Halle einschließlich des darin integrierten Vorhabens zur Erneuerung der Zugbildungsanlage Halle (ZBA Halle) effizienter zu gestalten und so den engen Zeitplan zur Durchbindung des VDE 8 im November 2017 zu realisieren, wurde durch die Projektleitung zu Beginn des Jahres 2014 entschieden, dass Last Planner System (LPS), als ein spezielles Werkzeug des Lean Managements, in den bereits begonnenen Projektablauf zu implementieren. Aufgrund der bereits fortgeschrittenen Realisierungsphase des ersten großen Vergabepaketes (VP11, siehe Bild 2) zum Zeitpunkt der Einführung des LPS wurden zunächst mit Unterstützung des Karlsruher Instituts für Technologie (KIT) Workshops mit den am Bauvorhaben beteiligten Hauptakteuren der Auftraggeber- sowie der Auftragnehmerseite zum Thema Lean Management durchgeführt. Neben der Vermittlung von Grundlagen war insbesondere

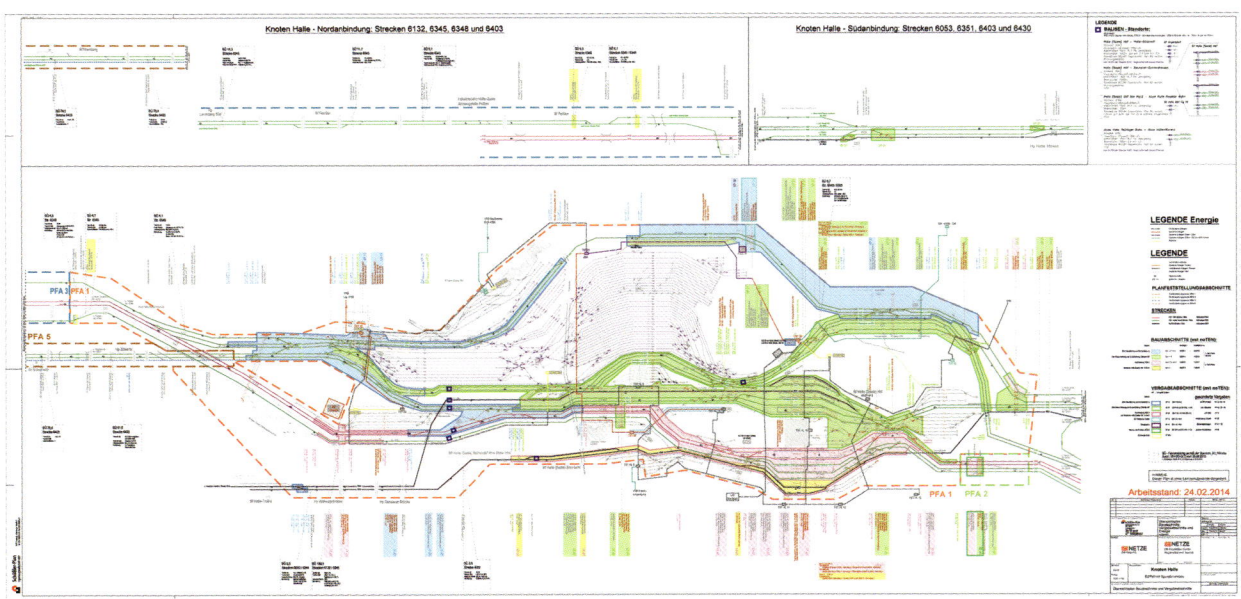

Bild 3: Neue Bautechnologie 02/2014

Bild 4: Auftaktveranstaltung: Last Planner System

die Schaffung von Akzeptanz der Beteiligten ein zentrales Ziel der durchgeführten Workshops. Die anschließend durchgeführten Auftaktveranstaltungen, welche ebenfalls unter Mitwirkung des KIT, hier insbesondere durch Hilfestellung bei der Moderation, durchgeführt wurden, dienten zur gemeinsamen Entwicklung eines Rahmenterminplanes (siehe Bild 3). Ein positiver Nebeneffekt dieser „Kick-Off"-Runden war, dass diese eher wie ein LPS Planspiel aufgebaut waren, und so jeder Teilnehmer gleichzeitig die Vorteile des Last Planner Systems, vor allem die Sozialisierung von Puffern des Auftraggebers und des Auftragnehmers sowie die transparente Darstellung der gemeinsam entwickelten Abläufe erleben konnte.

Erschwerend kam jedoch hinzu, dass es keine vertraglichen Regelungen zu Lean Management und der Teilnahme an den LPS Besprechungen gab bzw. gibt. Zeitweise sank der Zuspruch zum Last Planner System erheblich und damit die Mitwirkung der einzelnen Vertragspartner. Dennoch überwiegen auch auf Seite der Auftragnehmer die sich aus dem LPS ergebenden Vorteile, welche sich beispielsweise im Rahmen der erforderlichen Ressourcenplanung der Projektbeteiligten ergaben. Dies ermöglichte die gemeinsame Nutzung des LPS auf freiwilliger Basis.

Nach der erfolgreichen Einführung des Last Planner Systems im Knoten Halle wurde im Jahr 2016 im Rahmen einer Masterarbeit des Fachgebietes Business Consulting und Prozessmanagement der Hochschule Merseburg die „[…] Implementierung des Last Planner Systems in Infrastrukturprojekten" [1] analysiert. Hierbei wurde am Bespiel des Knoten Halle der „Umsetzungsgrad von LPS" bestimmt. Das Ziel der Masterarbeit war, mit Hilfe „der Ursachenforschung und Maßnahmenempfehlung die Umsetzung und Akzeptanz für das LPS zu vergrößern und somit eine Grundlage für ein ganzheitliches Change Management" zu schaffen. Der Implementierungsgrad des Last Planner System im Knoten Halle wurde u. a. durch Interviews mit den Projektbeteiligten der Teilabschnitte Vergabepaket 21 (Umbau Ostseite Hbf. Halle und tangierende Abschnitte des inneren Knoten), Vergabepaket 41 (Umbau Westseite Hauptbahnhof Halle sowie tangierende Abschnitte des inneren Knoten) sowie mit den Projektbeteiligten der Zugbildungsanlage Halle (ZBA) ermittelt. Teilnehmer der Befragungen waren Auftragnehmer, projektführende Ingenieure, Bauüberwacher, Projektleitung, Kaufleute sowie Einkäufer. Die gewählten Kriterien zur Messung des Implementierungsgrades waren Planungsphasen, Arbeitsweise und Unterlagen, Lean Prinzipien, Bewertung der Ergebnisse, Sensibili-

Realisierung	Planungsphasen	Phase 1 Häufigkeit	15a
		Phase 2 Häufigkeit	15b
		Phase 3 Häufigkeit	15c
		Phase 4 Häufigkeit	15d
		Phase 5 Häufigkeit	15e
		Phase 1 Relevanz	16a
		Phase 2 Relevanz	16a
		Phase 3 Relevanz	16c
		Phase 4 Relevanz	16d
		Phase 5 Relevanz	16e
	Arbeitsweise und Unterlagen	Zuarbeit	17
		Unterlagen Verwendung	18
		Unterlagen Darstellung	19
		Aufgabendefinition	20
	Lean Prinzipien	Aufgabenauslöse	21
		Kontinuierliche Verbesserung	23
		Kundenorientierung	29
		JIT	30
		Realistische Planung	32
		Integriertes Projektteam	39
	Bewertung der Ergebnisse	Terminpläne Verlässlichkeit	22
		Nutzen soft	24
		„Firefighting" Status	37
		Weiternutzung Status, Argumente pro, Argumente contra	25,26,28
Rahmenbedingungen	Sensibilisierung und Orientierung	LM Kenntnis	5
		LM Person, LM Arbeitsalltag	6,7
		Training Status, Training Anstoß	10,11
		LPS Kenntnis, LPS Assoziation	13,14
	Unternehmens- und Projektkultur	LM Unternehmen	8
		LM Projekt	9
		Flexibilität	33
		Lernverhalten	34
		Fehlerkultur	35
		Problemlösungsverhalten	36
		Führungskultur	38
	Teamatmosphäre	Team Zuverlässigkeit	40
		Team Transparenz	41
		Team Kommunikation	41

Bild 5: Forschungsmodell

sierung, Unternehmens- und Projektkultur sowie Teamatmosphäre.

Als Ergebnis der Interviews sowie durch den „Vergleich von Theorie und Praxis des LPS im Knoten Halle stellte sich heraus, dass das Instrument an sich nachweislich zu großen Teilen implementiert wurde, aber noch nicht alle Rahmenbedingungen für das volle Ausschöpfen des Potentials gegeben" waren. Des Weiteren wurde im Rahmen der Masterarbeit festgestellt: „Besonders positive Werte sind bei der Umsetzung der LPS Phasen, der Teamatmosphäre und Einbindung der Beteiligten und dem wahrgenommenen Nutzen des Systems zu verzeichnen. Bemerkenswert ist ebenfalls, dass ein großer Teil der Teilnehmer mit dem Thema vertraut ist und das LPS weiterhin nutzen möchte." Hieraus wurden im Rahmen der Masterarbeit Maßnahmen zur weiteren Steigerung des Implementierungsgrades des LPS im Knoten Halle erarbeitet, welche schrittweise durch das Projekt in den laufenden Prozessen übernommen wurden und aktuell auch noch werden.

Anwendung Lean Management im Knoten Halle

Nach der erfolgreichen Einführung des LPS sowie der Grundprinzipien des Lean Managements und der durchgeführten Auftaktveranstaltungen wurden die bereits zu diesem Zeitpunkt regelmäßig stattfindenden Planungs- und Baubesprechungen der verschiedenen Projektteams in einem mehrstufigen Prozess in die Form einer LPS Besprechung überführt. Dabei wurden die gemeinsam erarbeiteten Rahmenterminpläne mit fortschreitendem Projektverlauf stetig präzisiert und Phasenpläne entwickelt. Diese Phasenpläne, auch Netzpläne genannt, dienen der Erstellung von Vorschauplänen, welche wiederum zu Beginn einer jeden Besprechung, als Wochen- bzw. Produktionsplan ausgewertet werden. Darüber hinaus stellten die erarbeiteten Produktionspläne eine ideale Aufgabenliste für das gesamte Projektteam dar, um den täglichen Arbeitsablauf zu kontrollieren und Probleme rechtzeitig zu erkennen. Durch den eintretenden Lernprozess bei allen beteiligten Akteuren wurde die Zusammenarbeit verbessert und der Prozess des Last Planner Systems innerhalb der Projektteams ständig optimiert.

Schwierigkeiten ergaben sich vor allem zu Beginn der Arbeit mit dem Last Planner System in den unterschiedlichen Projektteams. Aber auch bei fortgeschrittenem Projektverlauf ließ sich der in den Lehrbüchern und diversen Handlungsleitfäden zu diesem Thema idealisierte Regelablauf nur schwer bzw. nur in Teilen umsetzen. Immer wieder gelangten die Teilnehmer der regelmäßigen LPS-Besprechungen zu einem Punkt, an dem sie überfordert waren und die Akzeptanz innerhalb des Teams sank. Aufgrund der Vielzahl der am Projekt beteiligten Akteure und der Schnittstellen war es somit ständig erforderlich, den idealisierten Ablauf auf die Bedürfnisse des Projekts sowie des Teams anzupassen.

An dieser Stelle soll darauf hingewiesen werden, dass mit Einführung des Last Planner Systems bei dem Projektteam ZBA eine Zuverlässigkeit von 45 % bestand. Im Laufe des Projektes stieg die Zuverlässigkeit bis zum jetzigen Zeitpunkt auf einen Mittelwert von 88 %.

Eine ähnliche Steigerung war auch für das Projektteam Vergabepaket 21 (siehe Bild 2) zu verzeichnen. Für das Projektteam Vergabepaket 41 (siehe Bild 2), mit dem Ende 2017 gestarteten Umbau der

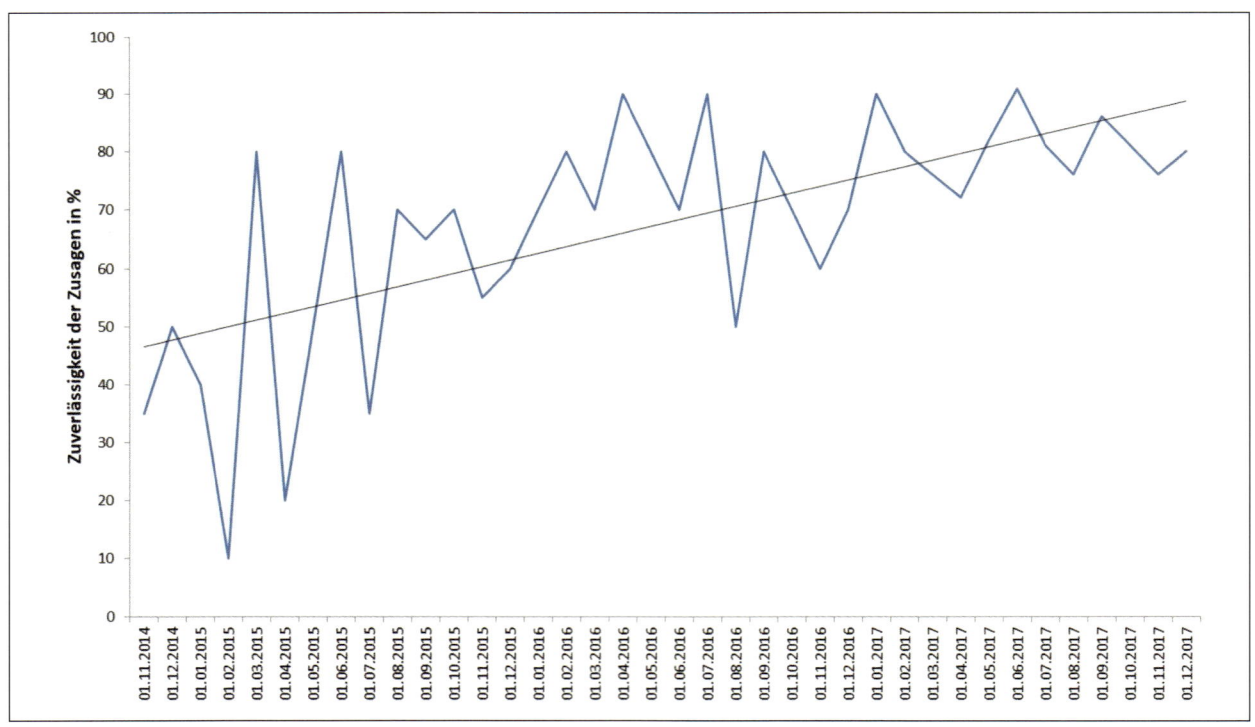

Bild 6: Zuverlässigkeit der Zusagen

Westseite des Hauptbahnhofes Halle, wird dieser positive Trend ebenfalls erwartet.

Die Entwicklung des Wertes der Zuverlässigkeit korreliert maßgeblich mit der Akzeptanz der Projektbeteiligten, welche durch wachsendes Vertrauen und die Schaffung eines angenehmen Arbeitsklimas begünstigt wurde. Hierzu gehörten insbesondere eine offene Fehlerkultur und ehrliche Kommunikation sowie eine gemeinsame Suche nach Lösungen von Problemen. Hierbei war es vor allem bei dem Moderator der LPS Besprechungen wichtig, nach Möglichkeit keine Partei für eine der Seiten zu übernehmen, auch wenn der Moderator Teil der Auftraggeberseite war.

Auf die Steigerung der Akzeptanz zielen auch die in der Masterarbeit erarbeiteten kurzfristigen, mittelfristigen und langfristigen Maßnahmen ab. Beispielhaft für kurzfristige Maßnahmen war an dieser Stelle das regelmäßige Feedback durch den Moderater der LPS Besprechungen in Richtung der Projektbeteiligten zu den Gründen für die Nichterfüllung von Zusagen hervorzuheben. Auch die Darstellung der Entwicklung der Zuverlässigkeit der Zusagen war hierbei wichtig. „Um Anreize zur Nutzung des Systems zu schaffen, müssen die Beteiligten" bei der Umsetzung von mittelfristigen Maßnahmen „ausreichend und nachhaltig geschult und sensibilisiert werden. Der Erfolg selbst sei dann der ausschlaggebende Anreiz. Um diesen wahrzunehmen, muss aber wiederum in geeigneter Form geschult (organisiert), motiviert und kommuniziert werden."

Während die kurzfristigen und mittelfristigen Maßnahmenempfehlung der Masterarbeit weitestgehend im Projekt eingeführt und umgesetzt wurden und eine Steigerung der Akzeptanz festgestellt werden konnte, sollen die langfristigen Maßnahmen, wie zum Beispiel das Bilden von Projektallianzen etc., einen Denkanstoß für zukünftige Infrastrukturprojekte der Deutschen Bahn darstellen.

Fazit

Die Einführung von LPS im Projekt Knoten/ZBA Halle muss als Erfolg gewertet werden. Die anspruchsvollen Terminziele wurden bis einschließlich 2017, auch unter geänderten Rahmenbedingungen erreicht. Das stetige Wissen um den s.g. kritischen Weg, aber auch die Sozialisierung von „Puffern" aller Projektbeteiligten schafft eine neue Qualität von Transparenz während der Bauphase.

Perspektivisch wird es wichtig sein, die Rahmenbedingungen für die Anwendung der Lean Prinzipien in der Art zu schaffen, dass alle Projektpartner von der Anwendung der Methode partizipieren und Verschwendung minimiert wird.

Tobias Richter
kvin Ingenieurgesellschaft mbH
tobias.richter-extern@deutschebahn.com

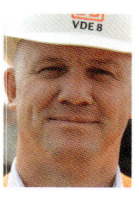

Thomas Herr
Leiter Technik Knoten – ZBA Halle
DB Netz AG
thomas.herr@deutschebahn.com

Projektbeschleunigung von Neu- und Ausbaumaßnahmen

In der vergangenen Legislaturperiode hat der Bund, der größtenteils für die Finanzierung des Neu- und Ausbaus der Schieneninfrastruktur in Deutschland verantwortlich ist, die Haushaltsmittel für alle Verkehrswege um insgesamt 40 Prozent erhöht. Diese Rekordinvestitionsmittel sind nötig, um die Schieneninfrastruktur in Deutschland auszubauen und zu erhalten. Doch eine ausreichende Finanzierung ist nicht der einzige Schlüssel zur erfolgreichen und raschen Umsetzung der so dringend benötigten Verkehrsprojekte. Um die Projekte nun schnell umsetzen zu können und die vorhandenen Mittel schneller in die Projekte fließen zu lassen, bedarf es der Umsetzung von projektbeschleunigenden Maßnahmen.

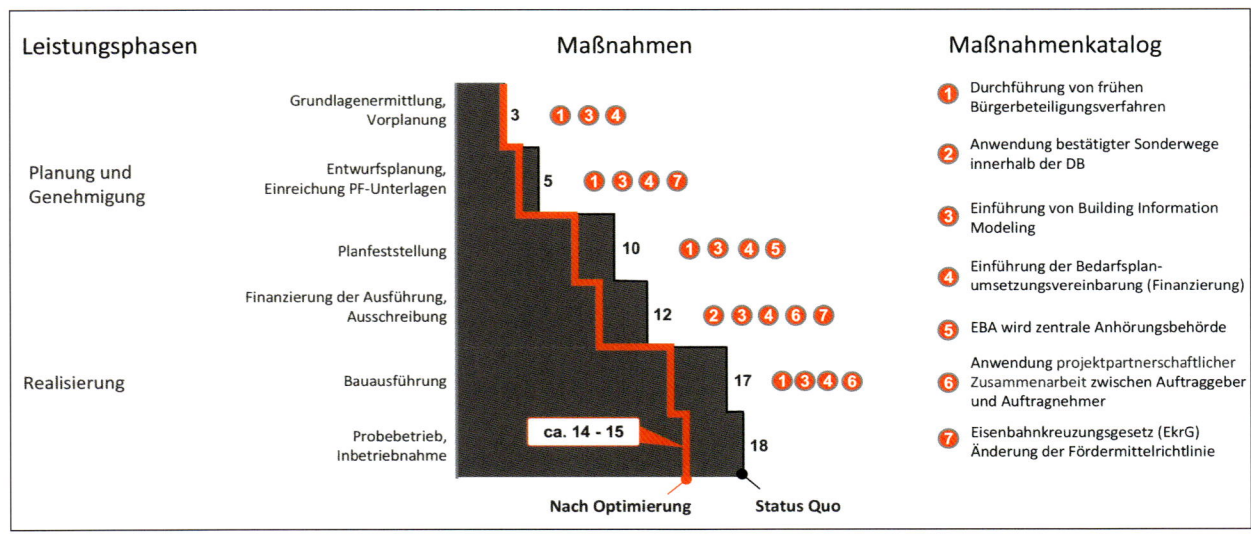

Bild 1: Beschleunigung von Infrastrukturprojekten – Stellhebel zur Projektbeschleunigung und deren zeitliche Auswirkungen

Die DB Netz AG hat sogenannte Stellhebel identifiziert, welche die Planung und die Projektabwicklung erheblich beschleunigen können. Dazu gehören insbesondere die partnerschaftliche Projektabwicklung, die Bedarfsplan-Umsetzungsvereinbarung (BUV), welche bereits umgesetzt wurde, das „Building Information Modeling", welches die DB Netz AG in 13 Pilotprojekten bis Ende 2018 erprobt, sowie die frühe Öffentlichkeitsbeteiligung. Hinsichtlich weiterer Maßnahmen, die das Planrecht sowie das Umweltrecht betreffen, unterstützt die DB AG die Ergebnisse des durch den Bund initiierten Innovationsforum Planungsbeschleunigung.

Die hier aufgeführten Stellhebel werden im folgenden Kapitel zum Thema „Projektbeschleunigung" ausführlich vorgestellt und erläutert. Einleitend ist es wichtig zu betonen, dass die aufgeführten Stellhebel gesamthaft betrachtet werden müssen. Nur eine gemeinsame Umsetzung, welche Synergieeffekte zwischen den einzelnen Maßnahmen hebt, führt zur bestmöglichen Beschleunigung der Projekte. Daher sollte eine zeitgleiche Umsetzung angestrebt werden.

Die derzeitige Form der Projektabwicklung führt häufig zu Konflikten und zu einer Vielzahl von Nachträgen. Die Zusammenarbeit der Projektpart-

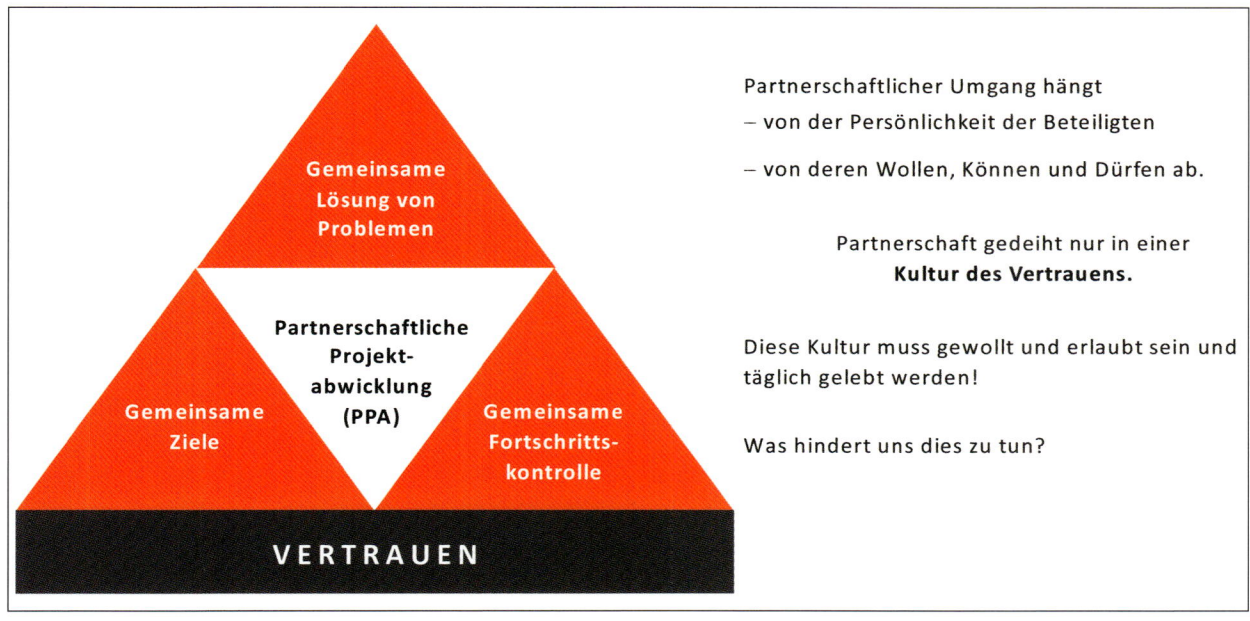

Bild 2: Partnerschaft verlangt Transparenz und Vertrauen

Diagramm-Inhalt:
- Gemeinsame Lösung von Problemen
- Gemeinsame Ziele
- Partnerschaftliche Projektabwicklung (PPA)
- Gemeinsame Fortschrittskontrolle
- VERTRAUEN

Partnerschaftlicher Umgang hängt
– von der Persönlichkeit der Beteiligten
– von deren Wollen, Können und Dürfen ab.

Partnerschaft gedeiht nur in einer **Kultur des Vertrauens.**

Diese Kultur muss gewollt und erlaubt sein und täglich gelebt werden!

Was hindert uns dies zu tun?

---

ner ist durch Misstrauen und fehlende Kooperation geprägt – diese Form der konfrontativen Projektzusammenarbeit verzögert die Projekte und minimiert ihre Wirtschaftlichkeit. Die partnerschaftliche Projektabwicklung, welche von der DB AG angestrebt und als Standard implementiert werden soll, minimiert diese Konfliktpotenziale, optimiert und beschleunigt die Projekte und macht sie somit wirtschaftlich günstiger.

„Partnerschaft heißt weg von der Konfrontation hin zur Kooperation"

Diese Ziele sollen durch eine frühzeitige Einbindung der Projektpartner, durch mehr Transparenz, das sogenannte „open books" („gläserne Taschen")-Verfahren, eine bessere Kooperationskultur, ein gemeinsames Risikomanagement und ein integriertes Konfliktlösungsmodell bei der DB AG umgesetzt werden.

Dazu müssen innovative Vertrags- und Vergabemodelle entwickelt und etabliert werden, die die wesentlich frühere Einbindung des bauausführenden Unternehmens in der Planungsphase vorsehen.

Wichtig ist zu betonen, dass alle Projekte individuell sind – nicht jedes „Partnerschaftsmodell" kann in jedem Projekt umgesetzt werden. Auch bereits im Ausland erprobte und standardisierte Verfahren lassen sich nicht einfach übertragen. Um die projektspezifischen Anforderungen angemessen in den Verträgen und den Vergabe- und Beschaffungsmodellen widerspiegeln zu können, bedarf es einen sog. „Werkzeugkasten", der unterschiedliche Modelle bedienen kann und die rechtlichen Rahmenbedingungen einhält, bzw. allenfalls Reformbedarf aufzeigt.

Gemeinsam mit unseren Partnern aus der deutschen Bauindustrie wollen wir einen solchen „Werkzeugkasten" erarbeiten und die einzelnen Elemente der partnerschaftlichen Projektabwicklung in unterschiedlichen Projekten pilotieren. Im Anschluss an die Pilotierungsphase sollen dann die gewonnenen Erkenntnisse zu einem projektspezifisch variierbaren Partnerschaftsmodell zusammengefasst werden, welches alle rechtlichen Anforderungen erfüllt und den Bedingungen des deutschen Baumarkts gerecht wird.

In den folgenden Beiträgen werden Elemente der partnerschaftlichen Zusammenarbeit und die projektbeschleunigenden Maßnahmen vorgestellt und erläutert.

Heinz Ehrbar
Leiter Competence Center
Großprojekte 4.0 (IYG)
heinz.ehrbar@deutschebahn.com

Digitalisierung treibt den Kulturwandel

Mit der Erfindung der Dampfmaschine und ihrer Nutzung als Antrieb für Dampflokomotiven begann die Entwicklung der Eisenbahn. Ausgehend von den damaligen Möglichkeiten zur Überwindung einer räumlichen Entfernung konnte mit der Eisenbahn in der gleichen Zeit eine erheblich größere Wegstrecke zurückgelegt werden.

Bild 1: Das erste digitale Stellwerk Europas in Annaberg-Buchholz bei der Erzgebirgsbahn markiert den Startpunkt für den Einsatz dieser innovativen Technologie

„Vernichtung von Raum und Zeit, so lautet der Topos, mit dem das frühe 19. Jahrhundert die Wirkung der Eisenbahn beschreibt. Diese Vorstellung basiert auf der Geschwindigkeit, die das neue Verkehrsmittel erreicht. Eine gegebene räumliche Entfernung, für deren Überwindung traditionell ein bestimmtes Maß an Reise- und Transportzeit aufzuwenden war, ist mit einem Mal in einem Bruchteil dieser Zeit zu bewältigen, oder anders ausgedrückt, in derselben Zeit kann nun ein Mehrfaches der alten räumlichen Entfernung zurückgelegt werden. Verkehrsökonomisch bedeutet dies eine Verkleinerung des Raumes." [1]

Heute ist es Normalität, große Wegstrecken mit der Bahn zurückzulegen und die Zeit nach individuellen Bedürfnissen zu nutzen. Die Frage nach einer Vernichtung von Raum und Zeit stellt sich so nicht mehr. Im Gegensatz dazu wächst sogar kontinuierlich der Wunsch nach der Überwindung immer größerer Wegstrecken in immer kürzerer Zeit. Bei der Eröffnung des größten Verkehrsprojekts der Deutsche Einheit Nr. 8 (VDE 8) im Dezember 2017 wurde, bezogen auf die Reisezeit, sogar von einer Reisealternative zum Flugzeug gesprochen.

Zukünftige Herausforderungen

Die Eisenbahn in Deutschland und damit der DB Konzern stehen vor großen Herausforderungen. Die Strategie 2020 der DB AG wurde 2012 entwickelt und durch umfangreiche Kommunikation mit Nutzung vielfältiger Instrumente etabliert. Der gestiegene Wettbewerbsdruck und eine höhere Kostendynamik haben die Weiterentwicklung der Strategie zum Stand 2020+ erforderlich gemacht. Die Hauptziele sind profitabler Qualitätsführer im Bereich Ökonomie, Top Arbeitgeber im Bereich Soziales sowie Umwelt Vorreiter im Bereich Ökologie. Diese tragen der Logik Rechnung, dass in einer Welt der schnellen Veränderungen durch die Möglichkeiten der Digitalisierung mit einer hohen Transparenz über die Leistungen der Anbieter vor allem Qualität zählt. Eine qualitativ hochwertige Leistung ist der Schlüssel zum Kunden und damit zum wirtschaftlichen Erfolg. Zur Erreichung dieser Ziele setzt die DB AG an drei zentralen Handlungsfeldern an:

- der Etablierung einer neuen Qualitätskultur, in der es um eine klare Ausrichtung am Kunden geht, das heißt um operative Exzellenz und Kundenorientierung
- dem Aufbau digitaler Kompetenz, um innovative Lösungen für das Kerngeschäft, aber auch Neugeschäft, generieren zu können und
- der Erhöhung der eigenen Leistungsfähigkeit, wobei es um Verantwortungsübernahme und Leistungsstärke geht.

Daraus abgeleitet besteht für das Vorstandsressort Infrastruktur der DB unter Leitung von Herrn Ronald Pofalla seit 2017 die Aufgabe, einen entscheidenden Beitrag zur Kundenzufriedenheit und damit zum wirtschaftlichen Erfolg der DB zu leisten. Dieser soll u. a. mithilfe einer hohen Verfügbarkeit qualitativ guter Infrastrukturanlagen gewährleistet werden.

Digitalisierung und Kommunikation

Durch die Nutzung der Möglichkeiten der Digitalisierung eröffnen sich auch in der Bauindustrie neue Horizonte. In der DB Netz AG soll die Digitalisierung dazu dienen, Regelabläufe transparenter, schneller, effizienter und einfacher umsetzen zu können. Das wollen wir erreichen durch:

- Sicherstellung der Verfügbarkeit von Daten und Informationen durch Vernetzung von Mensch und Maschine
- ein optimales Maß an Automation und
- die bestmögliche IT-Unterstützung bei der täglichen Arbeit

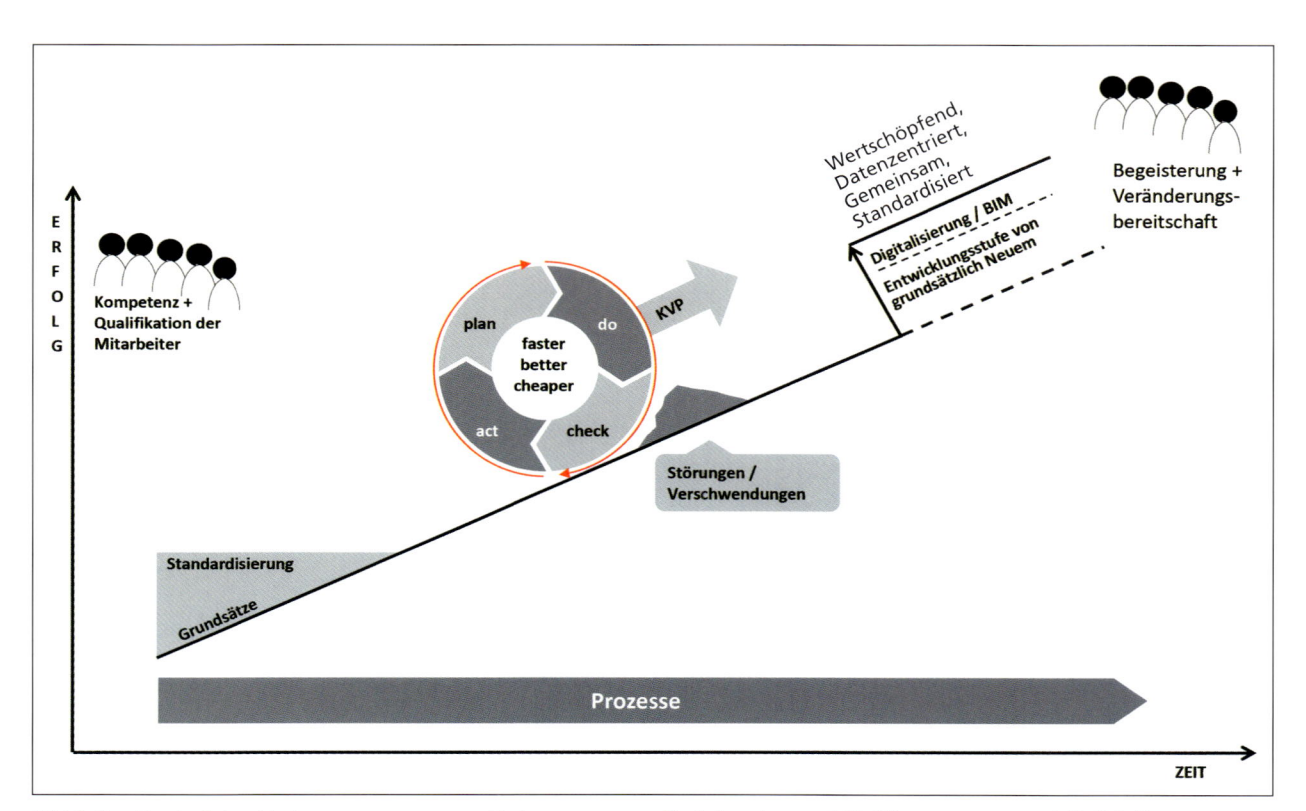

Bild 2: Kontinuierlicher Verbesserungsprozess – Verbesserung von Bestehendem und Einführung von grundsätzlich Neuem

Ein wesentlicher Erfolgsfaktor und zugleich eine Herausforderung wird das effiziente Managen des Informationsaustausches über den Lebenszyklus einer Infrastrukturanlage sein. Ziel ist es dabei, dass jedes Infrastrukturprojekt als integrativer Baustein im gesamten Lebenszyklus einer Infrastrukturanlage angesehen wird. Dazu steht den Beteiligten mit Building Information Modeling (BIM) eine Methode zur Verfügung, bei der

- alle wesentlichen Informationen und Daten an einem Ort nach definierten Prozessen bereitgestellt werden,
- objektbezogene Bauwerksmodelle als effizienter Zugang zu allen Daten und Informationen genutzt werden,
- kooperativ und lösungsorientiert zusammengearbeitet sowie
- offen kommuniziert wird.

BIM ist eine strukturierte, kooperative Arbeitsmethode und führt zu einer stärkeren intern und extern verzahnten Zusammenarbeit. Dazu brauchen wir einen Kulturwandel hin zu Offenheit, Transparenz sowie einer konstruktiven Fehlerkultur.

Die Kommunikation nimmt dabei einen hohen Stellenwert ein. Sie kann als Chance bei der Verfügbarkeit von Informationen verstanden werden, aber auch zum Risiko durch Informationsüberflutung werden. Hier gilt es durch ein geregeltes Vorgehen die Potenziale auszuschöpfen und den wertschöpfenden Beitrag zu leisten.

Um dieses Ziel erreichen zu können, wird ein kontinuierlicher Verbesserungsprozess erforderlich. Dieser führt zur Einführung von grundsätzlich Neuem, aber auch zur Verbesserung von Bestehendem (siehe Bild 2).

Der Prozess wird erfolgreich verlaufen, wenn es uns gelingt die Mitarbeiter für die Möglichkeiten der Digitalisierung unter Nutzung der BIM-Methode zu begeistern. Nur so werden sie den Veränderungsprozess vorantreiben und offen für Neues sein. Aufbauend auf den vorhandenen Kompetenzen, kann dann durch gezielte Maßnahmen das notwendige Wissen erzeugt werden. Gute technische Lösungen allein genügen nicht.

Mit einer hohen Geschwindigkeit entstehen sowie vergehen Ideen und dazu passende Techniken zur Lösung von Ärgernissen. Es gestaltet sich schwierig in dieser schnelllebigen Zeit unter Wahrung der bisher als bewährt geltenden Strukturen und prozessualen Abläufe mithalten zu können. Das Konzernunternehmen DB Netz AG hat die Herausforderung der Digitalisierung für sich angenommen. Das belegen die folgenden Beiträge. Ähnlich wie am Beginn der Eisenbahnbahngeschichte stehen wir heute wieder vor der Aufgabe, die vorhandene Skepsis und die Angst vor der Veränderung zu überwinden. Jede Geschichte beginnt mit dem 1. Schritt.

Quelle:
[1] Wolfgang Schivelbusch, Geschichte der Eisenbahnreise (Zur Industrialisierung von Raum und Zeit im 19. Jahrhundert), Carl Hanser Verlag, 2. Auflage: März 2002

Heike Hörz
Projektleiterin BIM Implementierungsprojekt DB Netz AG
heike.hoerz@deutschebahn.com

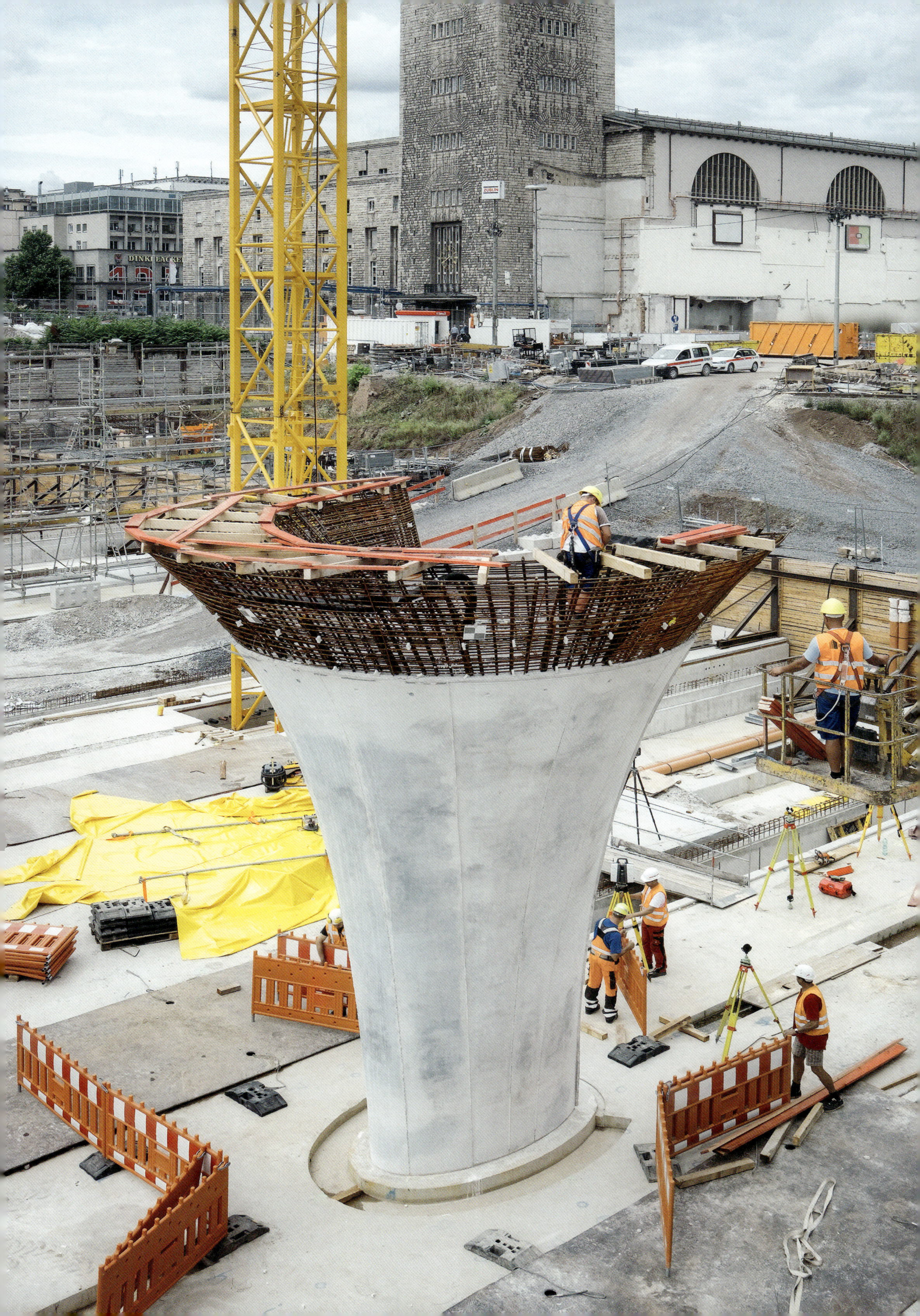

BIM fördert Partnerschaft in der Bauausführung

Im Großprojekt ABS/NBS Karlsruhe – Basel werden vier BIM-Pilotprojekte des Bundesministeriums für Verkehr und digitale Infrastruktur (BMVI) durchgeführt. Das BIM-Pilotprojekt „Streckenabschnitt 1" fokussiert sich dabei auf BIM-basierte Projektsteuerungsprozesse in der Bauausführung. Die Entwicklung und der Einsatz von zukunftsorientierten Lösungen für Planungs- und Bauunternehmen sowie für Auftraggeber stehen ebenso im Mittelpunkt wie die digital unterstützte, partnerschaftliche Zusammenarbeit.

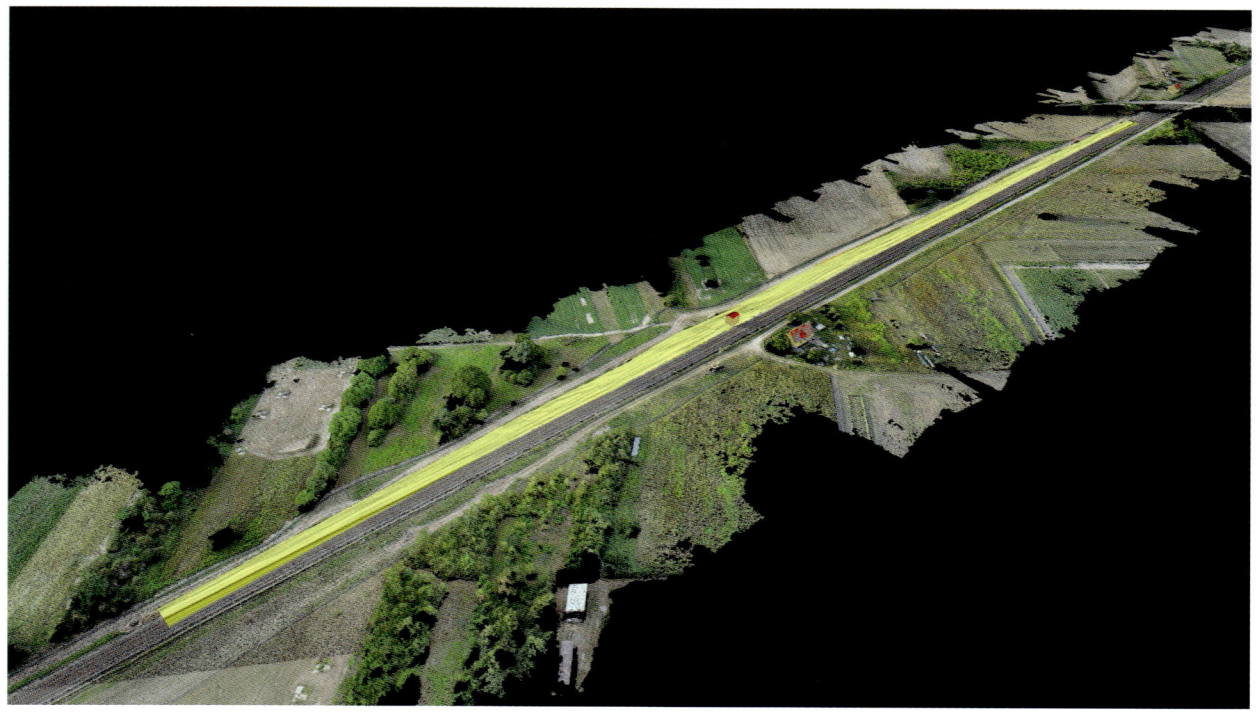

Bild 1: 3-D-Modell des Bodenaustauschs im Abzweigbereich der Neubaustrecke aus der Bestandsstrecke (eingebettet in eine Punktwolke)

BIM-Pilotprojekt „Streckenabschnitt 1" im GP ABS/NBS Karlsruhe – Basel

Das BIM-Pilotprojekt ist eines der insgesamt 13 vom BMVI geförderten BIM-Pilotprojekte im Bereich der Eisenbahninfrastruktur. Es umfasst den Bauvertrag „Freie Strecke" des ca. 12 km langen, zweigleisigen Neubauabschnitts nördlich und südlich des „Tunnel Rastatt" im Streckenabschnitt 1 des GP ABS/NBS Karlsruhe – Basel. Wesentliche Maßnahmen des Bauvertrags „Freie Strecke" sind Erd- und Oberbauarbeiten, Kabeltiefbau sowie die Herstellung von Schallschutzwänden. Durch die vom BMVI geförderten BIM-Pilotprojekte sollen Nutzen und Anwendbarkeit der digitalen Arbeitsmethode BIM für das Planen, das Realisieren und das Betreiben von Verkehrswegen erprobt und evaluiert werden.

Bereits in der Ausschreibungsphase wurde die Bearbeitung des BIM-Pilotprojekts parallel zum konventionellen Projekt seitens der beteiligten Unternehmen Grötz GmbH & Co. KG, Reif Bauunternehmung GmbH & Co. KG,

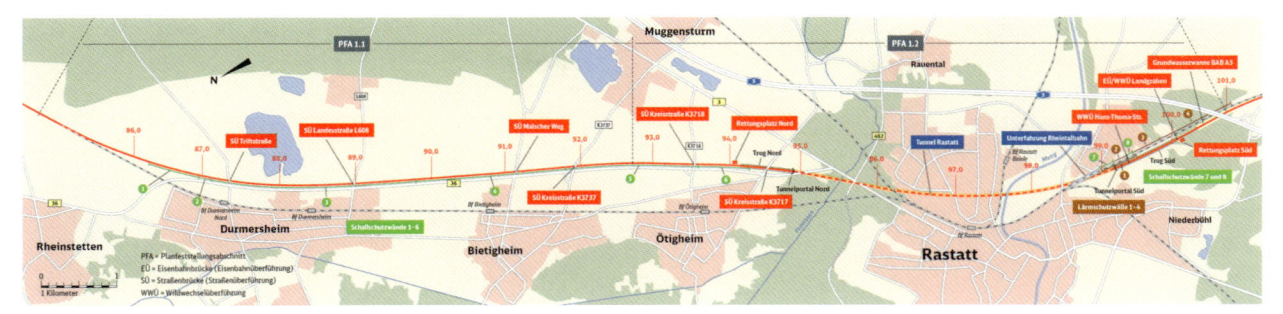

Bild 2: Übersicht Streckenabschnitt 1

Vogel-Bau GmbH und OBERMEYER Planen + Beraten GmbH als grundsätzliche Chance angesehen, um bestehendes Know-how auszubauen, verschiedenste Erfahrungen mit BIM zu sammeln sowie das BIM-Pilotprojekt zu nutzen, um die strategische Implementierung der Methodik in den Unternehmen, bis zur verbindlichen Einführung von BIM gemäß dem Stufenplan des BMVI, voranzutreiben.

Im Fokus des BIM-Pilotprojekts stehen BIM-basierte Projektsteuerungsprozesse mit der Erfassung und Analyse einer gesamtheitlichen Sichtweise der am Bau beteiligten Partner auf das laufende Bauvorhaben sowie die Entwicklung von verlässlichen Prognosen für den zukünftigen Bauverlauf. Dabei gilt es, Kosten, Termine (Vorgänge) und Leistung (charakteristische (Bau)Leistung) unter dem Aspekt verschiedenster Anforderungen (beispielsweise Strukturen, Genauigkeiten, Informationsbedarfe und -zeitpunkte) digital zu kombinieren und miteinander zu verknüpfen. Die Basis hierfür bilden die von OBERMEYER erstellten 3-D-, 4-D- und 5-D-Modelle.

Um die enge Zusammenarbeit der räumlich getrennten Projektteams zu gewährleisten und den Reiseaufwand zu minimieren, werden in erheblichem Maße moderne Telekommunikationsmöglichkeiten wie Videotelefonie und der Einsatz von Smartboardanlagen genutzt. Auch firmenübergreifende Abstimmungen zwischen den Partnern sind so kurzfristig und ohne großen Reiseaufwand möglich.

Projektziele

Ziel des BIM-Pilotprojekts ist die Umsetzung einer klassischen Ausführungsplanung in ein BIM-Modell (3-D/4-D/5-D) und dessen Nutzung für eine modellbasierte Projektsteuerung parallel zur konventionellen Projektabwicklung. Neben den konventionellen 2-D-Planunterlagen dienen die Auftrags-LVs und der Bauablaufplan des klassischen Projekts als Eingangsdaten für das BIM-Projekt. Durch den Vergleich mit dem konventionellen Projekt sollen Vor- und ggf. auch Nachteile einer Projektabwicklung mit BIM-Methoden evaluiert werden.

Folgende Anwendungsfälle werden im Projekt bearbeitet:

- Erstellung eines BIM-Abwicklungsplans
- Nutzung einer gemeinsamen Datenplattform (Common Data Environment, CDE)
- 3-D-Modellerstellung (geometrisches Modell) inkl. Planungskoordination, 3-D-Kollisionsprüfung und Qualitätssicherung
- 4-D-Modellerstellung (Darstellung des Bauablaufs)
- 5-D-Modellerstellung (Darstellung des Kostenverlaufs)
- Modellbasierte Mengenermittlung und Vergleich mit konventioneller Mengenermittlung
- Baufortschrittskontrolle (Soll/Ist) anhand von 4-D-Modellen
- Stichtagsgenaue Earned-Value-Betrachtung anhand von 5-D-Modellen
- Standardisiertes Berichtswesen aus BIM
- Modellbasierte Bauabrechnung
- Erstellung einer digitalen Bauakte

BIM-Abwicklungsplan (BAP)

Mangels existierender Vorschriften sowie allgemeingültiger Standards und Arbeitsmethoden ist es derzeit für jedes BIM-Projekt erforderlich, vor Beginn der Bearbeitung gemeinschaftlich (AG/AN) einen projektspezifischen BIM-Abwicklungsplan (BAP) zu erarbeiten. In diesem BIM-Abwicklungsplan wird detailliert festgelegt, wie die angestrebten Projektziele (Anwendungsfälle) erreicht werden sollen.

Die gemeinschaftliche Entwicklung des BIM-Abwicklungsplans erfolgte in intensiver Zusammenarbeit zwischen der DB, der ARGE und OBERMEYER.

In einem mehrmonatigen Prozess mit zweiwöchentlichen Jours fixes im BIM-Lab der DB wurden auf über 90 Seiten detailliert die verschiedenen Anwendungsfälle und die dazugehörigen Workflows zur Erreichung der Ziele beschrieben, Standards für die Projektbearbeitung definiert sowie Eingangsdaten, Lieferobjekte und Arbeitsmittel (Software) festgelegt.

Ein erheblicher Teil dieses aufwendigen Prozesses war die Entwicklung einer geeigneten Modellkodierung zur strukturierten Ablage der Teilmodelle auf der gemeinsamen Datenplattform sowie einer umfangreichen Objekt- und Attributliste auf Basis der zugrunde liegenden Auftrags-LVs. In intensiven Diskussionen wurde zwischen der DB, der ARGE und OBERMEYER detailliert abgestimmt, welche Objekte modelliert und welche semantischen Zusatzinformationen (Attribute) die diversen Objekte erhalten sollen. Dabei lag der Fokus immer auf dem maximalen Nutzen bei vertretbarem Aufwand, d.h. nicht alles, was technisch möglich ist, wird auch umgesetzt, wenn dies nicht zu einem Nutzen für das Projekt führt.

Modellerstellung

Die 3-D-Modellierung der Ausführungsplanpakete erfolgt bei OBERMEYER mit der firmeneigenen Planungssoftware ProVI in Kombination mit AutoCAD Architecture. ProVI ist ein datenbankbasiertes Programmsystem für Verkehrs- und Infrastrukturplanung, welches vom EDV-Team bei OBERMEYER in enger Zusammenarbeit mit den Ingenieuren über viele Jahre entwickelt wurde. Die Verwendung des hauseigenen Softwareprodukts ermöglicht es dem Projektteam von OBERMEYER, anhand der Anforderungen aus dem Projekt gezielten Einfluss auf die kurzfristige Weiterentwicklung der Software zu nehmen. Dies stellt einen erheblichen Vorteil gegenüber anderen Softwareprodukten dar, deren Entwicklung nicht direkt beeinflusst werden kann. Die Modellerstellung erfolgt in ProVI grundsätzlich parametrisiert, was die nachträgliche Anpassung der Modelle mit relativ geringem Aufwand ermöglicht. Die datenbankbasierte Arbeitsweise bietet bereits eine sehr gute Grundlage für die Planung mit BIM-Methoden. Anhand der Anforderungen aus dem Projekt wurden im letzten Jahr die Möglichkeiten von ProVI zur Erzeugung und Attribuierung von weiterverarbeitbaren 3-D-Modellen gezielt weiterentwickelt und im Projektverlauf stetig verbessert.

Auch bei der 4-D- und 5-D-Modellierung wurden durch das Projektteam große Fortschritte in diesem Zeitraum erreicht. Mangels existierender Standards und etablierter Methoden mussten durch die beteiligten Mitarbeiter praktikable Lösungen für die verschiedenen Anwendungsfälle des Projekts in kurzer Zeit entwickelt werden. Aufgetretene Rückschläge führten nicht zum Erlahmen des Entwicklungsprozesses, sondern wurden vielmehr als hilfreiche Erfahrungswerte verbucht und als Lessons learned dauerhaft dokumentiert.

Auf Basis der intensiv abgestimmten Grundlagen und Randbedingungen für die Projektbearbeitung erfolgte die Modellierung des ersten Planpakets der Ausführungsplanung. Dieses Planpaket beinhaltet den Bodenaustausch rechts der Bahn (r.d.B.) im Abzweigbereich der Neubaustrecke (Str. 4280) von der Bestandsstrecke (Str. 4020).

Gemäß der Ausführungsplanung sollte der Bodenaustausch unter weitgehender Aufrechterhaltung des Bahnbetriebs auf der Bestandsstrecke durchgeführt werden. Im unmittelbaren Sicherheitsbereich

Bild 3: 3-D-Modell eines Abschnitts der NBS mit Schallschutzwand (eingebettet in eine Punktwolke)

der Bestandsstrecke wurde der vorhandene Boden in Sperrpausen im Pilgerschrittverfahren ausgetauscht. Der Bodenaustausch außerhalb des Sicherheitsbereiches konnte anschließend ohne Beeinflussung des Bahnverkehrs durchgeführt werden.

Um das geplante Herstellungsverfahren auch bei der Bauablaufsimulation mit dem 4-D-Modell und bei der Darstellung des Kostenverlaufs mit dem 5-D-Modell realistisch abbilden zu können, mussten bereits die 3-D-Teilmodelle einen entsprechenden Detaillierungsgrad aufweisen. Die 3-D-Körper für den Bodenaushub sowie den Einbau des Austauschmaterials wurden daher bei der Modellierung gemäß ihrer Lage innerhalb bzw. außerhalb des Druckbereichs unterteilt und entsprechend attribuiert. So waren diese Körper bei der 4-D- und 5-D-Modellierung mithilfe von automatisierten Abfragen ohne großen manuellen Aufwand zu erfassen und gezielt den verschiedenen Terminvorgängen des Bauablaufplans zuzuweisen. Durch diese geometrische Detaillierung der Modelle konnten der komplexe Bauablauf und der Kostenverlauf im Abzweigbereich realistisch abgebildet werden.

Qualitätssicherung

Nach Fertigstellung der Modelle erfolgt bei OBERMEYER standardmäßig ein interner Qualitätssicherungsprozess, welcher im Rahmen der Erstellung des BIM-Abwicklungsplans intensiv mit der ARGE und der DB abgestimmt und detailliert darin beschrieben wurde. Der QS-Prozess beinhaltet einerseits eine Kollisionsprüfung zwischen den verschiedenen Körpern der einzelnen Teilmodelle und andererseits eine Attributprüfung auf Basis der abgestimmten Objekt- und Attributliste.

Für die Kollisionsprüfung werden die 3-D-Teilmodelle in der Software Navisworks Manage von Autodesk in einem Koordinationsmodell zusammengespielt und regelbasiert auf geometrische Kollisionen untersucht. Die dabei festgestellten Konflikte werden anschließend durch den QS-Prüfer eindeutig bewertet. Gemäß dieser Bewertung werden sie entweder zur Überarbeitung an den 3-D-Modellierer zurückverwiesen oder bei Geringfügigkeit durch den Prüfer genehmigt. Der gesamte Prozess inkl. Zuweisung von Arbeitsaufträgen erfolgt in einem Programm, was die Kommunikation im Projektteam vereinfacht. Innerhalb des Konfliktberichts sind alle Kommentierungen für jeden einsehbar, was den Prozess transparent und jederzeit nachvollziehbar macht. Bei Lösung von Konflikten durch Überarbeitung der Modelle wird die Konfliktliste automatisch aktualisiert. Am Ende des QS-Prozesses müssen alle Konflikte gelöst oder genehmigt sein. Nach Klärung aller Konflikte wird ein Konfliktbericht erstellt, der zusammen mit den Modellen an die ARGE und die DB zur Prüfung übergeben wird.

Nach erfolgreicher geometrischer Prüfung werden die Modelle auf Vollständigkeit und inhaltliche Richtigkeit der Attribute gemäß der abgestimmten und im BIM-Awicklungsplan hinterlegten Objektarten- und Attributliste geprüft. Dies erfolgt ebenfalls mit der Software Navisworks Manage unter Nutzung von vordefinierten Auswahlsätzen. Im

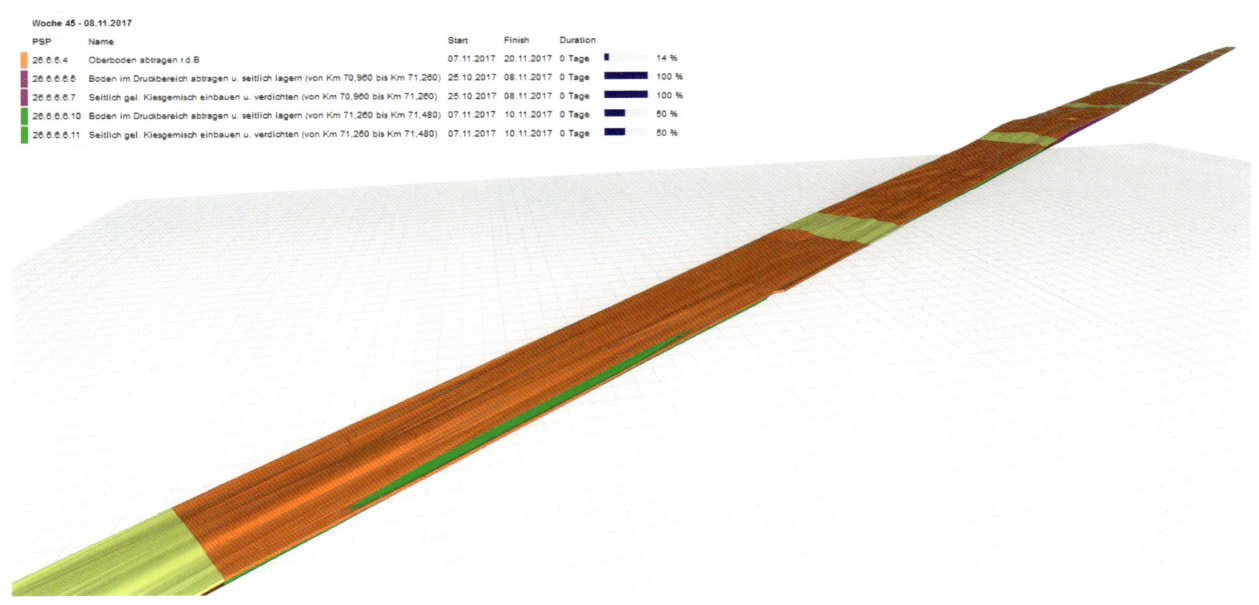

Bild 4: Bauablaufsimulation anhand des 4-D Modells vom Bodenaustausch im Abzweigbereich der NBS

Bedarfsfall werden fehlende Attribute ergänzt und die Modelle nochmals geprüft.

Nach bestandener Geometrie- und Attributprüfung werden die OBERMEYER-intern qualitätsgesicherten Modelle auf die gemeinsame Datenplattform hochgeladen und in den Workflow für die gemeinsame Planungskoordination von DB, ARGE und OBERMEYER gesendet.

Planungskoordination

Die gemeinsame Planungskoordination erfolgt i. d. R. bei einem Vor-Ort-Termin im BIM Lab der DB in Karlsruhe. Im Rahmen der Planungskoordination werden die zu koordinierenden Modelle mit Hilfe des internen Viewers der gemeinsamen Datenplattform und der nativen Modellierungssoftware gemeinsam gesichtet. Dabei wird auch der Konfliktbericht der OBERMEYER-internen Qualitätssicherung durchgesprochen. Nicht von OBERMEYER zu lösende Konflikte werden diskutiert und der Umgang mit diesen Konflikten wird gemeinsam festgelegt.

Bei Bedarf werden die Modelle nochmals überarbeitet und bei einem Folgetermin erneut koordiniert. Erst wenn alle Projektbeteiligten mit den Modellen zufrieden sind, werden sie über den gemeinsam festgelegten Workflow auf der Datenplattform des Projekts (CDE) zur Nutzung für die nachfolgenden Prozesse der modellbasierten Projektsteuerung freigegeben.

Ausblick

Das erste Projektjahr war vor allem durch den intensiven Abstimmungsprozess zur Erstellung des BIM-Abwicklungsplans, den zugehörigen Prozessen sowie der Objekt- und Attributliste der Modelle geprägt. Außerdem wurden die ersten Modelle (3-D/4-D/5-D) erfolgreich erstellt und über den Workflow auf der gemeinsamen Datenplattform für die modellbasierte Projektsteuerung freigegeben.

Im zweiten Projektjahr werden vor allem weitere Modelle gemäß dem vorgesehenen Planlaufprozess der Ausführungsplanung erstellt und zum Vergleich mit der tatsächlichen Bauausführung auf

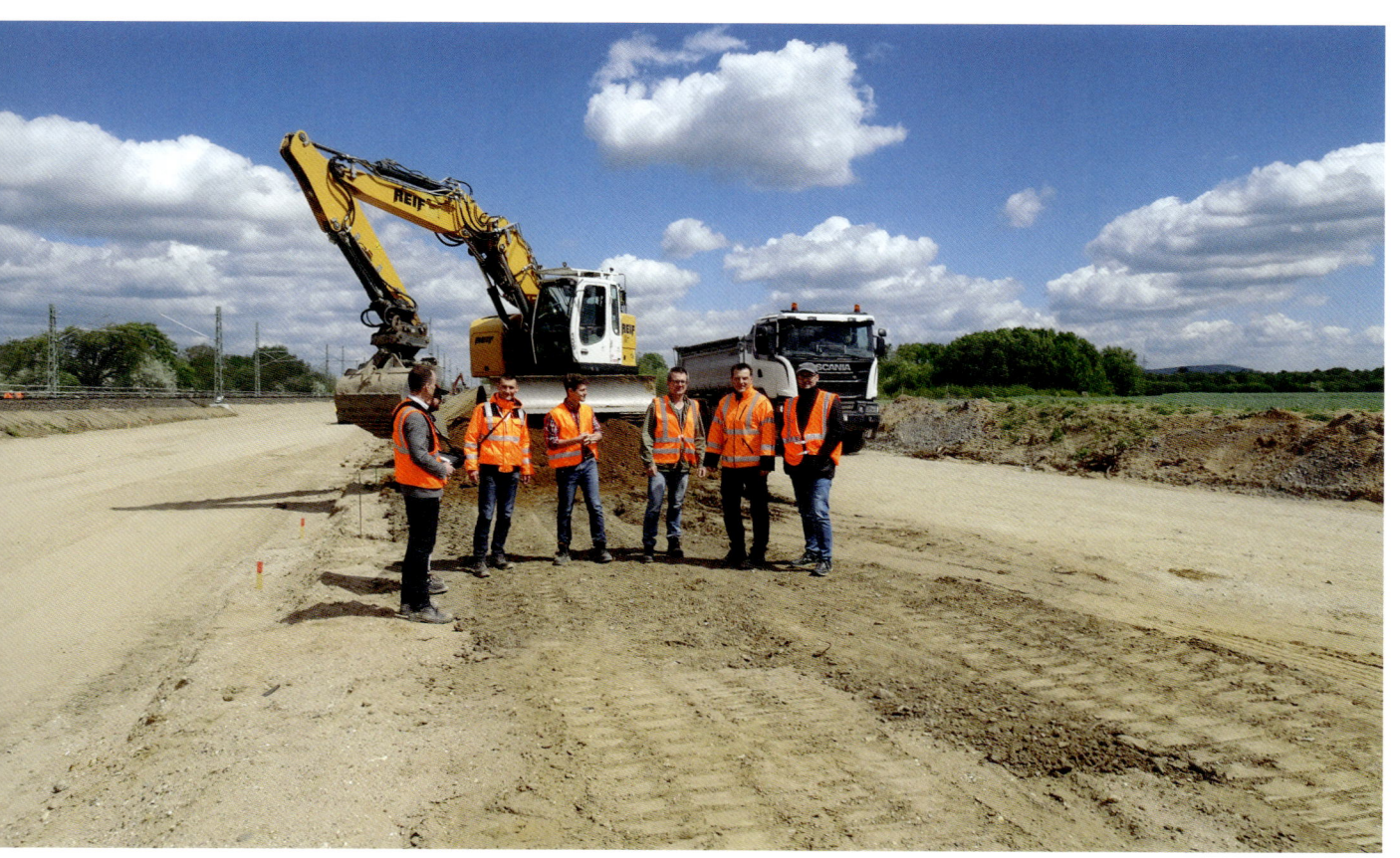

Bild 5: Baustellenreview

der Baustelle genutzt. Dazu werden, wie bereits begonnen, monatlich gemeinsame Baustellenreviews durchgeführt, bei denen der Ist-Zustand der verschiedenen Anlagen mittels einer Baustellenbegehung der Projektbeteiligten erfasst wird. Die so erfassten Daten fließen in einen Ist-Terminplan, wobei der tatsächliche Anfangstermin sowie der prognostizierte Endtermin gemäß dem auf der Baustelle beobachteten Baufortschritt der einzelnen Terminvorgänge fortgeschrieben werden. Die Ist-Termine werden im Terminplan mit den Soll-Terminen verglichen. Die dabei festgestellten Abweichungen und deren Gründe werden während des Ortstermins im Baubüro der ARGE gemeinsam diskutiert. Der Ist-Terminplan dient anschließend als Grundlage für die Erstellung von Ist-Modellen (4-D/5-D), welche mit den Soll-Modellen verglichen werden können. Die Modelle ermöglichen eine visuelle Baufortschrittskontrolle (4-D) und stichtagsgenaue Earned-Value-Betrachtung.

Fazit aus Sicht der ausführenden Bauunternehmen

Nach den ersten gesammelten Erfahrungen lässt sich aus unserer Sicht bereits feststellen, dass die Anwendung der BIM-Methodik zu einer verbesserten Projekt- und Leistungsbeschreibung schon in der Ausschreibungsphase führen wird. Dies bedeutet für Auftragnehmer eine bessere Übersicht und Transparenz der zu erbringenden Leistungen unmittelbar in der Kalkulationsphase. Des Weiteren führt dies zu einem reduzierten Terminrisiko sowie zu einer stabilen Projektkostengarantie in der Bauausführung.

Die Baustellen- und Ressourcensteuerung wird sich im Zuge der BIM-Methodik ebenfalls erheblich verbessern, da durch das Modell nicht nur eine bessere Übersicht der zu erbringenden Leistungen entsteht, sondern auch, weil durch die Verknüpfung des 3-D-Modells mit dem Terminplan alle zeitlich relevanten Abhängigkeiten darstellbar sind. Dadurch werden evtl. Kollisionen und Behinderungen in den Einzelgewerken frühzeitig erkannt und können vermieden werden.

Ein einheitlicher und gewerkübergreifender Projektinformationsstand für alle Beteiligten („Wer baut was, wann und wo?") kann bei heutigen Bauvorhaben in der Realität oftmals schwierig sein. Hier wird die Anwendung der BIM-Methodik durch das gemeinsame Visualisieren der Einzelabläufe ebenfalls eine deutliche Verbesserung in der Kommunikation zwischen den Projektbeteiligten erzeugen.

Wir sind heute davon überzeugt, dass die Anwendung in naher Zukunft die Bauprozesse von Infrastrukturprojekten noch deutlicher verbessern wird. Dies führt sowohl zu einer effizienteren Abwicklung von komplexen Bauprojekten, als auch zu einer höheren Ausführungsqualität sowie zu einer kosten- und termintreueren Bauausführung. Alle am BIM-Pilotprojekt beteiligten Unternehmen (Planer, Bauausführung, Auftraggeber) bereiten sich heute bereits intensiv auf die Zukunft vor. Jedoch liegen nach unserer Einschätzung noch große Herausforderungen vor uns, insbesondere in Bezug auf kompatible Softwareanwendungen und verlustfreie Datenaustauschformate, um solch große Infrastrukturprojekte auch im 5-D-Kontext der Projektsteuerung noch einfacher umsetzen zu können.

Dipl.-Ing. Bastian Schütt
BIM Manager,
DB Netz AG
bastian.schuett@deutschebahn.com

Dipl.-Ing. Steffen Scharun
Fachbereichsleiter Oberbau/
BIM Koordinator,
OBERMEYER Planen + Beraten GmbH
steffen.scharun@opb.de

Technicien Superieur Valentin Beill
Abteilungsleiter Schienenverkehrswegebau,
Grötz GmbH & Co. KG
valentin.beill@groetz.de

Ausbau Stendal–Uelzen im BIM-Pilotprojekt

Im BIM-Pilotprojekt Einbindung Stendal wird die Methodik des Building Information Modeling ganzheitlich für die Bestandsaufnahmen, Grundlagenermittlung und Vorplanung eingesetzt. Auftraggeberseitige Vorgaben in der Ausschreibung und eine qualitätsorientierte Vergabe für die BIM-Leistungen sorgen für eine stringente Umsetzung im Planungsteam, bestehend aus einer Ingenieurgemeinschaft, mehreren Gutachtern und Fachplanern sowie dem Projektmanagement der DB Netz AG.

Bild 1: Screenshot aus dem BIM-Modell der INGE Sweco/E+B/BuP

Projektbeschreibung und Anwendung der BIM-Methodik

Die Eisenbahnstrecke Stendal-Uelzen ging im Jahr 1873 in Betrieb. Sie stellte bis zum Ende des 2. Weltkriegs eine wichtige Verbindung zwischen den norddeutschen Seehäfen und Mitteldeutschland dar. Mit der deutschen Teilung wurde die Strecke unterbrochen und eines der beiden Streckengleise als Reparationsleistung zurückgebaut. Nach der Wiedervereinigung wurde der Wiederaufbau der Strecke in die Verkehrsprojekte Deutsche Einheit (VDE) als Projekt Nr. 3 aufgenommen. Im Jahr 1999 ging die eingleisig neu aufgebaute und elektrifizierte Strecke in Betrieb.

Die vollständige zweigleisige Streckenführung wurde im Rahmen dieses VDE-Projekts nicht mehr weiterverfolgt. Das Planrecht für den zweigleisigen Ausbau (Elektrifizierung und Anpassung der Infrastruktur) wurde in der Planungsphase jedoch bis auf die Einbindung in den Bahnhof Stendal erteilt und ist heute noch bestandskräftig. Mit Inkraftsetzung des Bundesverkehrswegeplans 2030 konnte der restliche zweigleisige Vollausbau der Strecke zwischen Stendal und Uelzen (2. Baustufe) in das Projekt ABS Uelzen–Stendal–Magdeburg–Halle (Ostkorridor Nord) in den vordringlichen Bedarf zur Engpassbeseitigung aufgenommen werden.

Bild 2: Vorgehen zur BIM-Vergabe

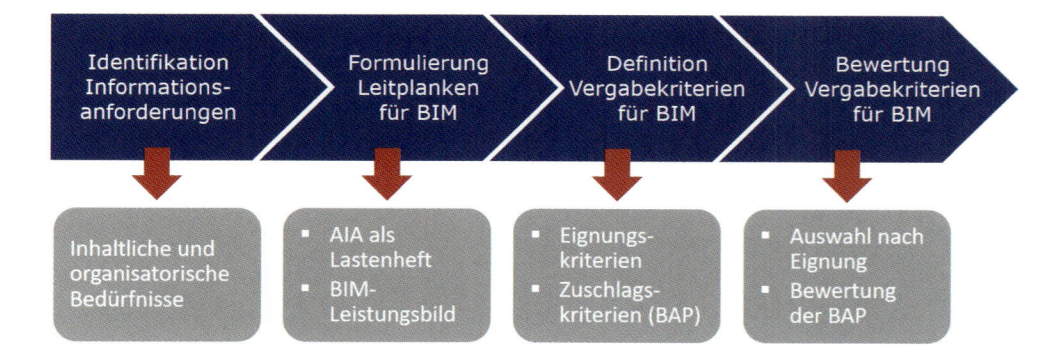

Identifikation Informationsanforderungen → **Formulierung Leitplanken für BIM** → **Definition Vergabekriterien für BIM** → **Bewertung Vergabekriterien für BIM**

- Inhaltliche und organisatorische Bedürfnisse
- AIA als Lastenheft
- BIM-Leistungsbild
- Eignungskriterien
- Zuschlagskriterien (BAP)
- Auswahl nach Eignung
- Bewertung der BAP

Die Einbindung in den Bahnhof Stendal wird als BIM-Pilotprojekt von der Leistungsphase 1 bis 2 parallel in BIM und konventionell geplant. Dieser Planungsabschnitt beinhaltet die Optimierung des Bahnknotens sowie die Einbindung der Strecke Stendal-Uelzen bis zum km 8,9. Dies ist auch gleichzeitig der Bereich, für den im Rahmen der VDE 3 kein Planrecht für den zweigleisigen Ausbau beantragt wurde.

Die Startphase eines Projekts legt den Grundstein für dessen Umsetzung. Gerade bei der Einführung neuer Methoden wie dem Building Information Modeling ist ein stringenter Projektansatz unabdingbar. Das Vorgehensmodell zur vergaberechtskonformen Ausschreibung und Bieterauswahl bei BIM-Projekten strukturiert das Vorgehen der Auftraggeberseite in vier erprobten Schritten inklusive Ergebnissen. Bei der Identifikation der Informationsanforderungen des Bauherrn, werden dessen inhaltliche und organisatorische Bedürfnisse strukturiert erfasst.

Nach Zuschlagserteilung ist es wichtig, die Umsetzung der vereinbarten Informationsanforderungen und der zugehörigen BIM-Abwicklung sicherzustellen. Gerade wenn Auftraggeber und Auftragnehmer hier noch keinen breiten Erfahrungsschatz haben, besteht die Notwendigkeit, die wechselseitigen Möglichkeiten und Anforderungen zu verstehen. Hierzu wurden zum Projektstart mit Konformitätstests durchgeführt, um die Umsetzung der AIA und BAP beispielhaft durchzuspielen. Im Nachgang setzte das BIM-Management digitale Planungsbesprechungen und modellbasierter Qualitätssicherung auf, so dass die BIM-Methodik im Planungsalltag verankert wurde.

Ausschreibungsunterlage mit Informationsbedarf und Anwendungsfällen für die BIM-Methodik

Im Zuge der Vorbereitung für die Vergabe der BIM-Planungsleistungen wurden im Rahmen mehrerer Workshops mit den Stakeholdern des Projekts zunächst die technischen und kaufmännischen Informationsbedarfe sowie die Organisation und Abläufe im Projektmanagement der DB Netz AG im Großprojekt Stendal-Uelzen identifiziert.

Daraus ergaben sich dann direkt die AIA, die als Lastenheft die Vorgaben des Auftraggebers festhalten, ohne den Auftragnehmer in der Gestaltung seiner Umsetzung zu sehr einzuschränken. Die AIA wurden Bestandteil der Ausschreibung und dienten für die Bieter als Basis für die Formulierung eines BIM-Abwicklungsplans. Die Anwendungsfälle wurden bewusst als eigenständiges BIM-Leistungsbild je HOAI-Leistungsphase formuliert. So konnten die Bieter die geforderte Umsetzung der BIM-Methodik konkret erfassen und einpreisen.

Heute ist das Konzept der AIA und des BAP ein fester Bestandteil maßgeblicher Normen und Leitfäden für die Anwendung der Methodik des Building Information Modeling: So sind die die AIA sowohl im BIM-Prozess gemäß dem British Standard als auch im BIM-Referenz-Prozess des BMVI-Stufenplans verankert. Das AIA-BAP-Konzept funktioniert analog zum Lasten- und Pflichtenheft nach DIN 69901-5.

Die Informationsanforderungen sind sowohl inhaltlicher als auch prozessualer und informationstechnischer Natur. Die Informationsanforderungen umfassen daher zum einen Anforderungen an die Daten und deren Semantik für die verschiedenen Planungs- und Freigabestufen, die Realisierung sowie die Baudokumentation, zum anderen aber auch Prozesse, Verantwortlichkeiten und Formate bzw. Schnittstellen für die medienbruchfreie Übergabe an IT-Systeme.

Besonderes Augenmerk lag auf der Vorgabe der Modellinhalte hinsichtlich Genauigkeit, Granularität und Inhalt. Diese wurden für die Datenübergabepunkte in den HOAI-Lph 1 und 2 über die LOD 100, 150 und 200 definiert und durch entsprechende Tabellen im Anhang spezifiziert. Um

Bild 3: AIA-BAP-Systematik in der BIM-Methode

Informationsbedarf des Bauherrn
für Finanzierung, Realisierung und Betrieb

BIM-Manager formuliert Vorgaben des Bauherrn

Erstellung und Implementierung BIM-Abwicklungsplan
durch den Objektplaner und die Fachplaner

AUFTRAGGEBER-INFORMATIONS-ANFORDERUNGEN (AIA)

- Anforderungen an den **Informationsgehalt der Modelle** (LOD – Level of Development)
- Grundsätze der **Modellstruktur** und Vorgaben zu **Datenformaten**
- Anforderungen an eine **gemeinsame Datenumgebung** als Grundlage des digitalen Informationsmanagements
- **Rollen und Verantwortlichkeiten** im Rahmen des Informationsmanagements

die Nutzung der Informationen in den Objekten des Modells optimal nutzen zu können, wurden darüber hinaus kaufmännische und technische Strukturen für die Aufstellung und Auswertung der Modelle definiert.

Die AIA umfassen Vorgaben zu den Inhalten, der Organisation und der IT für die modellbasierte Planung und das digitale Informationsmanagement. Diese wurden wie folgt gegliedert:

- Organisation
- Modellierung
- Informationsmanagement
- Projektaufsatz und Testfälle
- Anhang: Level of Development und Modellstruktur

Zugleich enthalten die AIA Vorgaben für das Informationsmanagement: Die Aufgaben und Verantwortlichkeiten sowie Abläufe und wichtige Meilensteine werden angegeben. Zugleich wird in der Regel eine gemeinsame Arbeitsumgebung (CDE – Common Data Environment) als zentrale Datendrehscheibe vorgegeben. Bei einer vollständigen Umsetzung der BIM-Methodik fungiert diese als einzig relevante Informationsquelle (SSoT – Single Source of Truth). Außerdem stellt die Kollaboration der Planer und aller Projektbeteiligten einen Schwerpunkt dar. Dabei kommen die vom BMVI favorisierten open BIM-Formate IFC und BCF erfolgreich zum Einsatz.

Als Ergebnis der Informationsanforderungen ergibt sich oft auch aufseiten des Auftraggebers die Notwendigkeit, entsprechende Voraussetzungen für die Anwendung der BIM-Methodik zu treffen, sei es durch die Adaption bestehender Prozesse, die Qualifikation der Mitarbeiter oder die Erweiterung der IT-Landschaft.

Ergänzt wird dies oft durch die Bewertung bekannter BIM-Anwendungsfälle in Bezug auf die projektspezifischen Ziele. Hier sollten neben der Machbarkeit stets auch das Kosten-Nutzen-Verhältnis betrachtet werden. Insbesondere sind nicht alle Anwendungsfälle in jeder Leistungsphase relevant.

Das BIM-Leistungsbild definiert die BIM-Anwendungsfälle je HOAI-Leistungsphase. Damit wird die Umsetzung der BIM-Methodik im Zusammenhang mit dem Planungsprozess entsprechend der HOAI festgelegt. Der Auftraggeber formuliert damit konkrete Leitplanken, was er im Zuge der Umsetzung des Building Information Modeling erwartet. Dies ermöglicht es dem Planer, sich bereits im Rahmen der Angebotserstellung auf die BIM-Anwendung einzustellen.

Qualitätskriterien bei der Vergabe von BIM-Leistungen

Um geeignete Bieter für das BIM-Pilotprojekt zu identifizieren, wurde BIM sowohl in den Eignungskriterien des Teilnahmewettbewerbs als auch als Qualitätskriterium im Rahmen des Zuschlags verankert. Damit wird sichergestellt, dass nicht der vordergründig günstigste Bieter, sondern der gesamthaft wirtschaftlichste Bieter mit der Planungsleistung beauftragt wird.

Im Geltungsbereich des Vergaberechts erfolgt dies oft im Zuge eines zweistufigen Verfahrens. Dabei erfolgt zunächst ein Teilnahmewettbewerb, bei dem die Bieter über Eignungskriterien ihre Qualifikation hinsichtlich der BIM-Methodik und der technischen Planungsinhalte nachweisen. Wer diese entsprechend erfüllt, wird zur Angebotsabgabe aufgefordert. Im Bieterwettbewerb sind dann neben einem preislichen Angebot auch Angaben

Teilnahmeanträge → Qualifizierte Bieter

Mindestanforderung zur BIM-Methodik als Eignungskriterien für die Bieter

- **Lebensläufe** zum Nachweis der Qualifikation von Schlüsselpersonalen bezüglich BIM
- Erklärungen zur Bereitstellung **adäquater IT** (Hard- und Software)
- **Projektreferenz** BIM zum Nachweis des KnowHows des Unternehmens

Bieterwettbewerb → Bester Bieter (Wirtschaftlich = Preis + Qualität)

Wertung des BIM-Abwicklungsplans als Zuschlagskriterium „BIM-Qualität"

- Abläufe zur objektorientierten **Modellierung**
- Konzeption des **Informationsmanagements**
- Modellbasierte **Qualitätssicherung**
- IT-Lösungen inkl. **Formate** und **Schnittstellen**

Bild 4: Anwendung von Qualitätskriterien in der BIM-Vergabe

und Konzepte gefordert, um die projektspezifische Qualität der Leistungen des Bieters werten zu können.

Die Eignungskriterien im Teilnahmewettbewerb dienen zur Prüfung der Eignung des Bieters für die Planungsaufgaben sowie die Anwendung der BIM-Methodik, wobei der BIM-Reifegrad im deutschen Markt zu berücksichtigen war und ist. Als qualitatives Zuschlagskriterium für BIM hat sich die Bewertung eines von den Bietern aufzustellenden BIM-Abwicklungsplans (BAP) bewährt. Anhand des BAP kann der Auftraggeber gut ablesen, ob die AIA in seinem Sinne verstanden wurden und ob deren Erfüllung mit dem geplanten Vorgehen realistisch ist. Zugleich setzen sich die Bieter bereits in der Angebotsphase mit dem digitalen Informationsmanagement für BIM auseinander.

Die Wertung der Vergabekriterien muss für alle Bieter transparent sein. Dies gilt für die Eindeutigkeit der Anforderungen, aber auch für die Nachvollziehbarkeit der Wertung der einzelnen Kriterien. Beim Teilnahmewettbewerb müssen die Eignungskriterien sowohl inhaltlich als auch formal vollständig erfüllt werden sein. Ansonsten wird der Bieter nicht zur Angebotsabgabe aufgefordert. Im Bieterwettbewerb werden die Zuschlagskriterien dagegen nach dem Erfüllungsgrad und der zu erwartenden Qualität der Leistungserbringung gewertet. Die entsprechenden Wertungskriterien und Wertungsgrade werden den Bietern bereits im Zuge der Aufforderung zur Angebotsabgabe mitgeteilt.

Integration der BIM-Methodik beim Projektstart

Im Zuge des Projektstarts ist der BIM-Abwicklungsplan der beauftragten Bietergemeinschaft fortzuschreiben. Strukturen, Abläufe, Formate und Inhalte sind durchgängig festzulegen und mit dem Auftraggeber abzustimmen. Dies erfolgt durch den planungsseitig federführenden BIM-Koordinator in Abstimmung mit den Fachplanern und deren BIM-Beauftragten.

Parallel werden Konformitätstest für die Prozesse und IT-Landschaft des BIM-Pilotprojekts durchgeführt. Ziel ist es, die Funktion aller Schnittstellen und Datenübergaben im Zusammenspiel aller IT-Lösungen und eines CDE als gemeinsame Datenumgebung zu prüfen. Durch praxisorientierte Testfälle und die Vorstellung des BIM-Abwicklungsplans werden so alle Planungsbeteiligten mit der BIM-Methodik vertraut gemacht.

Darauf aufbauend werden die Planungsbesprechungen, das Informationsmanagement und die Qualitätssicherung auf Basis digitaler Modelldaten etabliert. Das modellbasierte Informationsmanagement zwischen allen Fachdisziplinen und digitale Planungsbesprechungen, sogenannte Virtual Design Reviews, dienen der Etablierung der BIM-Methodik im Planungsalltag. Modelle helfen hier, die Informationen stringent zu organisieren und in den Besprechungen ein gemeinsames Verständnis des Planungsgegenstands zwischen allen Beteiligten zu erreichen. Abschließend garantiert die in Bild 5 dargestellte mehrstufige modellbasierte Qualitätssicherung, dass die Modelle sowohl informationstechnologisch als fachtechnisch den Anforderungen der AIA und des BAP entsprechen.

Fazit: Vorteile und Herausforderungen der BIM-Methodik

Die Einführung der digitalen Methode des Building Information Modeling bietet große Chancen für

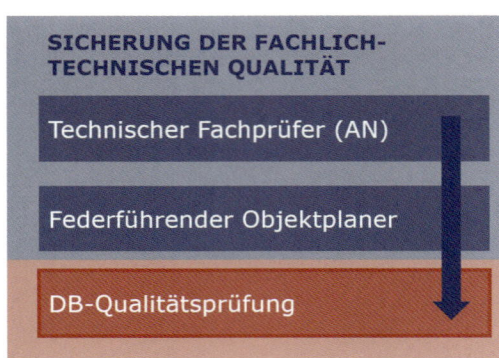

Bild 5: Konzeption der Qualitätssicherung für die BIM-Methodik

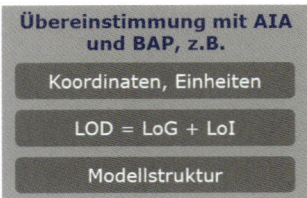

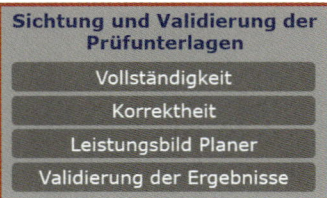

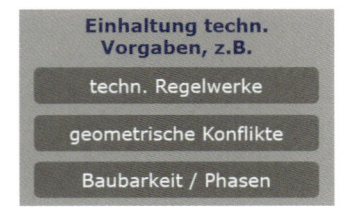

SICHERUNG DER MODELLIERUNGS- UND DATENQUALITÄT	SICHERUNG DER FACHLICH-TECHNISCHEN QUALITÄT
BIM-Fachkoordinator	Technischer Fachprüfer (AN)
BIM-Gesamtkoordinator	Federführender Objektplaner
BIM-Manager	DB-Qualitätsprüfung

Übereinstimmung mit AIA und BAP, z.B.
- Koordinaten, Einheiten
- LOD = LoG + LoI
- Modellstruktur

Sichtung und Validierung der Prüfunterlagen
- Vollständigkeit
- Korrektheit
- Leistungsbild Planer
- Validierung der Ergebnisse

Einhaltung techn. Vorgaben, z.B.
- techn. Regelwerke
- geometrische Konflikte
- Baubarkeit / Phasen

die Qualität und Effizienz in den Planungsprozessen für große Infrastrukturprojekte. Im Zentrum stehen dabei ein effektives digitales Informationsmanagement sowie eine Stärkung der Transparenz und Partnerschaftlichkeit. Zugleich stellt die digitale Planungsmethodik die Beteiligten vor Herausforderungen: Denn, BIM erfordert Veränderungen bei den Abläufen und dem Einsatz neuer IT-Werkzeuge.

Das beschriebene Vorgehen sorgt durch die frühzeitige Einbindung der Stakeholder für ein vertieftes Verständnis und die zielgerichtete Anwendung der BIM-Methodik. Zugleich sorgen die klare Formulierung der Anforderungen und die rechtzeitige Auseinandersetzung der Planer mit den Anwendungsfällen für ein gemeinsames Verständnis von BIM. So können die Vorteile der BIM-Methodik optimal genutzt und die Herausforderungen bewältigt werden.

Dr. Marcus Schenkel
Vorstandsressort Netzplanung und Großprojekte, DB Netz AG
Leiter Großprojekte Südost und Großprojekt VDE 8
marcus.schenkel@deutschebahn.com

Dr. Matthias Bergmann
Geschäftsführer, albert.ing GmbH
m.bergmann@albert-ing.com

53

Linienbestimmung für eine neue Eisenbahnstrecke

Der wohl schwerwiegendste Engpass in der Mitte des deutschen Eisenbahnnetzes befindet sich südwestlich von Fulda im Kinzigtal. Die Kinzigtalbahn zwischen Hanau und Fulda ist eine der am stärksten befahrenen Bahnstrecken Deutschlands.

Bild 1: Ansichten mit verschiedenen Bestandsdaten aus dem KorFin® Gesamtmodell

Mit engen Kurvenradien bremst sie unter anderem bei Schlüchtern (Bild 1) nicht nur den schnellen Personenfernverkehr aus, sondern führt mit Überholungen und Folgeverspätungen auch zu einem unpünktlichen, unattraktiven Personennahverkehr. Täglich verkehren dort mehr als 300 Personen- und Güterverkehrszüge und schon 2008 musste ein Teil der Strecke zum überlasteten Schienenweg erklärt werden, da der Nachfrage nach Zugtrassen nicht mehr entsprochen werden konnte.

Bereits vor dem Jahr 2000 begannen erste Planungen zur Beseitigung dieses Engpasses. Sowohl im Bundesverkehrswegeplan (BVWP) 2003 als auch im neuen BVWP 2030 ist das Projekt ABS/NBS Hanau–Würzburg/Fulda–Erfurt unter „vordringlicher Bedarf" eingeordnet. Ziele des Projekts sind die Entmischung der schnellen und langsamen Verkehre, die Beschleunigung des Personenfernverkehrs und die Schaffung ausreichender Trassenkapazitäten für die künftige Verkehrsentwicklung.

Mit Klärung der Finanzierung der Planungskosten konnten 2013 im Regionalbereich Mitte der DB Netz AG die Planungen für die in Bild 2 dargestellten Projektteile ABS Hanau–Gelnhausen und NBS im Suchraum nordöstlich von Gelnhausen neu beginnen. Während sich zwischen Hanau und Gelnhausen ein Ausbau der mit nur zwei Bögen nahezu schnurgeraden Strecke als Ausbaustrecke auf 230 km/h aufdrängte, sind die Verhältnisse nordöstlich von Gelnhausen zwischen Spessart und Vogelsberg völlig anders. Hier schlängelt sich die Bestandsstrecke in engen Bögen entlang des Kinzigtals und eine Ausbaustrecke kann die notwendige Beschleunigung des Personenfernverkehrs nicht erreichen. Somit war ein Suchraum nordöstlich von Gelnhausen zu definieren, in dem die Fahrzeitziele grundsätzlich erreichbar sind und in dem unter Berücksichtigung von raumordnerischen, umweltbezogenen, verkehrlichen und wirtschaftlichen Kriterien eine Linienführung für eine zweigleisige Neubaustrecke zu finden war.

Bild 2: Suchraum für die Streckenführung nach Fulda beziehungsweise zur Schnellfahrstrecke Fulda–Würzburg

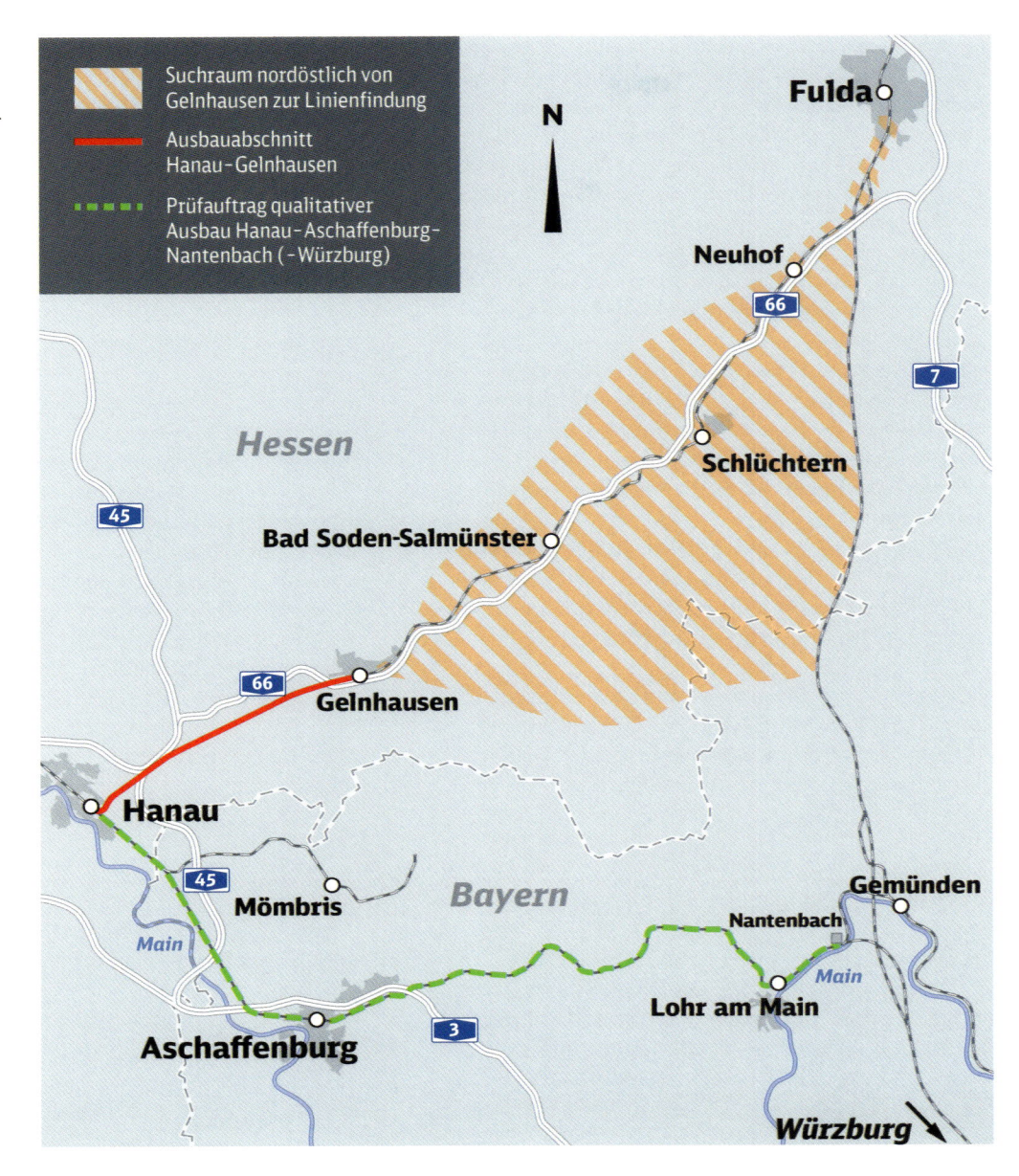

Geografisch ist der so gewählte Suchraum durch das Kinzigtal, den Nordspessart und das Vogelsbergvorland geprägt. Aufgrund der topographischen Voraussetzungen dieser Mittelgebirgslandschaft ergab sich, dass für schnelle Eisenbahntrassen hier Tunnel und Brücken notwendig sein werden und daher für die Planung frühzeitig ein 3-D-Modell einzubeziehen ist. Maßgebliche Einflüsse auf die Planung haben, neben den topographischen Verhältnissen, die spezifischen Gegebenheiten sowohl des Kinzigtals mit seinen Siedlungen, Heilbädern, naturnahen Gewässern, Überschwemmungsgebieten, dem Kinzigstausee, den vielen FFH-Gebieten und wertvollen Biotopen in der Aue als auch des Spessarts mit den dort vorhandenen Natura-2000-Gebieten sowie Wasser- und Heilwasserschutzgebieten in den noch unzerschnittenen Lebensräumen.

Aus Planungsauftrag und Antragskonferenz zum Raumordnungsverfahren ergaben sich komplexe Anforderungen an das Neubauprojekt – sowohl umweltseitig als auch bautechnisch und kommunikativ:

▌ Suchraum von ca. 700 km², in dem alle Aspekte der Raumordnung und alle Schutzgüter der Umwelt zu erfassen waren mit Zuständigkeiten der hessischen Regierungspräsidien Kassel und Darmstadt sowie der bayerischen Regierung Unterfranken als Raumordnungsbehörden
▌ Suche nach einer Linienführung in einem 3-D-Modell – das heißt, räumliche Trassenplanung online mit geeigneten Radien und Neigungen unter Berücksichtigung der bewegten Geographie, der Raumwiderstände aus Umwelt und Raumordnung sowie mit Mengen- und Kostenermittlung

- Entwicklung aller ins Auge fallenden Varianten, Einbeziehung aller bekannten historischen Trassenvorschläge in das 3-D-Modell mit technisch genehmigungsfähigen Linienführungen und deren Kombinationsmöglichkeiten über Segmente zwischen Gelenkpunkten und deren Verdichtung und Abschichtung zu weiter zu verfolgenden Varianten
- Ableitung von Nutzenkomponenten wie Geschwindigkeiten, Neigungsprofilen, Fahrzeiten und Fahrlängen
- direkte vergleichende Bewertung der entwickelten Varianten hinsichtlich der Schutzgüter der Umwelt einschließlich Schall, der Belange der Raumordnung sowie der verkehrlichen und wirtschaftlichen einschließlich der bauzeitlichen Aspekte
- Möglichkeit weiterer logischer Parametrisierung von Bestand und Planung sowie Erweiterbarkeit für aktuelle und spätere Auswertungen im Sinne von Künstliche-Intelligenz-Schablonen (KI) zur Planungsbeschleunigung
- durchgängige Transparenz und offene Diskussion des Planungsstands mit der Öffentlichkeit in einem Dialogforum sowie vertiefenden Arbeitsgruppen und Planungs-Workshops.

Digitales Projektmodell

Der große Suchraum stellt hohe Ansprüche an Methoden und Werkzeuge der Planung und sollte als dynamisches Datenmodell aus Bestand und Planung mit allen Umwelt- und raumordnerischen sowie technischen Aspekten erstellt werden. Dieses Datenmodell sollte während des Planungsprozesses iterativ fortgeschrieben werden.

Alle Fachdaten sollten von Beginn an in einer einheitlichen Umgebung in einer der Planungsstufe entsprechenden Tiefe verfügbar sein. Zur Nachvollziehbarkeit sollte ein Variantenbuch geführt werden. Die Fachdaten sollten zu Fachmodellen mit bahntypisch weiter nutzbaren Strukturen automatisiert entwickelt werden.

Dabei wurde eine Lösung gesucht die den Gedanken der Digitalisierung und schrittweisen Vertiefung aller Planungsaspekte bis hin zur automatisierten Mengen- und Kostenauswertung sowie Integration vorhandener linienförmiger Infrastrukturen – Eisenbahn, Straße und Freileitungen bauzeitlichen und baulogistischen Validierung im Sinne der 5-D-Technologie zusammenführt. Nach Vergleich verschiedener vorhandener Standardlösungen und Gesprächen mit Herstellern und Anwendern wurde KorFin® als auf dem Markt verfügbare und diesen Anforderungen weitgehend bereits entsprechende Software identifiziert und eingesetzt.

Bestand

Allgemeine Bestandsdaten:

- DGM 10 mit digitalen Orthophotos und topographischen Karten sowie IVL-Plänen

Bild 3: Integration vorhandener linienförmiger Infrastrukturen – Eisenbahn, Straße und Freileitungen

- Bebauung aus 115.000 Gebäuden im City-GML-Format

GIS-spezifische Daten:
- Flächen inklusive Attribute für Umwelt- und Raumordnung (ca. 150.000 Einheiten)
- dynamische Ableitung von vier Raumwiderstandsklassen (I-IVa/b, je für Umwelt und Raumordnung sowie für ober- und unterirdisch getrennt) mit Bezug auf die originalen Umwelt- und Raumordnungsflächen insbesondere bei mehrfacher Überschneidung der Grundthemen (ca. 250.000 Einheiten)
- Biotoptypenkartierung
- öffentliche Statistik der Einwohnerdaten
- Liegenschaftskataster, ALK-Informationen und Flächennutzungspläne
- spätere mögliche Baustelleneinrichtungsflächen

Digitale Infrastruktur (Bild 3):
- Bestandsstrecken der Bahn in unterschiedlichen Aufbereitungen und Formaten
- Straßeninfrastruktur in Bündelungs- und Kreuzungsbereichen einschließlich Planungen
- Freileitungsinfrastruktur in den Bündelungs- und Kreuzungsbereichen (Übertragungs- und Verteilnetz)
- Lärmschutzeinrichtungen

Baugrund und Geologie:
- Geologische und hydrogeologische Karten
- Baugrunderkundungen und Baugrundlängsschnitte

Damit entstand das größte Bestands-GIS, das die DB in dieser Planungsstufe bisher aufgestellt hat.

Planung

Raumwiderstandsklassen

Für die Flächen, die mit Umweltschutzgütern bzw. mit Belangen der Raumordnung belegt sind wurden durch die Planungsgemeinschaft entsprechend der in der Antragskonferenz mit den Behörden abgestimmten Zuordnung die Raumwiderstände in den Klassen I bis IVa/b funktional abgeleitet. „Funktional" bedeutet, dass sich bei einer Aktualisierung der Grunddaten oder Neueinstufung eines Themas der Raumwiderstand automatisch anpasst. Darüber hinaus bleibt die „Konstruktion" der Raumwiderstandsfläche inklusive der Bezüge zu den originalen Flächen für die spätere GIS-Auswertung erhalten. Die Raumwiderstände sind dabei sowohl für die ober- als auch für die unterirdischen Bereiche sowie für Raumordnung und Umwelt in jeweils vier Klassen (Klassen II bis IVa/b – Klasse I war gering bis sehr gering bzw. nicht quantifizierbar) zugeordnet worden – also waren insgesamt 16 Raumwiderstandsklassen zu definieren und zu verwalten.

Bestimmung von Grobkorridoren

Aus einer ersten Einschätzung der Raumwiderstände, die sich aus Umweltschutzgütern und Belangen der Raumordnung ober- und unterirdisch ergaben, wurden Grobkorridore abgegrenzt. Hierbei ging es vorerst um die weiträumige Betrachtung großer Gebiete, in denen höchste Raumwiderstände wie Siedlungsgebiete und Heilquellenschutzgebiete möglichst nicht enthalten sein sollten. Vorausset-

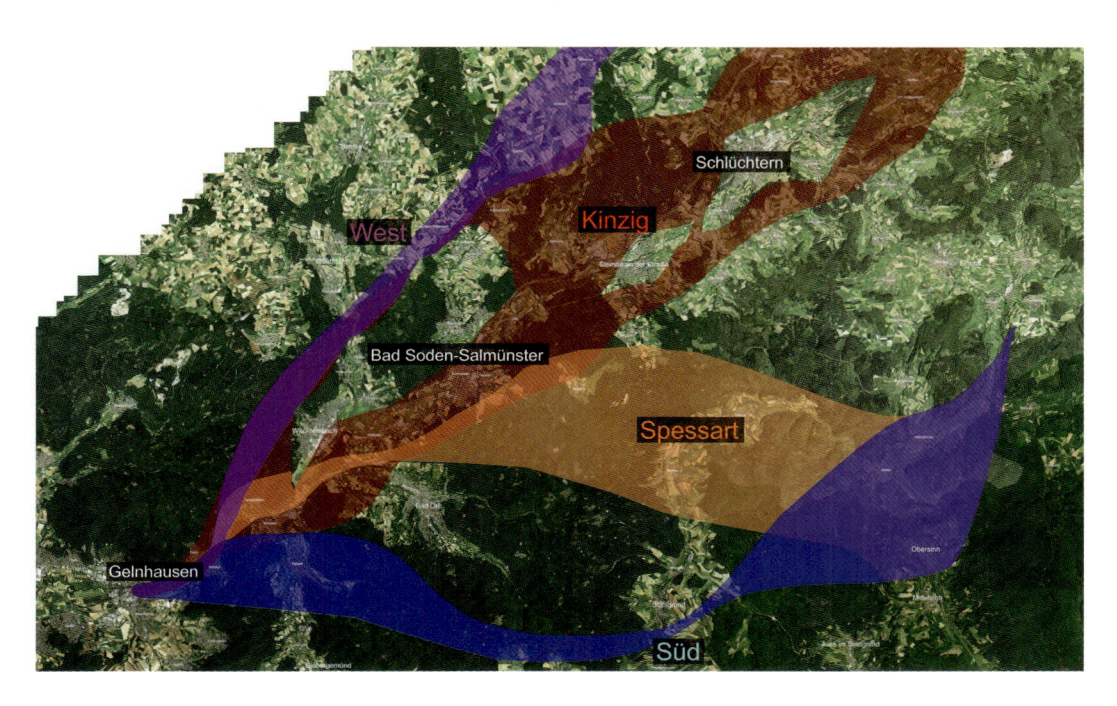

Bild 4: KorFin® Grobkorridore

zung war, dass innerhalb der Grobkorridore von Gelnhausen bis zu den Anschlusspunkten auf der Schnellfahrstrecke Hannover–Würzburg zwischen Fulda im Norden und Obersinn im Süden technisch und fahrdynamisch machbare Linienführungen modelliert werden konnten. Es kristallisierten sich die im Bild 4 dargestellten vier Grobkorridore heraus, die eine erste Eingrenzung des Suchraumes darstellten: Süd-, Spessart-, Kinzig- und Westkorridor.

Abgrenzung technisch erreichbarer Gebiete für oberirdische Trassen

Eine zweite, ganz anders gelagerte Eingrenzung des Suchraums war erforderlich, um den Planungsraum auch für die aufwändigen biologischen Erfassungen einzugrenzen. Dafür wurden alle potentiell durch bahntypische Trassierungen erreichbaren oberirdischen Gebiete (also außerhalb potentieller Tunnelführungen) innerhalb der Grobkorridore herausgefiltert.

Ausgehend von den Anschlusspunkten Gelnhausen, Mottgers, Kalbach und Fulda wurden Flächen mit der maximal zulässigen Neigung, die für die güterzugtaugliche Neubaustrecke bei 12,5‰ liegt, in das Gelände gelegt. Darauf folgte der mathematische Verschnitt dieser Flächen mit dem Gelände. Detailliert untersucht wurden die Anschlusspunkte, zwischen denen sich die Variantenschar aufspannt. Mit generierten Längsschnitten wurden die Flächen weiter mit dem Ziel optimiert, unrealistisch hohe Talbrücken auszuschließen.

Das Planungswerkzeug KorFin® ermöglichte dies komplett in Echtzeit – das heißt, alle Flächen konnten in Echtzeit verändert, ausgewertet und angepasst werden.
Aufgrund dieser Auswertung konnten die für eine oberirdische Linienführung nicht zugänglichen Bereiche von den Kartierungen ausgeschlossen werden. Damit konnten räumlich und zeitlich aufwändige Vorortbegehungen auf das notwendige Maß reduziert werden.

Entwickeln von Trassenkorridoren

In Vorbereitung des Raumordnungsverfahrens geht es noch nicht um konkrete Trassen, sondern um das Finden eines raum- und umweltverträglichen Korridors. Innerhalb dieses Korridors wird dann eine vorläufige Linie entwickelt für ein späteres Genehmigungsverfahren. Diese Linie (damit der ungefähre Trassenverlauf im Trassenkorridor) dient als Grundlage für die Regional- und Landesplanung. In der Detailplanung zur Erlangung des Baurechts wird später die Linie zur Trasse weiterentwickelt.

Die Suche nach raum- und umweltverträglichen Trassenkorridoren, die technisch machbar sind und den verkehrlichen Zielen entsprechen, sollte bei einem so großen Suchraum durch die Einbeziehung eines digitalen Geländemodells unterstützt werden und bei der Liniensuche sollten sich insbesondere die technischen sowie umweltseitigen Bewertungen automatisch an Linienänderungen anpassen. Dies hat großen Einfluss auf die Effizienz der Suche, da nicht zuletzt alle Brücken, Tunnel, Bögen

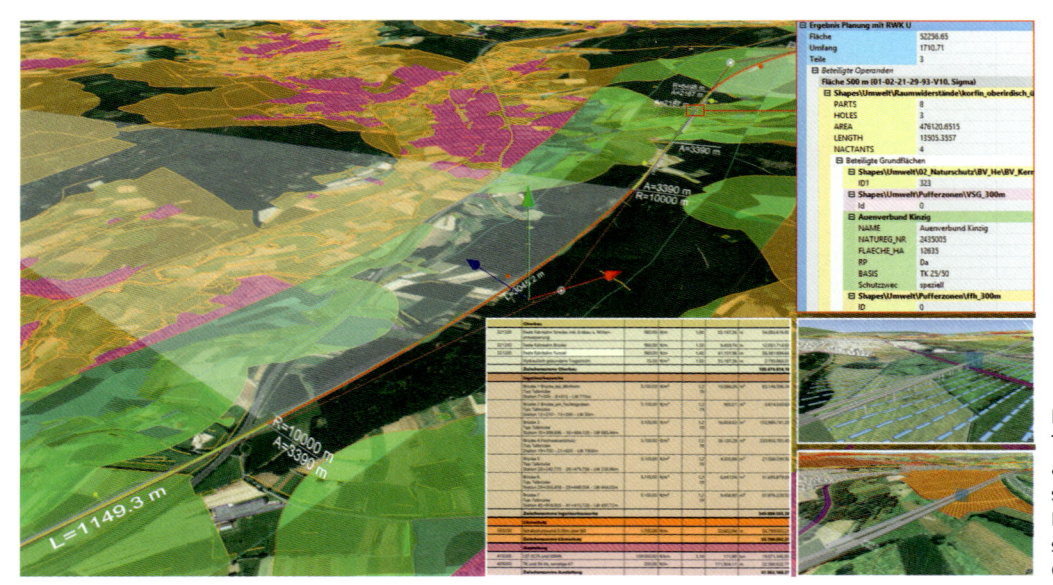

Bild 5:
Trassierung mit sich automatisch anpassenden Bauwerken, Mengen und Kosten sowie automatisierter GIS-Analyse

und Stützwände technisch und anforderungsgerecht realisierbar bleiben müssen.

Innerhalb der Grobkorridore wurden die bis zu 1 km breiten Trassenkorridoren gesucht. Die Mittelachsen dieser Trassenkorridore repräsentieren Linien, die unter Berücksichtigung technischer Rahmenbedingungen, wie Mindestradien, maximale Neigung für Güterzüge sowie Mindestneigung innerhalb von Tunneln, ein Durchfahren von Gebieten mit hohen Raumwiderständen möglichst vermieden. Damit war gesichert, dass innerhalb des im Raumordnungsverfahren festzulegenden Korridors mindestens eine technisch genehmigungsfähige Trasse liegt, die dann in der Genehmigungsplanung weiter optimiert und als Trasse in die Planfeststellung gehen kann.

Das Modell wurde so aufgesetzt, dass die Bestandsdaten in Echtzeit mit den veränderlichen Planungsdaten „kommunizieren" konnten. Die beim Planen und Trassieren entstandenen Auswirkungen auf Länge und Höhe von Erdbauwerken, Brücken und Tunneln inklusive ihrer Mengen und Kosten sowie die Durchfahrungslängen und Schnittflächen durch die Raumwiderstände wurden automatisch im Modell mitgeführt und waren sofort erkennbar (Bild 5). Technisch kritische Stellen wurden explizit und detailliert angepasst. Eine Trassierung unter dem Gebot aktiver Eingriffsvermeidung ist so praktisch umgesetzt worden.

Segmentvergleich

Zwischen den so entstandenen 155 Trassenkorridoren ergaben sich Punkte im Raum an denen sich Trassenkorridore kreuzten und ein Trassenkorridor mit gewissen Anpassungen in einen anderen übergehen konnte, die Trassenkorridore also miteinander kombinierbar wurden. Diese Kreuzungen wurden als Gelenkpunkte identifiziert. Hierbei war ein Gelenkpunkt als ein Kombinationsbereich zwischen Trassenkorridoren zu verstehen, der in Form eines Kreises visualisiert wurde (Bild 6). Die Gelenkpunkte bildeten die Anfangs- und Endpunkte einer Vielzahl an Segmenten, die hinsichtlich ihrer Durchfahrungslängen durch die Raumwiderstandsklassen miteinander zu vergleichen waren. Ziel dieses Planungsschrittes war es, Segmente mit deutlich längeren Durchfahrungen durch Raumwiderstände auszuschließen. Die verbliebenen Segmente waren die ernsthaft weiterzuverfolgenden Trassenkorridore, die Grundlage der vertiefenden Planungsraumanalyse wurden.

Die insgesamt 33 Gelenkpunkte und die dazwischen liegenden Segmente der durchgängigen Trassenkorridore bilden ein Variantennetz, in dem alle ca. 1000 möglichen Kombinationen vom Start zum Ziel zu berechnen und auszuwerten waren. Verglichen wurden die über Gelenkpunkte verketteten Segmente – die Varianten – entlang von Kanten. Eine Kante ist dabei ein Abschnitt zwischen zwei Gelenkpunkten mit konkurrierenden Segmenten. Eine zusammengefügte Variante erstreckt sich über mehrere Gelenkpunkte und verläuft teils auch in benachbarten Grobkorridoren. So wurden 88 mit Gelenkpunkten verkettete Segmente über folgende insgesamt 24 Kanten verglichen:

- Grobkorridor Süd hat 2 Kanten
- Grobkorridor Spessart hat 4 Kanten
- Grobkorridor Kinzig hat 8 Kanten
- Grobkorridor West hat 5 Kanten
- Querverbindungsmöglichkeiten zwischen Kinzig und West haben 5 Kanten

Die vergleichende Bewertung wurde auf Basis der Raumwiderstandsklassen und für alle Varianten durchgeführt. Dazu wurde ein KI-Auswahlschema entwickelt, welches Varianten nur bei hinreichendem Kontrast der jeweiligen Bewertung als deutlich schlechter aussonderte. Solche Bewertungen sind die Durchfahrungslängen von Flächen der Raumwiderstandsklassen II bis IV der Umwelt und der Raumordnung und die Größe der Flächen mit der höchsten Umweltraumwiderstandsklasse IV a/b im Korridorsegment. Auch diese Auswahllogik „Black sheep" wurde nach Abstimmung des Algorithmus, Tests und dessen Validierung weitestgehend als KI-Schablone automatisiert und es wurden nach dieser Methode insgesamt 102 Varianten bewertet. Ergänzt durch Umwelttabellen und Reports der GIS-Analyse war dies entscheidende Voraussetzung für die fachlichen Abwägungen durch die Planungsgemeinschaft und das Finden der „besseren" Varianten in vergleichsweise kurzer Zeit.

Am Ende des Segmentvergleichs verblieben auf der Raumwiderstandsebene noch insgesamt sieben ernsthaft weiterzuverfolgende Varianten und aus drei der Varianten sechs zusätzliche Kombinationen im gesamten Suchraum. Berücksichtigt wurden nun auch die aus früheren Planungen und Diskussionen bekannten Ideen für alternative Varianten. Sie wurden in den Segmentvergleich einbezogen.

Dynamisches Nachziehen von Auswertungen

Aufgrund der Anforderung, dass jede ins Auge fallende mögliche Variante in gleicher Tiefe zu betrachten und abzuwägen ist, war eine solche Planung aufzusetzen, die auch noch nachträglich, beispielsweise bei sich ändernden Randbedingungen, weitere Betrachtungen, Erweiterungen und Justierungen der bisherigen Untersuchungen/Planungen ermöglicht. Das heißt, bei Änderungen von abhängigen Parametern und Grunddaten oder rechtlichen Rahmenbedingungen (z. B. neu festgelegte Wasserschutzzonen, Erfassung von zusätzlichen faunistischen Vorkommen u. a.) ist der Vergleich über die Gesamtheit aller Varianten auf Grundlage aktualisierter Modelle und Auswertungen erneut zu führen.

Dieser Anspruch kann effizient nur mit einem dynamischen Planungswerkzeug erfüllt werden, das mit 3-D-Planung die Grundlage für kontinuierliche Auswertungen bietet. Die Möglichkeit in einem dreidimensionalen Modell jederzeit neue Varianten/Linien einzufügen/zu ändern, ist für die unmittelbare Prüfung der technischen Machbarkeit sowie für Berechnungen zum Beispiel der Baukosten überaus sinnvoll. Nicht zuletzt ist das auch für den dokumentarischen Überblick sehr hilfreich. Die 3-D-Fachmodelle der Korridore und Varianten wurden demnach parametrisch – also ständig veränderbar gestaltet. Die untersuchten Stände wurden archiviert.

Eine künftige Automatisierung der erforderlichen Auswertungen für die Raum- und Umweltbewertungen muss anpassbar sein und KI den bisher überwiegend manuellen Abwägungsprozess abbilden. Damit wird die Validität der Ergebnisse nicht mehr vom korrekten Verständnis des Softwareentwicklers, sondern allein vom Umweltgutachter selbst abhängig sein, der die komplexen Zusammenhänge des auszuwertenden Raums kennt und die KI-Auswerteschemata definiert. Die ermittelten Vorzugsvarianten und Ausschlüsse müssen jedoch auch dann vom Umweltgutachter validiert und die korrekte Anwendung der Kriterien muss plausibilisiert werden.

Auf dem Weg zu solchen KI-Schemata, wurden viele „Feinheiten" der KI bereits zugeordnet. Ziel war es, so Aussagen über Sensitivität und Qualität der Ergebnisse zu gewinnen. Bereits heute werden so Ergebnisse generiert, die den Umweltgutachtern entscheidende Anhaltspunkte bieten, insbesondere im Segmentvergleich, bei der Abschichtung einer Vielzahl an Varianten zu ernsthaft weiterzuverfolgenden Trassenkorridoren.

Weiterentwicklung und Optimierung der Trassenkorridore

Die so entwickelten vertieft weiter zu verfolgenden Trassenkorridore wurden, wie auch die Schritte bis dorthin, im Rahmen der frühen Bürgerbeteiligung im Dialogforum Hanau–Würzburg/Fulda sowie seiner Arbeitsgruppe „Vorbereitung des Raumordnungsverfahrens" vorgestellt. Auch wurden Vorschläge aus dem Teilnehmerkreis des Dialogfo-

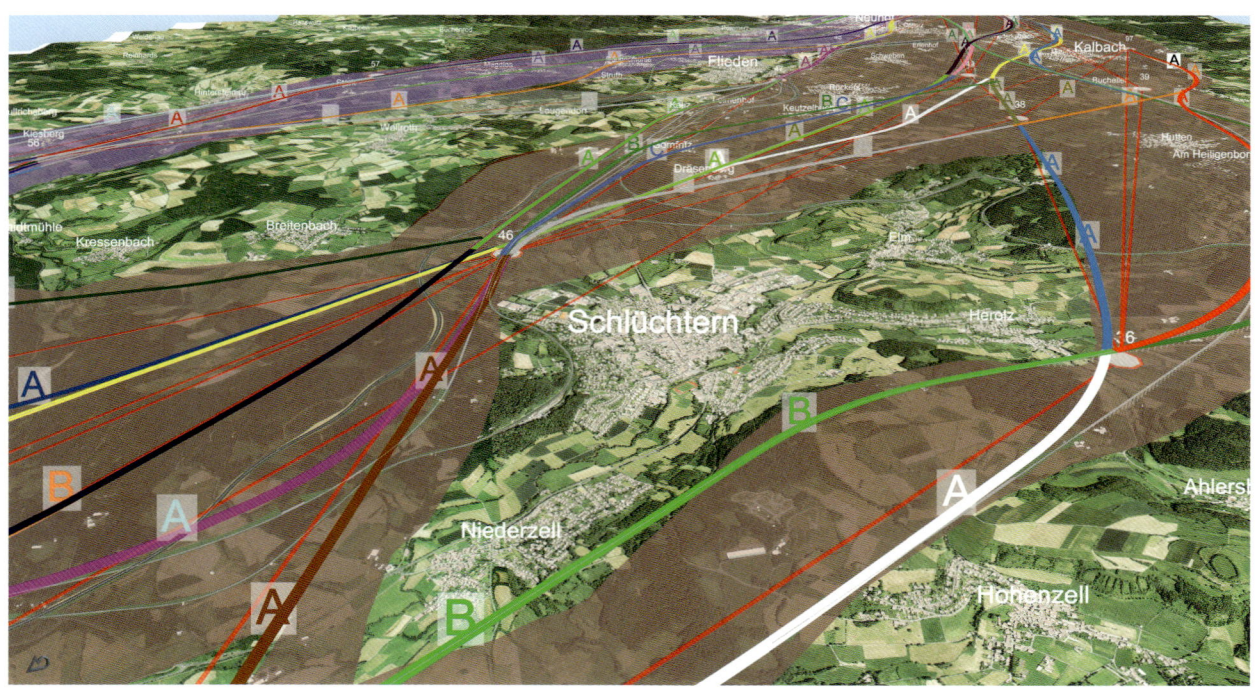

Bild 6: KorFin® Grobkorridore, Variantennetz mit abstraktem Knoten/Kanten-Modell und Suche von GIS-Optima

rums sowie von sonstigen interessierten Bürgern in KorFin® modelliert und nach Überprüfung der grundsätzlichen technischen Genehmigungsfähigkeit in den Segmentvergleich mit einbezogen – d. h. sie wurden segmentweise der gleichen automatisierten Bewertung der Durchfahrungslängen und Flächen unterzogen und ein schlechteres Segment wurde durch ein ggf. besseres aus einem solchen Vorschlag ersetzt.

Nachdem auf der Ebene der Raumwiderstände über die Durchfahrungslängen sieben Trassenkorridore als weiter zu verfolgen extrahiert werden konnten, folgte deren Optimierung auf Ebene der einzelnen Schutzgüter der Umwelt und der Raumordnungsfaktoren. Dabei wurden auch die Bündelungsmöglichkeiten mit linienförmiger Infrastruktur, wie Straßen, Eisenbahnstrecken und Stromtrassen geprüft.

Ergänzend wurden entlang der verbliebenen sieben Trassenkorridore aus vorhandenen geotechnischen Daten Längsschnitte entwickelt, in KorFin® implementiert (Bild 7) und die bautechnischen Risiken analysiert.

▌ Abschätzungen zur offenen oder geschlossenen Bauweise
▌ Quantität und Qualität der Ausbruchmassen sowie deren Wiedereinbaubarkeit
▌ Grund- und Heilwasserabstände sowie Wasserhaltungsbedarf, Altlasten, Hohlräume
▌ technologischer Flächenbedarf/Baustelleneinrichtungsflächen
▌ Zuwegung Bahn/Straße und Erdmengen-/Materialtransporte – Bedingungen für die Baustellenlogistik und
▌ eine Grobabschätzung der Anforderungen der Tunnelvortriebsmaschinen mit Vortriebsgeschwindigkeit und Bauzeitkopplung

einbezogen. Zu allen Punkten wurden Annahmen in einem Team aus Geologen, Hydrogeologen, Tunnel- und Brückenspezialisten am Modell entwickelt und verifiziert. Analog war das Vorgehen bei Brücken.

Ergebnisse der Schallberechnungen

Ein wesentliches Bewertungskriterium im Variantenvergleich ist das Schutzgut Mensch und dabei das Minimieren von Schallimmissionen. Für die gleichwertige Behandlung aller Varianten waren die Gesamtbewertungen der Schallimmissionen Schiene im gesamten Suchraum zu ermitteln und vergleichend gegenüberzustellen. Das bedeutet, dass nicht nur die Schallemissionen an der Neubaustrecke, sondern grundsätzlich aller Eisenbahnstrecken im gesamten Suchraum zu berechnen waren. Bei jeder einzelnen Variante waren stets die Bestandsstrecken mit einzubeziehen. Maßgeblich für die Berechnung ist die 16. BImSchV mit ihren Grenzwerten und der in der Schall 03 verankerten Berechnungsvorschrift. Darüber hinaus wurden als nachrangiges Kriterium die Orientierungswerte der DIN 18005 berechnet und in die Auswertung mit einbezogen. Grundlagen der Berechnungen waren erstens die im Personen- und Güterverkehr tatsächlich gefahrenen Züge in 2016 für ein Vergleichsszenario, welches die Anwohner

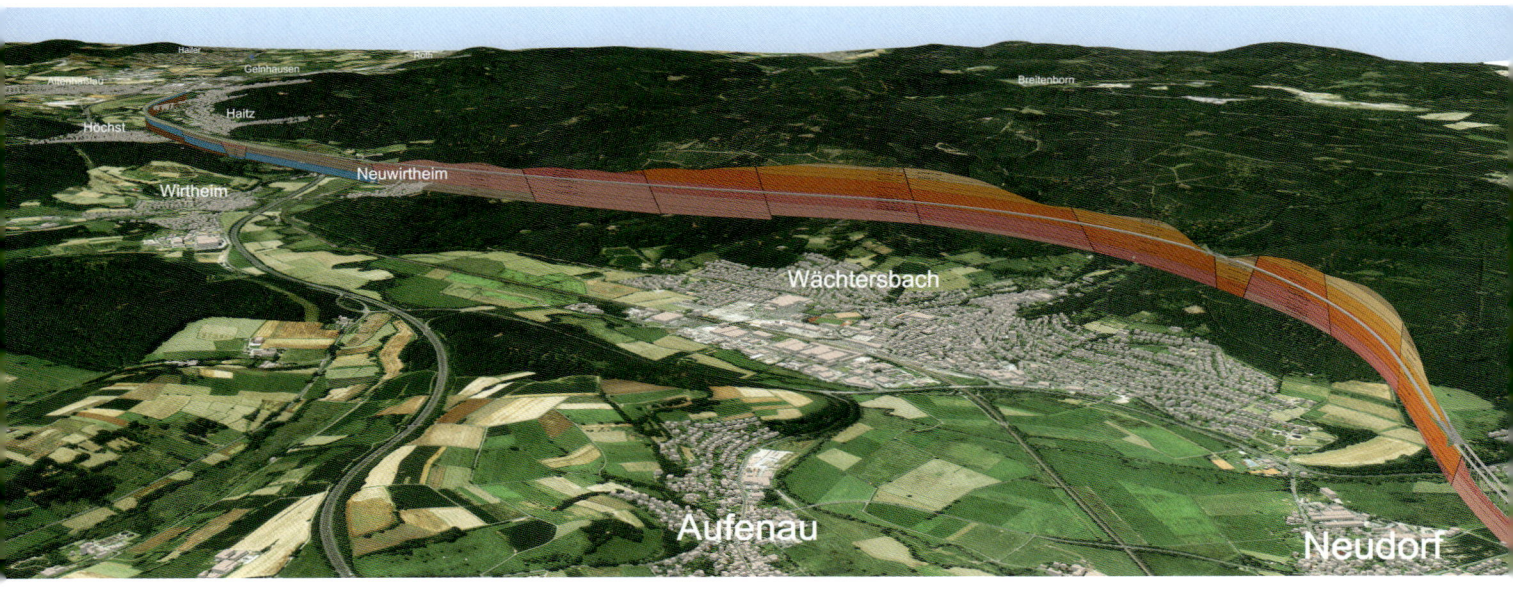

Bild 7: Baugrundprofil aus vorhandenen Erkundungen entlang einer Variante

stark interessierte. Für den Variantenvergleich im Raumordnungsverfahren ist dieses Szenario jedoch nur informativ – hier wurde zweitens der Prognose-Nullfall benötigt, bei dem die prognostizierten Zugzahlen auf die bereits vorhandenen Strecken umgelegt wurden, bis deren Kapazitätsgrenze erreicht wurde. Kern der Berechnungen waren dann vor allem die sieben Varianten und die sechs Variantenkombinationen. In einer ersten Stufe waren somit für den Variantenvergleich erst einmal ohne Schallschutzmaßnahmen an der Neubaustrecke 15 Szenarien (13 Varianten bzw. Variantenkombinationen, Nullfall und Szenario 2016) für den Tageszeitraum (6–22 Uhr) und den Nachtzeitraum (22–6 Uhr) zu berechnen. Bei allen 13 Varianten, bzw. Variantenkombinationen, wurde dabei auch von der Möglichkeit einer Verlagerung des nächtlichen Güterverkehrs von der in dichter Besiedlung liegenden Kinzigtalbahn auf die Neubaustrecke ausgegangen. Für die Einschätzung der Wirksamkeit von Schallschutzwänden wurden dann zusätzlich noch alle 13 Varianten und Variantenkombinationen mit drei Meter hohen Lärmschutzwänden an der Neubaustrecke berechnet.

Diese Lärmszenarien wurden für das KorFin®-Gesamtmodell parametrisiert. Die Schallimmissionsberechnung wurde ebenfalls durch KorFin® direkt im Gesamtmodell aus Bestand mit überlagerter Planung durchgeführt. Zur Qualitätssicherung und Validierung bei der Implementierung der Berechnungsalgorithmen der Schall 03 in die KorFin®-Plattform war ein Schallgutachter mit eingebunden.

Wie bei der GIS-Analyse ist der Vorteil des dynamischen KorFin®-Modells, dass nach Variantenoptimierung oder anderer Änderung abhängiger Bestands- oder Planungsdaten die Schallimmissionsberechnung erneut durchgeführt werden kann, ohne Anpassungen am Lärmszenario durchführen zu müssen. Auch die Schallimmissionsberechnung ist also dynamisch an das Gesamtmodell aus Bestand und Planung gebunden.

Diese Fähigkeit wurde aktiv genutzt, um die sieben Trassenkorridore zur Minimierung von Lärmbelastungen in betroffenen Gebieten durch Lageveränderung der Linienvarianten unter Berücksichtigung der übrigen Schutzgüter der Umwelt und der Belange der Raumordnung weiter zu optimieren.

In der nachfolgenden vertiefenden Planung können für identifizierte Schwerpunkte die Schutzmaßnahmen durch Lupenbereiche variiert und optimiert werden. Dies soll dann durch KI-Schablonenvergabe und rekursive automatisierte Anpassung der aktiven Lärmschutzmaßnahmen an das Schutzziel erfolgen.

Die Ergebnisse für das Raumordnungsverfahren sind in drei Indikatoren aufgegliedert. Erstens wurden die von einer Grenzwertüberschreitung betroffenen Flächen ermittelt und für den Suchraum insgesamt aufsummiert. Zweitens wurde die Zahl der Einwohner in diesen Flächen berücksichtigt und drittens wurden zur Berücksichtigung der Höhe der jeweiligen Grenzwertüberschreitung die Lärmkennziffern automatisch berechnet. Neben dem Flächennutzungs- und -bebauungsplan sowie gebäudespezifischen Parametern wurden dabei auch digitale Flurstückskarten und ALKIS-Gebäudedaten sowie statistische Einwohnerzahlen herangezogen, um hausgenau die Betroffenheiten zu bestimmen.

Abschichtung der Varianten und Herausarbeiten der Vorzugsvariante

Erst nachdem alle Ergebnisse vorlagen, konnte die weitere Abschichtung erfolgen. Grundlage für die Abschichtung der Varianten und Variantenkombinationen war ein Bewertungsschema mit 22 Bewertungskriterien aus Umwelt, Raumordnung, Verkehr und Wirtschaftlichkeit. Hierbei wurde zunächst für das Zielsystem Umwelt sowie für das Zielsystem Raumordnung jeweils eine unabhängige Bewertung durchgeführt. Für alle 13 Varianten und Variantenkombinationen wurden die jeweils mit KorFin® ermittelten Werte im Relativvergleich zueinander gegenübergestellt.

Es schieden vier Varianten und Variantenkombinationen aufgrund von erheblichen Beeinträchtigungen von Natura 2000-Gebieten aus. Diese erheblichen Beeinträchtigungen von Lebensräumen können voraussichtlich nicht durch schadensbegrenzende Maßnahmen vermieden oder ausgeglichen werden, so dass in einem EU-Ausnahmeverfahren wenig Aussicht auf Erfolg bestünde.

Danach wurden die verbliebenen Varianten und Variantenkombinationen mit den beiden am besten bewerteten Varianten verglichen und konnten als deutlich schlechtere Linien identifiziert werden. Die beiden verbliebenen, umweltverträglichsten Varianten waren gleichzeitig überwiegend als raumverträglich einzustufen. Eine deutliche Kontrastierung der beiden Varianten war nicht gegeben, so dass keine der beiden Varianten als eindeutig besser bewertet werden konnte. Nach vertiefenden Prüfungen gaben letztlich verkehrliche und wirtschaftliche Vorteile den Ausschlag

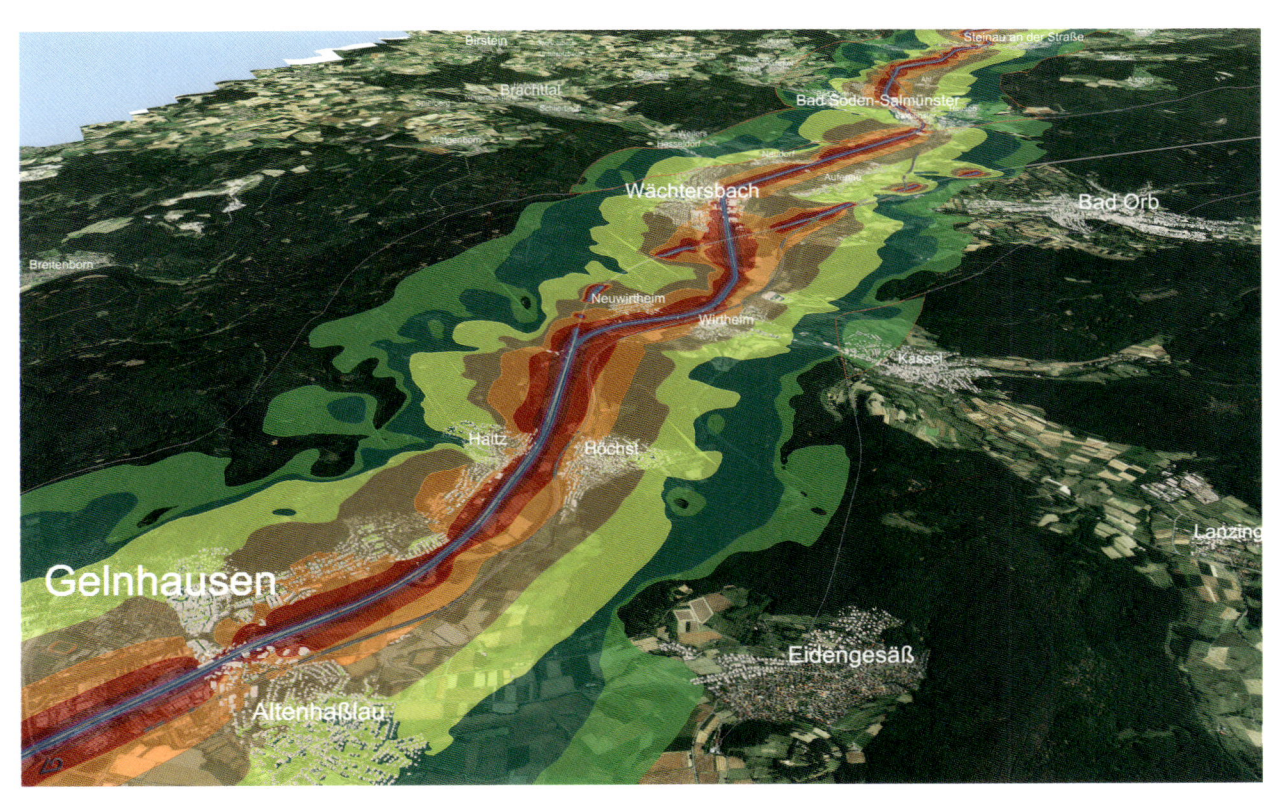

Bild 8: Mit KorFin® berechnetes und verschnittenes Schallszenario

zu Gunsten der kinzigtalnäheren Variante. Am 15. Juni 2018 wurde in Wächtersbach beim 15. Dialogforum die Vorzugsvariante vorgestellt. Diese wird nun planerisch weiter vertieft und als Antragsvariante Grundlage für das Raumordnungsverfahren.

Integration in die Arbeit des Projektteams und in die frühe Bürgerbeteiligung

In den Projektbesprechungen oder auch kleineren Abstimmungen im Projektteam wurde KorFin® in der Regel über Onlineverbindungen für die Teilnehmerbildschirme zugänglich gemacht. So wurde das Modell schrittweise unter Beteiligung der Fachplaner und Gutachter entwickelt, wurden die Randbedingungen für die Herleitung von Grob- und Trassenkorridoren fixiert, wurde die Trassierung mit Brücken, Tunneln, Böschungen und Einschnitten abgestimmt und der gesamte Projektentwicklungszyklus durchlaufen bis hin zur abgeschlossenen Variantenbewertung unter Berücksichtigung aller Umweltschutzgüter und Belange der Raumordnung sowie der verkehrlichen und wirtschaftlichen Aspekte. Alle für die Bewertung hinsichtlich Umwelt und Raumordnung relevanten Schritte wurden zur Gewährleistung einer größeren Planungssicherheit der Ergebnisse von der Planungsgemeinschaft zur Qualitätskontrolle zusätzlich in einem externen zweidimensionalen GIS nachvollzogen und plausibilisiert. Unstimmigkeiten und Anpassungsbedarf bei den vielen für das Projekt neu entwickelten Funktionalitäten konnten so frühzeitig erkannt und verbessert werden.

Möglichkeiten der Fernzuschaltung von KorFin® bei Abstimmungen sind mittlerweile Standard. In Einzelfällen führte erst die direkte Einbeziehung des Vorschlagenden über eine Onlineverbindung sowie Diskussion und Demonstration im Korfin® zur Klärung, warum ein externer Veränderungsvorschlag zu den Trassenkorridoren nicht umsetzbar ist oder wie er umsetzbar wird.

Die mit KorFin® ermöglichte Kommunikationsform konfrontierte die Öffentlichkeit und die Behörden mit einer bislang ungewohnten offensiven Transparenz und Mitwirkungsmöglichkeit. Hinweise und Wünsche wurden frühzeitig aufgenommen, schnell bearbeitet, diskutiert und, soweit möglich, integriert. Im März und April 2018 wurden beispielsweise zum Abschluss der Bewertungen der 13 Varianten und Variantenkombinationen in Frankfurt/M und Gelnhausen mit den Mitgliedern des Dialogforums spezielle Planungs-Workshops durchgeführt, bei denen viele Detailfragen der Teilnehmer zu den Varianten direkt an mehreren mit KorFin® ausgestatteten Rechnerarbeitsplätzen mit Präsentationsleinwand geklärt werden konn-

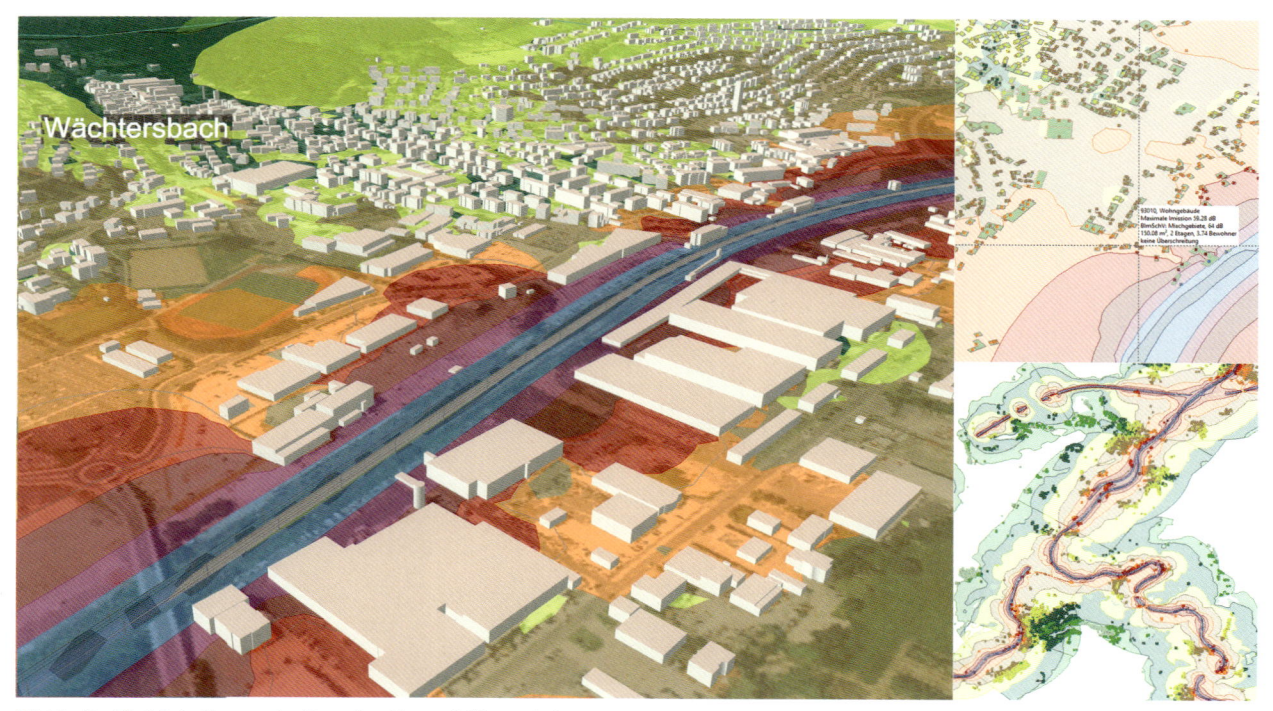

Bild 9: KorFin® Schallszenario (Detailstelle und Übersicht) mit hausgenauer Betroffenheitsanalyse

ten. Alle profitierten von der direkten Visualisierung der Varianten inklusive ihrer Zwangspunkte sowie der Zugänglichkeit zu allen Bestands- und Planungsinformationen.

Der KorFin®-View als 3-D-Betrachter (entspricht der Planungsansicht ohne Planungsfunktionalität, jedoch mit spezifischen Auswertefunktionen) ergänzte über die gesamte Projektentwicklungsphase zur Antragsvariante für das Raumordnungsverfahren diese Form der Zusammenarbeit. Er kam als Kommunikationswerkzeug in Fachabstimmungen und für öffentliche Präsentationen zum Einsatz. Dazu wurde er jeweils direkt auf dem aktuellen Stand und im Gesamtmodell aus Bestand und Planung bereitgestellt, so dass on- und offline die gewünschten Informationen verfügbar waren.

Schlussfolgerung

Die digital aufgesetzte Planung ist eine ideale Möglichkeit, die Anforderungen an öffentliche Kommunikation, heutiges Baurecht und die damit vorhandene Notwendigkeit eines Anpassens an ein sich beständig schnell veränderndes Umfeld zu erfüllen. Großprojekte, wie hier mit mehr als 50 km Streckenlänge und einer sehr hohen Anzahl an Variantenkombinationen, lassen sich kaum mehr in konventionellen Planungsschemata beherrschen, und die „von Hand" noch nötigen Arbeitsschritte müssen sich reduzieren auf Qualitätskontrolle, Interpretation von Ergebnissen und deren verbal argumentativer Gegenüberstellung. Dazu sind nicht nur neue Planungstechnologien erforderlich, sondern auch die Auswertungen durch Fachplaner

Bild 10: Dialogforum mit Arbeitsgruppen und Workshops zur frühen Bürgerbeteiligung

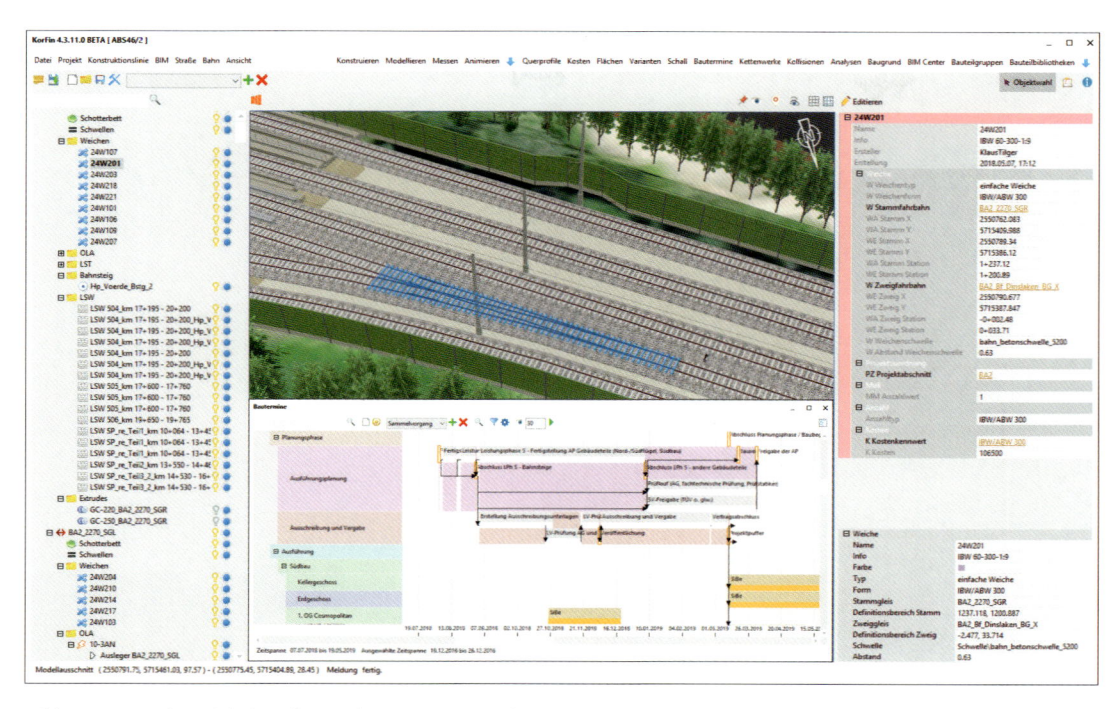

Bild 11: KorFin® Ausblick auf 5-D-Planung mit Anschluss an den Bestand, (entspricht den Anforderungen an die der Raumordnung nachfolgenden Planungsstufen)

komplex im Sinne einer künstlichen Intelligenz zu automatisieren. Mit der sonst üblichen sequentiellen Erstellung – Zusammenführung – Bewertung – Korrektur der Fachplanungsprozesse ist ein überschaubarer Zeitplan nicht einzuhalten, sich verändernde Planungsgrundlagen überholen die Planung und verhindern oder erschweren einen Redaktionsschluss. Inhalt und Zeitablauf erfordern bereits im Stadium der Raumordnung schnelle und belastbare Aussagen, die bisher erst mit Entwurfs- bzw. Genehmigungsplanung und oft in vielfältigen Fachgewerken mit eigenen Sonderdarstellungen vorlagen. Effizient wird der Planungsprozess vor allem dann, wenn technische Planer und Umweltgutachter im engen fachlichen Austausch unter Verwendung der nun verfügbaren Planungswerkzeuge zusammen arbeiten.

Variantenuntersuchungen mit sofortiger Präsentationsmöglichkeit in der Öffentlichkeitsarbeit, iteratives Eingehen auf Anregungen und Forderungen Dritter verbessern die Kommunikation und die mentale Einstellung auf die weiteren Planungsschritte und den Bau selbst. Der Vorhabenträger wird als sachlicher und qualifizierter Partner neuen Kommunikationserfordernissen gerecht.

Dr. Reinhard Domke
DB Netz AG, Projektleiter
reinhard.domke@deutschebahn.com

Dr. Veit Appelt
A+S Consult GmbH, Geschäftsführer
veit.appelt@apluss.de

Dr. Otto Sporbeck
Froelich & Sporbeck GmbH & Co. KG
o.sporbeck@fsumwelt.de

Dr. Klaus Tilger
A+S Consult GmbH, Bereichsleiter
Forschung und Entwicklung
klaus.tilger@apluss.de

Peter Drecker
Büro Drecker, Geschäftsführer
peter.drecker@drecker.de

Dank Partnerschaft pünktlich wieder in Betrieb

Seit dem 10. Dezember 2017 können Bahnreisende wieder die Direktverbindung zwischen Berlin Hbf. und Dresden Hbf. nutzen. Dieser Streckenöffnung ging eine 16-monatige Totalsperrung im rund 70 Kilometer langen Abschnitt zwischen Wünsdorf-Waldstadt und Hohenleipisch voraus.

Bild 1: Bahnhof Baruth/Mark nach Errichtung der Totalsperrung

Für die Zielgeschwindigkeit von 200 km/h sind in diesem Zeitraum umfassende Bauleistungen durchgeführt worden. Neben der Erneuerung des Unter- und Oberbaus, der Oberleitung, 20 bestehender Ingenieurbauwerke und von sechs Verkehrsstationen zählte auch die Errichtung von sechs elektronischen Stellwerken zum Leistungsumfang. Ein besonderer Fokus lag auf der Beseitigung von 18 Bahnübergängen (BÜ) und deren Ersatz durch Brückenbauwerke. Die fristgerechte Umsetzung aller Maßnahmen bis zur Inbetriebnahme im Dezember 2017 konnte nur durch die partnerschaftliche Zusammenarbeit zwischen der ARGE ABS Berlin–Dresden, Los Nord (SPITZKE SE, JOHANN BUNTE Bauunternehmung GmbH & Co. KG und Hentschke Bau GmbH) sowie der DB Netz AG als Auftraggeber und durch kurzfristige, zielorientierte Lösungen im operativen Geschäft sichergestellt werden.

Übersicht der Projektziele

Die Ausbaustrecke (ABS) zwischen Berlin und Dresden ist Bestandteil des transeuropäischen Kernnetzes und leistet einen wesentlichen Beitrag im europäischen Eisenbahnnetz zur Verbindung der maritimen Schnittstellen der Nord- und Ostsee, des Schwarzen Meers und des Mittelmeers. Für die Erneuerung wurde die ABS in drei Einzelprojekte unterteilt, die im vordringlichen Bedarf des Bundesverkehrswegeplans 2030 enthalten sind. Alle drei Projekte befinden sich in unterschiedlichen Realisierungsstufen:

Dresdner Bahn (Berlin-Südkreuz [a] – Blankenfelde)
- bauvorbereitende Maßnahmen in 2017 begonnen
- Gesamtfertigstellung vsl. 2025

ABS Berlin – Dresden (Blankenfelde [a] – Abzweig Kottewitz [a])
- Baumaßnahmen in Teilabschnitten bereits fertiggestellt
- Gesamtfertigstellung vsl. 2028

ABS Leipzig – Dresden (Abzweig Kottewitz – Dresden Hbf.)
- Baumaßnahmen in Teilabschnitten bereits fertiggestellt
- Gesamtfertigstellung vsl. 2030

Zielsetzung des gesamten Streckenausbaus ist die Anhebung der Angebotsqualität im Fernverkehr auf der Achse (Hamburg –) Berlin – Dresden (– Prag – Wien) durch die Reduzierung der Reisezeit. Während in 2015 für die Strecke Berlin – Dresden noch 2:04 h benötigt wurden, konnte durch die bereits bis Ende 2017 durchgeführten Baumaßnahmen eine Reduzierung um 17 min auf 1:47 h erreicht werden. Nach Abschluss aller Baumaßnahmen und der Anhebung der Streckengeschwindigkeit auf 200 km/h wird eine Zielfahrzeit von 1:20 h erreicht. Ebenso wird durch die Errichtung der 740 m langen Überholgleise frühzeitig auf die perspektivischen Entwicklungen im Güterverkehr reagiert. So gewinnt die Strecke nicht nur im grenzüberschreitenden Schienenpersonenfernverkehr, sondern auch im Schienengüterverkehr an Attraktivität.

Erneuerung des längsten Teilabschnitts der Gesamtstrecke

Im Rahmen der 1. Baustufe der ABS Berlin – Dresden bildete das Projektteam des Auftraggebers sieben Planungsabschnitte, welche unter Berücksichtigung der zur Verfügung stehenden Bundeshaushaltsmittel sowie baubetrieblich eingeordneter Sperrpausen zeitlich gestaffelt umgesetzt wurden. Von August 2016 bis Dezember 2017 konnte im Rahmen einer Totalsperrung der größte Anteil der Strecke – der rd. 70 km lange Planungsabschnitt 4 „Baruth/Mark – Hohenleipisch" – für eine Entwurfsgeschwindigkeit von 200 km/h hergestellt werden. Die Entscheidung für eine Totalsperrung war das Ergebnis einer umfangreichen Abwägung, ob die Ausbaumaßnahme in vielen Einzelsperrungen und somit über mehrere Jahre gestreckt oder in enger zeitlicher Staffelung und somit kostengünstiger abgewickelt werden sollte.

Der gesamte Planungsabschnitt 4 unterteilte sich in vier Teilabschnitte, die durch die DB Netz AG zu zwei Projektabschnitten (PA 4.1. + PA 4.2. sowie PA 4.3. + PA 4.4.) zusammengefasst und als Baulos Nord und Baulos Süd im August 2015 europaweit ausgeschrieben wurden. Den Zuschlag für die Realisierung des nördlichen Abschnitts (PA 4.1. und PA 4.2.) erhielt im März 2016 die Arbeitsgemeinschaft Los Nord, bestehend aus den Firmen

Bild 2: Übersicht der drei Realisierungsabschnitte auf der Strecke Berlin – Dresden

SPITZKE SE, Großbeeren, JOHANN BUNTE Bauunternehmung GmbH & Co. KG, Papenburg, und Hentschke Bau GmbH, Bautzen, unter technischer Federführung der SPITZKE SE.

Öffentlichkeitsarbeit als wichtiger Projektbestandteil

Für die Bahnreisenden wurden in dieser Zeit eine Umleitungsstrecke und ein Schienenersatzverkehr mit Bussen eingerichtet. Unter aktiver Beteiligung der Arbeitsgemeinschaft Los Nord fanden in den von der Baumaßnahme betroffenen Gemeinden und Kommunen zahlreiche Bürgerveranstaltungen mit dem Ziel statt, die Öffentlichkeit frühzeitig zu informieren. Dies förderte zum einen die Akzeptanz des Baugeschehens und generierte zum anderen Verständnis für den Schienenersatzverkehr. So konnten bereits im Vorfeld viele Fragen und Hinweise der Betroffenen berücksichtigt, auf deren Belange eingegangen sowie Verständnis für die Umsetzung der Arbeiten in den kritischen Tagesrand- und Wochenendzeiten geschaffen werden. Auch die Einrichtung eines Beschwerdetelefons für Anwohner und Betroffene der Baumaßnahme kristallisierte sich als sehr wirkungsvoll heraus. In enger Abstimmung mit dem Lärmschutzbeauftragten der DB Netz AG konnte so durch die Arbeitsgemeinschaft jederzeit sensibel, zeitnah und wirkungsvoll auf die Belange der Betroffenen eingegangen werden.

Bild 3: Realisierung der neuen Oberleitungsanlagen im Bereich Bahnhof Baruth/Mark

Der Weg zum Baubeginn

Im Rahmen einer 16-monatigen Totalsperrung der Strecke im rd. 35 km langen Abschnitt zwischen Baruth/Mark (km 50,203) und Uckro (km 75,500) erfolgten ab August 2016 in einer Totalsperrung die Rück- und Neubauleistungen für die künftige Zielgeschwindigkeit von 200 km/h.

Die Arbeiten der Arbeitsgemeinschaft Los Nord umfassten neben der Erneuerung des vollständigen Unter- und Oberbaus, den Rück- und Neubau der kompletten Oberleitungsanlage, die Herstellung von zwei Bahnhöfen (Baruth/Mark und Golßen), zwei Haltepunkten (Klasdorf und Drahnsdorf) sowie zwei Fußgängerüberführungen (jeweils an den Haltepunkten), die Realisierung von sechs Ingenieurbauwerken und die Errichtung von zwei elektronischen Stellwerken. Ferner übernahm die SPITZKE SE in diesem Zusammenhang die komplette Erneuerung der 50-Hz-Anlagen sowie der Leit- und Sicherungstechnik in diesem Streckenabschnitt.

Eine der zahlreichen Herausforderungen, die es trotz der Totalsperrung der Strecke zu berücksichtigen galt, war die Sicherstellung der gleisgebundenen Anbindung des Industriegebiets in Baruth/Mark. Dafür entwickelte die ARGE Los Nord in der Angebotsphase einen Sondervorschlag, welcher durch den Auftraggeber DB Netz AG autorisiert wurde. Die vorgesehene Gleisverschwenkung ermöglichte den zusammenhängenden Umbau im Bereich des Bahnhofs Baruth/Mark innerhalb der Totalsperrung, wodurch wesentliche baulogistische Vorteile entstanden – ohne jedoch die gleisgebundene Erreichbarkeit des Industriegebiets einzuschränken.

Aufgrund des sehr kurzen Zeitfensters für die Erstellung aller Ausführungsplanungen, der Einhaltung vorgesehener Prüffristen und des hohen Kapazitätsbedarfs durch viele zeitgleich zu erbringende Planungsleistungen wurde das Gesamtplanpaket auf acht verschiedene Ingenieurbüros verteilt. Dies hatte einen sehr hohen Koordinierungsaufwand zur Folge. Sämtliche Ausführungsplanungen konnten jedoch – nicht zuletzt durch den Einsatz der modernen, digitalen Planlaufbearbeitungssoftware EPLASS und einen ARGE-eigenen Planungskoordinator – pünktlich eingereicht, geprüft und somit ein zeitgerechter Baubeginn für alle Gewerke gewährleistet werden. Insgesamt wurden knapp 4.600 Pläne bearbeitet; zeitweise befanden sich mehr als 800 Pläne im Umlauf bzw. zur Bearbeitung.

Um den einzelnen Leistungsanteilen der Fachgewerke in dieser relativ kurzen Zeit gerecht zu werden sowie auftretende Probleme und Themen zeitnah und umfassend zu klären, wurden wöchentlich gewerkebezogene Besprechungen zwischen Auftragnehmer und Auftraggeber durchgeführt. Als besonders hilfreich erwies sich die räumlich-örtliche Anwesenheit der zuständigen Bauüberwachung des Auftraggebers mit Vertretern aller Fachgewerke, da hierdurch auch kurzfristige Entscheidungen in der Örtlichkeit problemlos möglich waren und erfolgreich zur Projektrealisierung beitrugen.

Erneuerung des längsten Teilabschnitts der Gesamtstrecke

Die eigentlichen Rück- und Neubauarbeiten begannen nach Einrichtung der Totalsperrung der Strecke zwischen Wünsdorf-Waldstadt und Hohenleipisch Anfang August 2016. Schwerpunkte der durchzuführenden Arbeiten waren vor allem die Bahnhöfe Baruth/Mark und Golßen, welche beide neu zu errichtende Fußgängerunterführungen mit zeitgemäßen barrierefreien Rampen erhalten sollten.

Im Zeitraum von August 2016 – November 2016 erfolgten die wesentlichen Leistungen im Erdbau. Diese umfassten u. a.

- den kompletten Rückbau des alten Oberbaus,
- die Bodenaustausch- und Bodenverbesserungsarbeiten,
- den Einbau der Planumsschutzschichten sowie des Grundschotters und
- die Durchführung sämtlicher Entwässerungsarbeiten.

Zudem wurden zwei Moorbereiche durch die Herstellung eines Erdbetonkörpers im Fräs-Misch-Injektions-Verfahren bzw. durch einen Bodenaustausch mittels Senkkastenverfahren saniert. Die Aufbereitung des anfallenden Altschotters, der anschließende Wiedereinbau sowie die bauseitige Herstellung von RC-Schotter und PSS fanden ebenfalls in dieser Phase statt. Damit konnten ein großer Anteil der Baustoffe umweltschonend wiederverwendet und die Entsorgungsmengen entsprechend gering gehalten werden.

Zeitversetzt starteten der Neubau des Oberbaus und die Herstellung der Gründungsarbeiten als Voraussetzung für die Errichtung der Oberleitungsanlage. Parallel und unabhängig von den Oberbauarbeiten begannen die Gründungsarbeiten an den neu zu errichtenden Straßen- und Eisenbahnüberführungen.

Ein Großteil der Realisierung der Ingenieurbauleistungen – insbesondere im Bereich der Bahnhöfe Baruth/Mark und Golßen – erfolgte unter schwierigen Baugrundverhältnissen in Verbindung mit Gründungsarbeiten im Grundwasserbereich.

Daraus resultierte der permanente Einsatz aufwendiger Grundwasserhaltungsanlagen unter Einhaltung strengster umwelt- und gewässerschonender Kriterien. Dieses Unterfangen erfolgreich umzusetzen gelang nur unter Einbeziehung aller am Bau Beteiligten sowie der notwendigen Ämter,

Bild 4: Herstellung der Unterwasserbetonsohle mit Hilfe von Spezialtauchern im Bahnhof Baruth/Mark

Bild 5: Rampen-Personen-Unterführung Bahnhof Baruth/Mark vor Beginn der Unterwasser-Betonierarbeiten

Bild 6: Hergestellte Betonsohle-Personenunterführung im Bahnhof Baruth/Mark

Behörden und Kommunen. Auch der Einsatz von Spezialbautauchern war in vielen Bereichen aufgrund der Grundwassersituation unentbehrlich. So konnten sowohl in Baruth/Mark als auch in Golßen die Gründungsarbeiten für die Fußgängerunterführung nur auf diese Art und Weise umgesetzt werden.

Die weiteren Arbeiten verliefen im Wesentlichen termingerecht, da bei kleineren Abweichungen kurzfristig Gegensteuerungsmaßnahmen seitens der SPITZKE SE vorgeschlagen und in Abstimmung mit der DB Netz AG umgesetzt wurden. Auch hier zeigte sich, dass eine frühzeitige, transparente Kommunikation von Problemen/Herausforderungen und das Aufzeigen möglicher Lösungsansätze ein wichtiger Schlüssel für den Projekterfolg sind.

Im Juni 2017 war es dann soweit, die ersten Bahnübergangsersatzmaßnahmen konnten feierlich in Betrieb genommen werden. Bei allen Veranstaltungen wurden die hohe Leistungsbereitschaft der Arbeitsgemeinschaft unter Berücksichtigung des Arbeitsumfangs in der zur Verfügung stehenden Zeit und die partnerschaftliche Zusammenarbeit zwischen der DB Netz AG, der Arbeitsgemeinschaft Los Nord und den Gemeinden deutlich hervorgehoben und gelobt.

Nachdem durch die ARGE Los Nord ein Großteil der Leistungen bereits erbracht und der Eröffnungstermin in greifbare Nähe gerückt war, wurde das Pro-

Bild 7: Ersatzneubau EÜ Klein-Ziescht nach Fertigstellung

jekt durch die Sturmtiefs „Xavier" und „Herwart" am 14. bzw. 27. Oktober 2017 stark in Mitleidenschaft gezogen. Bei Windgeschwindigkeiten von bis zu 130 km/h stürzten zahlreiche Bäume in die kurz zuvor abgenommene Oberleitungsanlage und beschädigten diese an vielen Stellen entlang des gesamten Streckenabschnitts. Eine Vielzahl von Ästen und Bäumen unterschiedlicher Größe lag nunmehr im und neben dem Gleiskörper verteilt und hatte diverse Anlagenteile zerstört. Dadurch waren große Teile der Strecke nicht mehr befahrbar.

Diese Wetterereignisse riefen die SPITZKE SE einmal mehr mit ihrem Know-how auf den Plan, um das gemeinsame Projektziel – die pünktliche Inbetriebnahme – nicht zu gefährden. In enger Abstimmung mit der DB Netz AG erfolgte eine sofortige Schadensaufnahme. Unmittelbar im Anschluss konnte mit der umfangreichen Schadensbehebung begonnen und die wesentlichen Schäden innerhalb kürzester Zeit beseitigt werden.

Vor dem Hintergrund dieser beiden Ereignisse und der daraus gewonnenen Erkenntnisse wurde durch die DB Netz AG festgelegt, weite Teile des bereits umgebauten Trassenbereichs, in dem noch Grünbewuchs trassennah vorzufinden war, freizuschneiden, um ähnlichen Situationen künftig vorzubeugen. Daraufhin wichen noch vor der Inbetriebnahme im Dezember 2017 knapp 950 Bäume in einer Rodungs- und Entsorgungsmaßnahme.

Bereits am 3. Dezember 2017 fand nach Abschluss aller Bauhauptleistungen und der Realisierung der Zusatzleistungen die technische Inbetriebnahme statt. Nach den Belastungs- und Messfahrten rollte dann am 10. Dezember 2017 termingerecht der Personen- und Güterverkehr wieder über die Strecke Berlin–Dresden.

Bild 8: Beschädigte Oberleitung nahe Uckro als Folge des Sturmtiefs „Xavier" und Sturmschadenbeseitigung mittels Zwei-Wege-Baggertechnik

in konventioneller Bauweise auf einer Länge von gesamt 35.894 m:

- von km 50,203 – 60,500 (zweigleisig) – Länge 2 x 10.297 m
- von km 62,500 – 64,125 (zweigleisig) – Länge 2 x 1.625 m
- von km 68,000 – 71,500 (Gleis 2) – Länge 1 x 3.500 m
- von km 68,000 – 75,500 (Gleis 1) – Länge 1 x 7.500 m

Logistisch mussten nach Fertigstellung der Gleise ca. 69.000 t Stopfschotter eingebracht und verdichtet werden.

Daten und Fakten (PA 4.1. und PA 4.2. ARGE Los Nord)

Die Leistungsanteile der Firma JOHANN BUNTE Bauunternehmung GmbH & Co. KG umfassten im Wesentlichen:

- Einbau von 400.000 t Erdbaumaterialien sowie Einbau von 22.000 t Asphalt für die fünf Straßenüberführungen
- ca. 18.000 t Bodenabtrag bzw. 12.000 t Bodeneinbau in Spitzenzeiten als Tagesleistung
- bis zu 120 Baufahrzeuge und 12 Bauspitzen gleichzeitig im Einsatz

Die Niederlassung Großbeeren der SPITZKE SE realisierte zeitversetzt den Gleisum- und Neubau

Bild 9: Einsatz des SSP im Bereich Pitschen-Pickel

Insgesamt wurden 57.425 Schwellen des Typs B70 W14-60- K 900 sowie 933 Schwellen des Typs B70 W14-54 von der SPITZKE FAHRWEGSYSTEME GmbH, dem SPITZKE-eigenen Schwellenwerk in Möllenhagen, angeliefert sowie 1.680 aufgearbeitete Schwellen des Typs B70 W14-54 verbaut.

Der Einbau von 16 Weichen im gesamten Streckenbereich gestaltete sich zum Teil sehr unterschiedlich. So wurden

- 2 x ABW 54 – 190 – 1:1,75
- 2 x ABW 54 – 190 – 1:9
- 8 x EW 60 – 500 – 1:12
- 4 x EW 60 – 1200 – 1:18,5

neu geliefert und eingebaut.

Ferner erfolgte im Zuge der durchzuführenden Oberbauarbeiten in den Nichtumbaubereichen der Einsatz der SPITZKE-eigenen Bettungsreinigungsmaschine (RM 900 S). Die Monteure der SPITZKE SE aus dem Unternehmensbereich Ausrüstung/Elektrotechnik realisierten den kompletten Rück- und Neubau der Oberleitungsanlage auf einer Länge von ca. 65 km sowie in zwei Bahnhöfen. Des Weiteren nahm der Bereich ca. 740 Mastgründungen mit gleisgebundenen Rammen durch Rammpfahl- und Bohreindrehverfahren vor, wobei die Oberleitungsmaste ebenfalls von der SPITZKE FAHRWEGSYSTEME GmbH produziert und durch die Logistiktochter der SPITZKE SE, die SLG SPITZKE LOGISTIK GmbH, direkt ins Baufeld geliefert wurden.

Der Ingenieurbau (Hentschke Bau GmbH und SPITZKE SE) verwirklichte parallel fünf Brücken der Kategorie SÜ (Straßenüberführung) in Klein Ziescht, Golßen, Falkenhain, Kümmritz und Pitschen-Pickel sowie zwei Eisenbahnüberführungen – davon eine Eisenbahnüberführung im Zuge einer Personenunterführung in Altgolßen und eine Eisenbahnüberführung als Durchlassbauwerk. Außerdem übernahmen die Kollegen den Neubau der Personenunterführung in Baruth/Mark inklusive der dazugehörigen mobilitätsgerechten Rampen und den Neubau der Bahnsteige. Auch der Neubau der Haltepunkte Klasdorf und Drahnsdorf mit zwei Fertigteilbahnsteigen inklusive deren Zuwegungen und Ausstattungen wurde erfolgreich umgesetzt.

Durch den Kompetenzbereich Ausrüstung/Elektrotechnik der SPITZKE SE und dessen Teilbereiche Leit- und Sicherungstechnik/Telekommunikation/Elektrische Energieanlagen wurden sowohl an den Verkehrsstationen als auch an den Bahnhöfen und Haltepunkten in Summe über 300.000 m Kabel verlegt, 75 Stromverteilungen (innen und außen)

Bild 10: Zustand nach Neubau des Haltepunkts Klasdorf

errichtet sowie 241 Lichtpunkte (sowohl Außen- als auch Innenleuchten und Lichtmaste auf Bahnsteigen und an den Straßen) errichtet.

Wie nahezu alle Leistungen fanden auch für die Ausrüstungsgewerke stets Überlagerungen mit den übrigen Baugewerken statt. Hier galt es, sich immer wieder dem aktuellen Baufortschritt zu unterwerfen und die notwendigen Anpassungen in Abstimmung mit der DB Netz AG vorzunehmen.

Wesentlich während der gesamten Bauzeit war u. a. auch die stetige Aufrechterhaltung der Stromversorgung, um sämtliche Gewerke, bahneigene Anlagen und Anlieger zu versorgen.

Zusammenfassung und Ausblick

Nicht nur im Zuge dieser durchgeführten Arbeiten, sondern während der gesamten Maßnahme, herrschte eine sehr konstruktive und zielorientierte Zusammenarbeit zwischen der DB Netz AG als Auftraggeber und der ARGE Los Nord. Dafür waren und sowohl die enorme Leistungsbereitschaft der ARGE-Partner als auch das Zurückstellen des ausschließlichen Handels nach eigenen Unternehmerinteressen wesentliche Erfolgsfaktoren.

Das Ergebnis dieser in allen Bereichen der Projektabwicklung engen und partnerschaftlichen Zusammenarbeit war dann letztendlich die fristgerechte Umsetzung dieser anspruchsvollen Gesamtmaßnahmen bis zur Inbetriebnahme unter dem Blickwinkel einer jederzeit kurzfristigen und zielorientierten Lösung im operativen Geschäft.

Es gab erfreulich kurze Entscheidungswege, erforderliche Festlegungen wurden umgehend getroffen und es herrschte ein offener Umgang mit Problemen, d. h. die gemeinschaftliche Erarbeitung projektfördernder Lösungen war gewollt und wurde „gelebt". Das galt sowohl für die ARGE Los Nord als auch für die betroffenen Gemeinden, Kommunen und Behörden.

Letztendlich ist die planmäßige Inbetriebnahme am 10. Dezember 2017 das Ergebnis eines zielorientierten Zusammenarbeitens aller Projektbeteiligten gewesen.

Mit der anschließenden Realisierung der 2. Baustufe in den Streckenabschnitten Blankenfelde– Wünsdorf-Waldstadt, Bhf. Doberlug-Kirchhain und Elsterwerda–Großenhain Berliner Bhf. werden die Planungen zum Ersatz weiterer 15 Bahnübergänge durch Brückenbauwerke fortgeführt. Die Realisierung dieser Ersatzmaßnahmen wird voraussichtlich bis 2028 abgeschlossen sein.

Thomas Lottig
SPITZKE SE, Gesamtprojektleiter ARGE ABS Berlin–Dresden, Los Nord
Thomas.Lottig@spitzke.com

Benjamin Döring
DB Netz AG, Großprojekte Ost, Projektpartnermanager für den Ausbau der Strecke Berlin–Dresden
Benjamin.Doering@deutschebahn.com

2. Stammstrecke München – Planung optimiert

Das Großprojekt 2. Stammstrecke München ist eines der komplexesten und ingenieurtechnisch anspruchsvollsten Bauvorhaben, das jemals in der bayerischen Landeshauptstadt München geplant und gebaut wurde. Die 2. Stammstrecke München ist das zentrale Element zur dringend benötigten Kapazitätserweiterung und Stabilisierung des S-Bahn-Netzes und das Kernstück des Bahnausbaus in der Region München.

Bild 1: Streckenverlauf der 2. Stammstrecke München

Rahmenbedingungen

Die 2. Stammstrecke München wird gebaut in einer Situation, in der Großprojekte in Politik und Öffentlichkeit mit großer Skepsis gesehen werden. Bedingt ist dies durch die jüngsten Erfahrungen aus verschiedenen Milliardenprojekten, bei denen Kosten- und Terminpläne klar verfehlt wurden. Reaktion darauf schlug 2015 eine vom BMVI ins Leben gerufene Reformkommission Bau von Großprojekten Maßnahmen vor, um die Kostenwahrheit, Effizienz und Termintreue von Großprojekten zu verbessern. Ein wesentliches Element zur Erreichung dieses Ziels ist dabei der Ansatz der partnerschaftlichen Zusammenarbeit.

Beim Großprojekt 2. Stammstrecke München wird ein weiterentwickelter Ansatz der partnerschaftlichen Zusammenarbeit verfolgt, der über die reine Regelung des Verhältnisses zwischen Bauherr und Baufirmen hinausgeht und auch die Anliegen der Bürger und der Stadt berücksichtigt. Mit dieser gesamtheitlichen Herangehensweise werden bei der Realisierung des Großprojekts 2. Stammstrecke München Reibungsverluste vermieden, langwierigen Rechtsstreitigkeiten vorgebeugt und schnelle Entscheidungen bei politischen und öffentlichen Stakeholdern erzielt.

Das Projekt

Mit dem Bau der 2. Stammstrecke München wird der Nahverkehr in München entlastet und durch einen Bypass weniger störungsanfällig. Parallel zur bestehenden Stammstrecke wird eine rund elf Kilometer lange neue 2. Stammstrecke gebaut, welche die Umsteigebahnhöfe Laim im Westen und Leuchtenbergring im Osten miteinander verbindet. Etwa sieben Kilometer der Strecke verlaufen unterirdisch. Auf der Strecke werden drei neue unterirdische Stationen am Hauptbahnhof, am Marienhof und am Ostbahnhof gebaut. Die geplante Inbetriebnahme der Strecke soll im Jahr 2026 erfolgen. Das Budget, in dem ein Risikopuffer in Höhe von 600 Millionen Euro inkludiert ist, beträgt 3,8 Milliarden Euro.

Die politischen und gesellschaftlichen Rahmenbedingungen für das Großprojekt 2. Stammstrecke München sind gut. Die Landeshauptstadt München und den Freistaat Bayern eint der feste politische Wille, das Projekt zu realisieren. Die Münchner Bürger und vor allem hunderttausende Pendler drängen angesichts der sich täglich offenbarenden Mängel des bestehenden S-Bahn-Systems auf eine deutliche Entlastung und Verbesserung.

Partnerschaftliches Verhandlungsverfahren mit Bietern

In Deutschland dominiert eine konfrontative Kultur das Verhältnis zwischen Bauherren und Baufirmen. Die Konfliktaustragung vor Gerichten gehört quasi zum „normalen Geschäft". Dies verursacht Mehrkosten und Zeitrisiken. Die Reformkommission „Bau von Großprojekten" empfiehlt in ihrem Abschlussbericht ausdrücklich partnerschaftliche Vergabe- und Vertragsmodelle, um auch die Expertise der ausführenden Unternehmen in die Planung und Definition der zu erbringenden Leistungen mit aufzunehmen. Die 2. Stammstrecke München ist eines der ersten öffentlich geförderten Großprojekte, bei dem genau dieser Weg gegangen wird. Dazu wurde ein spezieller Verhaltenskodex für die Bieter entwickelt mit dem Ziel, bereits von Anfang an die Basis für eine vertrauensvolle Zusammenarbeit zu schaffen und schon im Bieterverfahren Optimierungen für eine wirtschaftlichere Bauweise vorzunehmen. Der Verhaltenskodex gilt von Submission bis Vertragsschluss mit dem Auftragnehmer. Die Bieter werden im Rahmen der Vertragsverhandlungen um Optimierungsvorschläge gebeten. Dies geht soweit, dass einzelne Bauverfahren bis ins kleinste Detail diskutiert werden, um so im Dialog möglichst alle Potenziale für weitere Optimierungen des Bauablaufs und eine möglichst wirtschaftliche Bauweise bei möglichst geringen Risiken für das Budget und die Terminpläne herauszuarbeiten. Die bisherigen Erfahrungen in diesem Vorgehen sind durchwegs positiv. Im gemeinsamen Austausch haben sich zahlreiche Hinweise zu einer optimierten Bauausführung ergeben. Vor diesem Hintergrund wird der Verhaltenskodex auch bei den weiteren Ausschreibungen zur Anwendung kommen.

Ausblick: „Lean Management"

Damit Kosten- und Terminpläne eingehalten werden und die in den Bauverträgen vereinbarte partnerschaftliche Zusammenarbeit auch in der Bauausführung zum Leben erweckt wird, wird beim Großprojekt 2. Stammstrecke München die Methode des „Lean Management" als Piloten zur Anwendung gebracht. Das Konzept des „Lean Management" ist aus der Strategie „Zukunft Bahn" des DB-Konzerns entstanden und bietet eine umfassende Methodik zur optimalen Abstimmung, schnellen Problemlösung und offenen Kommunikation zwischen Bauherr und Baufirmen. Ziel ist es, dass alle Verantwortlichen jederzeit auf demselben Informationsstand sind und bei jedem Planungsprozess bereits der „letzte Planer" mit eingebunden ist. Dadurch werden Bauprozesse deutlich besser aufeinander abgestimmt, es wird ressourcenschonend gearbeitet und insgesamt eine hohe Verlässlichkeit bei Terminplänen erzielt. Das „Lean-Management-Konzept" stellt hierzu verschiedene Instrumente wie zum Beispiel den „Lean Raum", „A3-Berichte", ein „Last-Planner-System" sowie die Bildung eines „Integrierten Projektabwicklungsteams" zur Verfügung. Im Kern zielen diese Instrumente darauf ab, den optimalen Informationsfluss und gleichen Wissensstand zwischen allen Projektbeteiligten herzustellen und so bereits frühzeitig auf Problementwicklungen reagieren zu können. Beim Großprojekt 2. Stammstrecke München sind diese Anforderungen in die Bauverträge integriert. Das Projekt verlangt bereits von den Bietern ein „Lean-Konzept". Während der Ausführungsphase wird es ein externes Lean-Management-Monitoring geben.

Partnerschaftliche Zusammenarbeit durch Koordinierung von parallelen Projekten

Weiter gilt es, Synergien mit Projekten anderer Bauherren zu nutzen und somit sowohl Kosten zu sparen als auch die Beeinträchtigungen der Anlieger und Bürger zu minimieren. So werden gemeinsam mit der Landeshauptstadt München durch enge Abstimmung Synergieeffekte bei parallelen städtischen und projektbezogenen Bauarbeiten gewonnen. Zum Beispiel wurden die für den Bau der neuen Station Marienhof notwendigen Spartenverlegungen im Zentrum der Stadt gekoppelt mit dem Bau einer neuen Fernkälteleitung der Landeshauptstadt München. Weitere Maßnahmen, wie der Bau einer Umweltverbundröhre im Stadtteil Laim oder eines Vorhaltebauwerks für eine neue U-Bahn-Station am Hauptbahnhof, eröffnen

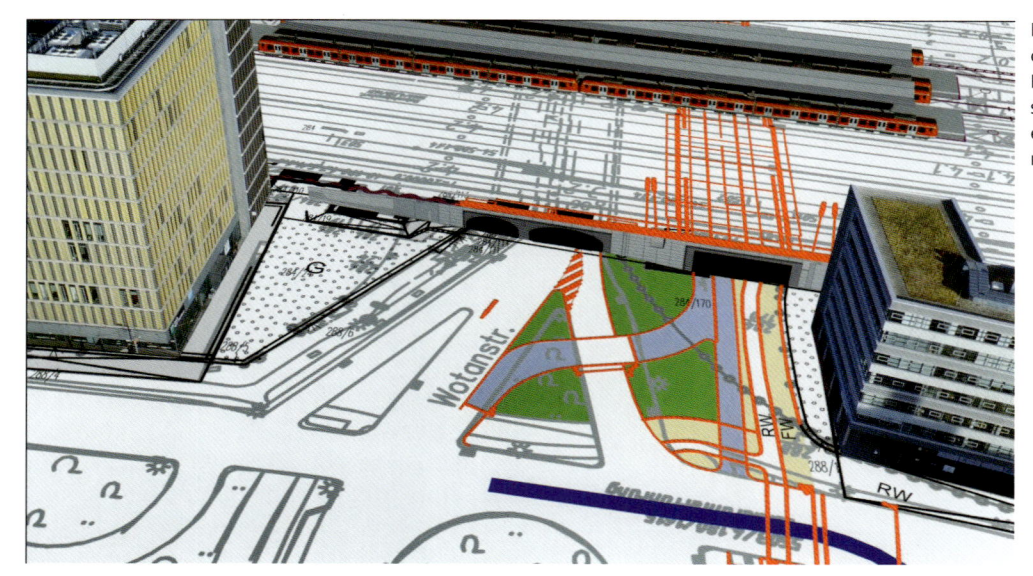

Bild 2: Partnerschaftliches Projekt zwischen Bahn und Landeshauptstadt München: Der Bau einer Umweltverbundröhre in Laim

weitere Möglichkeiten für gemeinsame Schnittstellen, Baustellenlogistik oder Fahrtrouten für Lkw.

Partnerschaftliche Zusammenarbeit mit Bürgern, Anwohnern und Zivilgesellschaft

Ein Großprojekt muss Anwohner, Bürger und Zivilgesellschaft mitnehmen, wenn es gelingen soll. Das bedeutet, dass die Skepsis, aber auch Sorgen, Nöte und Ängste von Menschen ernstgenommen werden müssen. Es reicht nicht mehr, sich hinter einem Planfeststellungsbeschluss zu verschanzen und die Bagger anrollen zu lassen. Transparenz, Offenheit und ein aktives Zugehen auf die Bürger sind gefragt und gut investierte Zeit, denn durch frühzeitige Einbindung und Anhörung von Anwohnern und Bürgern können drohende Konflikte bereits in einem frühen Stadium beigelegt und so langwierige Rechtsverfahren vermieden werden. In diesem Sinne verwirklicht sich das Prinzip der partnerschaftlichen Zusammenarbeit mit Bürgern, Anwohnern und Zivilgesellschaft.

Partnerschaftliche Zusammenarbeit als Grundlage für außergerichtliche Einigungen

Von insgesamt 14 Klageverfahren in den Planfeststellungsabschnitten Mitte und Ost mit verschiedenen Klageparteien, die seitens Privatpersonen, Bürgerinitiativen und Gewerbetreibenden gegen den Bau der 2. Stammstrecke München angestrengt wurden, konnten alle durch außergerichtliche Einigungen beendet werden. Dabei gab es separate Einzelfallregelungen mit allen, die geklagt hatten. Seit dem Frühjahr 2018 liegt ein komplettes, vollziehbares Baurecht für die 2. Stammstrecke München vor.

In der überwiegenden Zahl der Verfahren befürchteten die Kläger Beeinträchtigungen durch Baulärm für ihr Gewerbe oder, im Falle der Anwohner, Störungen der persönlichen Ruhe. Im Falle der anliegenden Gewerbetreibenden konnten durch die Zusage, beim Bauablauf größtmögliche Rücksicht auf deren Bedürfnisse zu nehmen, Einigungen erzielt werden. Dazu gab es im Vorfeld eine gemeinsame Analyse des Tagesgeschäfts bei den Gewerbetreibenden.

Einige Geschäftsinhaber zweifelten an, dass durch das Lärmgutachten die individuelle Situation in ihren jeweiligen Geschäftsräumen ausreichend berücksichtigt worden war. Arztpraxen haben beispielsweise einen höheren Schutzanspruch

Bild 3: Mitarbeiter informieren über das Großprojekt – hier am Münchner Flughafen

Bild 4: Bei Bürgerversammlungen wird der konstruktive Dialog mit den Menschen gesucht

als normale Büroräumlichkeiten. Durch konkrete Vor-Ort-Analyse der individuellen Situation konnten in allen Fällen durch Gespräche und durch Einzelfalllösungen Bedenken aus dem Weg geräumt werden.

Anwohnerinformation

In allen Bauabschnitten finden regelmäßig Anwohnerinformationsveranstaltungen und Vor-Ort-Begehungen statt, bei denen immer der jeweilige Leiter des Projektabschnitts und, wenn möglich, auch der Gesamtprojektleiter zugegen sind. Die Präsenz von Spitzenvertretern aus dem Projekt soll den Anwohnern signalisieren, dass ihre Fragen und Anregungen an höchster Stelle ankommen. Diese Dialogformate dienen in erster Linie dazu, die Anwohner aus erster Hand über das Baugeschehen zu informieren. Seitens der Bürger kommen aber immer wieder auch wertvolle Beobachtungen, die gut für das Projekt verwendet werden können. Die Vertreter der 2. Stammstrecke München haben aus den Veranstaltungen zahlreiche Anregungen in Sachen Verkehrssicherheit und Baustellenlogistik mitgenommen. Dadurch wurden bereits konkrete Verbesserungen, wie zum Beispiel Sicherungsposten auf Schulwegen oder Sperrzeiten für Schwerlastverkehr in Wohngebieten, umgesetzt. Viele Sorgen und Ängste der Anwohner sowie dezidierte Fehlinformationen sind in diesem Dialogformat beseitigt worden.

Kritiker des Projekts

Die 2. Stammstrecke München ist das Ergebnis jahrzehntelanger Diskussion über die Weiterentwicklung des Münchner Nahverkehrs. In dieser Diskussion über das beste Konzept wurden auch Ideen von alternativen Tangentialverbindungen um die Landeshauptstadt, wie beispielsweise einen Nord- und Südring, aufgeworfen. Hinter beiden Ideen haben sich leidenschaftliche Befürworter versammelt, die gleichzeitig das Projekt 2. Stammstrecke München ablehnen. Auf diese Kritiker geht das Projekt mit großer Offenheit zu. Es wird versucht, durch umfangreiche Sachinformationen die Bedenken auszuräumen.

Bild 5: Alles zur 2. Stammstrecke gibt's in der digitalen Ausstellung im Infozentrum

Bild 6: Spektakuläres Design: Die neue S-Bahn-Station am Marienhof

Integration in das Stadtleben/Infozentrum

Die 2. Stammstrecke München ist ein Projekt in München und für München. Die dazu gehörenden Baumaßnahmen werden das Gesicht der Stadt an relevanten Stellen über Jahren hinweg prägen – Begleiterscheinungen wie Lärm, Schmutz und Staub werden sich nicht komplett vermeiden lassen. Vor diesem Hintergrund ist es im Sinne der partnerschaftlichen Zusammenarbeit ein Ziel des Projekts, sich als notwendiges und wichtiges Vorhaben in das Münchner Stadtleben zu integrieren. Ein Jahr nach dem Baubeginn ist klar: Die 2. Stammstrecke München ist fester Bestandteil des Münchner Stadtlebens geworden.

Fix- und Angelpunkt ist hierbei das Infozentrum der 2. Stammstrecke München am Marienhof. Hier entsteht in rund 40 Metern Tiefe die neue unterirdische S-Bahn-Station Marienhof. Das Infozentrum mit multimedialer Ausstellung zum Projekt und einer Dachterrasse, welche den Blick über die Lärmschutzwand in das Baufeld ermöglicht wird und gleichzeitig einen exklusiven Blick auf das Münchner Wahrzeichen, die Frauenkirche, bietet, ist die Anlaufstelle für all jene, die sich über das Großprojekt informieren wollen. Allein schon durch die räumliche Nähe ergibt sich ein ständiger Austausch mit den zahlreichen anliegenden Geschäften, die zu den „Opinion Leaders" der Münchner Gewerbetreibenden zählen. Im fortlaufenden Dialog mit den Gewerbetreibenden sowie der Landeshauptstadt München haben sich bereits für das Projekt gut nutzbare Ideen zur Projektoptimierung ergeben – zum Beispiel hinsichtlich einer mit den Stakeholdern abgestimmten Gestaltung der Lärmschutzwand für die Baugrube am Marienhof.

Die exponierte Lage des Infozentrums wird zudem genutzt, um das Projekt in gesellschaftliche Veranstaltungen des Münchner Stadtlebens einzubinden. Dadurch soll klar gezeigt werden: Die 2. Stammstrecke München ist ein Projekt für die Bürger und mit den Bürgern. Gemeinsam und im Einvernehmen mit ihnen soll bestmöglich der Weg zur Realisierung beschritten werden.

In der Summe sorgen Dialog, Transparenz und Ansprechbarkeit für ein positives Klima und Akzeptanz für das Projekt sowohl bei den direkt betroffenen Anwohnern als auch bei den Geschäftstreibenden.

Zusammenfassung

Partnerschaftliche Zusammenarbeit findet beim Großprojekt 2. Stammstrecke München auf allen Ebenen statt und hat in den bisherigen Phasen der Projektabwicklung zu positiven Ergebnissen geführt. Ein Verhaltenskodex mit den Bietern bereits vor Vertragsschluss hat bereits zahlreiche

Bild 7: Anlaufstelle für alle Interessierte: Das Infozentrum 2. Stammstrecke im Herzen der Altstadt

Hinweise auf eine optimierte Bauausführung ergeben. In den Bauverträgen wird der Lean-Management-Ansatz integriert, um von Anfang an ein vertrauensvolles Verhältnis zwischen allen beteiligten Partnern herzustellen, damit das Projekt effektiv und erfolgreich durchgeführt werden kann. Durch zielgerichtete Kommunikation und eine breite Einbindung von politischen und gesellschaftlichen Stakeholdern konnten Reibungsverluste in der Zeit- und Kostendimension bereits deutlich minimiert werden. Auf politischer Ebene lassen sich durch partnerschaftliche Zusammenarbeit schnellere Entscheidungen erzielen. Den Einwänden von Gegnern des Projekts wird mit umfangreichen Sachinformationen begegnet. Die Verankerung des Projekts in der Stadtgesellschaft und die Bereitschaft, offen zu sein für Ideen der Bevölkerung und Opinion Leader sorgt für ein anhaltend positives Klima in der Stadtbevölkerung für das Großprojekt.

Markus Kretschmer
Leiter Großprojekt 2. Stammstrecke München,
DB Netz AG
2sbss@deutschebahn.com

Acht Monate, vier Gleise, 9,5 Kilometer Strecke

Für das Verkehrsprojekt Deutsche Einheit Nr. 8 (VDE 8) realisierte LEONHARD WEISS mehrere Bauabschnitte nördlich von Bamberg. Das Bauunternehmen war nicht nur für den kompletten Gleisinfrastrukturbau, sondern auch für alle klassischen Bauleistungen wie Erd-, Tief-, Brücken- und Straßenbau sowie für die Umsetzung des Lärmschutzes und von Teilen der Bahntechnik als Einzelauftragnehmer verantwortlich.

Bild 1: Erd-, Gleis- und Ingenieurbau dicht gedrängt im Trasseneinschnitt in der Ortslage Breitengüßbach

Im Rahmen des Verkehrsprojekts Deutsche Einheit Nr. 8 zwischen München und Berlin stemmte das Bauunternehmen nördlich von Bamberg zwei Bauabschnitte auf der Schnellfahrstrecke mit konventionellem Oberbau als Generalunternehmer. Einer davon liegt zwischen Breitengüßbach und Zapfendorf (Bild 1). Über 9,5 Kilometer wurde die bestehende zweigleisige Strecke in kürzester Zeit zu einer modernen viergleisigen Strecke für ICE und Regionalzüge ertüchtigt. 70 % der gesamten Bauleistung musste innerhalb der achtmonatigen Streckenvollsperrung abgewickelt sein, damit am 4. September 2016 um 6:00 Uhr morgens der erste Zug wieder fahren konnte. Zeitgleich zum Abschnitt Breitengüßbach–Zapfendorf wurde das Nachbarlos „Ebensfeld" von Unterleiterbach bis zum Tunnel Eierberge mit einer Gesamtlänge von weiteren 9,5 km fertiggestellt. Auch hier erfolgte der Ausbau von einer zweigleisigen auf eine viergleisige Strecke. Endgültig ging die ICE-Neubaustrecke am 10. Dezember 2017 in Betrieb.

Herausfordernder Streckenverlauf

Der Streckenverlauf sorgte für einige Herausforderungen: Die Gleise durchqueren drei Ortschaften mit ehemals zahlreichen Bahnübergängen (Bild 2). Diese wurden durch sechs Straßen- und acht Eisenbahnüberführungen sowie drei ins Grundwasser gebaute Durchlässe ersetzt, so dass nach dem Ausbau keine beschrankten Bahnübergänge mehr notwendig waren. In den Ortschaften entstanden moderne, behindertengerechte Haltepunkte (Bild 3). Innerorts halten insgesamt fast 10.000 m Lärmschutzwände den Schall von den Anwohnern der Strecke fern. Sie wurden entlang der Trasse und teilweise als Mittelwände zwischen den Gleisen ausgeführt. Neben den Gleisen stützen Bohrpfähle einen rutschgefährdeten Hang auf über 600 m Länge (Bild 4). Mit 1,8 m Durchmesser, angeordnet in bis zu vier Reihen nebeneinander und mit einer Gesamtlänge aller Pfähle von mehr als 6.000 m wurden sie zur Stabilisierung des Hangs in den Boden eingebracht.

Auch im benachbarten Abschnitt Ebensfeld waren diverse Unter- und Überführungsbauwerke sowie zwei neue Bahnsteige und Lärmschutzwände notwendig. Für die Ausbaustrecke – 32 Kilometer Gleise mit Schotteroberbau – richtete das Bauunternehmen zudem acht temporäre Behelfsbrücken mit Anschluss an das Verkehrswegenetz ein.

Hinter der Gemeinde Breitengüßbach wurde ein über 430 m langes Überwerfungsbauwerk hochgezogen (Bilder 5, 6, 7, 8). Dadurch steigt das außen liegende Neubaugleis über die zwei Gleise der Ausbaustrecke und fädelt sich innen neben dem anderen Neubaugleis wieder ein. Anschließend taucht die Strecke unter der Bundesautobahn A73 durch und passiert bei Ebing zwischen dem Fluss Main und der Autobahn eine Engstelle. Zur Herstellung des viergleisigen Streckenverlaufs wurden zahlreiche Straßen, Bäche und vorhandene Leitungen verlegt.

Außerdem musste der Flusslauf des Mains an der Engstelle verändert werden. Dazu sollte auf einer Länge von 1 km ein neues Flussbett entstehen (Bild 9). Die feuchten Wiesen auf dem geplanten Abschnitt boten allerdings zahlreichen Pflanzen und Tieren einen wertvollen Lebensraum. Unter anderem wurde dort der seltene Ameisenbläuling, eine geschützte Schmetterlingsart, entdeckt. Das zog umfangreiche Renaturierungsmaßnahmen für Flora und Fauna nach sich.

So wurde zunächst die Grassode auf der Strecke des neuen Flussbetts abgeschält und umgesetzt, um die Flora des Falters zu erhalten. Anschließend

Bild 2: Komplettierung der Strecke mit Oberleitung und Kabeltroganlagen in der Ortschaft Zapfendorf

Bild 3: Neuer Haltepunkt in der Ortschaft Zapfendorf mit umfangreichen Lärmschutzmaßnahmen

Bild 4: Sicherung des Rutschhangs „Hölzla" durch Großbohrpfähle mit Durchmesser 1,80 m

Bild 5: Rampe auf das im Bau befindliche Überwerfungsbauwerk

Bild 6: Schwerer Erdbau im Zuge der Herstellung des Überwerfungsbauwerks

Bild 7: Rampe auf das weitestgehend fertiggestellte Überwerfungsbauwerk

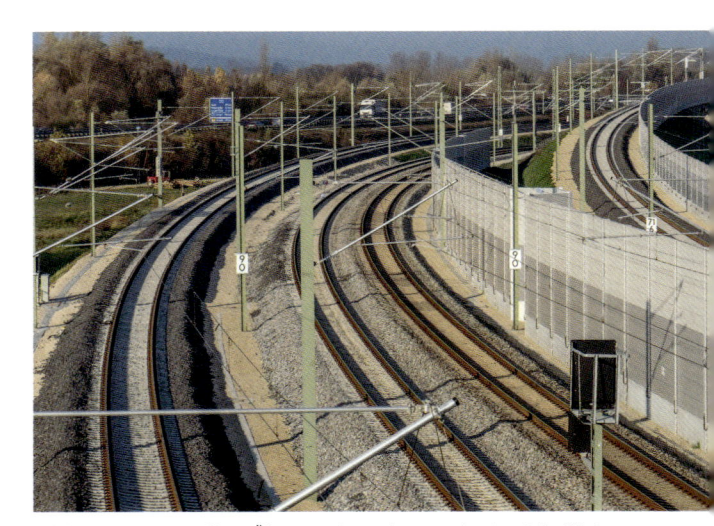

Bild 8: Fertiggestelltes Überwerfungsbauwerk einschließlich Lärmschutzwand

konnte das geplante Flussbett ausgegraben werden. Nachdem der Main seinen neu geschaffenen Weg erobert hatte, blieb ein Teil des bisherigen Flussbetts als Altarm erhalten. Durch eine Verzweigung zum Fluss konnte der Bereich als Ruhewasserzone gestaltet werden. Hier wurde mit Kiesbänken ein Refugium für den Artenreichtum des Mains geschaffen. Die kleinen Inseln bieten durch die verbliebenen Wurzelstöcke und die verlegte Grassode ein neues Rückzugsgebiet für Tiere und Pflanzen.

Bei der Umverlegung des Mains kamen verschiedene archäologische Funde ans Tageslicht, die einen Aufschluss über die Historie dieses Ortes geben. Zum einen wurden sogenannte Rannen – mächtige, fossile Baumstämme mit einem Alter von 6.000 bis 10.000 Jahren – gefunden. Zum anderen entdeckte das Bauteam die Überreste einer Mühle und einer Brückenanlage sowie Reste von Einbäumen. Die Funde lassen den Rückschluss zu, dass an diesem Abschnitt des Flusses einmal eine Anlegestelle oder ein Hafen gewesen sein muss.

Als ein besonderes Fundstück erwies sich ein Sühnestein. Diese Gedenksteine wurden vor einigen Jahrhunderten als Mahnung an Verbrechen aufgestellt. Experten konnten den Sühnestein zeitlich noch nicht genau einordnen, vermuten seinen Ursprung aber im frühen Mittelalter.

Für das Team von LEONHARD WEISS war die Umverlegung des Flusses eine spannende Aufgabe und keinesfalls alltäglich. Die archäologischen Fundstücke gaben diesem Bauabschnitt einen zusätzlichen Reiz. Allerdings erforderte die Aufnahme und Sicherung der Funde auch viel Zeit,

Bild 9: Erdarbeiten für die Umverlegung der Mainschleife

was den ohnehin angespannten Terminplan noch weiter beanspruchte.

Rückwärts gerechneter Zeitwegeplan

Die Totalsperrpause von acht Monaten war für die Herstellung des ersten Bauabschnitts extrem knapp bemessen. Hinzu kam die Lieferung der Oberbaustoffe, welche mit einem sehr großen Vorlauf abgerufen werden mussten. Die Experten von LEONHARD WEISS planten den exakten Bauablauf mit Hilfe eines Zeit-Wege-Diagramms. Die Fertigstellungstermine und die Liefertermine wurden als Eckpunkte vermerkt und der gesamte Bauablauf wurde von dort aus rückwärts terminiert.

Nach diesem zentralen Plan wurden alle Mitarbeiter und Geräte wie Zweiwegebagger, Planierraupen, Grader, Lkws, Stopf- und Planiermaschinen sowie Arbeitszugfahrten disponiert und koordiniert. Für die Kommunikation vom Büro zur Baustelle bei Planung und Arbeitsvorbereitung wurde qualifiziertes Fachpersonal mit entsprechender IT-Unterstützung und Software eingesetzt. Damit waren die Datenschnittstellen zwischen Betrieb, Planung, Logistik und Bauausführung sichergestellt.

Für die beiden Bauabschnitte hat das Bauunternehmen jeweils 32.000 m Gleise mit Schotteroberbau verlegt. Um einen ausreichenden Hochwasserschutz zu gewährleisten, wurden die Gleise höher als auf der ursprünglichen Strecke gebaut. Auf einer kombinierten Schnell- und Güterverkehrstrecke wie dieser sind zudem nur mäßige Steigungen möglich und der Oberbau verträgt nur geringe Setzungen. Durch die Anpassung von Geländeeinschnitten und Dämmen wurde deshalb der Trassenverlauf begradigt. Ein homogener, qualitativ hochwertig hergestellter Unterbau wirkt Senkungen zusätzlich entgegen.

Dafür wurde ein bindemittelstabilisierter Erdkörper hergestellt: Große Bodenfräsen lockerten das anstehende Erdreich auf. Mit Bindemittelstreuern wurde Bindemittel auf dem Erdplanum verteilt und mit den Fräsen eingearbeitet. Anschließend verdichteten Erdbauwalzen den Boden zu einem festen Körper. Zur besseren Lastenverteilung wurde eine Planumsschutzschicht als Tragschicht zwischen der Oberfläche des Baugrunds und dem Schotterbett eingebaut. Sie trennt den Schotter vom Erdplanum und sorgt für die seitliche Ableitung des Oberflächenwassers.

Bild 10: Stopfarbeiten am neu hergestellten Gleis

Für die Herstellung der Tiefenentwässerung und weiterer Grabenprofile waren Felsfräsen im Einsatz. Sie eigneten sich besonders gut für den stark verfestigten Boden und konnten die exakten geometrischen Grabenprofile in kurzer Zeit ausheben. Der hohe Bindemittelanteil verleiht dem Damm eine so große Stabilität, dass dieser dem regelmäßigen Hochwasser des Mains standhält. Der Bahnbetrieb kann also auch bei hohen Wasserständen durchgehend aufrechterhalten werden. Hierzu wurde eigens eine unternehmensinterne Genehmigung (UIG) der DB erstellt.

Komplexe Logistik und digitale Arbeitsvorbereitung

Durch professionelle Planung und Logistiksteuerung wurden 64.000 m Schienen mit Längen von 120 bis 180 m, 52.000 Stück Schwellen und 120.000 t Gleisschotter „just in time" geliefert. Als Nadelöhr im Ablauf stellten sich die Versorgungstransporte über die Schiene heraus, denn dafür mussten alle vorangegangenen Gewerke im Baufeld abgeschlossen sein. Eine weitere Herausforderung bestand in der Koordinierung der großen Lieferungen an FC-Schotter, inklusive Umlauf, Beladung, Transport und Entladung. Durch den konzentrierten Einsatz der Stopftechnik konnte der Schotter zügig verarbeitet werden: In Spitzenzeiten waren parallel die Gleisstopfmaschinen Typ 09-3x und 09-32 sowie die Universalstopfmaschinen Unimat 09-4x4/4s mit zugehörigen Hochleistungsschotterpflügen von LEONHARD WEISS in Betrieb (Bild 10).

Die digitale Arbeitsvorbereitung für die umfangreichen Maschinensteuerdaten basierte auf einem visualisierten Geländemodell. Zu diesem Zweck wurden dreidimensionale Modelle anhand von Regelquerprofilen, Achsen und Gradienten in einer geeigneten Software wie Vestra Civil 3D von AKG Software erstellt. Diese 3-D-Modelle wurden anschließend für die Maschinen wie Raupen, Bagger oder Grader in lesbare Formate konvertiert, damit wurden die elektronischen Steuerdaten in das Gerät übertragen. Auf dem Display der Baumaschine arbeitete der Fahrer anschließend vom Ist zum Soll des erstellten 3-D-Modells. Weiterhin wurden die Steuerdaten aufgearbeitet, um so einen zentimetergenauen Einbau des Grundschotters und der anderen Schutzschichten zu gewährleisten. So konnten die Betonschwellen mit dem Schwellenverlegegerät exakt abgelegt werden.

Philosophie der Kooperation

In der Branche und für LEONHARD WEISS war dieses Projekt durch das große Bauvolumen in extrem kurzer Zeit eine Ausnahmebaustelle. Die Durchführung erforderte eine minutiöse Vorplanung, eine ausgeklügelte Logistik und eine perfekt abgestimmte Zusammenführung der Gewerke. Das

Bild 11: Firmeneigene Großgerätetechnik wie die Stopfmaschine ermöglicht die Umsetzung des Großprojekts

Bauunternehmen war daher in Spitzenzeiten mit über 500 Mitarbeitern und allen seinen Gewerken gleichzeitig vor Ort. Alle Projektbeteiligten standen in ständigem Dialog. So konnten kooperative Lösungen gefunden werden, um den Bau zügig zu realisieren und die Belastungen für die Gemeinden so gering wie möglich zu halten.

Als Generalunternehmer mit einer extrem hohen Eigenwertschöpfung setzte LEONHARD WEISS seine Philosophie der Kooperation vor Ort konsequent um: „Wir wollen bauen, deshalb lösen wir Probleme mit allen Beteiligten direkt und in offenem Dialog", so der Gesamtprojektleiter Hubert Greubel. Das gelte gleichermaßen für den Auftraggeber, die Deutsche Bahn, wie für die Projektingenieure und die Bauüberwachung bis hin zu den Kommunen und der betroffenen Bevölkerung. „Ein Boot, eine Richtung, und alle rudern", sagt er dazu. Dafür wurde beispielsweise im Verkehrskonzept mit der Polizei die Höchstgeschwindigkeit zur Sicherheit der Anwohner innerorts auf 30 km/h begrenzt und das Bauunternehmen ließ sechs eigene Kehrmaschinen im Dauerbetrieb durch die Ortschaften fahren, um den Baustellenschmutz in verträglichen Grenzen zu halten.

„Wichtig dabei ist, dass wir auf unsere eigenen Ressourcen zurückgreifen können", erklärt der Projektleiter. LEONHARD WEISS verfügt über einen umfangreichen eigenen Maschinenpark inklusive Wartungseinrichtungen und eigenen Eisenbahnbetriebsleitern – in einer gelben Stopfmaschine sitzt als Fahrzeugführer selbstverständlich auch ein eigener Mitarbeiter (Bild 11). Mit der großen Baustelle stärkt das Unternehmen seine Kompetenz erneut: „Wir wissen aus Erfahrung, dass wir mit entsprechender Planung solche Projekte stemmen können, das gehört zu unserem Portfolio", so Andreas Köder, Standortleiter Generalunternehmer Infrastrukturprojekte.

Für den Auftraggeber bedeutet die Ausführung solch komplexer Infrastrukturprojekte durch ein Generalunternehmen im besten Fall Know-how aus einer Hand – mit optimiertem Bauablauf, besserer Termingenauigkeit und höherer Ausführungsqualität. Dieses Projekt bestätigt: Mit den richtigen Partnern und einer hoch professionellen Projektdurchführung sind auch in Deutschland schwierigste Infrastruktur- und Großprojekte erfolgreich zu beherrschen.

Regine Thometzek
Bereichssekretärin Generalunternehmer Infrastrukturprojekte
r.thometzek@leonhard-weiss.com

Sandra Braunreuter
Assistentin Geschäftsführer Gleisinfrastrukturbau
s.braunreuter@leonhard-weiss.com

Mehr Güterzüge, weniger Lärm in der Lausitz

Seit der Osterweiterung der Europäischen Union wachsen auch die Handelsbeziehungen mit der Region stetig. Leistungsfähige Verbindungen für den Güterverkehr auf der Schiene zwischen Deutschland und den osteuropäischen Staaten schaffen die Kapazitäten für künftiges Wachstum und tragen dazu bei, den Ost-West-Verkehr umweltverträglich zu bewältigen. Deshalb verpflichteten sich Deutschland und Polen zum Ausbau der grenzüberschreitenden Schieneninfrastruktur. Die sogenannte „Niederschlesische Magistrale" zwischen Falkenberg und Breslau (PL) ist auf diesem Korridor die wichtigste Achse für den Schienengüterverkehr.

Bild 1: Bahnanlage mit Lärmschutzwand bei Drewitz

Das Projekt

Das Projekt ist Bestandteil des paneuropäischen Schienenverkehrskorridors für den Güterverkehr und eine Hauptachse des internationalen kombinierten Ladungsverkehrs. Durch die Wiederherstellung der durchgehenden Zweigleisigkeit der 55 Kilometer langen Strecke und die durchgehende Elektrifizierung mit Anschluss an das polnische Netz wird deren Qualität nachhaltig verbessert.

Im Verlauf des Projekts werden in den Bahnhöfen Knappenrode, Niesky und Horka Gbf. die Gleisanlagen unter Berücksichtigung europäischer Standards mit Gleisnutzlängen bis 750 m vollständig erneuert. Ein Teil der 33 Bahnübergänge zwischen Knappenrode und Horka wurde durch Brücken er-

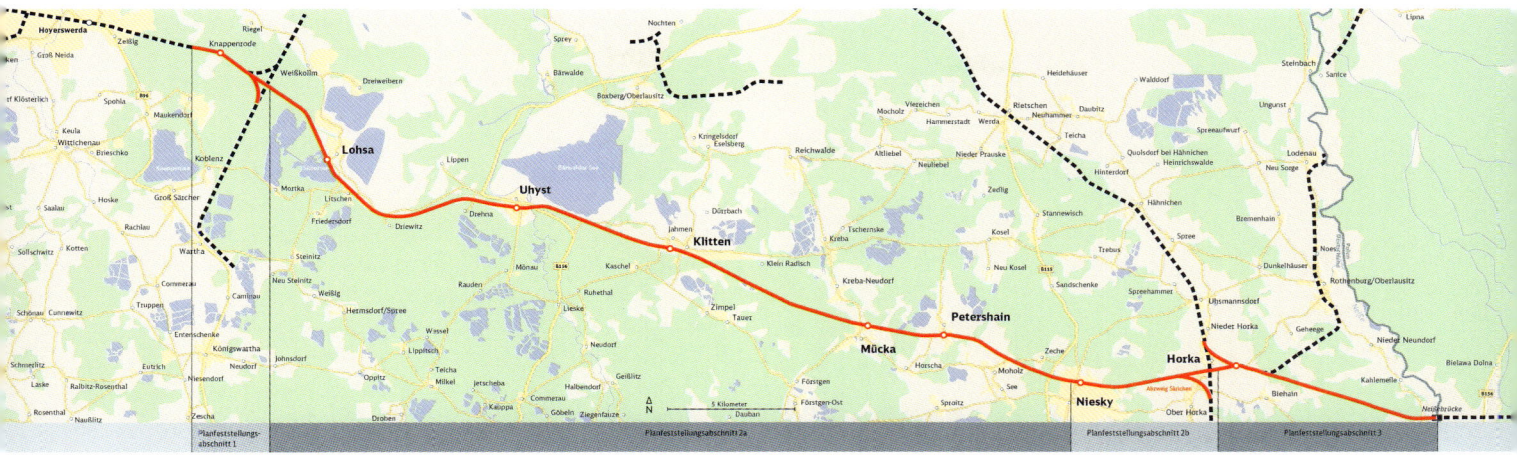

Bild 2: Streckenkarte

setzt, die verbleibenden BÜ erhalten eine moderne Sicherungstechnik. Durch diese werden die Schließzeiten deutlich verkürzt. Die Bahnhöfe Lohsa, Uhyst, Klitten, Mücka und Petershain werden zu Haltepunkten mit je zwei Bahnsteigen umgebaut. Die Bahnsteige erhalten moderne Ausstattungen sowie barrierefreie Zugänge. Auch im Bahnhof Niesky werden die Bahnsteige neu gebaut. Der Inselbahnsteig wird zukünftig mit dem Busbahnhof durch einen Personentunnel direkt verbunden und dank zweier Aufzüge barrierefrei gestaltet.

Die Streckengeschwindigkeit wird von 100 auf 120 km/h – zwischen dem Abzweig Särichen und Knappenrode für den Regionalverkehr sogar auf 160 km/h – erhöht. Die Streckenkapazität kann von derzeit 50 Zügen auf bis zu 170 Züge pro Tag gesteigert werden. Neben dem Güterverkehr profitiert auch der Personennahverkehr von dem Streckenumbau. Für die Ballungszentren Berlin, Leipzig und Dresden ist der Ausbau auch aus touristischer Sicht bedeutsam.

Das Projekt wird auf der deutschen Seite aus Mitteln des Bundes,, der Europäischen Union und des Freistaates Sachsen finanziert. Es wird außerdem mit Mitteln aus dem CEF-Förderprogramm durch die EU kofinanziert.

Die Gesamtprojektkosten betragen ca. 520 Mio. €. Die Hauptinbetriebnahme mit der Elektrifizierung erfolgt im Dezember 2018, die Gesamtfertigstellung einschl. ETCS wird bis 2023 erfolgen.

Maßnahmen im Umwelt- und Naturschutz

Das Projekt durchschneidet in großen Abschnitten Schutzgebiete der höchsten Kategorie und stellt daher höchste Anforderungen im Umwelt- und Naturschutz. Zur Verminderung von Auswirkungen des Baus und des nachfolgenden Betriebs der Bahnstrecke auf die Umwelt wurden schon vor Baubeginn Maßnahmen zum Schutz besonders streng geschützter Tierarten umgesetzt. Zum Schutz der im Streckenbereich vorkommenden besonders und streng geschützten Reptilienarten Glattnatter und Zauneidechse wurden vor Beginn der Ausbaumaßnahme Ersatzlebensräume eingerichtet, in welche die aus den Eingriffsflächen durch Herpetologen – Reptilien-Fachleute – abgesammelten Tiere umgesetzt werden. Als Ersatz oder Ausgleich für Eingriffe des Projekts in Natur und Landschaft sind Landschaftspflegemaßnahmen notwendig, z. B. das Anlegen von Feuchtwiesen, Kleingewässern oder der Erhalt von Offenlandlebensräumen auf über 300 ha. Weitere Bemühungen, Natur und Landschaftsbild zu schonen, sind unter anderem

- das weitgehende Bauen vom Gleis oder Bahnkörper aus und damit die Reduzierung von Materialtransporten auf zusätzlich anzulegenden Baustraßen,
- die Beibehaltung und Optimierung bestehender Querungsmöglichkeiten an Brücken und Durchlässen für Kleintiere und z. B. Fischotter, Amphibien,
- Risikomanagement mit Monitoring durch Wissenschaftler der TU Dresden zum Wildunfallgeschehen vor und nach den Baumaßnahmen,
- die Beweidung von Feuchtwiesen zur Offenhaltung durch Wildpferde,

Bild 3: Stillgewässer-Renaturierung

Bild 4: Schaffung von Rohbodenflächen

- die Schaffung von Ersatzlebensräumen für Fledermäuse durch Umgestaltung alter Bunker und Türme,
- die Naturschutzmaßnahme Stillgewässerrenaturierung Hansteich: Schaffung einer freien Wasserfläche von ca. 3 ha in einem stark verlandeten Teich durch Schilfmahd und Ausbaggern des Teichschlamms (Bild 3),
- die Anlage von Kleingewässern und
- die Schaffung von Rohbodenflächen (Bild 4).

Die Naturschutzmaßnahmen werden bis weit nach der Inbetriebnahme fortgesetzt.

Insbesondere zum Schutz des Wolfs und seltener Greifvögel wurde ein spezielles Schutzkonzept zur Bewältigung der Konflikte durch den Eisenbahnverkehr entwickelt. Wissenschaftler der TU Dresden suchen nach den wirkungsvollsten Schutzmaßnahmen, um in Streckenabschnitten mit besonders vielen Wildquerungen Kollisionen der Tiere mit Zügen zu vermeiden. Hierzu fanden bisher eine Vielzahl von Versuchen zum Verhalten des Rotwilds, Rehs, Wildschweins und gesondert von Wölfen zur Wirksamkeit spezieller Zäune sowie optischer und akustischer Warnreize statt.

Außerdem wird auf Basis eines Monitorings der Kollisionssituation nach Wiederinbetriebnahme der ausgebauten Bahnstrecke bestimmt, an welchen Stellen Schutzmaßnahmen besonders sinnvoll sind. Bei festgestelltem Bedarf könnten kurze, streckenparallele Zäune (1–2 km) und darin eingelagerte rund 60 m breite Lücken installiert werden. An diesen Zaundurchlässen können die Tiere die Strecke queren. Bei einer Zugdurchfahrt allerdings sollen die oben genannten Warnreize die Tiere kurzzeitig von einer Querung abhalten.

Damit ist zukünftig in großen Bereichen entlang der Strecke eine weitgehend barrierefreie Lebensraumnutzung der Wildtiere möglich. Da es bisher zwar bereits Vergrämungstechnik für Rot-, Reh- bzw. Schalenwild gibt, jedoch noch keine wissenschaftlichen Untersuchungen zu wirksamen Warnmethoden beim Wolf, wurde hierfür im Wildgehege Moritzburg eine spezielle Versuchsanlage errichtet. Die bisherigen Ergebnisse der wissenschaftlichen Untersuchungen zeigen, dass laute und nicht natürliche Geräusche eine gute Wirksamkeit aufweisen.

Besonderheiten im Bau

Transportlogistik

Da sich der Bauabschnitt 2.2 innerhalb des UNESCO-Biosphärenreservats Oberlausitzer Heide- und Teichlandschaft befindet, erforderte die Bauausführung besondere Rücksichtnahme auf die natürliche Umgebung. Die Bahnstrecke berührt den schützenswerten Naturraum auf einer Länge von ca. 30 km. Zudem ist das in dem ländlichen Raum vorhandene Straßennetz nur bedingt für den Transport der Rück- und Neubaustoffe mittels Lkw geeignet. Daher wurde unter anderem ein Großteil der Rückbaustoffe direkt auf Bahnwagen verladen und gleisgebunden abgefahren.

Die ursprünglich zweigleisige Strecke hatte zum Ende des 2. Weltkriegs ein Streckengleis verloren. Lediglich das Schotterplanum des ursprünglichen zweiten Gleises war zu Beginn der Baumaßnahme noch vorhanden. Der vorhandene Altschotter wurde mittels Bagger und Laderaupen aufgenommen und auf Kippwaggons im Nachbargleis verladen. Für den Transport des Schotters wurden zwei Züge mit je 20 Kippwagen genutzt. Je Zugfahrt konnten dadurch jeweils 65 Lkw-Fahrten vermieden werden.

Nach Beräumung des gleisfreien Planums konnte damit begonnen werden, den Altschotter unter dem noch vorhandenen Altgleis aufzunehmen. Dafür wurden eine Schotterbettungsreinigungsmaschine (SBR) sowie Materialförder- und Siloeinheit-Wagen (MFS) verwendet.
Die ausgebauten Altstoffe wurden direkt zu einem Zwischenlagerplatz mit extra dafür wiederhergestelltem Gleisanschluss verfahren, dort entladen, gereinigt und, soweit möglich, zu Dammschüttmaterial oder Material zur mechanischen Bodenverbesserung aufbereitet. Das aufbereitete Material konnte in vielen Fällen direkt wieder mit den Zügen in das Baufeld gefahren werden, die zuvor das Rückbaumaterial angeliefert hatten. Durch diesen Pendelverkehr konnten die Anzahl der Leerfahrten deutlich reduziert und der Umfang der eingesparten Lkw-Fahrten nochmals vergrößert werden. Durch die Wiederverwendung der ausgebauten Altstoffe konnten zudem nicht nur die Fahrten zur Entsorgungsstelle vermieden, sondern auch die Verkehrsbelastung in der Region durch die Anlieferung von Neustoffen minimiert werden. Insgesamt wurden durch den gleisgebundenen Transport allein beim Rückbau ca. 8000 Lkw-Fahrten eingespart.

Lediglich in sehr geringem Umfang erfolgte die Abfuhr straßengebunden. Dabei wurde die Mischzone des vorhandenen Bahndamms als Transportweg genutzt, um das öffentliche Straßennetz weitgehend von Baustellenverkehr freizuhalten.

Besondere Verfahren

Bergbausanierung Lohsa

Durch die Einstellung des Braunkohletagebaus in der Region ab 1990 und des damit einhergehenden großräumigen Wiederanstiegs des Grundwassers veränderte sich die hydrologische Situation grundlegend. Die Baugrundeigenschaften des Kippenkörpers im Teilbereich des Speicherbeckens Lohsa I wurden derart beeinflusst, dass standsicherheitsgefährdende Situationen eintraten. Diese als Fließrutschen bzw. Setzungsfließen bezeichnete Gefahr machte eine permanente geotechnische Überwachung sowie die Herabsetzung der Geschwindigkeit auf 30 km/h erforderlich. Zur Stabilisierung und Verbesserung des gering tragfähigen Baugrunds der ehemaligen Abraumkippe mussten im Rahmen eines Vorhabens der Lausitzer und Mitteldeutsche Bergbau-Verwaltungsgesellschaft mbH (LMBV) Sanierungsmaßnahmen zur Gefahrenabwehr vorgenommen werden. Die Kippensanierung war die Grundvoraussetzung für den Aufbau des zweigleisigen Bahnkörpers in diesem Bereich.

Zur Beseitigung der Setzungsfließ- und Grundbruchgefahr und somit zur Gewährleistung eines sicheren Eisenbahnbetriebs wurde durch die LMBV in Zusammenarbeit mit der DB Netz AG und dem Sächsischen Oberbergamt eine Kippenstabilisierung mittels Herstellung eines versteckten Dammes geplant. Im südlichen Teilabschnitt (Bereich Ostböschung am Silbersee) wurde dieser überwiegend mittels Rüttelstopfverdichtung (RSV) und im nördlichen Teilabschnitt (Bereich Innenkippe) mittels Rütteldruckverdichtung (RDV) hergestellt. In Teilbereich wurden Eindringtiefen bis zu 40 m erreicht. Die RSV und die RDV erfolgen durch eine an das Trägergerät angebaute Rüttellanze. Das Trägergerät führt die Arbeiten immer vom bereits gesicherten Kippenkörper aus. Das Einfahren der Rüttellanze in den Kippenmischboden erfolgt mittels Eigengewicht und Unterstützung durch Druckluft. Durch die dynamische Anregung, die Erzeugung einer Unwucht des Rüttelkopfs, wird der enggestufte Kippenmischboden zur Kornumlagerung angeregt. Unterstützend wirkt die Druckluft bei der Verdrängung von Wasser im Boden. Bei der Rüttelstopfverdichtung wird beim Ziehen der Rüttellanze zusätzlich ein definiertes Mineralstoffgemisch eingebracht, welches im Ergebnis die herzustellende Rüttelstopfsäule darstellt.

Bild 5: Übersicht: Bereich Bergbausanierung Lohsa

Bild 6: Ausgerolltes Geogitter (eine Lage)

Verschiedene Formen der Dammertüchtigung durch Geokunststoffe im Boden

Außerhalb der Regelbauweise bei Infrastrukturprojekten der DB AG wurden im Projekt verschiedene Formen der Dammertüchtigung mittels diverser Geokunststoffe umgesetzt.

Der Einbau des geogitterbewehrten Bodenpolsters erfolgte in den Bereichen km 22,3–22,55 (BA 2.3), km 23,1–23,72 (BA 2.3) sowie km 29,5 – 30,8 (BA 2.2). Die o. g. Streckenabschnitte sind durch bis zu 6 m hohe Dammlagen gekennzeichnet. Im Zuge der umfangreichen Baugrunduntersuchungen wurde festgestellt, dass auch bei einem bis zu 2,5 m starken Abtrag und Neuaufbau des Damms mit geeignetem Material die Gesamttragfähigkeit der Dämme nicht ausreicht. Aus diesem Grund ist der Aufbau eines geogitterbewehrten Bodenpolsters auf den teilabgetragenen Damm vorgesehen. Im Zuge der Entwurfs- und Genehmigungsplanung wurde eine UiG/ZiE für diesen speziellen Anwendungsfall von Geogittern mit rechnerischem Ansatz erwirkt.

Detailausbildung des Bodenpolsters im BA 2.2:

- Einbau von bis zu vier Geogitterlagen
- Verwendung des Geogitters Fortrac 80T der Fa. Huesker Synthetic GmbH
- Sicherung der übersteilten Böschung mittels Frontelementen DELTA-GREEN 60°

Eine weitere Form der Dammertüchtigung ist die Herstellung einer Randwegkonstruktion aus geogitterbewehrter Erde mit rechnerischem Ansatz (ebenfalls UiG/ZiE-pflichtig). Der Einbau der geogitterbewehrten Erde erfolgte im Abschnitt km 57,59–57,71 (BA 2.2). Der o. g. Streckenabschnitt ist durch eine Dammlage und beengte Grundstücksverhältnisse gekennzeichnet. Zur Vermeidung von zusätzlichem Grunderwerb wurde bei der Planung des Bestandsdamms auf die Zweigleisigkeit der Ausbaustrecke die Notwendigkeit der Übersteilung der Böschung zur Herstellung des Randwegs festgestellt. Aus diesem Grund ist der Aufbau einer Randwegkonstruktion aus geogitterbewehrter Erde mit Stahlgitterfrontelementen vorgesehen.

Detailausbildung der Randwegkonstruktion im BA 2.2:

- Einsatz des Bewehrungssystems Quiky-soft als Randwegkonstruktion
- Einbau von zwei einaxialen Geogitterlagen zur Rückverankerung der Randwegkonstruktion
- Verwendung des Geogitters Tensar RE 540

Einsatz FMI-Verfahren im Hochwasserabschnitt Särichen

In einem Bereich der Freien Strecke zwischen dem Abzweig Särichen und Bf. Niesky wird der Bahnkörper mit einem speziellen Verfahren ertüchtigt, dem sog. Fräs-Misch-Injektions-Verfahren (FMI-Verfahren). In diesem Bereich ist vermehrt mit Hochwasser durch den Neugraben aus Horka zu rechnen, so dass die Standfähigkeit des Untergrunds und damit die uneingeschänkte Nutzbarkeit der Bahnanlage auch im Hochwasserfall eine besondere Herausforderung darstellt. Beim FMI-Verfahren wird Zement in den Boden gefräst, damit er tragfähig wird. An Auslassventilen, am tiefsten Punkt des Fräsbaums, tritt die Suspension aus. Der Boden wird aufgefräst und im selben Arbeitsgang mit der Suspension vermischt. So werden verschiedene Bodenschichten durch den kontinuierlichen Arbeitsablauf verfestigt und über die gesamte Tiefe verteilt. Unterdessen kann die Bahnkörperertüchtigung erfolgreich abgeschlossen werden.

Bild 7: FMI (Fräs-, Misch- Injektionsverfahren)Maschinenkomplex beim Vortrieb

Lärmschutz

Baulärm

Der Vermeidung von Baulärm, beziehungsweise dem Umgang mit unvermeidbarem Baulärm, wurde bereits in der Planungs- und Ausschreibungsphase große Aufmerksamkeit gewidmet. Neben den Wohngebieten ergaben sich auch aus den Belangen des Umweltschutzes weitere Bereiche entlang der Strecke, in welchen besondere Maßnahmen zu ergreifen waren.

In einem vom Bauherrn veranlassten Baulärmgutachten wurden die Bauphasen Rückbau, Baufeldfreimachung und Neubau detailliert betrachtet und spezifische Maßnahmen festgelegt, welche durch den Auftragnehmer zu beachten und umzusetzen waren. Hierdurch konnten die sich aus der Baumaschinenlärmverordnung (15. BImSchV) und den Allgemeinen Verwaltungsvorschriften (AVV Baulärm) ergebenden Emissionsgrenzwerte weitestgehend eingehalten werden. Neben dem Einsatz geeigneter Maschinen und der Auswahl entsprechender Bautechnologien ergaben sich aus dem Baulärmgutachten auch Änderungen gegenüber den sonst üblichen Bauabläufen. So ist es aus Sicht der vom Baulärm betroffenen Anwohner eine tunliche Maßnahme, die ohnehin zur Minderung des Verkehrslärms neu zu errichtenden Lärmschutzwände so früh wie möglich zu errichten, um so viele Bauarbeiten wie möglich unter deren Schutz auszuführen. Da dies technisch und technologisch sehr schwierig ist, verständigte man sich darauf, zumindest die Oberbauarbeiten ab Beginn des Aufbaus des Grundschotters unter Deckung der neuen Lärmschutzwände auszuführen. Die Wirksamkeit der ergriffenen Maßnahmen wurde sowohl durch den Auftragnehmer Bau im Rahmen der Eigenüberwachung als auch durch den Immissionsschutzbeauftragten der Bauherren kontinuierlich überprüft.

Lärmvorsorge inkl. Lärmschutzelemente Typ NoisePhalanX

Im Rahmen der Baumaßnahme im BA 2.2 mussten 31 Lärmschutzwände mit einer Gesamtlänge von mehr als 10.800 m und Wandhöhen von bis zu 5 m unter Verwendung von einseitig hochabsorbierenden, beschichteten Lärmschutzelementen aus Aluminium errichtet werden. Zur besseren Einbindung in das jeweilige Orts- und Landschaftsbild sollten die Lärmschutzelemente und die Pfosten in Abstimmung mit den angrenzenden Gemeinden farblich gestaltet werden. Zudem sollten in Teilbereichen die Wände mit Kletterhilfen versehen werden, um eine Begrünung mit Schling- und Kletterpflanzen zu ermöglichen.
Unter Berücksichtigung aller vorstehend beschriebenen Anforderungen entschied sich die Bahnbau Gruppe erstmalig in einem derartigen Großprojekt, das von ihr exklusiv vertriebene Lärmschutzsystem NoisePhalanX zum Einsatz zu bringen, nachdem sich dieses bei kleineren Maßnahmen bereits

Bild 8: Stangenpressprofil der Lärmschutzwand

Bild 9: Lärmschutzwand Typ NoisePhalanX 160

bewährt hatte. Es handelt sich hierbei um ein Strangpressprofil (Bild 8), welches jegliche Verwendung von Verbindungsmitteln entbehrlich macht. Im Vergleich zu anderen Lärmschutzelementen entfällt hierdurch eine Schwachstelle, die bisher sehr häufig eine vorzeitige Erneuerung von Lärmschutzwänden notwendig gemacht hatte.

Ein weiterer entscheidender Vorteil besteht in der neuartigen Lagerung der Elemente mittels EPDM-Profilen (Ethylen-Propylen-Dien-Kautschuk), welche die Elemente vollständig ummanteln und keinerlei Kontakt zwischen Element und Pfosten zulassen. Die EPDM-Profile sind in unterschiedlichen Abmessungen verfügbar und werden durch einen Aluminiumkeil in ihrer endgültigen Position fixiert. Hierdurch konnten ohne jegliche Distanzprofile oder in den Pfosten anzubringende Distanzleisten die hier im Bauvorhaben in Abhängigkeit von der Wandhöhe erforderlichen Pfostenprofile mit Kammermaßen zwischen 134 mm (HE 160) und 206 mm (HE 240) mit Elementen des Typs NoisePhalanX 160 bestückt werden.

Mit einer Bauhöhe von 25 cm und der daraus resultierenden Gewichtsminderung konnten die Elemente zudem ohne Hilfsmittel auf der Baustelle transportiert und ohne Hebezeuge montiert werden.

Durch die guten Erfahrungen im BA 2.2 hat sich die Bahnbau Gruppe entschieden, die Elemente des Typs NoisePhalanX 160 auch im BA 2.3 zu verwenden. In diesem Bauabschnitt waren nochmals zehn Lärmschutzwände mit einer Fläche vom mehr als 13.500 m² zu errichten.

Melanie Dittkrist
Projektingenieurin Natur- und Umweltschutz, DB Netz AG
melanie.dittkrist@deutschebahn.com

Christian Hering
Projektingenieur, Bau- und Planungsmanagement, DB Netz AG
christian.hering@deutschebahn.com

Ulrich Mölke
Projektleiter, DB Netz AG
ulrich.moelke@deutschebahn.com

Rainer Schmidt
DB Bahnbaugruppe GmbH
rainer.schmidt@bahnbaugruppe.com

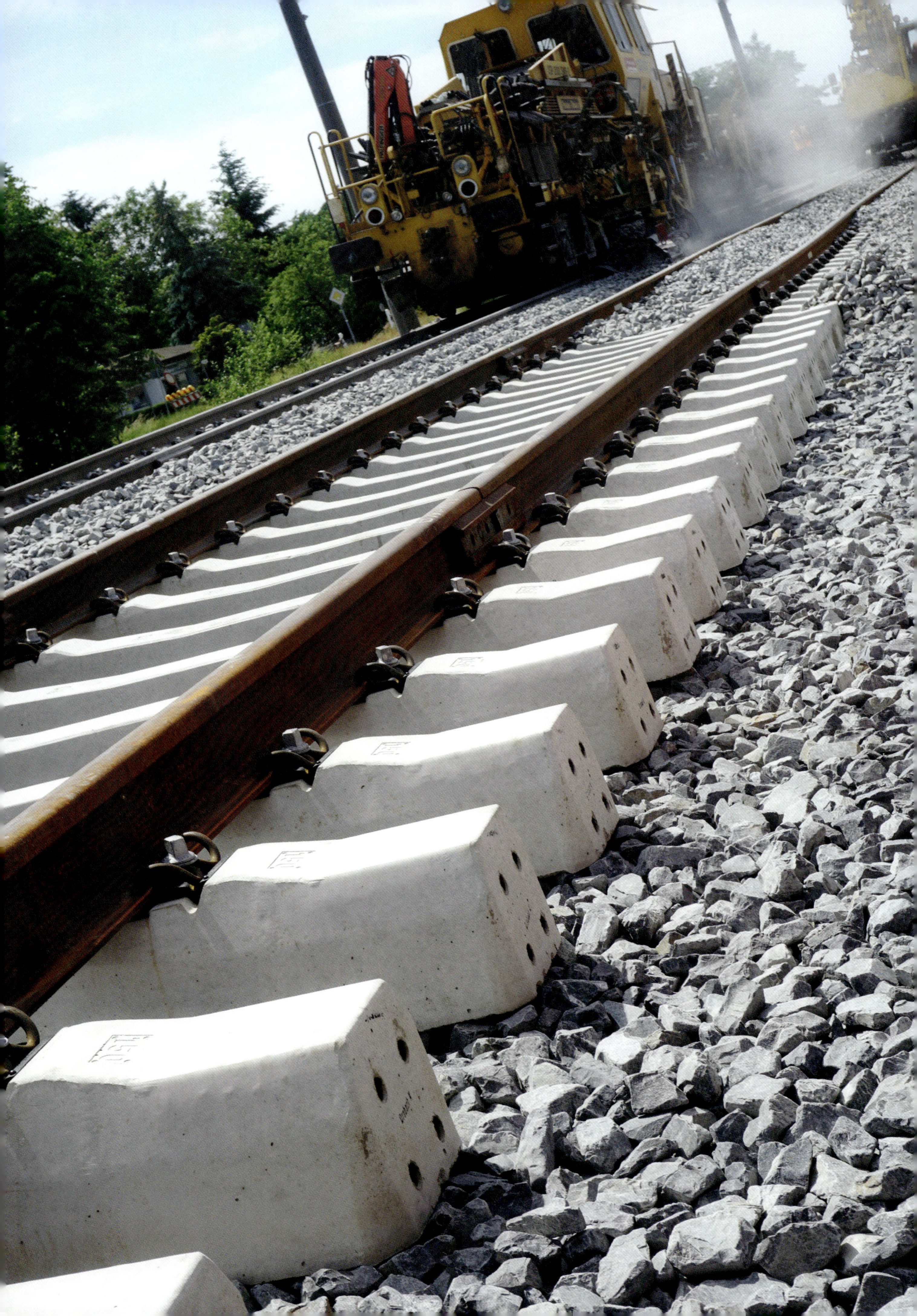

Projekte für nachhaltige Mobilität in den Metropolen

In den deutschen Metropolen ist der Trend zum Bevölkerungswachstum und zu einer überproportional wachsenden Wirtschaftsleistung ungebrochen und auch für die nächsten beiden Jahrzehnte prognostiziert. Die Schiene profitiert davon durch eine stark steigende Nachfrage im Nahverkehr innerhalb der Metropolregionen und im Fern- und Güterverkehr zwischen den Metropolen, hat jedoch auch mit Kapazitätsengpässen zu kämpfen.

NOx Werte deutscher Großstädte (2016)

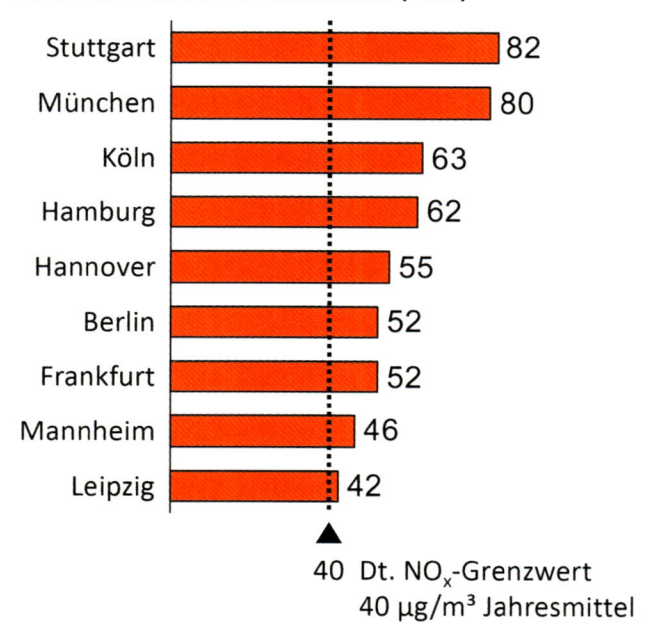

Stuttgart	82
München	80
Köln	63
Hamburg	62
Hannover	55
Berlin	52
Frankfurt	52
Mannheim	46
Leipzig	42

40 Dt. NO_x-Grenzwert
40 µg/m³ Jahresmittel

Spezifische Verkehrsemissionen [g/Pkm] in 2016

Treibhausgase
- Bahn: 67
- Auto: 142

Stickoxide
- Bahn: 0,21
- Auto: 0,31

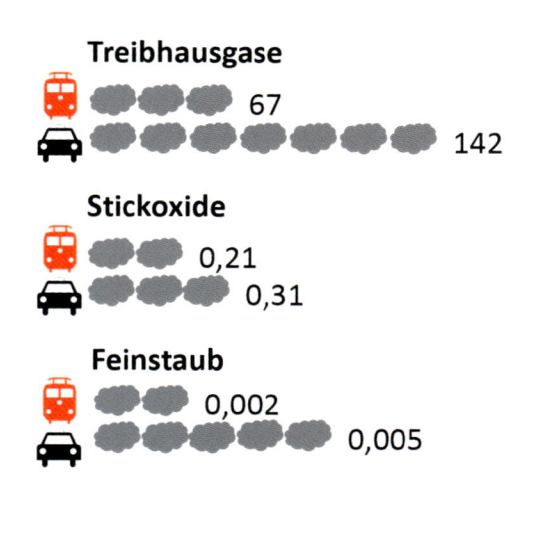

Feinstaub
- Bahn: 0,002
- Auto: 0,005

Bild 1: NO_x-Messwerte im Jahresmittel in neun deutschen Metropolen und Verkehrsemissionen MIV vs. Eisenbahn

Neben der Bevölkerungsentwicklung gibt es eine weitere Reihe von Faktoren, die den gestiegenen Bedarf nach Schienenverkehrsleistungen in Metropolen begünstigen. Die hohe Verkehrsbelastung führt bereits heute zu großem Handlungsdruck vor allem in den folgenden Feldern:

- Umweltbelastung durch Verkehr
- Klimawandel
- Flächenkonkurrenz

Insbesondere die Diskussion über Fahrverbote für Dieselfahrzeuge im Straßenverkehr wegen der Überschreitungen von Stickoxidgrenzwerten in den großen Städten Deutschlands macht den Handlungsbedarf im Feld Umweltbelastung deutlich. In keiner der neun bisher von uns untersuchten Metropolregionen wurde dabei 2016 der NO_x-Grenzwert eingehalten (Quelle: Umweltbundesamt). Dabei ist der motorisierte Individualverkehr mit bis zu 87 % der Schadstoffemissionen der Hauptverursacher.

Auch bei den CO_2-Emissionen hat der Schienenverkehr gegenüber dem motorisierten Individualverkehr deutliche Vorteile. Auf der Schiene ist Elektromobilität größtenteils bereits gelebte Realität, der Fernverkehr wird bereits zu 100 % mit erneuerbaren Energien abgewickelt. Hingegen hat der Anteil der Elektrofahrzeuge im letzten Jahr noch nicht einmal ein Promille erreicht.

Am deutlichsten werden die Vorteile des Schienenverkehrs jedoch beim Flächenverbrauch. Der Flächenbedarf eines Autos je beförderter Person übersteigt den des Schienenverkehrs etwa um das Zehnfache (vgl. Bild 2). Nur durch Verkehrsverlagerung auf die Schiene ist der anhaltend wachsende Verkehr zu bewältigen und nur so kann eine weitere Verknappung verfügbarer Flächen u. a. für den Wohnungsbau vermieden werden.

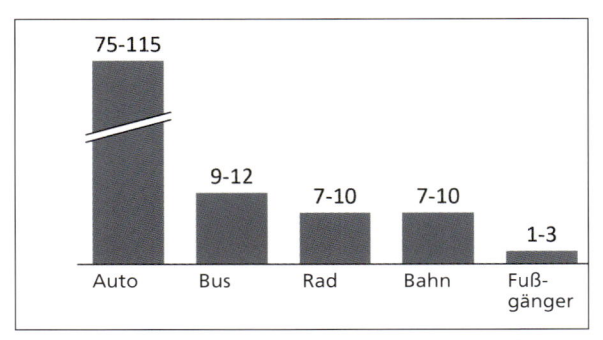

Bild 2: Flächenbedarf je beförderter Person verschiedener Verkehrsträger im Vergleich

Akzeptanz durch klare Kommunikation des Nutzens

Während der Ausbaubedarf der Schieneninfrastruktur in Metropolen nicht mehr ernsthaft bestritten wird, stellt er sich hier allerdings auch als besonders anspruchsvoll dar. Baumaßnahmen haben in den dicht besiedelten Gebieten eine hohe Anzahl von Betroffenen, verfügbare Flächen sind knapp und die Inanspruchnahme von bestehender Infrastruktur für Ausbaumaßnahmen beeinträchtigt den Verkehr im besonders sensiblen Knotenbereich.

Der Ausbau der Infrastruktur erfordert also ein besonders hohes Maß an Abstimmung mit den Betroffenen und auch an Akzeptanz aller Stakeholder.

Ein zentrales Element von Metropolkonzepten ist deshalb, empfängergerecht den Nutzen der Ausbaumaßnahmen zu kommunizieren und eine klare zeitliche Perspektive für die einzelnen Stufen bis zum Zielkonzept aufzuzeigen. Die Inhalte werden mit den Stakeholdern wie u. a. den Kommunen, den betroffenen Ländern (wie im Fall von Hamburg können das bis zu vier Bundesländer sein), dem Bund und den Aufgabenträgern im Nahverkehr gemeinsam erarbeitet. Durch regelmäßige Arbeitsgruppensitzungen können aktuelle Probleme erörtert und mit der Unterstützung sämtlicher Partner gelöst werden. Zudem bildet der regelmäßige Austausch die Basis für transparente Projektkommunikation und die Öffentlichkeitsbeteiligung bei den einzelnen Ausbauprojekten.

Bild 3: Baustelle Gateway Gardens

Bild 4: Bürgerbeteiligung

Im Folgenden soll anhand der beiden Beispiele der Metropolkonzepte Frankfurt und Berlin dargestellt werden, wie eine geschlossene Ausbaukonzeption aussehen kann. Ein eigenes Kapitel ist zudem den Ausbaumaßnahmen in der Region München gewidmet.

Beispiel Frankfurt:
Der Masterplan für die Metropole

Die Metropolregion Rhein-Main mit Deutschlands Pendlerhauptstadt Frankfurt boomt. Heute leben und arbeiten hier rund 5,5 Millionen Menschen, die täglich unterwegs sind – Tendenz steigend. Um die Mobilität all dieser Menschen zu sichern, wird das Programm Frankfurt RheinMain plus (kurz: FRMplus) umgesetzt. Bis 2030 fließen dank FRMplus mehr als 12 Mrd. Euro in die Infrastruktur. Der Nah- und Fernverkehr im Rhein-Main-Gebiet und in ganz Hessen wird von diesen Projekten profitieren: Neue Bahnhöfe und Haltestellen werden gebaut, neue Gleise verlegt und so das Streckennetz über 200 km ausweitet. Und das nicht nur am Knotenpunkt Frankfurt Hauptbahnhof, den täglich 450.000 Menschen nutzen, sondern in der ganzen Region.

Dieser Masterplan für den Ausbau des Schienennetzes sorgt dafür, dass Millionen Menschen noch schneller, bequemer und barrierefrei ans Ziel kommen. Das schafft keiner allein. Daher kooperieren Bund, Land Hessen, Stadt Frankfurt, Rhein-Main-Verkehrsverbund und Deutsche Bahn bei diesen Projekten und machen den Schienenverkehr in der Region fit für die Zukunft.

Frankfurt RheinMain plus, das ist ein Masterplan, der sich aus vielen Einzelprojekten zusammensetzt. Sie alle haben zum Ziel, den Schienenverkehr in der Region zukunftsfähig zu machen und damit die Mobilität von morgen zu ermöglichen. Worum geht es also genau? Zum Beispiel um den neuen Frankfurter Stadtteil Gateway Gardens: Bis 2020 wird er an das S-Bahnnetz angebunden – und damit aus dem gesamten Rhein-Main-Gebiet direkt erreichbar sein.

Ein anderer Fall: Die S-Bahn-Linie 6, die auf der Main-Weser-Bahn zwischen Frankfurt West und Friedberg verkehrt, stößt an ihre Kapazitätsgrenze. Insbesonde-

INFRASTRUKTURPROJEKTE IN FRANKFURT RHEIN-MAIN

INBETRIEBNAHMEN

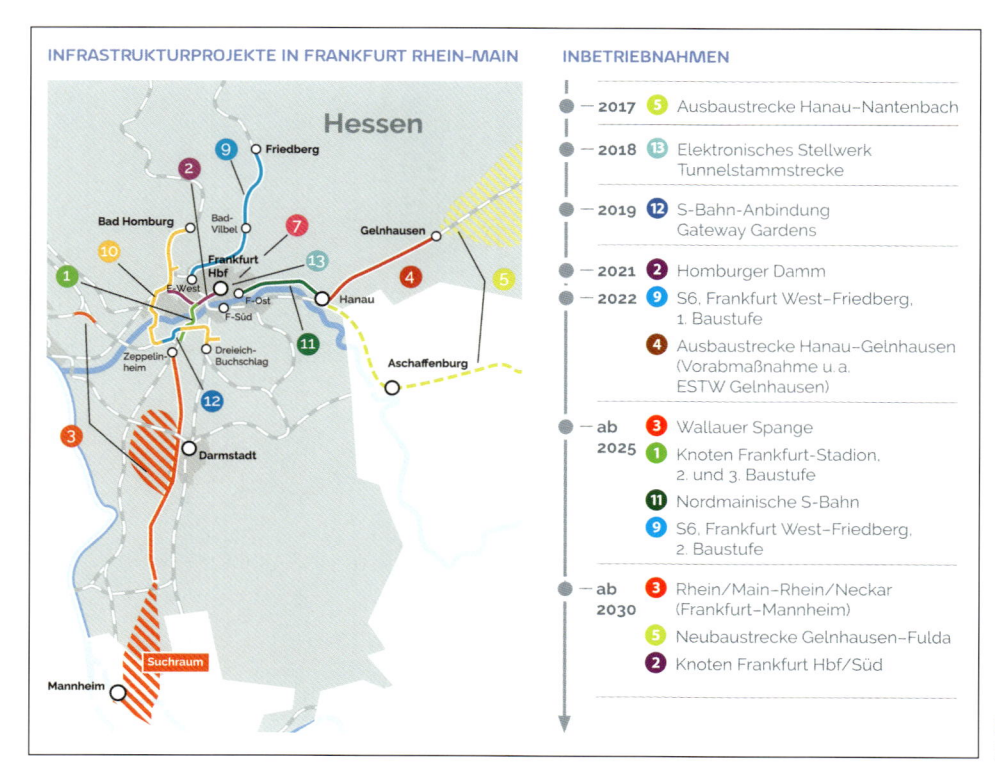

- 2017 ⑤ Ausbaustrecke Hanau–Nantenbach
- 2018 ⑬ Elektronisches Stellwerk Tunnelstammstrecke
- 2019 ⑫ S-Bahn-Anbindung Gateway Gardens
- 2021 ② Homburger Damm
- 2022 ⑨ S6, Frankfurt West–Friedberg, 1. Baustufe
  ④ Ausbaustrecke Hanau–Gelnhausen (Vorabmaßnahme u. a. ESTW Gelnhausen)
- ab 2025 ③ Wallauer Spange
  ① Knoten Frankfurt-Stadion, 2. und 3. Baustufe
  ⑪ Nordmainische S-Bahn
  ⑨ S6, Frankfurt West–Friedberg, 2. Baustufe
- ab 2030 ③ Rhein/Main–Rhein/Neckar (Frankfurt–Mannheim)
  ⑤ Neubaustrecke Gelnhausen–Fulda
  ② Knoten Frankfurt Hbf/Süd

Bild 5: Ausbaustufen des Metropolkonzepts Frankfurt

Bild 6: Mastermotiv Kampagne

Bild 7: Die Frankfurt RheinMain plus Partner bei der Auftaktveranstaltung

re zu den Hauptverkehrszeiten sind auf der Strecke aus der Wetterau in Richtung Frankfurt zu viele Züge unterwegs. Dabei wird der Fahrplan zusätzlich durch viele Ausnahmen eingeschränkt. Die Lösung: systemeigene Gleise für die S6, von denen auch der übrige Nahverkehr profitiert und perspektivisch erweitert werden kann. Denn die verschiedenen Zugarten können dann getrennt voneinander abgewickelt werden. Das verspricht pünktlichere Züge und regelmäßige Abfahrtszeiten der S6 mit einem 15-Minuten-Takt. Baubeginn für die 1. Baustufe zwischen Frankfurt West und Bad Vilbel war 2017, die Inbetriebnahme ist für 2022 geplant. Die 2. Baustufe zwischen Bad Vilbel und Friedberg befindet sich noch im Planfeststellungsverfahren.

Weitere Projekte in der Übersicht:

- Nordmainische S-Bahn: Ausweitung des Angebots im Osten von Frankfurt, Baubeginn für Ende 2021 geplant
- Regionaltangente West: Anschluss von Bad Homburg und Eschborn an Höchst und den Flughafen, seit 2017 läuft im ersten Abschnitt das Planfeststellungsverfahren
- Frankfurt-Stadion: Zwei zusätzliche Gleise zwischen Stadion und Frankfurt Hauptbahnhof zur Erhöhung der Kapazität, erhöht die Leistungsfähigkeit der Zulaufstrecke und des Hauptbahnhofs deutlich, Inbetriebnahme 2026 geplant
- Erweiterung des Homburger Damms um ein Gleis: Deutliche Kapazitätsausweitung im unmittelbaren Bereich des Hauptbahnhofs Frankfurt

**Bei allen neuen Projekten:
Bürgerbeteiligung von Anfang an**

Große Infrastrukturprojekte lassen sich nur dann erfolgreich umsetzen, wenn man von Anfang an transparent über sie informiert und eine möglichst breite Akzeptanz bei den Betroffenen erzielt wird. Mit einem frühzeitigen Dialog lassen sich Konflikte minimieren und die Planung verbessern. Daher finden regelmäßig Arbeitsgruppensitzungen mit Bürgerinitiativen, Fahrgast- und Naturschutzverbänden, kommunalen und anderen Interessenvertretern statt. Die Öffentlichkeit wird im Internet sowie in Informationsveranstaltungen über aktuelle Arbeitsergebnisse und Entwicklungen informiert, denn der gesamte Planungsprozess soll transparent sein. Zugleich sollen Anregungen und Hinweise aus der Bevölkerung in die Planungen einfließen. Ziel ist es, unter Abwägung aller Interesse, gemeinsam die beste Lösung zu erarbeiten – wie z. B. bei den Projekten Richtung Osten und Süden.

Die Strecke zwischen Hanau, Gelnhausen und Fulda ist eine der wichtigsten und am stärksten befahrenen Bahnstrecken Deutschlands. Auf den vorhandenen Gleisen verkehren Tag für Tag zwischen 250 und 300 Nahverkehrs-, Fernverkehrs- und Güterzüge. Um die Infrastruktur dem stetig wachsenden Verkehr anzupassen, ist der viergleisige Schienenausbau der Strecke zwischen Hanau und Gelnhausen vorgesehen. Außerdem ist eine zusätzliche Neubaustrecke für den Hochgeschwindigkeitsverkehr zwischen Gelnhausen und Fulda geplant. Ziele des Aus- und Neubaus sind, den bestehenden Engpass für alle Verkehre aufzulösen, Kapazitäten zu erhöhen und Fahrzeiten zu verkürzen.

Analog wird auch die Strecke zwischen Frankfurt und Mannheim durch eine zweigleisige Neubaustrecke ergänzt. Mit der sogenannten Wallauer Spange kann Darmstadt zudem direkt mit Wiesbaden verbunden werden.

Das Besondere an Frankfurt RheinMain plus: Es verbindet ein Vielzahl von Einzelprojekten und stellt sie in einen größeren Zusammenhang. Im Vordergrund steht dabei immer der Hauptnutzen der Projekte: Mehr Verbindungen. Mehr Schnelligkeit. Mehr Komfort. Mehr Kapazität. Mehr Umwelt- und Lärmschutz. Um genau für diese Themen – und damit für den Masterplan – in der Öffentlichkeit ein Bewusstsein zu schaffen, haben Bund, Land, Kommunen, Aufgabenträger und DB nun auch eine gemeinsame Kampagne ins Leben gerufen: Mehr Zug für die Region.

Als zentrales Eingangsportal für alle Informationen rund um das Gesamtprogramm dient seit Ende 2017 dabei der neue Internetauftritt FRMplus.de, der neben allgemeinen Projektinformationen u. a. mit einem Imagefilm den Gesamtkontext darstellt. Außerdem ist ein eigenes Infomobil unterwegs, damit Projektmitarbeiter direkt entlang der betroffenen Strecken und vor Ort Fragen von Fahrgästen und Bürgern beantworten können.

Der Masterplan Frankfurt RheinMain plus hat durch die Vielzahl und den Zuschnitt seiner Projekte nicht nur neue Gleise, sondern vor allem die Menschen im Blick, die am Ende in den Zügen sitzen oder entlang der Strecke wohnen. Er trägt damit wesentlich zu einem zukunftsfähigen Metropolkonzept bei – mehr Zug für die Region eben.

Beispiel Berlin/Brandenburg: i2030 – mehr Schiene für Berlin und Brandenburg

Die Nutzer von S-Bahn- und Regionalzügen zwischen Berlin und Brandenburg kennen die Probleme der Pendler in einer wachsenden Metropolregion nur zu gut: Oftmals sind die Züge im Berufsverkehr überfüllt, Verzögerungen im Bahnverkehr lassen sich nicht immer vermeiden und die Anbindungen haben Optimierungspotenzial.

Das soll sich ändern. Die Situation für die Pendler in Berlin und Brandenburg zu verbessern, ist das klare Ziel des Entwicklungskonzepts i2030. Das Schienennetz muss mit der Hauptstadtregion wachsen, nicht nur für eine bessere Mobilität, sondern auch für mehr Klimaschutz.

Es geht los: i2030 wird konkret

Mit der Unterzeichnung der „Rahmenvereinbarung über das Entwicklungskonzept für die Infrastruktur des Schienenverkehrs in Berlin und Brandenburg – i2030" durch die Vertreter/innen der Länder Berlin und Brandenburg sowie der Deutschen Bahn am 4. Oktober 2017 wurde der Startschuss für die Planungen eines erweiterten Schienennetzes gegeben.

Berlin und Brandenburg stellen als Aufgabenträger dafür in einem ersten Schritt voraussichtlich rund 7,8 Mio. Euro zur Verfügung. Damit werden die umfangreichen Planungsprozesse in sieben der folgenden acht Teilprojekte von i2030 finanziert:

1. Korridor Berlin–Spandau–Nauen
2. Korridor Potsdamer Stammbahn
3. Korridor PrignitzExpress/Velten
4. Korridor Nordbahn/Heidekrautbahn
5. „RE 1"
6. Berlin–Dresden/Rangsdorf
7. Korridor Berlin–Cottbus/Bahnhof Königs Wusterhausen
8. Engpassbeseitigung/Weiterentwicklung S-Bahnnetz

Die von den Ländern finanzierte erste Phase wird voraussichtlich bis 2020/21 bearbeitet.

Das Teilprojekt 7 Berlin-Cottbus/Bahnhof Königs Wusterhausen befindet sich bereits in einem fortgeschrittenen Planungsstand und wird über gesonderte Finanzierungsverträge geregelt.

Ein kurzer Blick auf die Teilprojekte

Teilprojekt 1: Korridor Berlin-Spandau–Nauen

Zielstellung für die 23 km lange Strecke ist es, den öffentlichen Nahverkehr durch Verdichtung des Verkehrsangebots in diesem Korridor zu verbessern. Dabei werden sowohl Varianten mit einer Stärkung des Regionalverkehrs als auch Varianten mit einer Verlängerung der S-Bahn über Spandau hinaus bzw. Kombinationen der beiden grundsätzlichen Varianten untersucht.

Teilprojekt 2: Korridor Potsdamer Stammbahn

Das Gebiet Teltow/Kleinmachnow/Stahnsdorf soll im öffentlichen Nahverkehr besser erschlossen werden. Dafür wird zum einen die Verlängerung der S-Bahn über Teltow Stadt hinaus untersucht.

Bevölkerungsentwicklung Berlin bis 2030 (Mio Einw.)

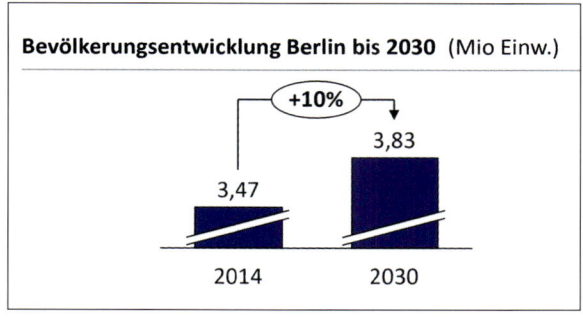

+10%
2014: 3,47
2030: 3,83

Bild 8: Bevölkerungsentwicklung Berlin

Zum anderen soll der Streckenabschnitt Zehlendorf–Griebnitzsee gestärkt werden, was auch die Prüfung der Reaktivierung der Potsdamer Stammbahn umfasst. Es werden sowohl S-Bahn- und Regionalbahnvarianten als auch kombinierte Varianten aus S- und Fernbahn geprüft.

Teilprojekt 3: Korridor PrignitzExpress/Velten

Fahrgäste sollen zukünftig mit der Regionalbahnlinie 6 ohne Umsteigen in die S-Bahn direkt ins Zentrum Berlins fahren können. Ein weiteres wichtiges Ziel ist die Verlängerung der S-Bahn bis Velten. Insgesamt sollen die Takte des Regionalverkehrs und der S-Bahn verdichtet werden.

Teilprojekt 4: Korridor Nordbahn/Heidekrautbahn

Die Verbindung für Fahrgäste aus dem Nordosten Berlins und dem anschließenden Umland ins Stadtzentrum soll verbessert und das Fahrplanangebot verdichtet werden. Hierfür soll die so genannte Heidekrautbahn direkt bis Berlin-Gesundbrunnen eingebunden werden. Geprüft werden Verstärkungen der Linienläufe sowohl über die alte Stammstrecke über Schildow als auch der Laufweg über Karow.

Teilprojekt 5: RE1

Die RE 1-Linie zwischen Magdeburg und Cottbus wird Prognosen zufolge bis 2030 von rund 63 % mehr Fahrgästen genutzt werden. Für die Abwicklung der erwarteten höheren Fahrgastzahlen sind die Kapazitäten der Züge durch Verlängerung des Wagenparks zu erhöhen, was die Verlängerung von Bahnsteigkanten erforderlich macht. Ziel des Teilprojektes ist die Verlängerung der Bahnsteige auf 210 m, wobei die vorhandenen gegebenen Bahnsteiglängen in Berlin als maßgebliche Prämisse unterstellt sind.

Teilprojekt 6: Berlin–Dresden/Rangsdorf

Zielstellung ist eine Verdichtung des Zugverkehrs zwischen dem südlichen Umland und Berlin. Das Gewerbegebiet Dahlewitz-Rolls-Royce soll auch endlich per Bahn zu erreichen sein. Zur Erfüllung der Zielstellung soll die S-Bahn von Blankenfelde in Richtung Rangsdorf verlängert werden.

Teilprojekt 7: Korridor Berlin–Cottbus/Bahnhof Königs Wusterhausen

Bis 2030 sollen laut Prognosen 95 % mehr Fahrgäste diese Verbindung nutzen. Es müssen also mehr

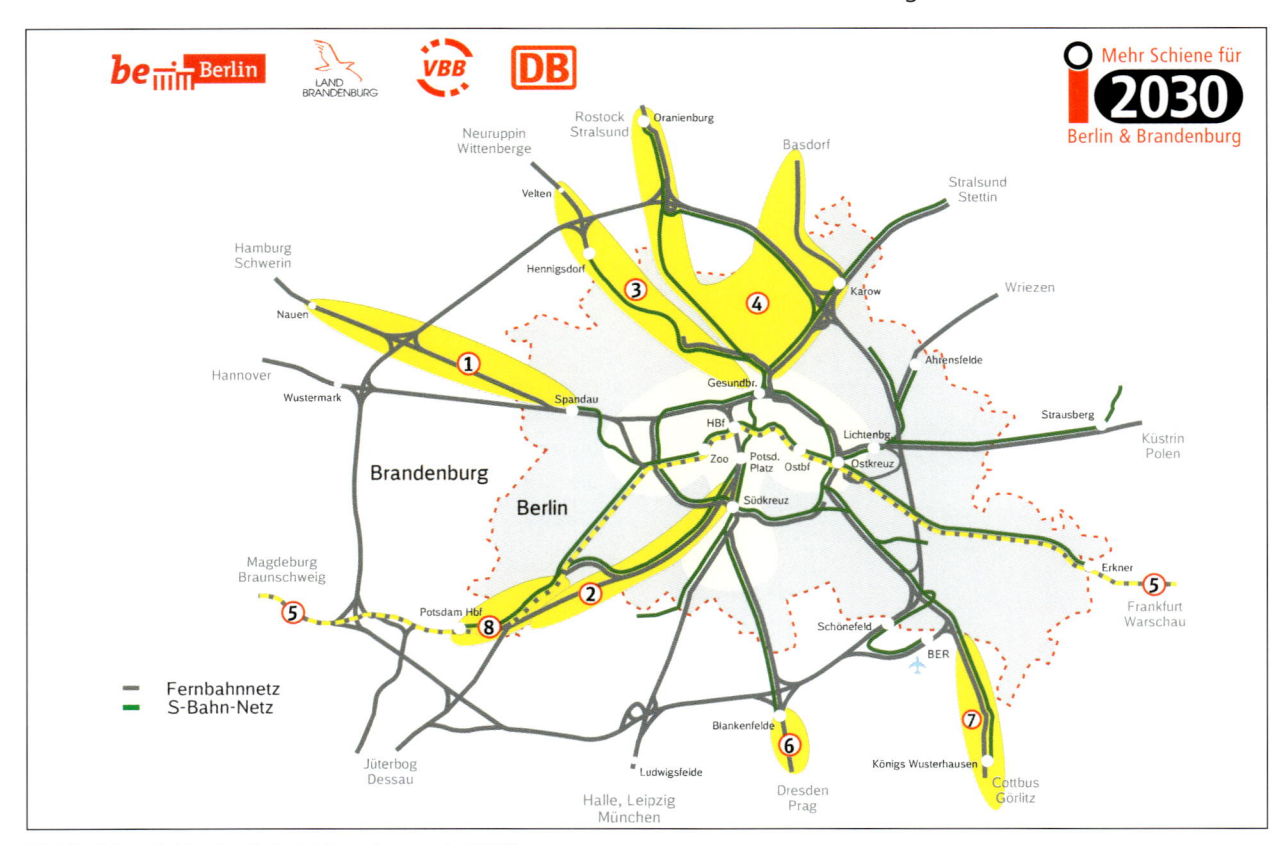

Bild 9: Teilprojekte des Entwicklungskonzepts i2030

Züge fahren. Dafür wird ein zweites Gleis zwischen Lübbenau–Vetschau–Cottbus hergestellt. In Königs Wusterhausen wird zusätzlich der Nordkopf ausgebaut und ein Kehrgleis erstellt.

Teilprojekt 8: Engpassbeseitigung/Weiterentwicklung S-Bahnnetz

Es gilt, die Verkehrsleistung an die Anforderungen der wachsenden Stadt anzupassen und die Pünktlichkeit und die Zuverlässigkeit des S-Bahnsystems nachhaltig zu verbessern. Das Teilprojekt setzt sich aus bis zu 40 zu untersuchenden Einzelprojekten zusammen. Für die Zielstellung sind unter anderem eingleisige Streckenabschnitte zu beseitigen, zusätzliche Überleitmöglichkeiten und signaltechnische Verdichtungen (zusätzliche Blockteilungen) herzustellen, sowie Abstellkapazitäten zu erweitern.

Verschiedene Gremien treiben Planungen voran

Für die Kontrolle der zeit- und sachgerechten Abwicklung der Projekte wurde ein Lenkungskreis eingerichtet, in dem hochrangige Vertreter/innen der beiden Länder, der Deutschen Bahn sowie des Verkehrsverbundes Berlin-Brandenburg (VBB) gemeinsam die einzelnen Maßnahmen steuern.

Verschiedene Projektgruppen haben unter der Federführung der DB Netz AG den Auftrag, die Maßnahmen und Varianten zur Ertüchtigung und zum Ausbau der Strecken zu analysieren. Was genau soll wann und wo gebaut werden? Welche Kosten entstehen? Betrachtet werden Planungen für den Regionalverkehr, für die Verlängerung von S-Bahnstrecken sowie auch für das S-Bahnnetz insgesamt.

Im Mai 2018 wurde die Arbeitsgruppe Kommunikation i2030 eingerichtet. Unter Federführung des VBB erarbeiten Kommunikationsexperten der Länder Berlin und Brandenburg, der Deutschen Bahn und des VBB in diesem Gremium die Strategie sowie die konkreten Kommunikationsmaßnahmen für i2030.

Ziel ist es, den Bekanntheitsgrad des Entwicklungskonzept i2030 in der Öffentlichkeit und bei allen weiteren Stakeholdern zu erhöhen, die einzelnen Planungen zu erläutern und den konkreten Nutzen für die Menschen in Berlin und Brandenburg herauszustellen. Transparenz und Glaubwürdigkeit als Basis der Kommunikation sollen die Akzeptanz der Projekte bei den Anwohnern der auszubauenden Strecken erhöhen.

Fazit

Gemeinsam das Schienennetz der Zukunft gestalten – unter dieser Prämisse sind die Partner von i2030 angetreten. Es gilt, die Mobilität und damit die Lebensqualität von Millionen Menschen in der Metropolregion Berlin-Brandenburg auch zukünftig zu sichern und weiterzuentwickeln.

Das „Ziehen an einem Strang" ist dabei ein Muss für alle Beteiligten. Nur gemeinsam wird die erfolgreiche Umsetzung der Einzelprojekte zum Nutzen aller möglich sein.

Dr. Mirko Vogel
Leiter Netzplanung
DB Netz AG
mirko.vogel@deutschebahn.com

Gerd-Dietrich Bolte
Leiter Großprojekte Mitte
DB Netz AG
gerd-dietrich.bolte@deutschebahn.com

Johannes Neufeld
Referent Großprojekte Mitte
DB Netz AG
johannes.neufeld@deutschebahn.com

Angelika Britz
Referentin Kommunikation
Großprojekte Regionalbereich Ost
DB Netz AG
angelika.britz@deutschebahn.com

Mehr Kapazität schaffen für den Deutschlandtakt

Als Exportnation, Hochtechnologie- und Transitland ist Deutschland auf einen reibungslos funktionierenden Personen- und Güterverkehr zwingend angewiesen, denn Mobilität ist ein Standortfaktor erster Güte. Dies erfordert, für die Bürgerinnen und Bürger sowie für die Wirtschaft ein leistungsfähiges Verkehrssystem bereitzustellen. Moderne Mobilität ist Voraussetzung für eine moderne Gesellschaft, für Wirtschaftswachstum, Beschäftigung und Wohlstand. Die konzeptionelle Entwicklung der Verkehrswege für alle Verkehrsträger (Schiene, Straße, Bundeswasserstraße) obliegt dem Bund, der hierfür eine integrierte Planung erstellt und im Bundesverkehrswegeplan fortlaufend aktualisiert.

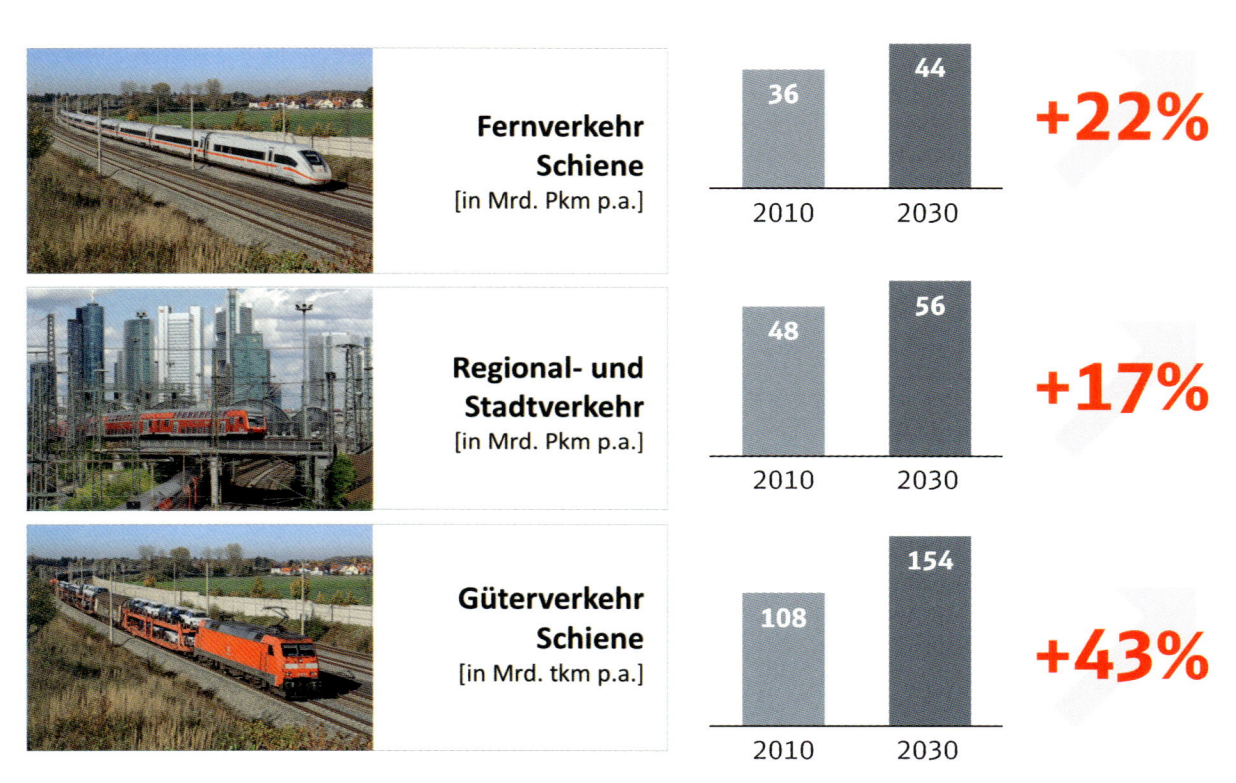

Verkehrsart	2010	2030	Veränderung
Fernverkehr Schiene [in Mrd. Pkm p.a.]	36	44	+22%
Regional- und Stadtverkehr [in Mrd. Pkm p.a.]	48	56	+17%
Güterverkehr Schiene [in Mrd. tkm p.a.]	108	154	+43%

Bild 1: Verkehrsentwicklung bis 2030

Der gesetzliche Rahmen

Die gesetzliche Grundlage für den Schienenwegeausbau bildet das vom Deutschen Bundestag beschlossene „Gesetz über den Ausbau der Schienenwege des Bundes (Bundesschienenwegeausbaugesetz)". Damit basiert der Ausbau des Schienennetzes auf einem vom Parlament beschlossenen Gesetz. In der Anlage zu diesem Gesetz (Bedarfsplan) sind diejenigen Projekte aufgeführt, die zur Realisierung vorgesehen sind. Der verkehrlich notwendige Bedarf ist damit gesetzlich für die Baurechtsverfahren (Planfeststellung) verbindlich definiert. Die Neubaustrecke (NBS) Frankfurt–Mannheim ist Bestandteil des Gesamtvorhabens „Korridor Mittelrhein: Zielnetz I" und wurde am 3.8.2016 vom Bundeskabinett in den BVWP 2030 (vordringlicher Bedarf) aufgenommen.

In der Überprüfung des Bedarfsplans (November 2010) wurde festgestellt, dass eine zweigleisige NBS zwischen Frankfurt und Mannheim erforderlich ist, aber weiterhin Kapazitätsengpässe bestehen. Diese Engpässe führen dazu, dass die für die Schiene erreichbaren Nachfragepotenziale nicht ausgeschöpft werden können.

Alle zum Bundesverkehrswegeplan (BVWP) 2030 angemeldeten Projekte wurden vor dem Hintergrund der Verkehrsprognose 2030 bewertet. Diese Verkehrsprognosen des Bundesverkehrsministeriums sowohl für den Personen- als auch Güterverkehr zeigen bis 2030 einen deutlichen bundesweiten Wachstumstrend.

Deshalb hat das Bundesverkehrsministerium im Jahr 2011 eine Studie zur „Entwicklung einer verkehrlichen Konzeption für den Eisenbahnkorridor Mittelrheinachse/Rhein/Main – Rhein/Neckar – Karlsruhe" ausgeschrieben, die 2015 abgeschlossen wurde („Mittelrheinstudie").

Ergebnis dieser Untersuchung ist der Vorschlag für einen Ausbau in diesem Korridor, mit dem alle Engpässe beseitigt werden sollen. Dieser Vorschlag wurde 2016 in dem verabschiedeten Bundesverkehrswegeplan und Bedarfsplan verankert („Korridor Mittelrhein: Zielnetz I, umfasst u. a. NBS/ABS Mannheim – Karlsruhe, NBS Frankfurt – Mannheim, ABS Köln/Hagen – Siegen – Hanau").

Eine genaue Beschreibung der volkswirtschaftlichen Nutzen und des Nutzen-Kosten-Verhältnisses enthält das in 2016 veröffentlichte Projektinformationssystem („PRINS") mit folgenden bedeutenden Komponenten für den Gesamtkorridor:

Projektkosten (inkl. Planungskosten)	4,4 Mrd. Euro
Nutzen-Kosten-Verhältnis	2,2
Nutzen Personenverkehr	ca. 240 Mio. Euro/Jahr
Nutzen Güterverkehr	ca. 55 Mio. Euro/Jahr

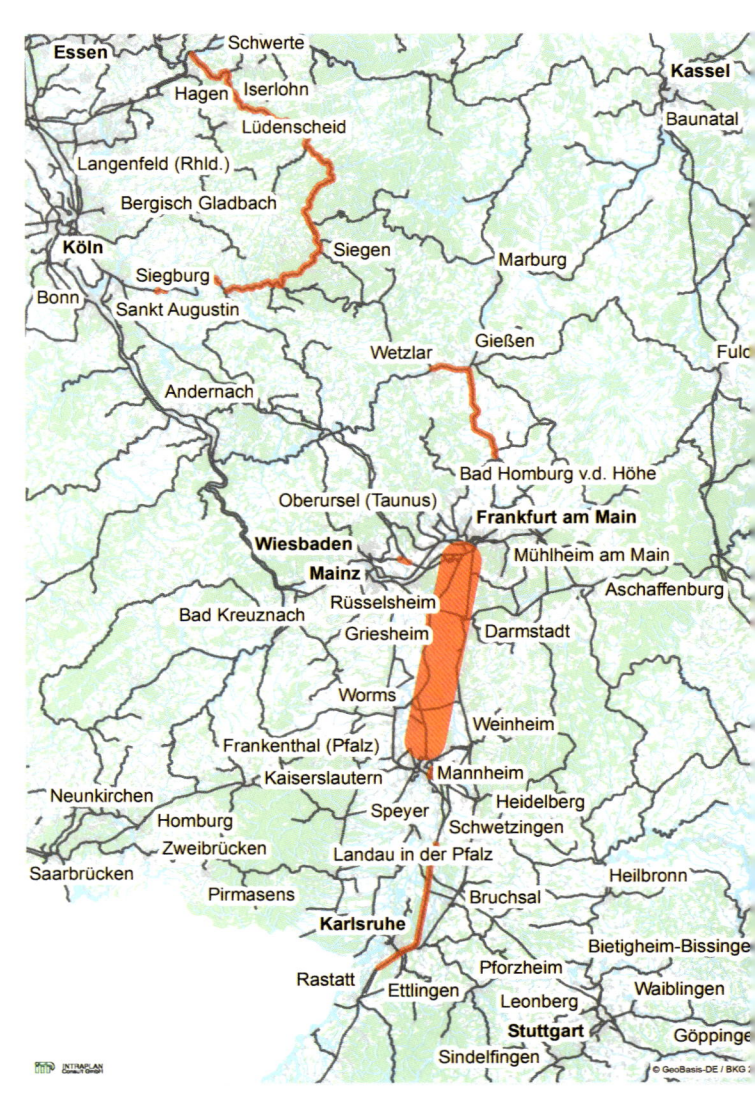

Bild 2: Lage der Maßnahme

Das Projekt „Neubaustrecke Frankfurt – Mannheim" im europäischen Kontext

Der Planungsraum zwischen Frankfurt und Mannheim liegt in einem von extremen Verkehrsaufkommen geprägten Raum mit regionalen und überregionalen Verkehren im SPFV und SGV und ist eine der Hauptverkehrsachsen im Eisenbahnnetz.

Die bereits erläuterten langfristige Personen- und Güterverkehrsentwicklungen lassen erwarten, dass die vorhandenen Eisenbahnstrecken diesem Zuwachs nicht gewachsen sein werden.

Zur Bewältigung der prognostizierten Verkehrsströme hat die EU neun sogenannte TEN-T-Korridore definiert, auf denen vordringlich Engpässe beseitigt und entsprechende neue Kapazitäten für Personen- und Güterverkehr geschaffen werden sollen. Einer dieser Korridore ist der Rhine-Alpine-Korridor, der die Nordseehäfen in Amsterdam, Rotterdam und Antwerpen über die Rhein-Main-Region und die Schweiz mit Italien verbindet. Die NBS Frankfurt – Mannheim ist Teil dieses Korridors.

Sie stellt weiterhin zwischen Frankfurt und Mannheim den Lückenschluss im deutschen und europäischen Schienenverkehrsnetz dar. Es entsteht das noch fehlende Bindeglied für eine leistungsfähige Nord-Süd-Verbindung im Westen Deutschlands zwischen den Schnellfahrstrecken Köln–Rhein/Main und Mannheim–Stuttgart. Gleichzeitig verbindet sie die Ballungsräume Rhein/Main–Rhein/Neckar und verbessert international die Anbindung in Richtung Schweiz, Ostfrankreich und Paris.

Projektziele

Im Mittelpunkt der verkehrlichen Zielsetzung des Projekts NBS Frankfurt–Mannheim stehen kapazitive und qualitative Verbesserungen des Schienenverkehrs zwischen Frankfurt, Mannheim, Darmstadt und Wiesbaden.

Die verkehrlichen und verkehrspolitischen Planungsziele der NBS werden nachfolgend beschrieben:

- Kapazitätssteigerung im Korridor Rhein/Main – Rhein/Neckar für den SPFV, SPNV und SGV
- Durch die Verlagerung des SPFV tags auf die NBS werden zusätzliche Kapazitäten auf den Bestandsstrecken (Riedbahn, Main-Neckar-Bahn) geschaffen, die u. a. für den SPNV genutzt werden können.
- Fahrzeitverkürzung für den SPFV zwischen Frankfurt und Mannheim: Mit der für 300 km/h konzipierten NBS soll die kürzeste Fahrzeit zwischen Frankfurt und Mannheim erreicht werden.
- Entlastung der Kommunen an den Bestandsstrecken von nächtlichem SGV: Mit der NBS kann der SGV in der Nacht von den Bestandsstrecken (Riedbahn, Main–Neckar–Bahn) auf die NBS gelenkt werden und damit die Anwohner vom Schienenverkehrslärm entlastet werden (sogenannte Verkehrslenkung).
- Erhöhung der Betriebsqualität durch Entmischung der Verkehre (Trennung schneller und langsamer Züge): Durch Verlagerung des SPFV auf die NBS wird eine Entmischung von schnellen und langsamen Zügen ermöglicht. Die Kapazität und Betriebsqualität der Bestandsstrecken (Riedbahn, Main-Neckar-Bahn) wird erhöht. Durch die Entmischung können die Fahrplantrassen, die Betriebsqualität und die Pünktlichkeit erhöht werden.
- Verbesserung der Anbindung Darmstadt an Frankfurt Flughafen/Wiesbaden: Mit der Wallauer Spange entsteht eine weitere schnelle SPNV-Verbindung zwischen Wiesbaden und Frankfurt Flughafen.

Planungshistorie

Integrierte Planung Südhessen

Erste betriebliche Untersuchungen zur Kapazitätserweiterung zwischen Frankfurt und Mannheim fanden im Rahmen der zwischen DB AG und Land Hessen vereinbarten „Integrierten Planung Südhessen" (1997–1999) statt. Grund dafür waren die Mehrverkehre im SPFV, die mit Inbetriebnahme der Schnellfahrstrecke Köln–Rhein/Main in 2002 zu erwarten waren, sowie der vom Land Hessen, dem RMV und der Region geforderte verstärkte und vertaktete SPNV. Die Untersuchungen zu den Ausbaumöglichkeiten der Bestandsstrecken (Riedbahn, Main-Neckar-Bahn) zeigten, dass wegen der umfangreichen Eingriffe in die Siedlungsstruktur der erforderliche viergleisige Ausbau an keiner der Strecken durchsetzbar wäre. Da nur eine NBS zielführend war, wurde diese in den weiteren Planungen untersucht.

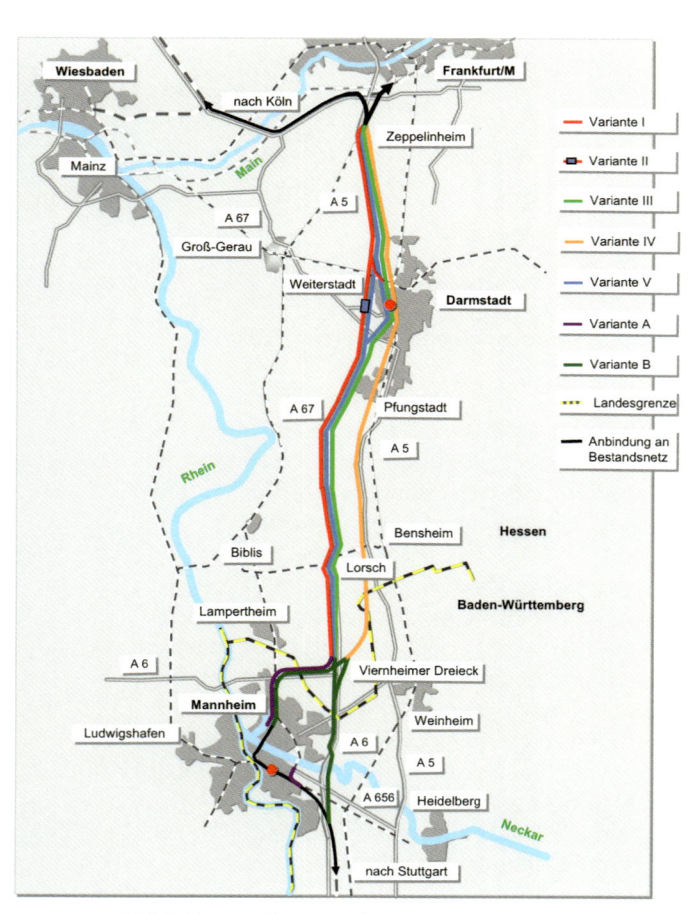

Bild 3: Raumordnungsvarianten

Raumordnungsverfahren

In den Jahren 2002 bis 2004 wurde in Hessen und Baden-Württemberg je ein Raumordnungsverfahren durchgeführt. Die in Hessen untersuchten fünf Varianten unterschieden sich dabei im Hinblick auf die Bündelung mit der Autobahn BAB A5/A67 bzw. A5 und der Anbindung im Bereich der Stadt Darmstadt. Für den Bereich Baden-Württemberg wurden die fünf (hessischen) Varianten auf zwei Varianten (A und B) zusammengeführt.

Die landesplanerischen Beurteilungen der Regierungspräsidien in Darmstadt und Karlsruhe ergaben:

- Die Varianten III A (entlang der BAB A5/A67) und IV A (entlang der BAB A5) und A entsprechen den Erfordernissen der Raumordnung, wobei die Variante IV+A präferiert wird (Bild 3).

Aktueller Planungsstand

Verkehrslenkung

Im Korridor Rhein/Main – Rhein/Neckar befinden sich nach Realisierung der NBS mehrere Strecken. Mit der NBS ergibt sich die Möglichkeit, in der Nachtzeit, wenn das Netz weniger belastet ist, verstärkt die NBS für den SGV zu nutzen und dafür die heutigen Bestandsstrecken schallmäßig zu entlasten.

Der BVWP/Bedarfsplan sieht hier als infrastrukturelle Voraussetzung eine Verbindung der Strecke Mainz – Darmstadt und der NBS vor. Die Verkehrslenkung selbst ist nicht Gegenstand der Bundesverkehrswegeplanung, verkehrslenkende Maßnahmen werden durch den Infrastrukturbetreiber geplant und umgesetzt.

Frühe Öffentlichkeitsbeteiligung

Mit dem Beschluss der Bundesregierung 2016 zum BVWP 2030 startete auch die frühe Öffentlichkeitsbeteiligung. Um von Beginn an mit der Region in einen Dialog zu treten, haben die Verkehrsministerien von Hessen und Baden-Württemberg gemeinsam mit der Deutschen Bahn Ende 2016 das Beteiligungsforum Rhein/Main – Rhein/Neckar ins Leben gerufen. Alle betroffenen Vertreter aus Politik und Wirtschaft, Bürgerinitiativen sowie Fahrgast- und Umweltverbände sind dazu eingeladen, sich regelmäßig über die Planungen auszutauschen und gemeinsam die beste finanzierungs- und genehmigungsfähige Lösung für die NBS zwischen Frankfurt und Mannheim zu finden.

Um einzelne Themen oder Streckenabschnitte im Detail besprechen zu können, wurden im Rahmen des Beteiligungsforums zusätzlich Arbeitsgruppen eingerichtet. Auf den regelmäßig stattfindenden Sitzungen stellt die Bahn verständlich und nachvollziehbar die jeweiligen Planungsergebnisse vor. Dabei werden Fakten geklärt, Fragen beantwortet und die verschiedenen Positionen der Mitglieder diskutiert. Die Hinweise und Anregungen, die die Bahn in den Sitzungen erhält, können direkt aufgenommen und so in der weiteren Planung berücksichtigt werden (Bild 4).

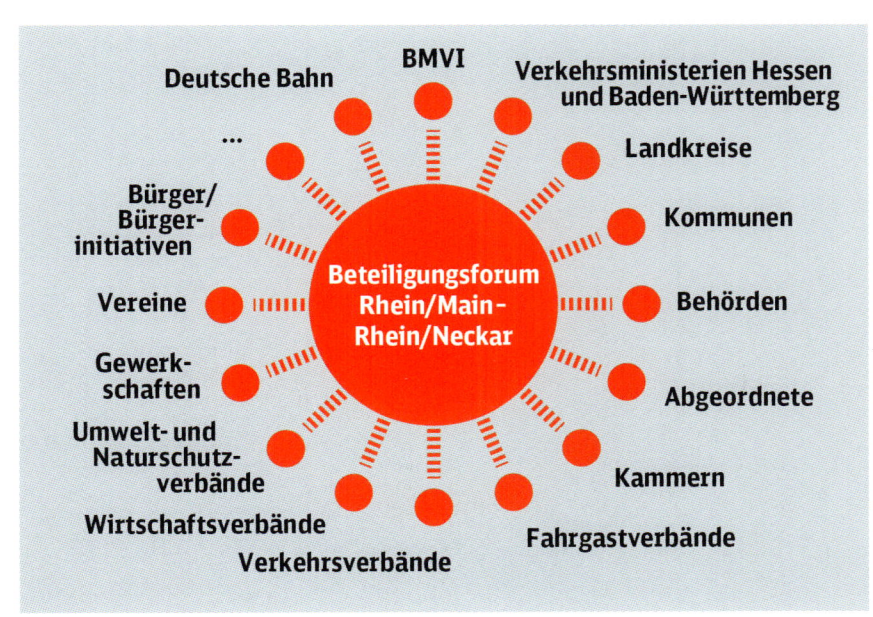

Bild 4: Zusammensetzung des Beteiligungsforums Rhein/Main – Rhein/Neckar

Darüber hinaus veranstaltet die Deutsche Bahn regelmäßig Bürgerinformationsveranstaltungen in der Region, zu denen jeder Interessierte eingeladen ist. Informieren können sich außerdem alle Interessierten über die Projektwebsite www.rhein-main-rhein-neckar.de, auf der alle Informationen zum Projekt sowie die Protokolle und Unterlagen der Sitzungen des Beteiligungsprozesses veröffentlicht werden.

Technischer Planungsstand

Zur Vorbereitung und Durchführung der Planfeststellungsverfahren wurde eine Unterteilung des Projekts in insgesamt sieben Planfeststellungsabschnitte (PfA) vorgenommen.

Wallauer Spange (PfA 0):

Mit der Wallauer Spange wird eine neue Verbindungskurve zwischen Wiesbaden und Frankfurt Flughafen geschaffen, um die verkehrlichen Ziele (Takt Hessen-Express) und deutlich kürzere Fahrzeiten im SPNV zu erreichen. Die Vorplanungen werden 2018 abgeschlossen. Zieltermin für die Einleitung des Planfeststellungsverfahrens (PFV) ist 2020.

Abschnitt Zeppelinheim – Darmstadt Nord (PfA 1):

Die Haupttrasse der NBS beginnt im Bahnhof Zeppelinheim und endet in Weiterstadt.

Der Streckenabschnitt nördlich von Darmstadt/Weiterstadt ist für eine Vorbeifahrt an Darmstadt

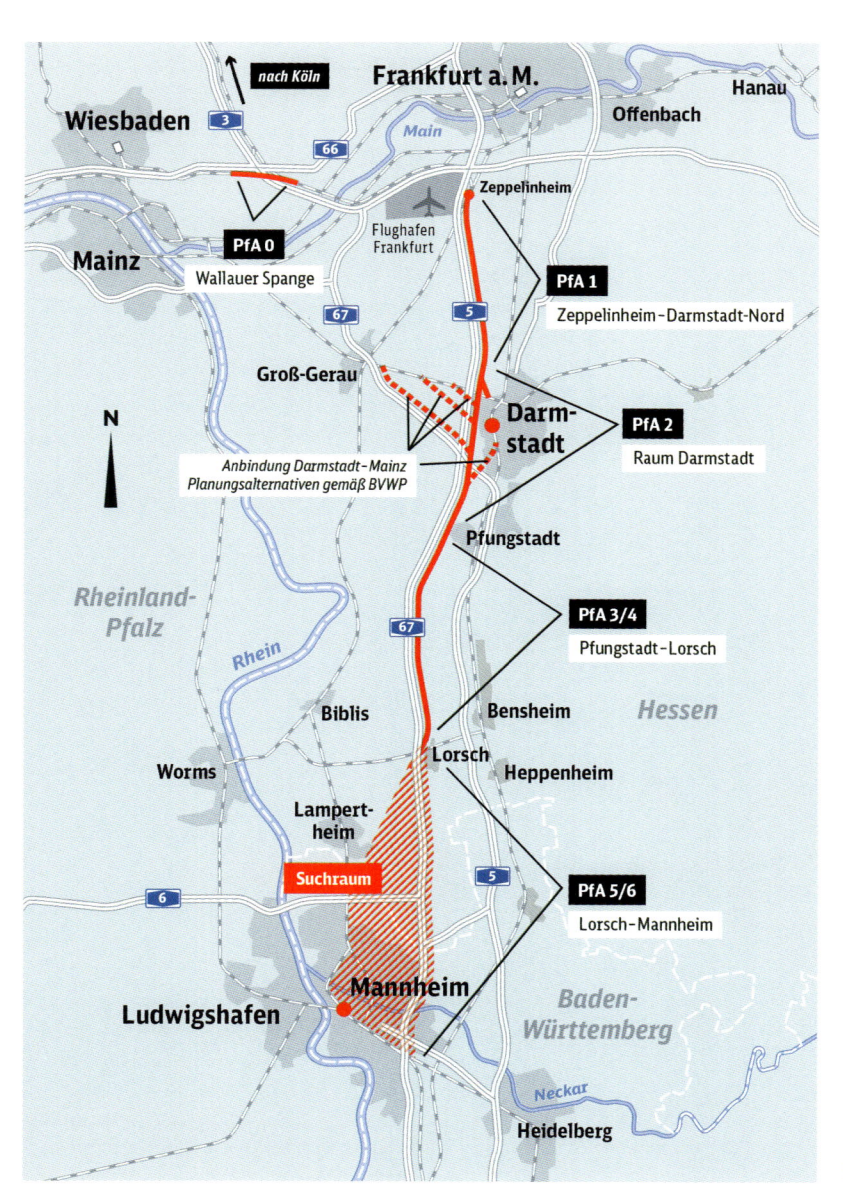

Bild 5: Streckenübersicht

ausgelegt. Bei Weiterstadt ist eine Nordanbindung Darmstadt über die Bestandsstrecke Mainz-Darmstadt vorgesehen. Zieltermin für die Einleitung des PFV ist 2018, die Inbetriebnahme soll 2028 erfolgen. Der PfA 1 ermöglicht eine Verlängerung des Hessen-Express bis Darmstadt.

Raum Darmstadt (PfA 2):

Die Haupttrasse der NBS führt an der Ostseite der BAB 5/BAB 67 in engster Bündelung an Darmstadt vorbei. Zur Umsetzung der Verkehrslenkungsvariante sind für den SGV 4-zweigleisige Anbindungsalternativen im Raum Weiterstadt/Groß-Gerau/Darmstadt und für den SPFV eine Südanbindung Darmstadt zu untersuchen. Zieltermin für die Fertigstellung der Vorplanung einer festgelegten Anbindungsalternative ist Mitte 2019. Die Einleitung des PFV ist 2022 geplant.

Abschnitt Pfungstadt–Lorsch (PfA 3 und 4):

Die Trassenführung verläuft in engster Bündelung mit der BAB A67 auf der Ostseite der BAB. Die Aktualisierung der technischen Planung für die NBS und die BAB 67 (Gemeinschaftsprojekt NBS und 6-streifiger Ausbau BAB67) soll bis Ende 2018 erfolgen. Zieltermin für die Einleitung des PFV ist 2019.

Raum Lorsch–Mannheim (PfA 5 und 6):

Bisher gibt es keine Trassenfestlegung. Die Trassendiskussion in der Öffentlichkeit erfolgt erst nach Vorliegen der Ergebnisse der Knotenuntersuchung Mannheim vsl. Anfang 2019. Im Raumordnungsverfahren wurden die Trassen „umgedrehtes L" und „Mannheim direkt" diskutiert. Zieltermin für die Einreichung der Planfeststellungsunterlagen ist 2022.

Die Inbetriebnahme des Hessen-Express ist ab 2025 und der gesamten NBS ab 2030 geplant.

Norbert Janiak
Senior Experte Rhein/Main–Rhein/Neckar
Großprojekte Mitte
DB Netz AG
norbert.janiakdeutschebahn.com

Ilona Nadler
Projektingenieurin R/M
Rhein/Main–Rhein/Neckar,
DB Netz AG
ilona.nadler@deutschebahn.com

Bahnausbau in der Metropolregion München

Die Netzplanung der Deutschen Bahn erstellt bundesweit Metropolkonzepte für die strategische Weiterentwicklung der Eisenbahninfrastruktur in verschiedenen Metropolregionen, darunter auch für die Region München. München und Umland verzeichnen seit Jahren einen Anstieg der Einwohnerzahlen und der Wirtschaftskraft. Bis 2035 wird ein weiteres Bevölkerungswachstum von 19 Prozent vorhergesagt (Quelle: Landeshauptstadt München, Demographiebericht 2017). Deshalb sollen hier in den nächsten zehn bis fünfzehn Jahren mehr als sechs Mrd. Euro in den Bahnausbau investiert werden.

Bild 1: Der Der Münchner Hauptbahnhof erhält ein zeitgemäßes Empfangsgebäude

Durch die starken Verkehrszuwächse der letzten Jahre hat das Schienennetz in München und Umgebung an vielen Stellen seine Kapazitätsgrenze erreicht. Beispielsweise nutzen heute mehr als 800.000 Fahrgäste pro Tag die Züge der S-Bahn München, obwohl das 1972 eröffnete und seitdem weitgehend unveränderte Netz nur für 250.000 Reisende pro Tag ausgelegt wurde. Um Angebotsverbesserungen zu ermöglichen und die Betriebsqualität zu verbessern, haben sich der Freistaat Bayern und die Deutsche Bahn AG auf die Umsetzung von mehr als 50 Ausbauprojekten verständigt. An der Finanzierung ist neben Freistaat und DB vor allem der Bund beteiligt. Bei verschiedenen Projekten engagieren sich noch weitere Partner bei der Finanzierung, beispielsweise Städte und Gemeinden oder die Flughafen München GmbH (FMG).

Die Projekte lassen sich sieben zentralen Handlungsfeldern zuordnen:

▎ Kapazitätserweiterung der Innenstadtquerung,
▎ Verbesserung der Flughafenanbindung,
▎ Beseitigung von Engpässen im Streckennetz,
▎ Netzausweitung durch neue Strecken und Stationen,

- Ertüchtigung der Zulaufstrecken von und nach München,
- barrierefreier Ausbau und
- Modernisierung von Stationen.

Kapazitätserweiterung der Innenstadtquerung

Den größten Engpass im Schienennetz der Region stellt die zweigleisige S-Bahn-Stammstrecke dar, die im Innenstadtbereich unterirdisch verläuft und von sieben S-Bahn-Linien befahren wird. In den Hauptverkehrszeiten fahren 30 Züge pro Stunde und Richtung, es besteht also ein 2-Minuten-Takt. Zeitpuffer sind dabei nicht vorhanden und jede Störung kann sich auf das gesamte S-Bahn-Netz auswirken. Da auf der Stammstrecke keine freien Fahrplantrassen mehr zur Verfügung stehen, kann auch das Zugangebot nicht ausgeweitet werden.

Der Bau der 2. S-Bahn-Stammstrecke zwischen den Bahnhöfen Laim und Leuchtenbergring ist daher das Kernstück des Bahnausbaus in der Region München. Diese ermöglicht ein deutlich ausgeweitetes S-Bahn-Angebot mit zusätzlichen Expresslinien und kürzeren Reisezeiten und schafft eine Ausweichmöglichkeit bei Störungen. Offizieller Baubeginn für das auf 3,8 Mrd. Euro veranschlagte Vorhaben war im April 2017, die Inbetriebnahme ist für Dezember 2026 vorgesehen. Langfristig ist ein zusätzlicher südlicher Streckenast in Richtung Giesing angedacht, der den Fahrtrichtungswechsel zweier S-Bahn-Linien am Ostbahnhof vermeiden würde.

Weitere Projekte zur Kapazitätsverbesserung in der Innenstadt sind die 2017 begonnene Erweiterung der S-Bahn-Abstellanlage München-Steinhausen und der Bau der sogenannten Sendlinger Spange, die im Störungsfall eine Umleitung aus Westen kommender S-Bahnen zum Bahnhof Heimeranplatz ermöglicht, wo U-Bahn-Anschluss in Richtung Innenstadt besteht.

Verbesserung der Flughafenanbindung

Der Bahnausbau im Bereich des Flughafens verfolgt zwei Ziele: Die Fahrzeit in die Münchner Innenstadt soll verkürzt und Direktverbindungen in Richtung Niederbayern, Oberpfalz und Südostbayern sollen ermöglicht werden. Hier wird bereits im Dezember 2018 ein Meilenstein erreicht: Mit der Inbetriebnahme der rund 91 Mio. Euro kostenden Neufahrner Kurve kann ein stündlicher Regionalzug von Regensburg über Landshut

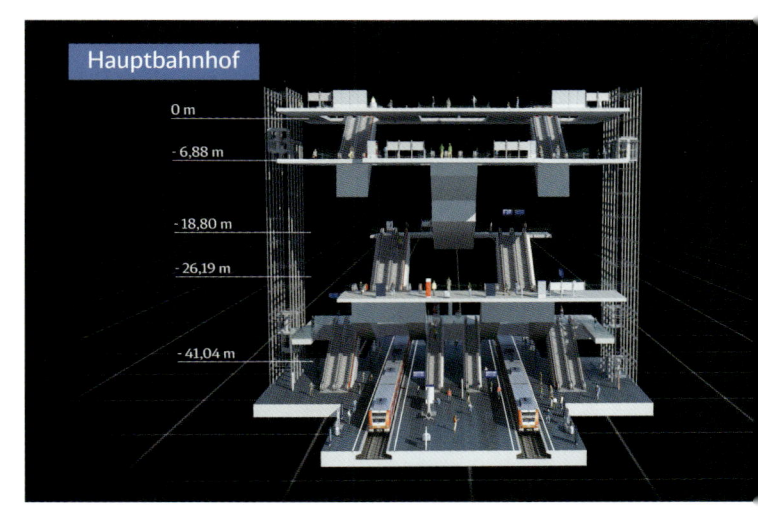

Bild 2: Die neue S-Bahn-Station am Münchner Hauptbahnhof wird in rund 40 m Tiefe liegen und durch ein eigenes Zugangsbauwerk erschlossen

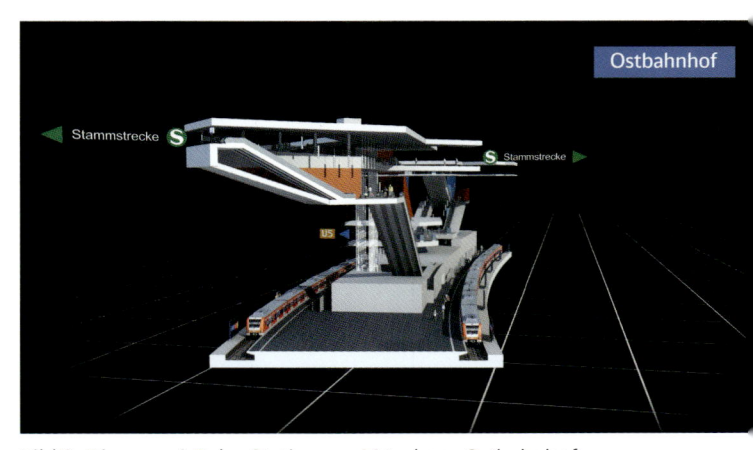

Bild 3: Die neue S-Bahn-Station am Münchner Ostbahnhof wird in Tieflage liegen

und Freising umsteigefrei zum Flughafen fahren. Bessere Verbindungen in Richtung Osten wird der sogenannte Erdinger Ringschluss ermöglichen. Durch ihn wird die unter dem Flughafen endende Bahnstrecke mit dem bisherigen S-Bahn-Endpunkt Erding verbunden. Züge aus Erding können auf diese Weise weiter zum Flughafen fahren. Mit der rund neun Kilometer langen Walpertskirchner Spange wird ab Erding eine direkte Verbindung zur Bahnstrecke München–Mühldorf geschaffen, sodass auch aus Südostbayern und dem Salzburger Raum direkte Zugfahrten zum Flughafen möglich werden.

Die Reisezeit in die Münchner Innenstadt soll sich durch Expresszüge über die 2. S-Bahn-Stammstrecke um 10 bis 15 min verkürzen. Geplant ist zudem, die Streckenhöchstgeschwindigkeit auf der Route der bisherigen S8 auf mindestens 140 km/h anzuheben.

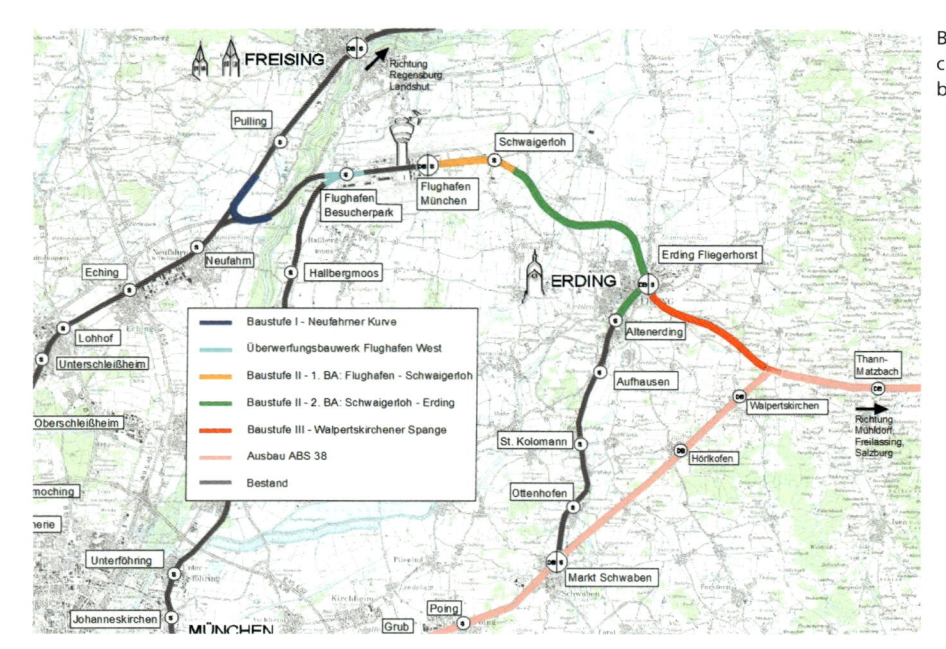

Bild 4: Durch den Bau neuer Strecken wird der Flughafen München besser mit dem Umland verbunden

Bild 5: Zwischen Johanneskirchen und Daglfing muss der Güterverkehr die S-Bahn-Gleise gegenwärtig mitnutzen

Beseitigung von Engpässen im Streckennetz

Engpässe gibt es nicht nur im Bereich der Innenstadtquerung, sondern auch in den Außenbereichen. Zusätzliche Gleise und Bahnsteige sollen hier Abhilfe schaffen.

Die größten Projekte zur Engpassbeseitigung sind der Ausbau der S4 West sowie der viergleisige Ausbau zwischen Daglfing und Johanneskirchen. In beiden Fällen geht es darum, verschiedene Verkehrsarten auf einer Strecke zu entflechten und den Schienenverkehr dadurch zuverlässiger zu machen. So wird zwischen Pasing und Eichenau ein drittes Gleis gebaut werden, damit die S-Bahn ohne Wartezeit von schnelleren Fern- und Regionalzügen überholt werden kann.

Zwischen Daglfing und Johanneskirchen sollen S-Bahn und Güterzüge künftig getrennt voneinander verkehren. Hierzu sind zwei zusätzliche Gleise sowie Brückenbauwerke zur Ein- und Ausfädelung geplant. Bei der Planung als Option zu berücksichtigen ist der Wunsch der Landeshauptstadt München nach einer Tieferlegung der Trasse, um ein Entwicklungsgebiet im Osten der Stadt optimal anbinden zu können.

Netzausweitung durch neue Strecken und Stationen

An einigen Stellen im Großraum München sind neue Strecken und Stationen geplant, um Nachfrageschwerpunkte besser anzubinden, direkte Verbindungen herzustellen und zusätzliche Umsteigemöglichkeiten zu schaffen.

Wichtige Projekte aus diesem Bereich sind die Verlängerung der S7 von Wolfratshausen bis Geretsried Süd, der neue Regionalzughalt München Poccistraße sowie die Truderinger und Daglfinger Kurve im Münchner Osten.

Die S7-Verlängerung schließt Geretsried mit einer 9,2 km langen, elektrifizierten Neubaustrecke an den Schienenpersonennahverkehr an. Mit rund 25.000 Einwohnern ist Geretsried die größte Stadt Bayerns, die bislang keinen Bahnanschluss für den Personenverkehr hat.

Der neue Haltepunkt München Poccistraße schafft eine Umsteigemöglichkeit zwischen dem Regionalverkehr und den stark frequentierten U-Bahn-Linien 3 und 6. Für viele Fahrgäste verkürzen sich dadurch die Reisezeiten und Umsteigevorgänge fallen weg. Eine Machbarkeitsstudie rechnet mit mehr als 7.000 Ein- und Aussteigern pro Werktag an der neuen Station.

Zwei neue Verbindungsstrecken für den Güterverkehr sind im Münchner Osten geplant. Die Truderinger Kurve stellt eine direkte Fahrmöglichkeit von Mühldorf und dem Umschlagbahnhof München-Riem in Richtung Rosenheim her. Die Daglfinger Kurve ermöglicht es Güterzügen aus Richtung Osten, ohne Fahrtrichtungswechsel den Münchner Nordring zu erreichen. Dieser könnte Teil einer weiteren Netzausweitung werden: Eine Machbarkeitsuntersuchung prüft, ob eine Nutzung durch den Personenverkehr sinnvoll wäre.

Bild 6: Die Truderinger Kurve schafft eine Verbindung zwischen der Strecke aus Rosenheim (links) und der Strecke nach Mühldorf (im Hintergrund rechts)

Ertüchtigung der Zulaufstrecken

Für die Region München ist nicht nur der Ausbau der Infrastruktur in Stadt und Umland selbst von Bedeutung. Durch einen Ausbau der Zulaufstrecken sollen sich die Fahrzeiten aus der bayerischen Landeshauptstadt in viele andere Ballungszentren reduzieren. Mit der Inbetriebnahme der ICE-Strecke Nürnberg – Erfurt im Dezember 2017 wurde beispielsweise die Fahrzeit zwischen München und Berlin auf unter vier Stunden verkürzt.

Nächster Meilenstein ist die für Ende 2020 geplante Fertigstellung des Streckenausbaus auf der Relation München – Lindau (– Zürich). Mit Investitionen von 440 Mio. Euro wird die Strecke durchgehend elektrifiziert sowie für höhere Geschwindigkeiten und einen Betrieb mit Neigetechnik ertüchtigt. Der Schweizerische Hochgeschwindigkeitszug Astoro wird nach Fertigstellung München und Zürich verbinden und dabei rund eine Stunde schneller als bislang. Vorgesehen ist eine Ausweitung des Angebots auf sechs Fernverbindungen pro Tag und Richtung.

In weiten Teilen ausgebaut und durchgehend elektrifiziert werden soll auch die Achse von München über Mühldorf nach Freilassing inklusive dem Abzweig nach Burghausen. Ziele sind mehr Kapazität, eine bessere Erreichbarkeit des Chemiedreiecks in Südostbayern und eine Verkürzung der Reisezeit in Richtung Österreich.

Deutliche Reisezeitverkürzungen nach Italien wird voraussichtlich ab 2027 der im Bau befindliche Brenner-Basistunnel ermöglichen. Für den sogenannten Brenner-Nordzulauf läuft unter umfassen-

Bild 7: Die Inbetriebnahme der Neubaustrecke Ebensfeld – Erfurt hat die Fahrzeit zwischen München und Berlin auf unter vier Stunden verkürzt

der Einbeziehung der Öffentlichkeit im deutsch-österreichischen Grenzraum derzeit die Trassensuche.

Barrierefreier Ausbau

Wichtig für die Akzeptanz des Schienenverkehrs ist nicht nur ein gutes Zugangebot. Auch der Zustand von Bahnhöfen und Haltepunkten ist von großer Bedeutung. Für immer mehr Reisende ist die Barrierefreiheit ein wichtiges Nutzungskritierium. Dies betrifft alle Personen mit Mobilitätseinschränkungen. Hierbei denken viele in erster Linie an körperbehinderte Menschen wie Rollstuhlfahrer. Eltern mit Kinderwagen, Fahrgäste mit schwerem Gepäck oder Reisende mit Fahrrädern profitieren aber ebenfalls von stufenfreien Zugängen und Einstiegen.

Bild 8: Der Bahnhof München-Perlach wurde in den Jahren 2017 und 2018 barrierefrei gestaltet

Von den 150 Stationen des Münchner S-Bahn-Netzes sind mehr als die Hälfte bereits stufenfrei ausgebaut. Langfristiges Ziel ist es, hier eine vollständige Barrierefreiheit herzustellen. Bis Mitte 2019 sollen acht im Bau befindliche Vorhaben abgeschlossen werden. Dies betrifft die Stationen Feldkirchen, Gilching-Argelsried, Höllriegelskreuth, Lohhof, München-Perlach, München-Riem, Stockdorf und Unterschleißheim. Im gleichen Zeitraum soll auch der Ausbau der Gleise 5-11 am Münchner Hauptbahnhof fertiggestellt werden. Dabei handelt es sich um den sogenannten Holzkirchner Flügelbahnhof, wo Regionalzüge in Richtung Mühldorf, Kufstein und Salzburg abfahren.

Für rund 25 weitere Bahnhöfe und Haltepunkte laufen derzeit Planungen zur Herstellung der Barrierefreiheit.

Modernisierung von Stationen

Mit dem barrierefreien Ausbau ist in der Regel auch eine deutliche Verbesserung des Erscheinungsbildes der Stationen verbunden. So werden Dächer, Sitzgelegenheiten, Vitrinen und andere Ausstattungsgegenstände erneuert.

Die Deutsche Bahn plant aber auch Stationsmodernisierungen, die nicht im Zusammenhang mit einem barrierefreien Ausbau stehen. Dies betrifft insbesondere die acht unterirdischen S-Bahn-Stationen in München und Umgebung, die im Rahmen des Programms „Zukunft Bahn" deutlich attraktiver gestaltet werden sollen.

Eine weitere wichtige Maßnahme stellt der Bau eines neuen Empfangsgebäudes am Münchner Hauptbahnhof dar, basierend auf einem Entwurf des Architekturbüros Auer und Weber.

Kommunikation

In den letzten Jahren wurde bezüglich des Ausbaus der Eisenbahninfrastruktur in der Region München hauptsächlich über das sicherlich größte und anspruchsvollste Projekt „2. S-Bahn-Stammstrecke" diskutiert. Dabei gerieten die zahlreichen anderen Vorhaben in der öffentlichen Wahrnehmung in den Hintergrund.

Um die Information der Öffentlichkeit zu verbessern, hat die Deutsche Bahn im Januar 2018 die neue Internetseite www.bahnausbau-muenchen.de freigeschaltet. Sie gibt einen Gesamtüberblick zum Bahnausbau in der Region München und stellt alle Vorhaben steckbriefartig vor. Die Internetseite erklärt auch, in welchen Planungsphasen sich die einzelnen Projekte befinden und welche Realisierungsschritte noch erforderlich sind. Hierdurch soll verdeutlicht werden, dass es umfassende Projektfortschritte bei vielen Vorhaben gibt, auch wenn noch nicht überall die Bagger rollen. Interessierte Bürger können zudem eine Infomail abonnieren

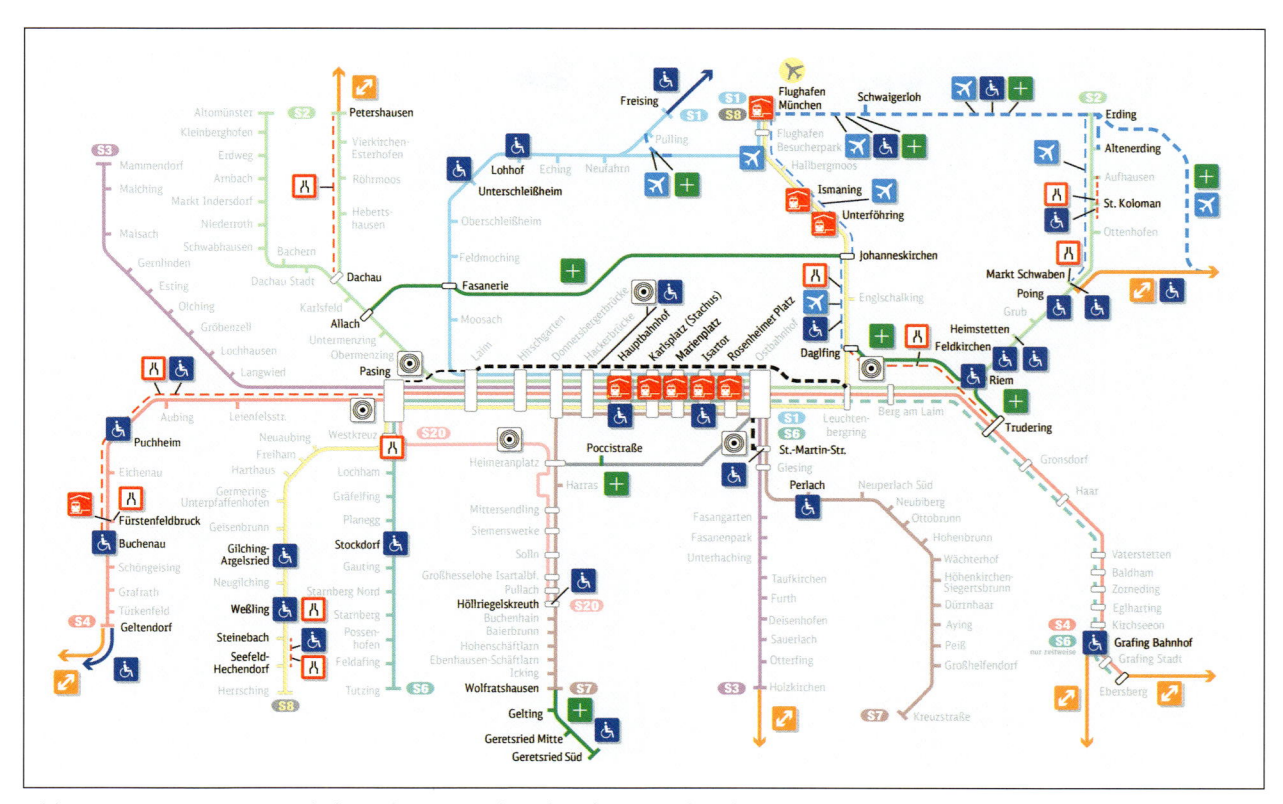

Bild 9: Die Internetseite www.bahnausbau-muenchen.de informiert über die zahlreichen Ausbauprojekte in der Region München

und werden so regelmäßig über Neuigkeiten informiert.

Einige größere Projekte wie die 2. Stammstrecke (www.2.stammstrecke-muenchen.de) oder die Ausbaustrecken Richtung Lindau (www.abs48.com) und Richtung Mühldorf–Freilassing (www.abs38.de) haben darüber hinaus eigene Internetseiten. Persönliche Ansprechpartner stehen den Bürgern im 2017 eröffneten Infozentrum 2. Stammstrecke am Marienhof zur Verfügung. Dort wird in einer multimedialen Ausstellung der Bau der 2. Stammstrecke veranschaulicht und von geschulten Mitarbeitern erklärt. Auch zu anderen Projekten wie dem Neubau des Münchner Hauptbahnhofs und zu weiteren Vorhaben im Rahmen des Bahnausbaus in der Region München werden Informationen gegeben.

Zu zahlreichen Vorhaben des Bahnausbaus gibt es darüber hinaus projektbezogene Veranstaltungen.

Um die Abstimmung mit den Projekt- und Finanzierungspartnern zu intensivieren, soll noch 2018 ein Projektkoordinierungsrat nach dem Vorbild der Metropolregion Frankfurt eingerichtet werden.

Fazit

Die Eisenbahninfrastruktur in der Region München steht am Beginn eines großen Ausbauschubs. Mit Milliardeninvestitionen wird das Eisenbahnnetz der dynamisch wachsenden Region fit für die Zukunft gemacht. In zehn bis 15 Jahren wird das Bahnnetz im Raum München wesentlich leistungsfähiger sein als heute und kann damit einen großen Beitrag dazu leisten, die großen Verkehrsströme in der Metropolregion umweltfreundlich abzuwickeln.

In den nächsten Jahren wird das große Bauvolumen Anwohnern und Fahrgästen jedoch einiges abverlangen. Um dafür Verständnis zu erzeugen, setzt die DB Netz AG auf eine umfassende Kommunikation auf allen Ebenen.

Florian Liese
Kommunikator bei den Großprojekten Süd, DB Netz AG
florian-ralf-ingo.liese@deutschebahn.com

ETCS für die Digitale Schiene Deutschland

„Digitale Schiene Deutschland" – mit diesem Programm will die Deutsche Bahn das Bahnnetz digitalisieren und so die Kapazitäten für den Zugverkehr um bis zu 20 Prozent erhöhen und damit tausende zusätzliche Züge am Tag ermöglichen. Kern ist der Ausbau der neuen funkgesteuerten Signaltechnik ETCS (European Train Control System) und die Einführung digitaler Stellwerke. Eine Machbarkeitsstudie des Bundes soll technische Umsetzbarkeit, Zeitplan, Finanzierung sowie volkswirtschaftliche Nutzen der ETCS-Technik aufzeigen. Der Innovationsschub der Digitalisierung nutzt den Kunden aller Eisenbahnen in Deutschland, dem Wirtschaftsstandort Deutschland und auch dem Klima. Ein leistungsfähigerer Bahnsektor bedeutet weniger Verkehr auf der Straße, weniger Staus, weniger Feinstaub und einen deutlich verringerten CO_2-Ausstoß.

Die DB Netz AG beabsichtigt bis 2040 im Mittel jährlich ca. 500 km ihres Streckennetzes mit ETCS auszurüsten [1]. Die Notwendigkeit der Ausrüstung mit ETCS ergibt sich einerseits aus europäischen Verpflichtungen, die die Bundesrepublik Deutschland gegenüber der EU-Kommission eingegangen ist, andererseits aus Verpflichtungen durch den Aus- und Neubau von Strecken des Bedarfsplans, bei denen gemäß europäischer Gesetzgebung und nationaler Vorgaben teilweise die Ausrüstung mit ETCS gefordert wird.

Die DB Netz AG begegnet diesen Verpflichtungen in verschiedenen Stoßrichtungen, die weitestgehend aufeinander aufbauen und sich im Sinne des Gesamtzieles ergänzen.

European Deployment Plan (EDP) und Korridor Rhine-Alpine

Im Rahmen des neuen EDP wurden für Deutschland ein zweistufiges Vorgehen mit Ausrüstungsverpflichtungen vereinbart: in Stufe 1 werden 7 Grenzübergangsstrecken mit einer Gesamtlänge von 240 km bis zum Jahre 2022 mit ETCS ausgerüstet. Ziel ist der grenzüberschreitende Güterverkehr bis zum ersten großen Terminal auf deutscher Seite.

Hinzu kommt die Ausrüstung des Korridor Rhine – Alpine von ca. 1.450 km mit ETCS.

Der EDP Stufe 1 umfasst gleichfalls die Planung der Lückschlüssen zwischen den ETCS-Vorhaben Berlin–Dresden (ABS B-DD/Dresdner Bahn/VDE9), Berlin–Leipzig (VDE 8) und Rostock–Berlin (SERoBe) mit dem Berliner Außenring, den Lückenschluss VDE 8 mit Nürnberg–Ingolstadt-München (NIM) sowie Anbindung des Seehafen Rostock an SERoBe.

In einer zweiten Stufe erfolgt dann bis 2030 die Ausrüstung von 4 weiteren Grenzübergangsstrecken mit insgesamt 3.000 km.

Alle Grenzübergangsstrecken sind Teil der TEN-Korridore.

Bedarfsplanprojekte

Rückgrat des EDP bilden die bereits laufenden und in Planung befindlichen ETCS-Vorhaben der Bedarfsplanprojekte mit einer ETCS-Ausrüstungslänge von ca. 2.250 km sowie weiteren derzeit noch in Planung befindlichen ca. 800 km ETCS-Ausrüstung.

Ablösung der LZB bis 2030

Ein wesentlicher Baustein der ETCS-Ausrüstungsstrategie ist die Ersatz der Linienzugbeeinflussung (LZB) durch ETCS Level 2 bis 2030. Insgesamt sind hiervon 2.500 km des Streckennetzes betroffen. Die Ablösung soll auch hier in zwei Schritten erfolgen: zunächst eine Migration von Bauform LZB 72 auf LZB 72 CE bis 2023 (Aufrechterhaltung LZB-Betrieb). Danach erfolgt die eigentliche Ablösung der LZB durch ETCS Level 2 in den Jahren 2025 bis 2030.

Die Herausforderung hier wird die vorhandene Stellwerkslandschaft sein, die möglicherweise eine umfangreiche Erneuerung mit elektronischen (ESTW) oder digitalen Stellwerken (DSTW) bedingen.

Integrierter Flächenrollout ETCS/NeuPro – Machbarkeitsstudie BMVI

Flankierend zu den zuvor genannten Maßnahmenbündeln stellt sich durchaus die Frage, ob mit der flächendeckende Einführung von ETCS einhergehend auch eine gesamtheitliche Modernisierung der Leit- und Sicherungstechnik (LST) der DB Netz AG sowohl im Stellwerksbereich wie auch bei der Betriebsführung und Bedienung erfolgen sollte. Dieser Ansatz bietet die Chance, die Kosten von Betrieb und Instandhaltung zu senken, Flächenorganisationen in der Instandhaltung zusammenzulegen und eine Basis für das autonome Fahren zu schaffen. Die Steigerung der Kapazitäten um 5 bis 10 Prozent insbesondere auf hochbelasteten Strecken sowie die gleichzeitige Senkung der Trassenkosten sind weitere Aspekte, diesen Ansatz tiefergehend zu betrachten.

Da die Hebung der Potentiale nur mit einer frühzeitigen Ausrüstung der Fahrzeuge mit ETCS möglich ist, wurde im Februar 2017 seitens des Bundesministeriums für Verkehr und digitale Infrastruktur (BMVI) eine Machbarkeitsstudie zum flächenhaften Einsatz von ETCS über einen Zeitraum von 20 Jahren beauftragt. Die Machbarkeitsstudie soll den technisch und wirtschaftlich sinnvollsten ETCS-Rollout in Deutschland definieren, streckenseitig wie auch fahrzeugseitig. Die Ergebnisse der Machbarkeitsstudie sollen Mitte 2018 vorliegen; die Entscheidung des Bundes wird nicht vor Ende 2018 erwartet.

ETCS-Ausrüstungsvarianten bei der DB Netz AG

Bei der DB Netz AG kommen zwei Ausrüstungsvarianten zur Anwendung: ETCS Level 2 und ETCS 1 Signalgeführt (L1 LS/Limited Supervision). Basis hierfür bildet die Spezifikation SRS 3.4.0 der aktuell gültigen TSI ZZS gem. EU-Verordnung 2016/919/EG [2].

ETCS Signalgeführt (ESG)

ESG besitzt eine ähnliche Ausprägung wie das deutsche Klasse-B-System PZB (Punktförmige Zugbeeinflussung). Beim Fahren unter ESG muss der Lokführer die Außensignale beachten, er fährt folglich signalgeführt. Das Fahrzeuggerät über-

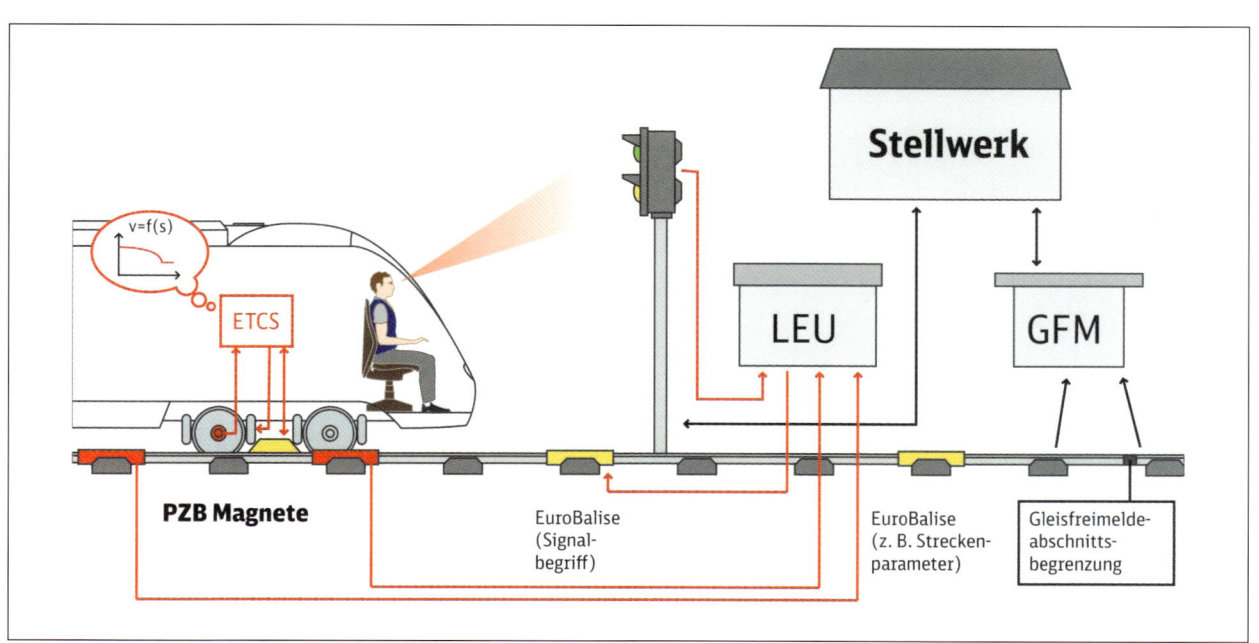

Bild 1: ETCS Signalgeführt (Limited Supervision)

wacht kontinuierlich die Geschwindigkeit (verdeckte Überwachung des Brems- und Fahrverhaltens).

Die von ETCS benötigten Informationen für die Fahrterlaubnis werden nicht im Stellwerk abgegriffen, sondern von den LST-Komponenten am Gleis, z.B. von Signalen, die in eine Lineside Electronic Unit (LEU) eingespeist werden. Die LEU generiert aus den Informationen die entsprechenden Telegramme und legt diese in den Balisen ab (gesteuerte Balisen). Beim Überfahren der Balisen wird der Inhalt an das ETCS-Fahrzeug übertragen (u.a. Streckengradienten, Streckenhöchstgeschwindigkeiten, Entfernung zum nächsten Punkt der Geschwindigkeitsänderung bzw. Haltepunkt) und vom ETCS-Fahrzeuggerät zur Überwachung der gültigen Geschwindigkeit aufbereitet. ESG ist nur für Geschwindigkeiten bis 160 km/h erlaubt.

ETCS Level 2

Im Gegensatz zur ESG erfolgt die Kommunikation zwischen Fahrzeug und Strecke vorrangig über Datenfunk mittels GSM-R (perspektivisch GPRS oder LTE).

Voraussetzung für eine Streckenausrüstung mit ETCS Level 2 ist, dass die Eisenbahninfrastruktur (Stellwerke) für die Anbindung der ETCS-Streckenzentrale (ETCS-Z/Radio Block Center, RBC) geeignet ist (s.a. Abschnitt „ETCS und ETCS-ready"). Beim Fahren im ETCS-Level 2 findet eine kontinuierliche Kommunikation zwischen Fahrzeug und Strecke (RBC) mittels Datenfunk statt, über die das Fahrzeug seine Fahrtbefehle erhält. Umgekehrt übermittelt das Fahrzeug auch Informationen an die ETCS-Z (u.a. Ortungsinformationen, Fahrzeugeigenschaften, Quittierungen)

Strecken mit einer zulässigen Höchstgeschwindigkeit > 160 km/h müssen grundsätzlich mit ETCS Level 2 realisiert werden (anzeigegeführtes Fahren). Gleiches gilt für Strecken bzw. Streckenabschnitten, die zur Leitungserhöhung statt in Ganzblockabschnitten in Teilblöcken (Teilblockmodus mit höherer Zugfolge) gefahren werden soll.

Gleichfalls kommt ETCS Level 2 bei gleichen betrieblichen Anforderungen als Nachfolgesystem für LZB zur Anwendung.

ETCS Level 2 ohne Signale (L2oS)

Mit ETCS Level 2 kann auf die Außensignalisierung verzichtet werden – diese Teilvariante wird als ETCS Level ohne Signale (L2oS) bezeichnet. Der Verzicht auf ortsfeste Signale bedingt, dass auf derartig ausgerüsteten Strecken keine PZB vorhanden ist und dass alle verkehrenden Fahrzeuge mit ETCS ausgerüstet sein müssen. Zur Zufahrtssicherung auf diese Strecken befinden vor der letzten Weiche sogenannte Streckenzufahrtssignale, die nur ETCS-Fahrzeugen mit der korrekten Softwareversion die Einfahrt erlauben. Alle anderen Züge werden an der Strecke vorbeigeleitet.

ETCS L2oS soll beim flächendenkenden Rollout ETCS/NeuPro ein Eckpfeiler der Umsetzungsstrate-

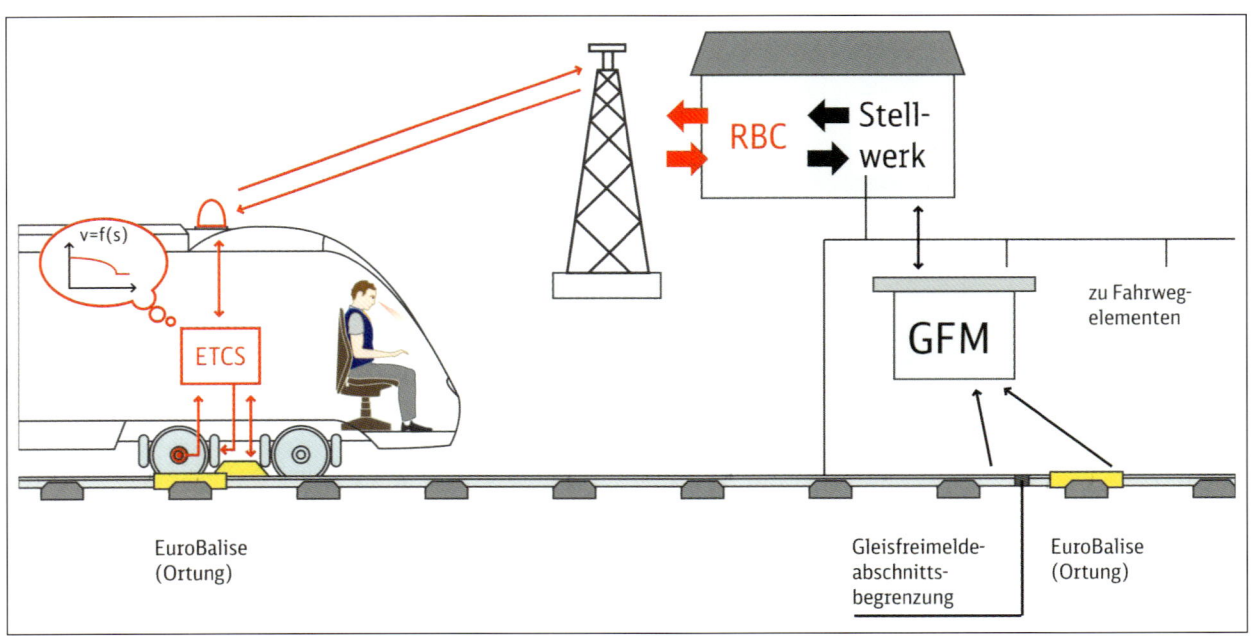

Bild 2: ETCS Level 2

gie bilden. Mit den Inbetriebnahmen der Neubaustrecke VDE 8.2 „Erfurt–Leipzig/Halle (12/2015) sowie der Aus und Neubaustrecke VDE 8.1 „Nürnberg–Erfurt" (12/2017) sind die ersten beiden Strecken mit ETCS L2oS ausgerüstet (bis zu 300 km/h Streckengeschwindigkeit) und in den kommerziellen, erfolgreichen Fahrgastbetrieb gegangen – ein erster Nachweis ist hiermit erbracht.

Anwendungszwecke

Grundsätzlich sieht die ETCS-Strategie des Bundes und der DB Netz AG die Ausrüstung der Strecken mit ETCS-Level 2 vor.

Je nach technisch-betrieblichen Gegebenheiten der Strecke (Bestands-LST, Streckenhöchstgeschwindigkeit, Ausrüstungslevel der Nachbarstaaten) sowie aus wirtschaftlichen Gesichtspunkten kann aber auch im Einzelfall die Ausrüstung mit ETCS Signalgeführt sinnvoller sein. Weiterhin werden Strecken bzw. Streckenabschnitte mit ETCS Level 1 LS ausgerüstet, die vorzeitig oder zum Lückenschluss mit ETCS ausgerüstet werden müssen und auf denen eine vollständige Umrüstung der Stellwerke auf ESTW/DSTW-Technik als Voraussetzung für die Anwendung von ETCS-Level 2 nicht sinnvoll erscheint.

ETCS und ETCS-ready

Die bekannte Begriffswelt im Zusammenhang mit ETCS ist um einen neuen Begriff zu erweitern, der in den nachfolgenden Betrachtungen wie auch in den eigentlichen ETCS-Vorhaben eine nicht zu unterschätzende Rolle spielt, insbesondere bei der Abschätzung von Kosten- und Zeitaufwänden: „ETCS-ready". Was verbirgt sich dahinter?

ETCS Level 2 ist in eine vorhandene LST-Systemumgebung des auszurüstenden Streckenabschnittes zu integrieren. Hierzu muss diese aber soweit vorbereitet und ertüchtigt werden, dass der ETCS-Lieferant sich an diese lediglich technisch anbinden muss, d.h. ETCS-Streckenzentrale (ETCS-Z) errichten und Netzwerkkabel in vorhandene Anschlüsse (Übergabepunkte) einstecken, um beispielsweise den Datenaustausch mit Stellwerk oder Bedienplatz sicherzustellen.

Da die Ertüchtigung der Systemumgebung nicht im Auftrag des ETCS-Lieferanten ist, sondern über vorhandene Modul- und Rahmenverträge der DB Netz AG beauftragt wird, stellt diese Ertüchtigung eine verbindliche Beistellleistung der DB Netz AG gegenüber dem Systemlieferanten ETCS dar.

Von diesen „ETCS-ready"-Maßnahmen sind u. a. betroffen: Stellwerke (Unterzentralen, ESTW-A), Bedienplätze (Betriebszentrale, Notbedienung Unterzentrale), Telekommunikation/ETCS-Übertragungswege, GSM-R für ETCS-Datenfunk, Bahnübergangsicherungsanlagen.

Die Auflistung zeigt, dass die mit ETCS-ready verbundenen Maßnahmen nicht nur im Projektterminplan berücksichtigt werden müssen, damit diese dem Systemlieferanten ETCS am zugesagten Beistelltermin auch zur Verfügung stehen, sondern sie müssen insbesondere auch in der Gesamtkostenplanung „ETCS" des Projektes berücksichtigt werden.

Bei ESG erfolgt die „Integration in die Systemumgebung" in Form des Informationsabgriffes an Signalen, Weichen oder am Stellwerk. Eine zuverlässige und hochverfügbare Stromversorgung für die LEU im Feld ist in dieser ETCS-Variante ein wesentlicher Baustein. Da sich ESG derzeit anhand von drei Vorprojekten in der Pilotierung befindet, ist hier noch nicht endgültig entschieden, welchen Umfang die Beistellleistungen der DB Netz AG in diesem Falle haben werden.

Welche Herausforderungen stellen sich der DB Netz AG?

Im Nachgang der erfolgreichen Inbetriebnahmen der VDE 8.1/8.2 stellt sich schnell die Frage, welcher Erfahrungsgewinn (Lessons Learnt) hieraus in die aktuellen und zukünftigen ETCS-Projekte einfließen kann, aber auch welche Herausforderungen, Hindernisse und Barrieren ein frühzeitiges Handeln auf Seiten der DB Netz AG, der Systemlieferanten, der Aufsichtsbehörden und Gesetzgeber erforderlich machen, um gemeinsam die gesteckten Ziele bis 2040 gewährleisten zu können.

Stabile technisch-betriebliche Anforderungen/ Lastenhefte

ETCS soll in die vorhandene Systemumgebung der Deutschen Bahn nahtlos integriert werden, so dass das von PZB und LZB bislang erreichte technische, betriebliche und sicherheitliche Leistungsniveau mindestens beibehalten, wenn nicht gar weiter verbessert und optimiert wird.

Um dieses zu erreichen, sind die hierzu erforderlichen technischen und betrieblichen Anforderungen in entsprechenden Lastenheften zu beschreiben. Basis bilden einerseits die europäischen Vorgaben der TSI ZZS, die den Baukasten ETCS beschreibt, andererseits das betriebliche Regelwerk der DB Netz AG, das den Betrieb und damit die Leitplanken des Schienenverkehrs in Deutschland setzt.

Zur Verbindung dieser beiden Welten wurde bei der DB Netz AG für ESG und ETCS Level 2 ein umfangreicher Satz an Lastenheften erstellt, der sich derzeit (Stand 05/2018) in gutachterlicher Prüfung und Freigabe gemäß der Verwaltungsvorschrift „Neue Typzulassung" (VV NTZ [4]) befindet.

Im Falle von ETCS Level 2 beinhalten die prüferklärten Lastenhefte auch die Anforderungsdokumente und Richtlinien für die Stellwerke und Bedienplatz, die für die erforderlichen funktionelle Erweiterung und Schnittstellendefinitionen zur Anbindung von ETCS Level 2 fortgeschrieben und gleichfalls begutachtet wurden.

Die Lastenhefte und zugehörigen Planungsrichtlinien sind wiederum grundlegende Voraussetzung für die projektspezifische Entwurfs- und Ausführungsplanung, die Definition von Mengengerüst und Lieferleistung im anschließenden Vergabeverfahren wie auch Basis des firmenseitigen Pflichtenheftes und der daraus resultierenden Produktentwicklungen, deren Prüfung und Freigabe gleichfalls nach VV NTZ erfolgt und hierbei gegen die Lastenheftanforderungen gespiegelt werden.

Das erste, prüferklärte Release des Lastenhefte wird noch nicht alle funktionalen Anforderungen an die jeweilige Ausrüstungsvariante beinhalten, da diese u.a. erst zukünftigen ETCS-Vorhaben benötigt werden. Auflagen aus der Prüferklärung zu den Lastenheften, aber auch Lessons Learnt aus ETCS-Vorhaben oder Pilotierungen führen dazu, dass es zu einer laufenden Fortschreibung und NTZ-Prüfung der Änderungen kommen wird.

Stabile und prüferklärten Anforderungsdokumente sind daher wesentliche Voraussetzung für eine stabile Projektplanung und –durchführung. Dieses erfordert neben einer detaillierten, mehrjährigen Releaseplanung der Lastenheftfortschreibungen auch eine ausreichende personelle Ausstattung mit Fachexperten auf Seiten der Lastenheftautoren, der Gutachter und Freigabeverantwortlichen.

Pflichtenheft/Produktzulassung

Ähnlich der Lastenhefterstellung erfordert auch die Prüfung und Freigabe der firmenseitigen Pflichtenhefte des Systemlieferanten ein hohes Maß an Fachexpertise und personellen Ressourcen auf allen Seiten, da auch hier die Vorgaben der VV NTZ greifen: Betreiber und Gutachter prüfen das Pflichtenheft auf Einhaltung der Lastenheftanforderungen. Bei Abweichung mit Sicherheitlichem Ermessen erstellt ein Projektteam aus Systemlieferant, Betreiber, Gutachter und Benannter Stelle die erforderlichen Nachweise. Ein Systemgutachter informiert das EBA über seine Bewertung des sicherheitlichen Ermessens.

Die Wahrnehmung der betreiberseitigen Prüfungen wird in der Regel den Fachautoren der betreffenden Lastenhefte obliegen, da diese die gestellten Anforderungen am besten kennen. Neben der Lastenheftpflege wird auch die Pflichtenheftprüfung zukünftig zum Aufgabengebiet des Fachautors gehören.

Hinzu kommt, dass die Vergabe von ETCS-Ausrüstungsprojekten im Wettbewerb an verschiedene Systemlieferanten erfolgt, so dass aufgrund der jeweiligen generischen Produktpalette auch eine Vielzahl firmenspezifischer, projektspezifischer Pflichtenhefte entstehen, die es zu prüfen und freizugeben gilt. „Projektspezifische" Pflichtenhefte sind ferner vor dem Hintergrund zu sehen, dass die vorhandene Bestands-LST (Stellwerk, Bedienung, Bahnübergangsanlagen) von verschiedenen Systemlieferanten kommt, so dass am Ende eine streckenspezifische Inbetriebnahmegenehmigung über eine spezifische Kombination der beteiligten Systemkomponenten ausgesprochen wird. Alleine auf ETCS Level 2 und Stellwerke bezogen bedeutet dies derzeit eine Kombinationsvielfalt von 4 Systemlieferanten ETCS mit 2 Systemlieferanten ESTW.

Die zuvor genannten Verfahrensweisen und Herausforderungen wiederholen sich in der anschließenden Phase der Produktzulassung durch den Systemlieferanten, die gleichfalls der VV NTZ unterliegt.

Abnahme, Systemvalidierung, Betriebserprobung, Inbetriebnahme

Die Inbetriebnahmen der VDE 8.1/8.2 haben erstmalig gezeigt, welche Anforderungen und Nachweise im Rahmen der örtlichen und fahrdynamischen Abnahmen, Systemvalidierung, Betriebs- und

Sicherheitserprobungen erbracht werden müssen, um eine Inbetriebnahme seitens Betreiber und Aufsichtsbehörden aussprechen zu können. Dies alles erfolgte unter VDE 8-spezifischen Randbedingungen, die zukünftigen ETCS-Vorhaben nicht in jedem Fall unterstellt werden können:

- Inbetriebnahme ETCS L2 ohne Signale auf den Neubaustreckenabschnitten auf „grüner Wiese" ohne betrieblichen Einflüsse (Systemvalidierung, Sicherheitsnachweis, Produktzulassung, streckenspezifische Fahrzeugzulassung aller verkehrenden Baureihen – keine Rückfallebene PZB)
- derzeit nur projekt- und produktspezifische Abnahmerichtlinien ETCS Level 2 vorhanden
- firmenspezifische Abnahmevorgaben des ETCS-Lieferanten mittels Technischer Mitteilung (TM) in Kraft gesetzt
- umfangreiche Labortests ETCS und Systemumgebung Stellwerk/Bedienung bzw. Zusammenschaltung mit Fahrzeuggeräten zur Minimierung der notwendigen Feldtests

Hinzu kommen Anforderungen verschiedener Beteiligter, die einander entgegenstehen können: „Testfahrten nur am Tage" gegen „Testfahrten vorrangig Nachts zur Minimierung der betrieblichen Einflüsse".

In den anstehenden ETCS-Vorhaben wird hingegen vorrangig eine Inbetriebnahme „unter dem rollenden Rad" unvermeidlich sein. Die Herausforderung wird darin bestehen, die Rückwirkungen der notwendigen Abnahme- und Nachweistätigkeiten auf den laufenden Betrieb so gering wie möglich zu halten: Totalsperrungen durch eingleisigen Betrieb vermeiden, auch wenn dieser baubetrieblich aufwendiger abzustimmen und einzuordnen ist. Auch erhöht sich hierbei der zeitliche Aufwand der Abnahme und Prüfung.

Angesichts des aktuellen Kenntnis und Erfahrungsstand ist die große Herausforderung derzeit, die rechtzeitige und qualifizierte Anmeldung der Sperrpausenbedarfe für ETCS entsprechend der nationalen und unternehmensinternen Vorgaben zu tätigen, d. h. drei Jahre vor Inbetriebnahme tages- und stundenscharf den notwendigen Sperrpausenbedarf anmelden.

In Bezug auf den personellen Bedarf an Abnahmeprüfern der betroffenen Gewerke, Versuchsleitern für die dynamische Abnahme, Systemvalidierung und Sicherheitserprobung zeigt sich ein ähnliches Bild wie bei Fachexpertise, Planern und Planprüfern. Angesichts des Anforderungsprofiles an einen Abnahmeprüfer ist jedoch die Vorlaufzeit zur Ausbildung und Anerkennung deutlicher länger, ein zeitnahes Handeln unumgänglich.

Zusammenfassung

Die wesentliche Herausforderung zur Umsetzung der gesetzten Ziele besteht in der zeitnahen Erhöhung und Qualifizierung der Personale, angefangen von den ersten Planungsschritten über Vergabe und Realisierung bis hin zur Abnahme und Inbetriebnahme. Dieses betrifft sowohl die DB Netz AG als Betreiber und Auftraggeber, die Systemlieferanten ETCS als Auftragnehmer wie auch die Gutachter und weiterer Prüfinstanzen, die Genehmigungs- und Aufsichtsbehörden im Rahmen der europäischen und nationalen Zulassungsverfahren.

Gleichfalls gilt es, alle Schritte entlang der Prozesskette zur Realisierung von ETCS-Streckenprojekten auf Optimierungspotentiale hin zu überprüfen. Dies kann auch die nationalen Vorgaben seitens Aufsichtsbehörde und Gesetzgeber berühren.

Für die Umsetzung der anstehenden Herausforderungen im Bereich ETCS wurde zum 01.03.2018 die Gesamtleitung „Ausrüstung „ETCS-Projekt-Portfolio Projektmanagement Technik" (I.NGT) zur Bündelung der Umsetzung der ETCS-Projekte des Geschäftsfeldes DB Netze Fahrweg unter einer zentralen Verantwortung gegründet.

Christian Beckmann
Leiter ETCS-Projekt-Portfolio Projektmanagement Technik (I.NGT), DB Netz AG
christian.c.beckmann@deutschebahn.com

Stefan Röver
Regionalbereich Ost Großprojekte,
Regionaler Querschnitt, DB Netz AG
stefan.roever@deutschebahn.com

Erstes digitales Stellwerk: Aufbruch in die Zukunft

Automatisierung, Vernetzung oder künstliche Intelligenz sind nur einige Schlagworte disruptiver Veränderungen der Technik, die in allen Industriebereichen Optimierungen der Produktionsprozesse oder gar ganzer Wertschöpfungsketten ermöglichen. Das digitale Stellwerk ist solch eine Disruption.

Bild 1: Symbolische Weichenstellung in das digitale Zeitalter am DSTW Annaberg-Buchholz. V.l.n.r.: Lutz Mehlhorn, DB RegioNetz Erzgebirgsbahn, Jürgen Schölzel, Siemens AG, Martin Dulig, Sächsisches Staatsministerium, Klaus Müller, DB Netz AG

Digitale Transformation

Treiber dieser Veränderungen sind digitale Techniken, d.h. leistungsstarke Rechner, Cloudcomputing, Algorithmen, Sensorik und Übertragungstechniken, die eine unternehmensweite bzw. weltweite Vernetzung von Systemen ermöglichen und damit die Voraussetzung schaffen, um Daten in Echtzeit zu verarbeiten und hochwertige, angereicherte Informationen dem Anwender bzw. den vernetzten Systemen zur Verfügung zu stellen. In den vergangenen Jahren haben diese Techniken sukzessive auch in sicherheitskritischen Anwendungsbereichen Einzug gehalten. Entsprechend wurden Hardware und Übertragungstechniken bzw. Protokolle so weiterentwickelt, dass die domainspezifischen Normen und Sicherheitsanforderungen erfüllt werden konnten.

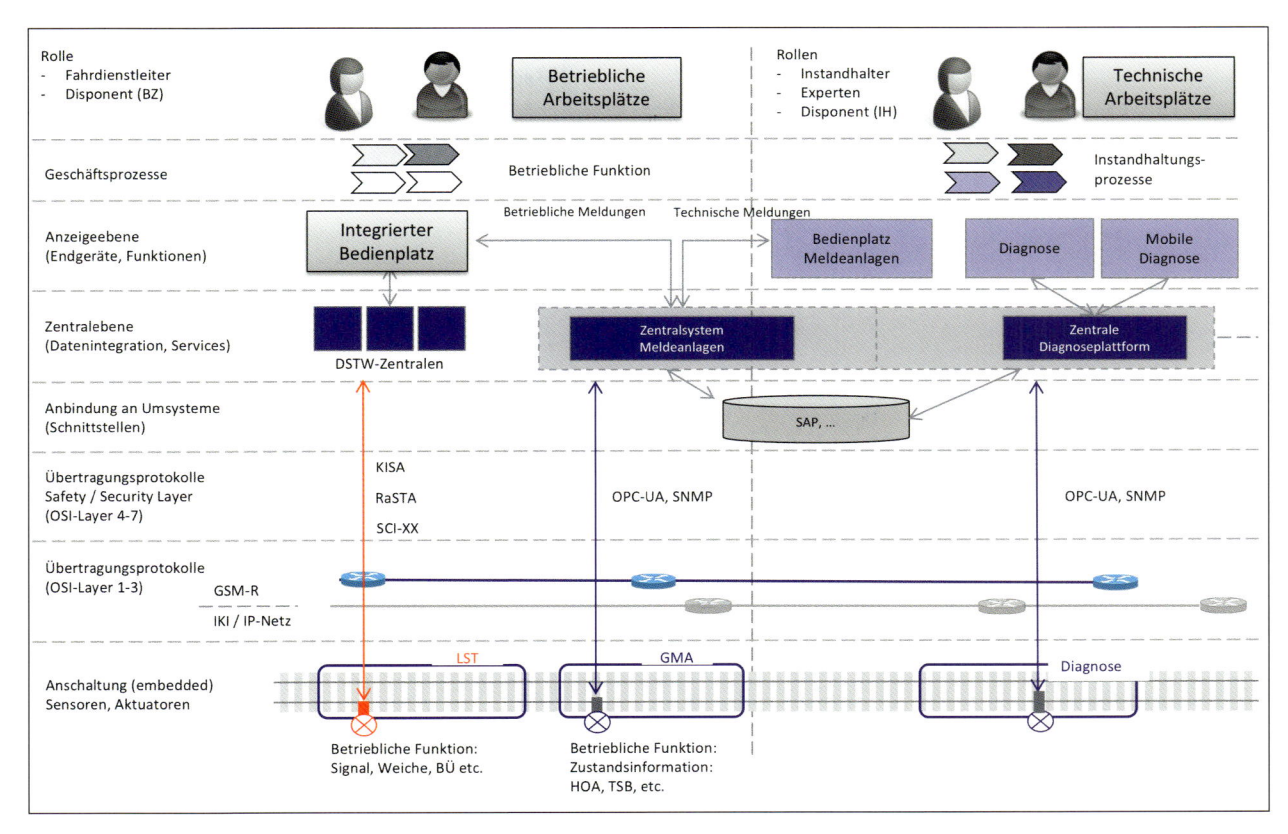

Bild 2: Plattform für digitale Anwendungen der Infrastruktur

Die weltweite digitale Transformation benötigt internationale Standards, da das Potenzial vernetzter Systeme nur dann erschlossen werden kann, wenn Hersteller, aber auch Anwender, Entwicklungs- bzw. Anwendungssicherheit haben, dass Produkte bzw. Services zueinander kompatibel sind und von einer breiten Basis genutzt werden können. Dieser Notwendigkeit folgend haben sich Techniken, die auf dem Internetprotokoll (IP) basieren, im industriellen Umfeld durchgesetzt und steuern heute sicherheitskritische Anlagen in Kraftwerken, Chemieanlagen, Flugzeugen oder Automobilen und sind nun auch erstmalig in der Sicherungstechnik der Bahn zum Einsatz gekommen.

Digitalisierung der Signaltechnik

Ohne Zweifel wird die Wettbewerbsfähigkeit der Bahn u.a. davon abhängen, ob die sich bietenden Chancen der Digitalisierung genutzt werden können. Um mehr Verkehrsleistung auf der bestehenden Schieneninfrastruktur bereitstellen, automatisiertes Fahren oder internationale Verkehre mit einem einheitlichen europäischen Zugsicherungssystem umsetzen zu können, ist eine intelligente Infrastruktur erforderlich, auf deren Basis Änderungen in einem verketteten System schneller und flexibler umgesetzt werden können, als dies derzeit möglich ist.

Um diesen Herausforderungen gerecht zu werden, hat die DB Netz AG die Digitalisierung der Signaltechnik als zentrales Element in der Technikstrategie verankert und arbeitet seit Jahren gemeinsam mit der Industrie an der Standardisierung von Schnittstellen, die neben den nationalen Anforderungen auch europäischen Anforderungen genügen und als Basis einer europäischen Standardisierung genutzt werden können (siehe auch www.eulynx.eu).

Kern dieser Strategie sind die durch die DB Netz entwickelten Vorgaben einer zukünftigen technischen Architektur sowie die zu verwendenden Schnittstellenstandards, auf denen alle zukünftigen produktionsnahen Anwendungen unter Nutzung eines DB-eignen Kommunikationsnetzwerks realisiert werden. Eine solche ganzheitliche Plattform ermöglicht es, verschiedene Anwendungen über eine einheitliche Kommunikationsplattform zu realisieren, die Betriebsführung zu vereinheitlichen, Strukturen örtlich zu konzentrieren und letztlich Synergien über alle Phasen des Lebenszyklus zu realisieren.

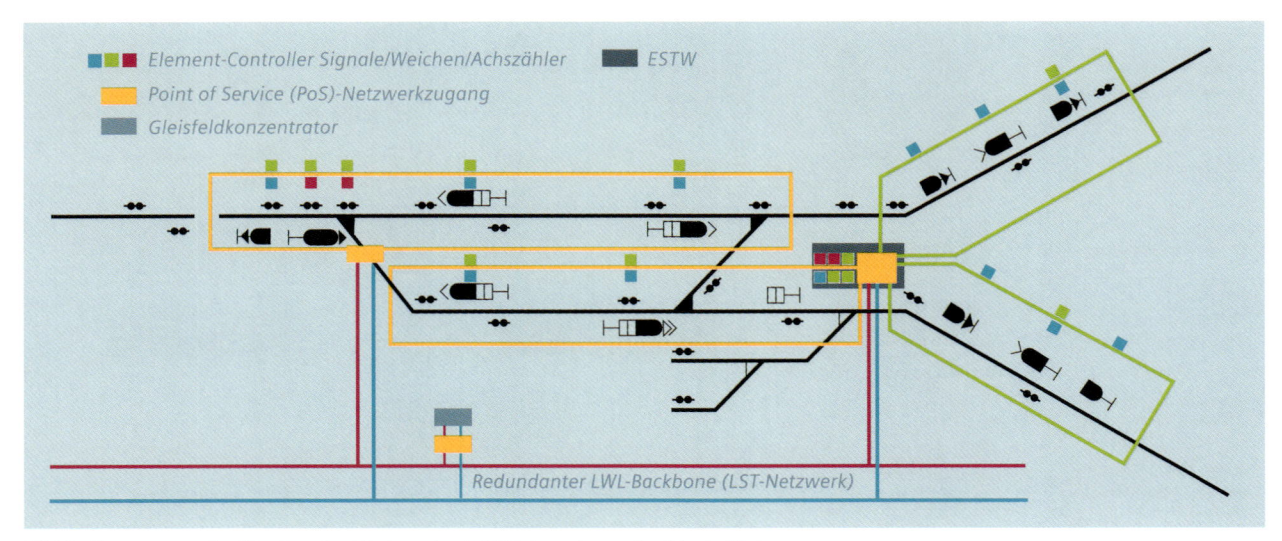

Bild 3: Umsetzung der NeuPro-Architektur im DSTW Annaberg–Buchholz Süd

Die Vorteile einer solchen Plattform zeigen sich auch darin, dass über moderne Diagnosesysteme Anlagen kontinuierlich überwacht, zentral betriebsgeführt und durch Analysesysteme präventiv instandgehalten werden können – Vorteile, die eine höhere Verfügbarkeit und damit eine höhere Pünktlichkeit für unsere Kunden bedeuten.

Obwohl alle Anwendungen über geschlossene, unternehmensinterne Kommunikationsnetze betrieben werden, eröffnet das Wissen über die verwendeten Kommunikationsprotokolle potenzielle Angriffsmöglichkeiten, was dazu führt, dass sicherheitskritische Anlagen entsprechend den Vorgaben des IT-Sicherheitsgesetzes gesichert werden müssen. Hier hat die DB Netz AG eine Vorreiterrolle für den Bahnsektor eingenommen und entwickelt gemeinsam mit Forschungseinrichtungen und der Industrie Konzepte, wie durch technische, prozessuale und organisatorische Maßnahmen Cyber-Angriffe auf die Infrastruktur vermieden und im Sinne der Nachhaltigkeit immer wieder an sich ändernde Gefährdungslagen angepasst werden können.

Digitales Stellwerk in Annaberg-Buchholz

Im Ergebnis eines durch die DB Netz initiierten Projekts der NeuPro-Referenzimplementierung erfolgte am 19.1.2018 die Inbetriebnahme des ersten digitalen Stellwerks (DSTW) für die DB Netz AG im Bereich der Erzgebirgsbahn.

Diese Inbetriebnahme des DSTW ist richtungsweisend: Es wurde der Funktionsnachweis einer auf Ethernet basierenden Stellwerksarchitektur und zugleich implementierter Standardschnittstellen erbracht und somit wurden die Kernelemente der Digitalisierungsinitiativen der DB Netz im Bereich der Sicherungstechnik bestätigt.

Die technische Grundlage des DSTW Annaberg-Buchholz bildet eine von Siemens vollständig nach CENELEC entwickelte und zugelassene Plattform für die Stellwerkszentraleinheit und die dezentralisierten Object Controller der Feldelemente (Teilsysteme im Gleisfeld). Beide Infrastrukturelemente des DSTW sind über ein hoch verfügbares IP/ETH-Netzwerk verbunden und werden über entsprechende Diagnose- und Monitoringsysteme überwacht. Neu in diesem Zusammenhang ist die technische Möglichkeit, die Live-Diagnosedaten der „geschlossenen" Bahninfrastruktur auch an übergeordnete Analysesysteme – wie oben beschrieben – übergeben zu können. Der Abgriff der Daten kann mittels einer sogenannten Datendiode von Siemens erfolgen. Im Sinne der Digitalisierung wurde damit „Connectivity" des DSTW hergestellt.

Über die IP/ETH-Fähigkeit der Teilsysteme und der Möglichkeit einer dezentralen Energieversorgung der Feldelemente ergibt sich eine enorme Flexibilität in der Planung sowie Realisierung zukünftiger Stellwerke (räumliche Entkopplung) aufgrund dessen, dass bisher gültige physikalische Grenzen (Stellentfernungen) nicht mehr betrachtet werden müssen. Um hierfür im Projekt bereits zusätzliche Erfahrungen zu sammeln, wurde die Netzinfrastruktur auf Basis unterschiedlicher Medien (Kupfer, LWL) errichtet.

Neben den für die DSTW-Architektur eigens entwickelten sicherungstechnischen Komponenten mit

Standardschnittstellen wurde bei der Umsetzung des DSTW von Beginn an auf den Einsatz von Industriekomponenten (COTS – Commercial off-the-shelf) geachtet.

Schlussendlich wurde mit der Inbetriebnahme des DSTW ein weiterer technischer und wirtschaftlicher Nachweis erbracht. Es konnte gezeigt werden, dass ein herkömmliches ESTW sowie vorhandene Stellwerksinfrastruktur zu einem IP-fähigen Stellwerk (DSTW) umgerüstet und als Bestandteil digitaler Stellwerkskonzepte integriert werden kann.

Zusammenfassung

Im Wettbewerb zukünftiger Transport- und Verkehrsleistungen kann die Bahn eine wichtige Rolle in allen Segmenten spielen, um den steigenden Bedarf an Mobilität zu bedienen. Dazu gilt es aber, die Chancen der Digitalisierung konsequent zu nutzen. Vergleichbar den Initiativen des Automobilsektors sind dabei die vorwettbewerbliche Zusammenarbeit des Bahnsektors sowie die politische Begleitung und Unterstützung dieses Wandels erforderlich. Kein einzelnes Unternehmen ist in der Lage, Standards in einer digital verbundenen Welt zu setzen. Es bedarf der gemeinsamen Ausrichtung der Aktivitäten und der Standardisierung, um Investitionssicherheit für alle Beteiligten zu erhalten. Die DB Netz AG hat gezeigt, dass sie diese Rolle im Sektor einnehmen, Standards setzen und den Rollout digitaler Technik umsetzen kann.

Um diesen Weg weiter zu gehen, sind regulative Rahmenbedingungen sowie wirtschaftlich und technisch exzellente Lösungen erforderlich, die von Bahn, Industrie und Behörden gefunden und umgesetzt werden müssen. Mut und Geschwindigkeit sind dafür im digitalen Zeitalter gefragt, um die Zukunft der Bahn zu gestalten.

Dr. Bernd Elsweiler
Leiter Programme und Digitale LST
DB Netz AG
bernd.elsweiler@deutschebahn.com

Karsten Bruß
Siemens AG
karsten.bruss@siemens.com

DB-Brückenbauprogramm: 875 Brücken bis 2019

Mit Abschluss der zweiten Leistungs- und Finanzierungsvereinbarung (LuFV II) hat sich die DB Netz AG u. a. zum Ziel gesetzt, bis 2019 mindestens 875 Brücken voll- oder teilzuerneuern. Mit dem erwarteten Hochlauf in diesem und im nächsten Jahr stehen besonders viele Erneuerungen an. Die Task Force 875 Brücken der DB Netz sorgt für die Umsetzung dieser Maßnahmen in Zusammenarbeit mit den regionalen Standorten.

Bild 1: Eisenbahnüberführung Berliner Tor, Hamburg, Stahlbrücke, Fertigstellung 2017

Die LuFV II ermöglicht das größte Modernisierungsprogramm in der Geschichte der Bahn. Insgesamt stehen im Zeitraum 2015-2019 rund 28 Mrd. Euro für die Infrastruktur zur Verfügung. Von diesen Geldern entfallen über 3 Mrd. Euro auf das Gewerk Brücken. Um das anspruchsvolle Ziel von 875 Brücken bis 2019 zu erreichen, müssen alle Beteiligten, die Politik, Verkehrsunternehmen, Bauindustrie und DB Netz AG gemeinsam an einem Strang ziehen. Die Task Force 875 Brücken, die eigens dazu eingerichtet wurde, dieses ambitionierte Ziel zu erreichen, besteht aus fünf Teilprojekten – Projektstabilisierung, kleine Brücken, Zielpreise, operative Programmsteuerung sowie Markt & Wettbewerb, deren Aufgabe es ist, die Verantwortlichen vor Ort zu unterstützen, indem sie die Rahmenbedingungen schafft sowie Projekte fachlich und rechtlich begleitet, berät und vorantreibt.

Ziele 2017 erreicht

Mit Blick auf das Jahr 2017 konnte der Anteil an Brückenerneuerungen um ca. 30 Prozent gegenüber dem Vorjahr gesteigert werden, sodass mit 172 Brücken deutlich mehr Brücken als im Vorjahr

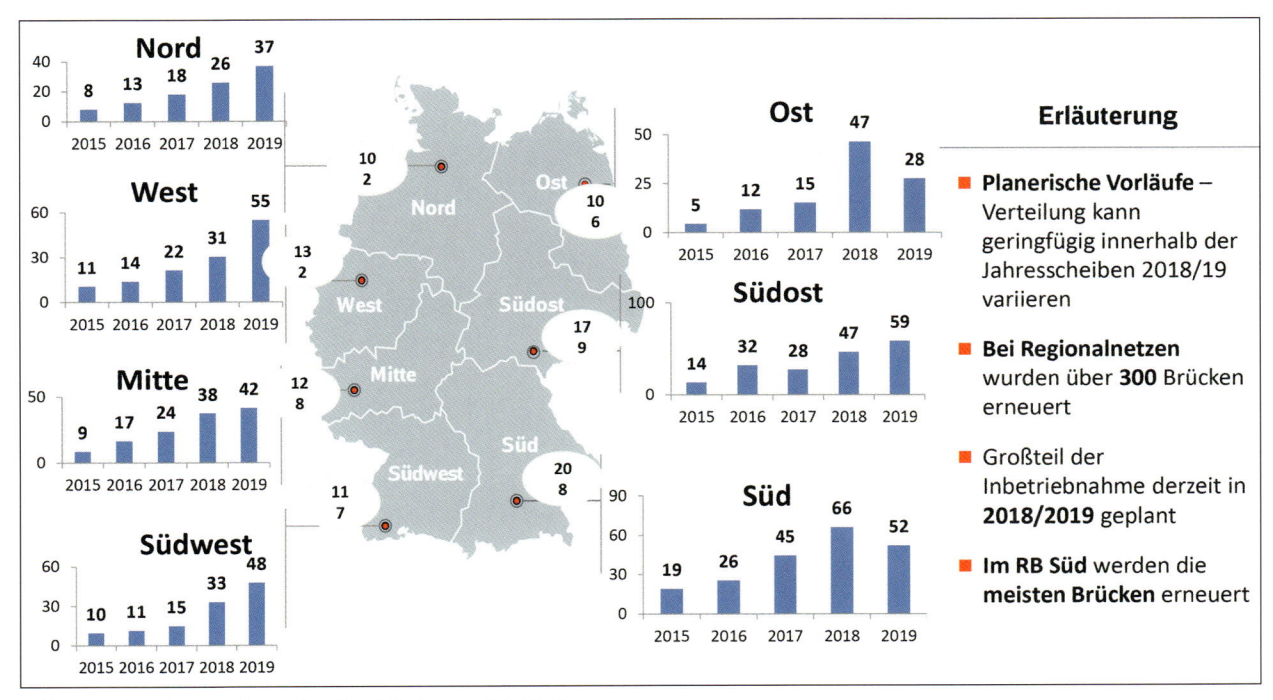

Bild 2: Regionale Verteilung der Qualitätskennzahl Brücken

erneuert wurden. Das für 2017 von der DB Netz gesetzte Ziel wurde damit übertroffen. Jedoch stehen mit über 250 Brückenerneuerungen pro Jahr für dieses wie auch für das Folgejahr die meisten Erneuerungen an. Die Maßnahmen zeigen inzwischen auch beim Zustand der Brücken Erfolg: So hat sich der Zustand der Brücken im LuFV-II-Zeitraum gegenüber dem LUFV-I-Zeitraum verbessert auf die Zustandskategorie 2,01.

Allerdings zeichnet sich seit dem Jahr 2017 eine spürbare Preissteigerung bei Brückenprojekten ab. Sind die Preise 2016 nicht wesentlich von der allgemeinen Preisentwicklung abgewichen, übersteigt die aktuelle Preisentwicklung bei Brücken deutlich die bisherigen Prognosen. Damit wird aus heutiger Sicht die Entwicklung der Marktkapazität/-preise zur größten Herausforderung für die erfolgreiche Umsetzung des Projekts. Die Ursachen dafür lassen sich nicht mit der allgemeinen Inflation erklären, auch bedingt eine Marktverknappung nicht solch drastische Preissteigerungen. Die Ursachen dafür liegen vielmehr darin, dass die Nachfrage sowohl bei Eisenbahn- als auch bei Straßenbrücken stark angezogen hat. So beteiligen sich nur noch rund ein Drittel der präqualifizierten Firmen regelmäßig an Ausschreibungen. Die DB Netz AG hat verschiedene Maßnahmen ergriffen, um den erwarteten Hochlauf in den kommenden Jahren wirtschaftlich zu gestalten.

Damit das Brückenmodernisierungsprogramm innerhalb der LuFV II erfolgreich umgesetzt wird, setzt die DB Netz AG zahlreiche Maßnahmen zur Verbesserung der Prozesse und Belebung des Markts um. Wichtig dabei ist die konstruktive und intensive Mitarbeit der Bauunternehmen im Konstruktiven Ingenieurbau. Seit 2015 führt die DB Netz AG dazu die sog. „Lieferantentage" durch, um sich im direkten Dialog mit den Baufirmen über deren Anliegen auszutauschen und über den Stand des Projekts zu informieren. Das Feedback der Baufirmen wird gesammelt und es werden Maßnahmen daraus abgeleitet.

Bild 3: Die „Task 875 Brücken" informiert mit verschiedenen Veranstaltungen die Bauwirtschaft über den Fortgang des Projekts – hier die „Lieferantentage 2018" im Januar am Standort Hamburg

Bild 4: EÜ Saalachbrücke, Freilassing Grenze Österreich, Rahmenbrücke, Fertigstellung 2017

Maßnahmen für die erfolgreiche Realisierung

Das Modernisierungsprogramm Brücken der DB Netz AG wird durch verschiedene Maßnahmen untersetzt und vorangetrieben. So wird es beim Bauverfahren ab Jahresende 2018 standardisierte Brücken bis zu einer Stützweite von 16 m geben. Bisher waren Brücken nur bis zu einer Stützweite von 6 m als Standardbauwerk verfügbar. Darüber hinaus wird das Regelwerk vereinfacht und die Sperrzeiten sollen optimiert werden. Mit Blick auf den Markt wird bei Angeboten insbesondere bei kleineren Brückenneubauten auf die Wertungsmatrix fallweise verzichtet, um die Markteintrittsbarriere zu verringern. Außerdem werden Prozesse und Abläufe bei Nachtragsmanagement und Präqualifizierung von Bauunternehmen verbessert. Gemeinsam mit dem Eisenbahn-Bundesamt finden intensive und regelmäßige Abstimmungen statt zu Themen des Baurechts und der Verbesserung des technischen Zustands von Brückenbauwerken.

Neue kommunikative Maßnahmen schaffen Transparenz zu Brücken und Brückenbauvorhaben der DB Netz AG. Das Brückenportal als zentrales Online-Portal informiert mit einer interaktiven Brückenkarte rund um das Thema Brücken bei der DB und hält zu jeder Brücke einen Bauwerkssteckbrief bereit. Die Brückenbücher dokumentieren jährlich die erneuerten Brücken und der Vergabekalender gibt mit einer halbjährlichen Prognose anstehende Ausschreibungen bekannt, sodass sich Baufirmen frühzeitig über geplante Brückenbauvorhaben informieren können.

Mit einer nachhaltigen Strategie sollen in der LuFV III die Brücken weiterhin im Fokus bleiben, um langfristig den Investitionsrückstau abzubauen.

Bild 5: EÜ Ziethebrücke, Biendorf, Rahmenbrücke, Fertigstellung 2017

Dr. Mustapha Ezzaki
Projektleiter „Sicherstellung 875 Brücken der LuFV II", DB Netz AG
mustapha.ezzaki@deutschebahn.com

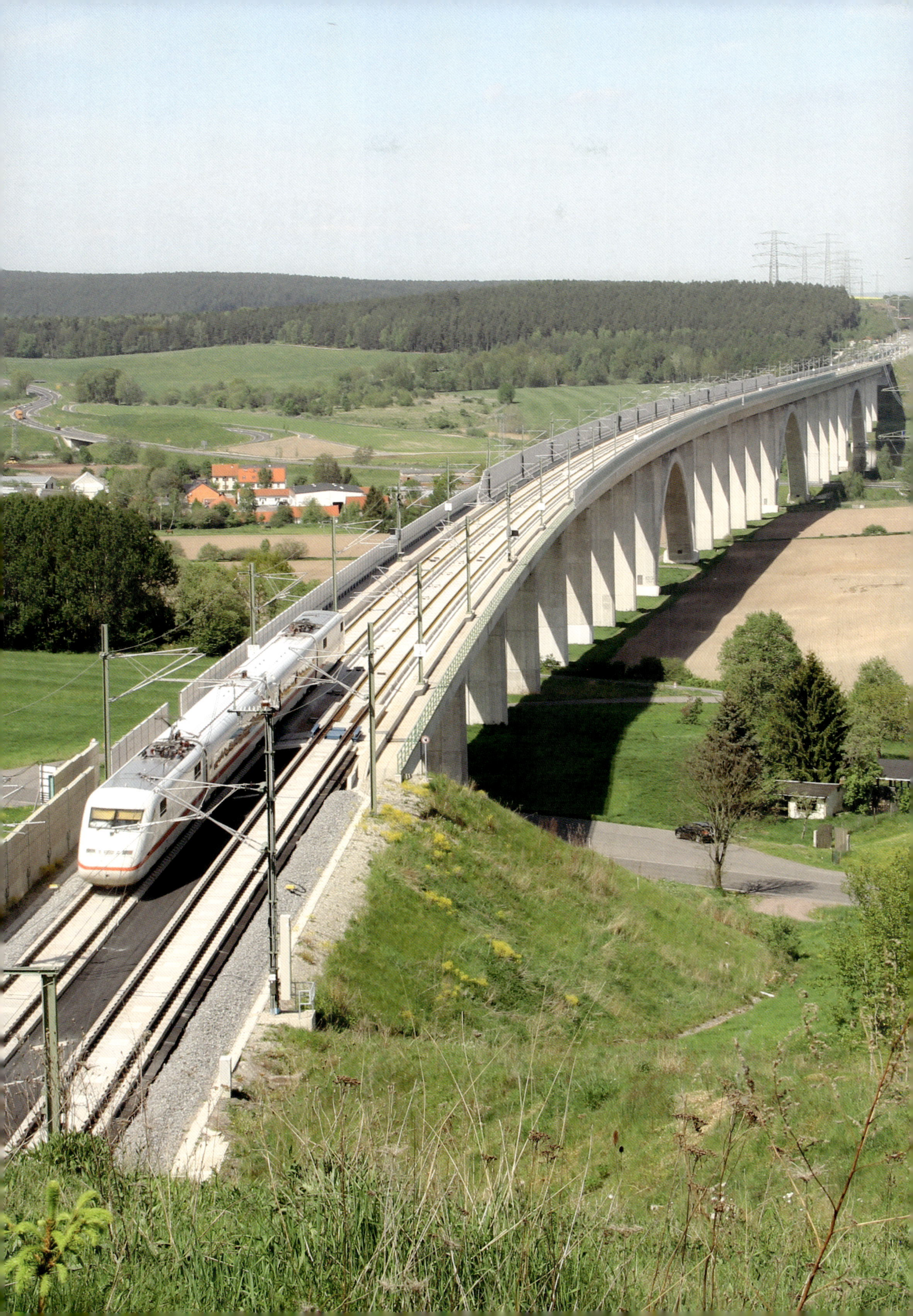

Eisenbahnüberführung ersetzt zwei Bahnübergänge

Lange Wartezeiten vor geschlossenen Schranken in Belm (Vehrte) an der Hochgeschwindigkeitsstrecke 2200 (Wanne-Eickel – Bremen Hbf.) sind seit Mai 2018 Geschichte. Innerhalb eines Jahres wurden die Bahnübergänge an der Lechtinger Straße und am Wittekindsweg aufgehoben und durch eine Eisenbahnüberführung und ein Trogbauwerk ersetzt.

Bild1: Bahnübergang L 109 km 127,932 (l.) und Bahnübergang Wittekindsweg km 128,210 Strecke 2200

Die Bahnübergänge „Lechtinger Straße, L 109" und „Wittekindsweg" liegen an der Strecke 2200 (Wanne-Eickel – Bremen Hbf.) in Belm, Ortsteil Vehrte, im Landkreis Osnabrück. Die Strecke 2200 zeichnet sich dadurch aus, dass sie sowohl von Personen- als auch von Güterverkehr stark frequentiert wird. Somit kam es in den letzten Jahren an den knapp 300 m auseinander liegenden Bahnübergängen häufig zu langen Wartezeiten für die Kfz-Fahrer.

Durch ein Verkehrsgutachten wurde aufgezeigt, dass, trotz relativ geringer Verkehrsstärken auf der Landesstraße L 109 und der Sammelstraße „Wittekindsweg", mehrfach täglich Rückstaubildungen an beiden Bahnübergängen entstanden, die zu einem nicht unerheblichen Gefahrenpotenzial infolge teilweise riskanter Fahrmanöver, Vorbeifahren am Stau auf dem Fahrstreifen der Gegenrichtung oder von Wendemanövern, führten.

Durch den Ersatz beider Bahnübergänge durch die Eisenbahnüberführung mit Trogbauwerk verbessert sich die Sicherheit der kreuzenden Verkehre und die Durchlassfähigkeit des Straßenverkehrs wird erheblich erhöht.

Beteiligte an der Kreuzungsmaßnahme sind die DB Netz AG als Baulastträger des Schienenwegs, das Land Niedersachsen als Baulastträger der Landesstraße und die Gemeinde Belm als Baulastträger der Gemeindestraße. Die kreuzungsbedingten Kosten werden von der DB Netz AG, vom Straßenbaulastträger (Land und Gemeinde) und vom Bund zu je einem Drittel getragen.

Im August 2016 erhielt die Bietergemeinschaft Gebr. Echterhoff GmbH & Co. KG/Hermann Dallmann Straßen- und Tiefbau GmbH & Co. KG, von der DB Netz AG den Zuschlag. Die wesentlichen Leistungen der Arbeitsgemeinschaft waren der Bau der Eisenbahnüberführung und des Troges, der

Rückbau der Bahnübergänge, Gleisbauarbeiten sowie Straßenbau mit Leitungsverlegearbeiten.

Gegenstand des Projekts

Die herzustellende Eisenbahnüberführung mit nördlich und südlich anschließendem Trogbauwerk als Rampen für den Kraftfahrzeugverkehr liegt an der Strecke 2200 bei km 127,932. Die Strecke verläuft von Wanne-Eickel über Bremen Hbf. nach Hamburg–Altona und gehört zu den Hauptstrecken der DB Netz AG mit einer Belastung von rund 21 Mio. Leistungstonnen pro Jahr und wird von 150 Zügen des Reise- und Güterzugverkehrs je Tag und Richtung genutzt. Die vorhandenen, höhengleichen Bahnübergänge wurden aufgehoben und durch eine planfreie Kreuzung mit einem 148 m langen Trogbauwerk unterführt. Über einen nördlich gelegenen Kreisverkehrsplatz werden die umverlegte L 109 sowie der Wittekindsweg zusammengeführt und durch das neue Trogbauwerk, südlich der Bahnstrecke, an die K 315 (Dorfstraße/Bahnhofstraße) angeschlossen.

Verbauarbeiten

Für die Herstellung der Eisenbahnüberführung und des Trogbauwerks war eine wasserdichte Baugrube vorgesehen, die aufgrund der Geologie mit Festgestein FV3/FD3 durch eine überschnittene Bohrpfahlwand mit einem Bohrpfahldurchmesser von 120 cm realisiert wurde. Um die vorhandenen Verkehrswege nicht zu beeinträchtigen, wurden beginnend ab Februar 2017 zunächst nur die Abschnitte außerhalb der vorhandenen Verkehrsräume hergestellt. Nach Inbetriebnahme der Umleitung für den Straßenverkehr konnten die Bereiche in der vorhandenen L 109 und letztlich daran anschließend die Baugrubenwände im Gleisbereich als Lückenschluss während Gleissperrpausen hergestellt werden. Die Herstellung der Baugrubenwände im Gleisbereich, wo diese gleichzeitig auch als Hilfsbrückengründung eingesetzt wurden, erfolgte in zwei Sperrpausen, in denen jeweils wechselweise ein Gleis gesperrt war und auf dem Nachbargleis planmäßig Zugbetrieb stattgefunden hat. Einzig für die Herstellung der Bohrpfähle in Streckenachse gab es eine fünfstündige Streckenvollsperrung. Die Arbeiten in der Sperrpause erfolgten mit zwei Bohrgeräten, die jeweils eine Bohrpfahlwandachse bei abgebauter Oberleitung bearbeitet haben.

Durch die vorgegebenen Sperrpausen und beengten Platzverhältnisse spielt die Vorplanung

Bild 2: Bohrpfahlarbeiten an den Gleisen

Bild 3: Präzisionsarbeit: Der Einhub der Gleishilfsbrücken

der jeweiligen Arbeitsschritte sowie die richtige Betonrezeptur eine entscheidende Rolle. Da der Eisenbahnbetrieb während der gesamten Bauzeit mit Ausnahme der vorgenannten Vollsperrung zur Herstellung der Bohrpfähle in Streckenachse sowie des späteren Rahmeneinschubs aufrechterhalten werden musste, wurden mit Beginn der Aushubarbeiten im Juli 2017 zwei Hilfsbrücken mit jeweils einer Länge von 24 m an zwei aufeinanderfolgenden Wochenenden in Sperrpausen eingebaut.

Die gesamte Baugrube hat eine Länge von ca. 150 m und eine Breite von ca. 24 m und besteht aus 360 Bohrpfählen, die mit 157 Verpressankern rückverankert sind.

Nach dem Aushub der Baugrube und Einbau von Bodenersatz zur Vergleichmäßigung von zu erwartenden Bauwerkssetzungen konnten ab Mitte

Bild 4: Baugrube aus der Vogelperspektive

Bild 5: Seitlicher Einschub des Rahmenbauwerks aus Blickrichtung Baugrube I

Bild 6: Querverschub des Rahmenbauwerks auf Verschubbahnen

August 2017 die Arbeiten an den Ingenieurbauwerken beginnen.

Eisenbahnüberführung

Bei der Eisenbahnüberführung handelt es sich um ein flach gegründetes Stahlbetonrahmenbauwerk, wobei der Brückenüberbau als Riegel mit einer Stützweite von 15,75 m geplant wurde. Die lichte Weite beträgt 14,45 m und die Breite der Überführung beträgt 11,20 m. Aufgrund der vorgegebenen lichten Höhe von mindestens 4,50 m für den späteren Kraftfahrzeugverkehr und der Einschränkung der Bauhöhe durch die eingesetzten Hilfsbrücken wurde die Eisenbahnüberführung nicht unter den Hilfsbrücken, sondern in Seitenlage auf Traggerüsten einschließlich der Kappen mit integriertem Kabeltrog, Geländer, Grundschotter und integrierter Abdichtung erstellt.

Anfang November 2017 wurde der Stahlbetonrahmen in einer dafür vorgesehenen 40-stündigen Sperrpause, nach Ausbau der Hilfsbrücken, mittels Querverschub auf Verschubbahnen in die endgültige Position gebracht. In Endlage wurde der Rahmen auf eine temporäre Zwischenlagerung abgesetzt und mit Fließbeton vollflächig untergossen.

Der Rahmen wurde in Seitenlage im Bereich des späteren Straßentrogs gefertigt. In der Folge wurden nach dem Rahmenverschub im Anschluss an die Flügelenden Fangedämme aus horizontalen Spundwandprofilen zur Begrenzung der Bauwerkshinterfüllung für die Inbetriebnahme notwendig.

Besonders hohe Ansprüche stellten die zeitlich sehr nah aneinander liegenden Sperrpausen zum Einbau der Hilfsbrücken und zum Ausbau der Hilfsbrücken/Einschub Rahmen an die Projektbeteiligten. Von Beginn der Aushubarbeiten bzw. dem Herstellen der oberen Ankerlage nach Hilfsbrückeneinbau an standen in Summe lediglich elf Wochen bis zum Verschub eines fertigen und ausgestatteten Massivbauwerks zur Verfügung.

Parallel zu den Arbeiten an der Eisenbahnüberführung wurde mit der Herstellung des Trogbauwerks begonnen.

Trogbauwerk

Das Trogbauwerk hat eine Gesamtlänge von 137 m sowie eine Gesamtbreite von ca. 16 m und besteht aus 15 Blöcken, die als u-förmiger Stahlbetonrahmen mit Flachgründung ausgebildet wurden. Das Trogbauwerk verläuft im Grundriss in einer Geraden und in einem Radius.

Der Trog einschließlich der Sohl- und Wandbereiche unterhalb der Eisenbahnüberführung wurde als sogenannte „Weiße Wanne" ausgeführt. Bedingt durch den hohen Grundwasserstand im Baubereich wurden Bauwerksblöcke teilweise mit auskragenden Fundamentsohlen zur Aktivierung zusätzlicher Lasten gegen Auftrieb hergestellt. Die Oberkanten des Stahlbetontrogs wurden dem Verlauf der Straßengradiente angepasst und zur Abführung des anfallenden Oberflächenwassers mit einem Längs- und Quergefälle ausgeführt. Da die Verkehrsfläche des kombinierten Geh-/Radwegs eine geringere Neigung als die L 109 aufweist, wurde im Trog zusätzlich eine Stützwand hergestellt, um einen Geländesprung zwischen den beiden Bereichen zu schaffen. Die Stahlbetonarbeiten wurden Ende Februar 2018 fertiggestellt.

Die Trogwände und die Stützwände zur Abfangung des Geländesprungs zum Geh- und Radweg und der L 109 erhalten zur Absturzsicherung ein Geländer aus Füllelementen aus Streckmetall mit Drahtseil im Handlauf. Die Trogwände sind über eine Verblendung architektonisch gestaltet. Die Verblendung besteht aus Akustikziegeln. Neben jeder Blockfuge wurde ein 1,50 m langes Sichtbetonfeld vorgesehen, welches mit horizontal angeordneten U-Profilen zur architektonischen Gestaltung versehen wurde.

Zur Sicherstellung der Entwässerung ist im Tiefpunkt der Unterführung ein Pumpwerk mit entsprechender Pumpenausstattung vorgesehen. Nach Abschluss der Stahlbetonarbeiten wurden die Straßenbauarbeiten im Trog durchgeführt sowie der Anschluss an die „Dorfstraße/Bahnhofstraße" und an den Kreisverkehrsplatz hergestellt.

Am 18. Mai 2018 konnten termingerecht die neuen Verkehrsflächen freigegeben werden. Abschließend werden der Bahnübergang Bahn-km 128,210 (Wittekindsweg) ausgebaut, der Anschluss der Straße „Wittekindsweg" an die neue Straße hergestellt und Kabeltiefbauarbeiten im Zusammenhang mit den Auflösungen der Bahnübergänge ausgeführt. Das Gesamtobjekt wird im Oktober 2018 fertiggestellt.

Bild 7: Ansicht der neuen Straße am 14. Juni 2018

Bild 8: Luftbild der Baumaßnahme

Malte Holz
Prokurist, Leitung Ing.Bau/Region Nord-West, ECHTERHOFF Bau-Gruppe
mholz@echterhoff.de

Teresa Krüger
Projektingenieurin, Regionales Projektmanagement Nord, DB Netz AG
teresa.krueger@deutschebahn.com

Brücken schieben auf der Gäubahn

Ersatzneubau der Eisenbahnüberführung auf der Gäubahnstrecke über die Ortstraße zwischen Herrenberg und dem Ortsteil Haslach: Wie modernste Verschiebetechnik die Ausfallzeiten des Bahnbetriebs gering hält.

Bild 1: Bestandsbauwerk

Bauwerk

Die Eisenbahnüberführung Nebringen verbindet die zweigleisige Strecke 4860 Stuttgart Hbf. – Horb über eine Gemeindestraße in Herrenberg auf der Gemarkung Haslach im Bahn-km 43,241.

Der vorhandene Überbau stammte aus dem Jahr 1925 und bestand aus einer zweigleisigen WIB-Konstruktion (Walzträger in Beton) mit Schotterbett, die Widerlager im Bereich des Gleises 2 aus Beton/Stahlbeton und waren im Bereich des Gleises 1 aus Naturstein-Mauerwerk jeweils flach gegründet. Die lichten Abmessungen des Bauwerks betrugen in der lichten Höhe 3,41 m sowie in der lichten Weite 5 m bei einem Kreuzungswinkel von 100 gon.

Aufgrund des Zustands der Brücke wurde aus wirtschaftlichen Gründen bei der DB Netz AG entschieden, die Brücke nicht mehr durch Instandhaltungsmaßnahmen zu erhalten, sondern durch ein vollständig neues Bauwerk zu ersetzen. Da von Seiten des zuständigen Straßenbaulastträgers, der Stadt Herrenberg, kein Änderungsverlangen vorgelegt wurde, konnte das Projekt als sogenannte 1:1-Erneuerung durchgeführt werden. Damit verbunden ist die Beibehaltung der vorhandenen Abmessungen des Bauwerks, insbesondere der lichten Weite und Höhe. Bei der Konstruktion konnte eine von der vorhandenen Bauwerksart, einer WIB-Konstruktion abweichende wirtschaftlich sinnvolle Rahmenlösung geplant werden, ohne dass hierfür ein gesondertes Baugenehmigungs-

Bild 2: Nachtschicht während der Sperrpause

verfahren notwendig wurde. Das neue Bauwerk wurde dementsprechend als Halbrahmenbauwerk mit Parallelflügeln aus Stahlbeton konzipiert.

Die Zustimmungen der Träger Öffentlicher Belange (TÖB) wurden vor der Ausschreibung durch direkte Abstimmungen eingeholt, so dass die Maßnahme kurz vor Weihnachten 2016 im öffentlichen Wettbewerb ausgeschrieben werden konnte. Die ingenieurtechnische Planung im Entwurf und die Erstellung der Ausschreibungsunterlagen erfolgten durch das Ingenieurbüro Kempa mit Sitz in Ludwigshafen.

Am 1.3.2017 beauftragte die DB Netz AG die Fa. Gottlob Brodbeck GmbH & Co KG mit der Realisierung der Eisenbahnüberführung. Gemäß der Planung und den Vertragsterminen waren der Baubeginn für Mitte April und der Einschub des seitlich herzustellenden Bauwerks für Anfang September 2017 vorgesehen.

Der erste Bauabschnitt sah vor, die im Straßenbereich befindlichen Leitungen (Wasserversorgung und Gas) in einem separat ca. 20 m entfernt liegenden, neu zu erstellenden Durchlass zu führen. Hierzu war eine Durchpressung des Bahndamms ohne bahnbetriebliche Beeinträchtigungen vorgesehen.

Bauablauf, Logistik

Nach der Auftragserteilung durch die Deutsche Bahn an die Firma Gottlob Brodbeck GmbH & Co. KG, Metzingen, im 1. Quartal 2017 liefen hausintern die vorbereitenden Maßnahmen der Ausführungsplanung und Arbeitsvorbereitungen. Es mussten Pläne konstruiert, geprüft und freigegeben und für die Flächen und Zufahrtswege Beweissicherungen erstellt werden. Die Einkaufskonditionen für die Baustoffe und Nachunternehmerleistungen mussten geklärt und beauftragt sowie Genehmigungen für die Nacht- und Sonntagsarbeit eingeholt werden. Vorrangig wurde der Personal-, Schalungs- und Maschineneinsatz für die Errichtung des Bauwerks am Herstellplatz koordiniert. Aber auch die Ablaufplanung für die Sperrpause zwischen dem 2. und dem 11.9.2017 wurde zu dieser Zeit schon geplant und erstellt.

Bevor allerdings das eigentliche Bauwerk am Herstellplatz errichtet werden konnte, mussten sowohl eine Trinkwasser- als auch eine Telekommunikationsleitung, die sich unter dem Durchlass im Boden befanden, verlegt werden. Hierzu war in der Ausschreibung vorgesehen, diese abseits des eigentlichen Baufeldes durch den Bahndamm zu führen. Dies wurde mittels eines Bohrpressverfahrens realisiert. Dabei wird von einer Startgrube ein Stahlrohr, in diesem Fall ein Stahlrohr mit einem Durchmesser von 600 mm, in das Erdreich gepresst, gleichzeitig wird das verdrängte Erdreich durch die Förderschnecke, die im Rohr mitläuft, in die Startgrube zurücktransportiert. Bei dieser Baumaßnahme erfolgte dies ca. 9 m unterhalb der Schienenoberkante quer durch den gesamten Bahndamm.

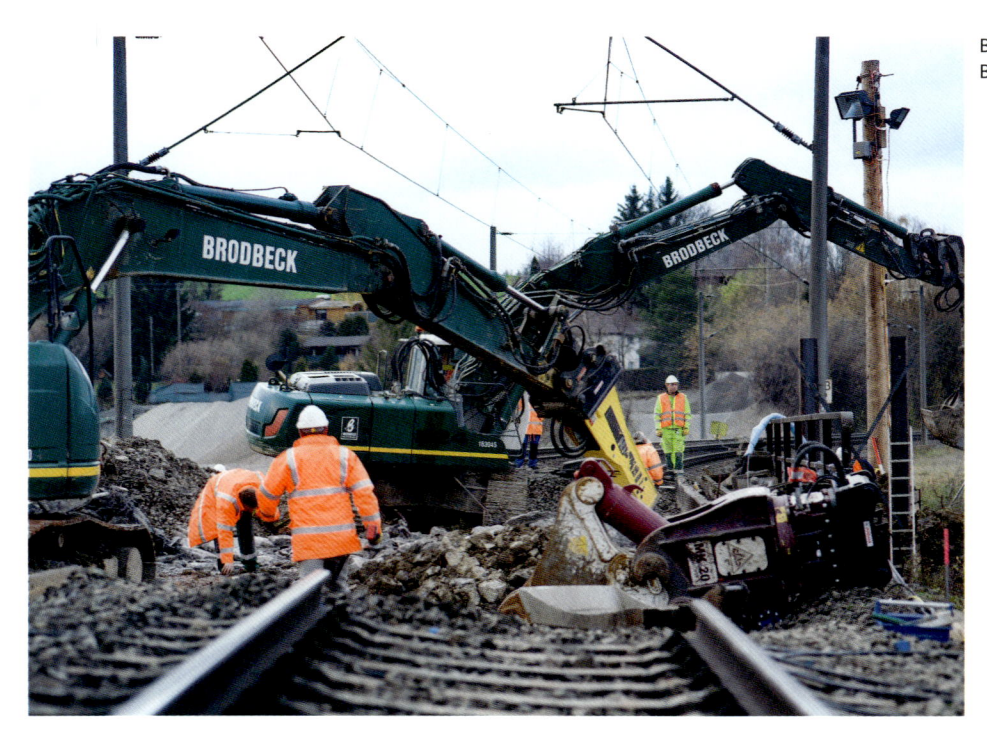

Bild 3: Abbruch des Bestandsbauwerkes

Als die Umverlegung der Bestandsleitung abgeschlossen war, konnte mit dem eigentlichen Bauwerk, begonnen werden. Der Verschub sollte später ohne zusätzliches Heben und Senken ausgeführt werden. Daher wurden schon unter den Fundamenten die Elemente der späteren Verschubkonstruktion angeordnet. Zusätzlich musste, aufgrund von Angaben aus dem geologischen Gutachten, bereits bei der Herstelllage unter der ganzen Konstruktion ein Bodenaustausch von einer Stärke von 1,25 m durchgeführt werden, da der Untergrund dort eine mangelnde Tragfähigkeit aufwies.

Das Bauwerk sollte laut der Leistungsbeschreibung eine Betonoberfläche der Klasse SB2 in Brettstruktur erhalten. Um dies zu erreichen, wurden auf die verwendete Rahmenschalung sägeraue Massivbretter aufgedoppelt. In mehreren Teilschritten mit separaten Betonageterminen entstand so das Bauwerk: die Fundamente mit der Verschubkonstruktion, die Widerlager mit angeformten Flügelwänden in Sichtbetonanforderung, der Überbau und letztendlich die Kappen, die nach dem Aufbringen der Abdichtung hergestellt werden konnten.

Pünktlich zum Einschubtermin war das Bauwerk fertigstellt. Dann ereignete sich, völlig überraschend für alle Beteiligten, der Wassereinbruch auf der Neubaustrecke im Rheintal bei Rastatt, einer der wichtigsten Strecken der europäischen Nord-Süd-Verbindung. Durch diesen Unfall und die dadurch resultierende vollständige Sperrung der Rheintalstrecke wurde der Schienenverkehr auf die naheliegenden elektrifizierten Strecken umgeleitet, wozu auch die Gäubahn zählte. Der ursprüngliche Verschubtermin durfte daher nicht ausgeführt werden und sämtliche Planungen und Vorbereitungen der Arbeiten für die ursprünglich geplante Sperrpause waren Makulatur. Nach intensiven Beratungen der Verantwortlichen seitens der Bahn wurde uns als neuer Termin für die Sperrpause ein Terminkorridor von Samstag, dem 18.11.2017 bis Sonntag, den 27.11.2017 vorgegeben. Bis zum Beginn der neuen Sperrpause wurde die Belegschaft abgezogen, Teile der Baustelleneinrichtung wurden geräumt, und das Bauwerk wartete in der Herstelllage auf seinen Verschub. Zwischenzeitlich wurden die Arbeiten für den geänderten Verschubtermin neu geplant, die Lieferanten und Nachunternehmer neu koordiniert und die Arbeits- und Transportgenehmigungen angepasst.

Nach mehr als zwei Monaten Stillstand konnten dann am 18.11.2017 ohne weitere Verzögerung die Arbeiten wieder aufgenommen werden. Die vorgegebene neue Sperrzeit, zur Ausführung aller für die Wiederaufnahme des Zugverkehrs erforderlichen Arbeiten, betrug 218 h. Die Arbeitszeiten wurden im Zweischichtbetrieb mit 18 Schichten à 12 Stunden so aufgeteilt, dass jederzeit die Abstimmung über den Stand der Arbeiten bei den Verantwortlichen möglich war und ein reibungsloser Ablauf gewährleistet wurde. Mit Beginn der Sperrpause um 1:30 Uhr standen sämtliche Geräte in ausreichender Anzahl vor Ort bereit, um auch einen eventuellen Ausfall einer Maschine redundant kompensieren zu können. Zuerst wurden die

Schienen und Schwellen zurückgebaut und seitlich für den Wiedereinbau gelagert. Gleichzeitig wurde damit begonnen, diejenigen Masten der Oberleitungen, die sich in direkter Nachbarschaft des abzubrechenden Bauwerks befanden, mit einem Verbau aus eingerammten Stahlträgern gegen das Abrutschen zu sichern. Des Weiteren wurden die Fundationen für die Leitungsbrücke hergestellt. Über diese sollten während des Einschubs die Kabel, die längs der Strecke lagen, geführt werden. Die Leitungsbrücke musste immerhin eine Spannweite von 30 m aufweisen, um das Bauwerk darunter hindurch schieben zu können.

Nach dem Rückbau der Gleise wurde der Gleisschotter abgetragen und zu einem Zwischenlager neben der Baustelle gebracht. Danach konnte die alte Brücke abgetragen werden. Der dabei entstehende Betonabbruch wurde just in time auf den firmeneigenen Recyclinghof transportiert, um aufbereitet wieder dem Baustoffkreislauf zugeführt zu werden. Neben den Erdarbeiten für die Baugrube musste nun auch wieder das Erdreich unter der Verschubbahn und den Fundamenten der Endlage wegen der unzureichenden Stabilität des Bodens ausgetauscht werden. Hierauf wurden, nach Bestätigung der Druckfestigkeit durch dynamische Lastplattenversuche, Fertigteilfundamentplatten bis hin zu den eigentlichen Fundamenten verlegt. Auf diesen konnte nun die Verschubbahn mit den einbetonierten Stahlprofilen hergestellt werden. Während der Betonage wurde aus dem verwendeten Beton eine Vielzahl Probewürfel gefertigt, um fortlaufend durch Druckversuche beprobt zu

Bild 4: Litzenheber

Bild 5: Steuerpult für die Litzenheber

Bild 6: Stahllitzen

Bild 7: Detail Verschubbahn an Brückenfundament

werden. So konnten die Festigkeitsentwicklung des Betons beobachtet und der Beginn des Verschubvorgangs festgelegt werden.

Verschubtechnik

Nachdem die Freigabe durch die Verantwortlichen der Bahn erteilt worden war, konnte nun begonnen werden, das Bauwerk in seine Endposition zu ziehen. Das ganze Bauwerk wurde auf einem einbetonierten flachen Stahlprofil in der Verschubbahn und einem Stahlprofil an den Unterseiten der Fundamente, durch zwei Litzenheber an beiden Fundamentseiten, gezogen. Die Stahlprofile werden vorab gereinigt und mit Fett beschichtet, um die Reibung und damit den Kraftaufwand der Litzenheber möglichst gering zu halten. Der Verschubweg betrug insgesamt 19 m, welche die 800 t schwere Brücke in zwei Stunden problemlos überwinden konnte. Durch die unterschiedliche Ansteuerung der beiden Litzenheber konnte das Bauwerk exakt platziert werden. Der ganze Verschubvorgang wurde durch die ständige Vermessung eines externen Vermessungsingenieurs überwacht und die exakte Endlage zielsicher erreicht.

Nach Abschluss der Einzugarbeiten wurden die Hohlräume zwischen den Fundamenten mit einem Beton der Konsistenzklasse F5, fließfähig, vergossen.

Anschließend wurde begonnen die Widerlager zu hinterfüllen. In Schichten mit nicht mehr als 30 cm Stärke und mit sorgfältiger Verdichtung derselben dauerten diese Arbeiten zwei weitere Tage. Für die Logistik für dieses Material war es sehr hilfreich, dass sich das liefernde Schotterwerk in direkter Nachbarschaft zum Baufeld befand und der Schotter so abgerufen werden konnte, wie er verbraucht wurde. Währenddessen wurde eine Stützwand aus Fertigteil-Winkelstützelementen hergestellt, die den Damm gegenüber der Straße absicherte. In den letzten Schichten der Sperrpause wurde das Gleisbett wieder aufgeschottert, die abgetrennten Schienen wurden wieder an ihre ursprüngliche Position gelegt, verschweißt und als letzten Schritt durch den Stopfzug auf das richtige Höhenniveau gebracht. Pünktlich und mit gut ausreichendem zeitlichem Vorlauf am 27.11.2018 um 3:30 Uhr konnte der erste Zug wieder die Strecke befahren.

Bild 8: Ersatzneubau im Betrieb

In den folgenden Wochen wurden die restlichen Straßen- und Tiefbauarbeiten rund um das Bauwerk erledigt. Es mussten der Asphaltbelag unter der Brücke ergänzt und die Baustelleneinrichtungsflächen wieder in ihren ursprünglichen Zustand zurückversetzt werden. Abschließend wurden noch Renaturierungsarbeiten ausgeführt, die Neupflanzungen am Damm und entlang der vorhandenen Zufahrtsstraße vorsahen.

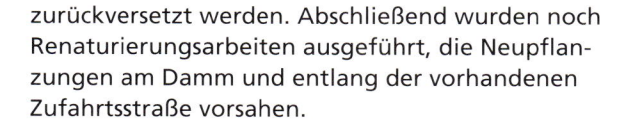

Fritz Mögle
Bauleitung
G. Brodbeck GmbH & Co. KG
info@g-brodbeck.de

Florian von der Heyde
Master of Engineering
G. Brodbeck GmbH & Co. KG
info@g-brodbeck.de

Peter Prisslinger
Arbeitsgebietsleiter Projektrealisierung
Brücken 1, DB Netz AG
peter.prisslinger@deutschebahn.com

Kreuzungsbauwerk Mannheim-Friedrichsfeld

Der Bahnhof Mannheim-Friedrichsfeld ist ein wichtiger Knotenpunkt im Eisenbahnnetz des Rhein-Main-Neckar-Gebiets. Im Südkopf des Bahnhofs kreuzen sich die nach Süden bzw. Südosten führenden Strecken 4060 bzw. 3601 sowie die nach Südwesten führende Strecke 4061. Dieser Knotenpunkt besteht aus zwei Kreuzungsbauwerken in den Bahn-km 78,02 bzw. km 77,925.

Bild 1: Kreuzungsbauwerk in km 78,020 Bestand

Die vorhandenen Kreuzungsbauwerke aus den Baujahren 1913 bzw. 1915 weisen altersbedingt starke Schäden auf. Aufgrund des Zustands der beiden Kreuzungsbauwerke sowie der prognostizierten Zuwächse im Bahnverkehr wurde aus wirtschaftlichen Gründen bei der DB Netz AG entschieden, sie nicht mehr durch Instandhaltungsmaßnahmen zu erhalten, sondern vollständig zu erneuern.

Mit der Erneuerung soll

- der bauliche Zustand der Kreuzungsbauwerke nachhaltig verbessert,
- die Verfügbarkeit der Anlagen sichergestellt sowie
- deren Leistungsfähigkeit verbessert werden.

Beim Umbau sind auch Anlagen der Leit- und Sicherungstechnik sowie der Telekommunikations- und Oberleitungsanlagen der DB Netz AG betroffen.

Die beiden neuen Kreuzungsbauwerke bestehen aus einem Stahlbetonvollrahmen. Die massiven Rahmenwände werden außerhalb der kreuzenden Bahndämme durch Arkaden aufgelöst. Die Ausführung der Stahlbetonrahmen und der Arkaden erfolgt in Ortbetonbauweise.

Die Stützweite des Kreuzungsbauwerks in km 77,925 beträgt 7,30 m bei einer Gesamtlänge von 57,02 m. Das Kreuzungsbauwerk in km 78,02 besitzt eine Stützweite von 7,30 m bei einer Gesamtlänge von 56,10 m/37,43 m (siehe Bild 1).

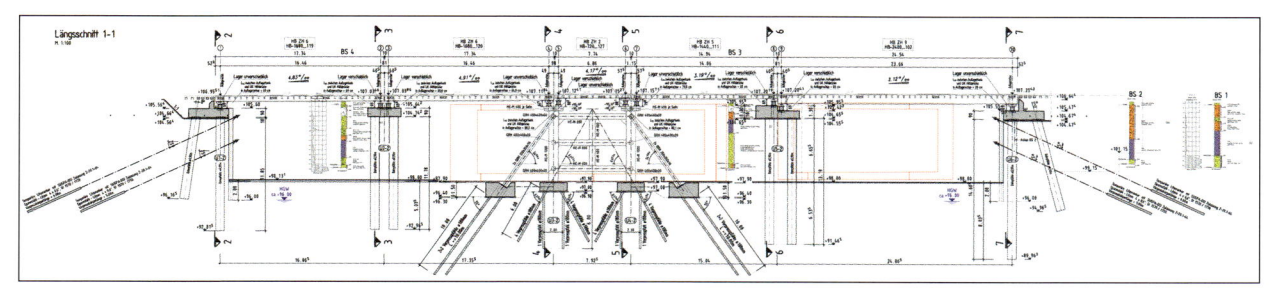

Bild 2: Längsschnitt einer 5er-Hilfsbrückenkette

Zur Sicherstellung der regelgerechten lichten Höhe im Bereich der Bauwerke sind beide Richtungsgleise der Strecke 4061 abzusenken und neu zu trassieren.

Dies wiederum erfordert den Neubau von Stützwänden entlang der Gleise zur Abfangung der Dämme der oben liegenden Strecken 3601 und 4060. Die Oberleitung der Strecken 3601, 4060 und 4061 werden an die Erneuerung der Kreuzungsbauwerke angepasst.

Am 11.10.2016 beauftragte die DB Netz AG die Fa. Zürcher Bau GmbH mit der Realisierung der beiden Kreuzungsbauwerke. Der Bauablauf sieht die Fertigstellung nach 14 Bauphasen zum Ende des Jahres 2019 vor.

Aufgrund der Lage im Schienen- und Straßennetz stellt die Logistik eine große Herausforderung dar. Mit nur wenigen Ausnahmen ist der gesamte Baustellentransport über die Schiene zu führen.

5er-Hilfsbrückenkette Strecke 4060-2 für das Kreuzungsbauwerk in km 78,020

Damit das nördliche und das südliche Teilbauwerk des Kreuzungsbauwerks in km 78,02 erneuert werden können, ist es bauzeitlich vorgesehen, den Bahnverkehr über eine Hilfsbrückenkette des Gleises 4060-2 aufrechtzuerhalten. Die Hilfsbrückenkette soll für die Dauer der Liegezeit mit 70 km/h befahren werden. Die Streckenachse der Strecke 4060 kreuzt hierbei die Bauwerksachse des im darunter liegenden Gleis 4061-1 verlaufenden nördlichen Teilbauwerks in einem Winkel von 19,58 gon. Die Bauwerksachse des südlichen Teilbauwerks, welches das Gleis 4061-2 unterführt, wird in einem Winkel von 29,49 gon durch die Strecke 4060 gekreuzt. Aufgrund der enormen Schiefwinkligkeit der Kreuzung zwischen der Strecke 4060 und 4061 mit 19,58 gon und der Lage der bestehenden sowie des neuen zu erstellenden Bauwerks wurde vorgesehen, eine 5er-Hilfsbrückenkette, bestehend aus zwei ZH6 mit Stützweite 16,80 m, einer ZH2 mit Stützweite 7,20 m, einer ZH 5 mit Stützweite 14,40 m sowie einer ZH 9 mit Stützweite 24,00 m, zu erstellen (Bild 2). Bisher wurden in Deutschland lediglich Hilfsbrückenketten mit vier hintereinandergeschalteten Hilfsbrücken ausgeführt, weshalb dieser Vorgang bisher einzigartig und im Regelwerk der DB so noch nicht vorgesehen ist. Auch aufgrund der extremen Schiefwinkligkeit der Kreuzung sowie der Lagerung und Anzahl der hintereinander geschalteten Hilfsbrücken waren somit jeweils Unternehmensinterne Genehmigungen der DB Netz AG und Zustimmungen im Einzelfall durch das Eisenbahnbundesamt für die Ausführung erforderlich.

Damit der Bahnbetrieb über das Gleis 4060-2 geführt werden kann, war vorab der Umbau der Kreuzungsweiche am Ziehbrunnen Strecke 4052 inklusive aller Zusammenhangsarbeiten wie OLA, LST und 50 Hz erforderlich. Um das darunter liegende Gleis 4061-1 für die anschließende Erneuerung des nördlichen Teilbauwerks dauerhaft zu sperren, musste eine Bauweiche zwischen den beiden Richtungsgleisen der Strecke 4061 erstellt werden.

Die Errichtung der Hilfsbrückenkette einschließlich der Gründungen, der Abbruch des nördlichen Teilbauwerks sowie der Teilabbruch des südlichen Teilbauwerks wurden in einer ca. 25-tägigen Sperrpause im 24-Std.-Schichtbetrieb im Zeitraum vom 24.5.2017 bis 19.6.2017, zusammengefasst in den objektspezifischen Bauphasen 1 bis 4, realisiert (Bilder 3 und 4). Alle Erdmassentransporte, die Zuführung von Bohr- und Rammequipment, der Oberbaustoffe sowie auch der Hilfsbrücken wurden gleisgebunden über das Gleis 14 im Bahnhof Mannheim-Friedrichsfeld sowie aufgrund der Nutzung dieses Gleises durch eine andere gleisgebundene Baustelle der DB auch zusätzlich über Gleis 60 im Rbf. Mannheim organisiert und ausgeführt.

Die Baugrube für die Erneuerung des Kreuzungsbauwerks in km 78,020 wurde in den Achsen U 1-2 und U 6-2 als Spundwandverbau unter anderem mit einer zweifachen Rückverankerung aus

Die Gründung der Hilfsbrücken erfolgte in den Achsen U 1-2 und U 6-2 als Bohrpfahlgründung mit je vier Bohrpfählen mit Durchmesser 90 cm und Längen bis 11,85 m, von denen zwei Pfähle vertikal angeordnet wurden, die anderen beiden jedoch eine Neigung von 8° längs der Hilfsbrückenkette erhielten, um die auftretenden Längskräfte aus Bremsen, Anfahren und Temperatur aus der HB-Kette aufnehmen zu können. Auf den Bohrpfählen wurden Auflagerplatten aus Beton C30/37 mit einer Stärke von 90 cm hergestellt, in welche Verankerungselemente zur Aufnahme der darüber angeordneten Endquerträger integriert wurden. Bereits der Einbau der Verankerungselemente, bestehend aus Stahlblechen mit 50 mm Stärke, angeschweißten Kopfbolzendübeln und eingeschnittenen Gewinden zur späteren Verschraubung des unteren Flansches der Endquerträger mittels HV-Schrauben M27 und Nord-Lock-Sicherung, musste hierbei aufgrund der lediglich geringen auszugleichenden Toleranzen bei der Auflagerung der Hilfsbrücken mit besonderer Sorgfalt und Genauigkeit erfolgen.

In Achse U 2-2 wurde der Auflagerbalken verbreitert, sodass eine seitliche Aussteifung durch daran angeschlossene Bohrpfähle möglich wurde, welche orthogonal zur Hilfsbrückenkettenachse unter 5° bzw. 15° zur Vertikalen geneigt sind. Die Festlegung der planbaren Neigungen der Bohrpfähle musste unter Berücksichtigung der Grenzen der Gerätetechnik sowie der auf dem Bahndamm zur Verfügung stehenden Arbeitsebenen erfolgen.

In den Achsen U 3-2 und U 4-2 durchdringt die Gründung der Hilfsbrücken das neu zu erstellende nördliche Teilbauwerk. Die Konstruktion wurde daher als Stahlhilfskonstruktion ausgebildet, welche eine Abstützung längs sowie quer zur Hilfsbrückenkettenachse erhält (Bild 5). Der

Bild 3: Blick von Auflager U 6-2 in Richtung Bf. MA-Friedrichsfeld/Erstellung von Auflagerbalken U 5-2

Verpressankern als Litzenanker System SUSPA, mit Litze 6" mit bis zu 8-Litzen pro Anker, einer Ankerkraft von 940 KN mit Verpresskörperdurchmesser 150 mm und Ankerlängen bis 30,00 m bei einer Ankerneigung von 25°, realisiert.

Bild 4: Erstellung der 5er-Hilfsbrückenkette in Bauphase 4

Stahlbock steht auf zwei Stahlbetonfundamenten, die mit je 10 Mikropfählen (Durchmesser 180 mm und Längen von 6,00 m) tiefgegründet sind. Hierbei sind die Mikropfähle mit bis zu 61,3° aus der Horizontalen geneigt. Die Fundamente der Längsabspannung der Stahlhilfskonstruktion sind mit jeweils vier aus der Horizontalen unter 55° Neigung hergestellten Mikropfählen versehen. Alle Fundamente der Stahlhilfskonstruktion liegen mit ihrer Oberkante unterhalb der abgesenkten Sohlplatte des neuen Rahmenbauwerks und gründen somit bis zu 10,80 m unterhalb der Schienenoberkante der Strecke 4060. Die Stahlhilfskonstruktion besteht aus vier stehenden HE-M 1000, welche mittels HE-M 600 längs bzw. QRH 400 quer untereinander verbunden sind. Die Längsabspannung erfolgt mittels an den Stahlbock angeschlossenen QRH 350 und ist mit den Stahlbetonfundamenten mittels GEWIs Durchmesser 28, Ankerbarren sowie Anker- und Kontermuttern mit Anzugsmomenten von 0,95 KNm verankert. Die Auflagerträger der Hilfsbrücken liegen über den HE-M 1000 angeordneten HE-M 400 auf. Die Queraussteifung der Stahlhilfskonstruktion erfolgt in Achse U 3-2 über einen umgurteten Kopfbalken auf Bohrpfählen. In Achse U 4-2 war hier die Ausbildung einer auf Bohrpfählen gegründeten, seitlich des Gleises 4060-2 liegenden Stahlbetonwandscheibe mit 6,0 m Höhe erforderlich, da sich die Herstellungsebene der Bohrpfähle auf Höhe des darunter liegenden Gleises 4061-2 befand.

Bei der Herstellung von zwei der vier Gründungspfähle für die Auflagerplatte in Achse U 5-2 war zu beachten, dass vorher der Zwickelbereich zwischen nördlichem und südlichem Teilbauwerk, in dem sich ein begehbarer Hohlraum befand, mit zementverfestigtem Material verfüllt werden musste. Bei den anderen zwei Pfählen musste die Rahmenwand des bestehenden südlichen Teilbauwerks durchörtert werden. Der luftseitige Abstand der Bohrpfähle war hierbei mit 30 cm derart gering, dass die Bestandsrahmenwand während der Herstellung der Gründungspfähle, insbesondere aufgrund des sich noch in Betrieb befindlichen seitlich, bzw. darunter liegenden Gleises 4061-2 mittels einer mit GEWIs an der Rahmenwand rückverankerten Sicherungskonstruktion aus Stahlplatten sichergestellt werden musste. Zudem wurden bei der Herstellung dieser Pfähle die bestehenden WIB im Auflagerbereich durchdrungen, weshalb auch diese vorab der Sperrpause mittels Sicherungskonstruktion abgefangen bzw. gesichert werden mussten, sodass der Bahnbetrieb auf dem Gleis 4061-2 während der Herstellung der Pfähle ohne dessen Gefährdung weiter vonstattengehen konnte. Aufgrund der in Achse U 5-2 aufzulagernden unterschiedlichen Aufbauhöhe der Hilfsbrücken

Bild 5: Stahlhilfskonstruktion unter den Auflagerachsen U 3-2 und U 4-2

(ZH 5 und ZH 9) hat die Auflagerplatte im Bereich zwischen den beiden Endquerträgern einen Höhenversatz von 53 cm, die Auflagerplatte selbst hat eine Stärke von 77 bzw. 130 cm und durchdringt das neu zu erstellende Rahmenbauwerk in Wand und Überbau.

Der Abbruch (Bilder 6 und 7) des bestehenden Kreuzungsbauwerks erfolgte unter Einsatz eines von vier Abbruchbaggern (darunter je ein 56-t, 35-t, 30-t sowie ein 20-t-Kettenbagger). Alle Abbruchbagger wurden mit Oil-quick-Schnellwechselkupplungen, Hydromeißeln und kombinierter Abbruchzange/-schere mit bis zu 100 cm Maulweite ausgestattet. Der zeitgerechte Zwischentransport von Abbruch- und Aushubmaterial in den Einschnitt der Trasse des Gleises 4061-1 wurde durch einen Radlader mit 4 m³-Schaufel sichergestellt.

Die Abfuhr von Gleisschotter, Aushub und gebrochenem Abbruch erfolgte unter Verwendung von zwei Materialtransporteinheiten E-MT 100

Bild 6: Abbruch südliches Teilbauwerk Kreuzungsbauwerk in km 78,02

(Bild 8) mit Fassungsvermögen von jeweils 100 t. Die E-MT 100 sind eine Eigenentwicklung der BGM GmbH, die innerhalb der Unternehmensgruppe Zürcher Holding GmbH für die Umsetzung der maschinenbaulichen Aktivitäten zuständig ist. Der E-MT 100 bildet die Basiseinheit zur Umsetzung des „rollierenden Systems" beim Schottertransport. In einem Wagenverband kann gleichzeitig Altmaterial ab- und Neuschotter zugeführt werden. Kleine Baumaßnahmen sind bei ausreichender Anzahl an E-MT-Wagen ohne Pendelfahrten zum Zwischenlager realisierbar. Die Anzahl an Förderwagen und Rangierloks kann daher halbiert werden. Die Einsatzmöglichkeiten der E-MT 100 gehen somit weit über die Erfordernisse an dem Bauvorhaben Kreuzungsbauwerk Mannheim-Friedrichsfeld hinaus. Bei diesem Projekt wurden bis dato ca. 2.700 t Abbruchmaterial, 4.200 t Gleisschotter sowie 15.000 t Aushubmaterial transportiert. Verladung, Transport und das Ausbunkern aller Materialien verliefen insbesondere aufgrund der Robustheit der E-MT 100 zuverlässig, schnell und somit wirtschaftlich (Bild 9).

Die Lagerung der Hilfsbrücken erfolgt in allen Achsen auf neuartigen, vom EBA typenzugelassenen Endquerträgern samt Punktkippgleitlagern. Die Hilfsbrücken sind statisch bestimmt auf jeweils einem in Längsrichtung festen und einem beweglichen Lager abgesetzt (Bild 10). Die Hilfsbrücken wurden im Brückenbauhof der DB mit den zur Auflagerung auf den Punktkippgleitlagern erforderlichen Reibeblechen versehen und im Bahnhof Mannheim-Friedrichsfeld mittels Autokran auf Res-Wagen abgesetzt. Innerhalb der Sperrpause wurden diese dann mit dem Arbeitszug an die Baustelle verfahren und dort mit einem 150 t-Eisenbahndrehkran in Gleis 4060-1 zur Vormontage von Bauschienen und Dienstgehweg abgesetzt. Nach Einbau der ersten Hilfsbrücke und der Punktkippgleitlager sowie der Längs- und Querfesthaltungen wurde zum Einhub der zweiten Hilfsbrücke die erste, bereits mit Bauschienen montierte, Hilfsbrücke befahren, usw. Für alle hierbei auftretenden Bauzustände wurde vorab

Bild 7: Abbruch nördliches Teilbauwerk Kreuzungsbauwerk in km 78,02

Bild 8: Transporteinheit E-MT 100 mit Be- und Entladeeinheit

Bild 9: Einsatz E-MT 100 am Kreuzungsbauwerk

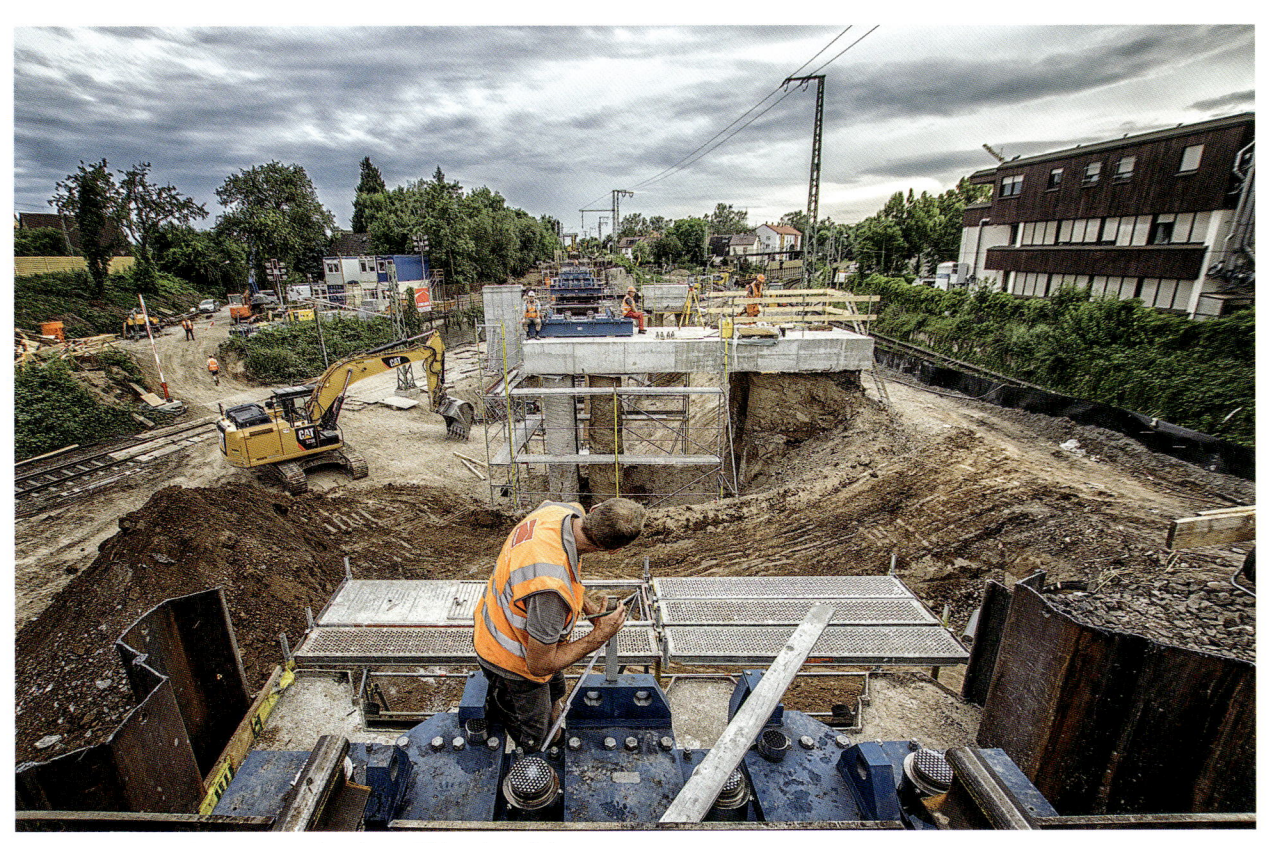

Bild 10: Letzte Vorbereitungen vor dem Hilfsbrückeneinbau

ein statischer Nachweis geführt und geprüft. Nach erfolgter Montage der Hilfsbrücken wurden die Bauschienen demontiert und durch Langschienen als Neuschienen ersetzt. Die Erdung der Hilfsbrückenkette wurde installiert, die Hinterfüllbereiche wurden gestopft und die Schienenstöße miteinander verschweißt. Die zur Befahrbarkeit und Inbetriebnahme der Hilfsbrückenkette erforderlichen Festigkeiten aller Gründungselemente wurden im Rahmen einer Prüfprozedur von Erhärtungsproben nachgewiesen.

Die Auflager der Hilfsbrückenkette werden bauzeitlich über ein von der DB Netz AG installiertes kontinuierliches Monitoring in Höhe und Lage überwacht. Im Betrieb zeigen sich alle Gründungen bisher als äußerst verformungsarm und lagestabil.

Die Sperrpause zum Einbau der Hilfsbrückenkette wurde seitens der Zürcher Bau GmbH planmäßig noch am 18.6.2017 abgeschlossen.

Erstellung nördliches Teilbauwerk Gleis 4061-1 und Umlagerung der 5er-Hilfsbrückenkette in den Achsen U 3-2 und U 4-2

Im Rahmen der projektspezifischen Bauphase 5 wird das Rahmenbauwerk in fünf Blöcken erstellt. Nördlich schließen bahnrechts weiter fünf Blöcke mit Ortbetonstützwänden an. Die daran anschließende Anzahl an Fertigteilstützwänden konnte im Zuge der Ausführungsplanung gegenüber dem Entwurf verringert und somit für die DB Netz AG optimiert werden. In den Sohlplatten des Rahmenbauwerks wurden Aussparungen für die Durchdringungen der Stahlstützen und Längsabspannungen vorgesehen, welche nach Ausbau der Stahlhilfskonstruktion in Bauphase 7 mittels Schraubanschlüssen geschlossen werden. Die fünf Abschnitte der Bodenplatten wurden unter Verwendung von Abstellelementen für Raumfugen in einem Arbeitsschritt betoniert. Jeweils zwei Rahmenwände wie auch die Rahmendecken wurden bis auf Block 3 unter Verwendung o. g. Abstellelemente zu einem Betonierabschnitt zusammengefasst. Die Erstellung des Rahmenbauwerks findet teilweise unter den errichteten Hilfsbrücken in äußerst beengten Verhältnissen statt. Der Einbau des Betons erfolgt vornehmlich durch eine außerhalb der Gleisbereiche aufgestellte stationäre Schlauchpumpe, um die Andienung des Betons ohne Unterbrechung zu gewährleisten.

Im Rahmen der Ausführungsplanung konnte die bis dato vorgesehene Konzeption zur Auf- sowie Umlagerung der Hilfsbrücken in den Stützpunkten U 3-2 und U 4-2 über der Stahlhilfskonstruktion insbesondere aufgrund der schwierigen geometrischen Bedingungen nicht umgesetzt werden.

Die Umlagerung der Hilfsbrücken in Bauphase 7 wird erforderlich, um die im Profil der Trasse 4061-1 aufgestellte Stahlhilfskonstruktion rückzubauen, sodass die Aussparungen im Bauwerk geschlossen und die Randbalken sowie das abgesenkte Gleis 4061-1 fertiggestellt werden können. Im Anschluss erfolgen die Inbetriebnahme von Gleis 4061-1 sowie die Sperrung des Streckengleises 4061-2, um das südliche Teilbauwerk in km 78,02 und das Kreuzungsbauwerk in km 77,925 erstellen zu können.

Nach Ausbau der auf der Stahlhilfskonstruktion aufliegenden Hilfsbrücken in Bauphase 7 erfolgt der Einbau von zwei Stahlträgerrosten mit EDK 150 Kirow, welche noch innerhalb der zugehörenden Sperrpause mit Beton C50/60 vergossen werden. In den Stahlträgerrosten ist die neue Verankerung der Endquerträger bereits integriert, um die Hilfsbrücken bauzeitlich erneut abzulegen.

Ausbau der 5er-Hilfsbrückenkette im Kreuzungsbauwerk in km 78,02

In Bauphase 13 im Juni 2019 werden nach Fertigstellung des südlichen Teilbauwerks in km 78,02 die Hilfsbrücken endgültig ausgebaut. Mit Ende der Bauphase 13 soll die Strecke 4060 in Betrieb genommen werden. Innerhalb dieser Sperrpause müssen der Auflagerbalken und die Gründungspfähle in Achse U 5-2 abgebrochen, und die hiervon durchdrungenen Wand- und Deckenbereiche im südlichen Teilbauwerk ergänzt werden. Der Überbau des südlichen Teilbauwerks muss auf Länge der darüber liegenden ZH 9 an der Oberseite mit einer Aussparung versehen werden, da der Längsträger der ZH 9 in den Querschnitt des neu zu erstellenden Überbaus hineinragt.

Ebenso werden nach Ausbau der Endquerträger sowie der Aussteifungshilfsträger HE-M 500 in einem dritten Betonierabschnitt die ausgesparten Bereiche oberhalb der Stahlträgerroste aus Bauphase 7 in den Auflagerachsen U 3-2 und U 4-2 ergänzt. Im Anschluss wird die Abdichtung samt Gussasphaltschutzschicht sowie Übergangskonstruktionen im Bereich der Raumfugen des Überbaus ergänzt.

Kreuzungsbauwerk in km 77,925 und Inbetriebnahme des Streckengleises 4061-2

Das Kreuzungsbauwerk in km 77,925 wird in einer Herstellgrube südlich der derzeitigen Endlage hergestellt und in einer Sperrpause im Juli 2019 unter Verwendung des Fluidts-Transport-Systems eingeschoben werden. Die Zürcher Bau GmbH hatte dieses System im Zuständigkeitsbereich des EBA Karlsruhe bereits erstmalig im Jahr 2005 zum Einschub eines Stahlbetonhalbrahmens eingesetzt. Zwischenzeitig hat sich dieses Verschubsystem zum Verschub auch sehr großer Rahmenbauwerke flächendeckend infolge dessen Wirtschaftlichkeit und Geschwindigkeit durchgesetzt. Aufgrund seines zwischenzeitigen Bekanntheitsgrads wird auf eine Erläuterung der Verschubtechnik an dieser Stelle verzichtet.

Im Anschluss an den Verschub des Rahmenbauwerks werden die innerhalb der zugehörenden Sperrpause angefallenen Erd- und Abbruchmassen abgefahren und die an das Rahmenbauwerk anschließenden Ortbetonstützwände sowie aufgrund der Gleisabsenkung erforderlichen Fertigteilstützwände analog zum Gleis 4061-1 erstellt und der abgesenkte Oberbau hergestellt.

Mit der Fertigstellung der Gesamtmaßnahme ist im Dezember 2019 zu rechnen.

Alexander Maier
Oberbauleitung Ingenieurbau,
Zürcher Bau GmbH
al-maier@zuercher.de

Sascha Martin-Albrecht
Projektleiter Projektrealisierung
Brücken 1
DB Netz AG
sascha.martin-albrecht@deutschebahn.com

Neues Kreuzungsbauwerk Gümmerwald

Die Fachwerkbrücke aus dem Jahr 1907 zwischen Wunstorf und Seelze wurde durch ein Stahlbeton-Rahmenbauwerk in neuer Lage innerhalb kürzester Zeit unter besonderen logistischen Herausforderungen erneuert.

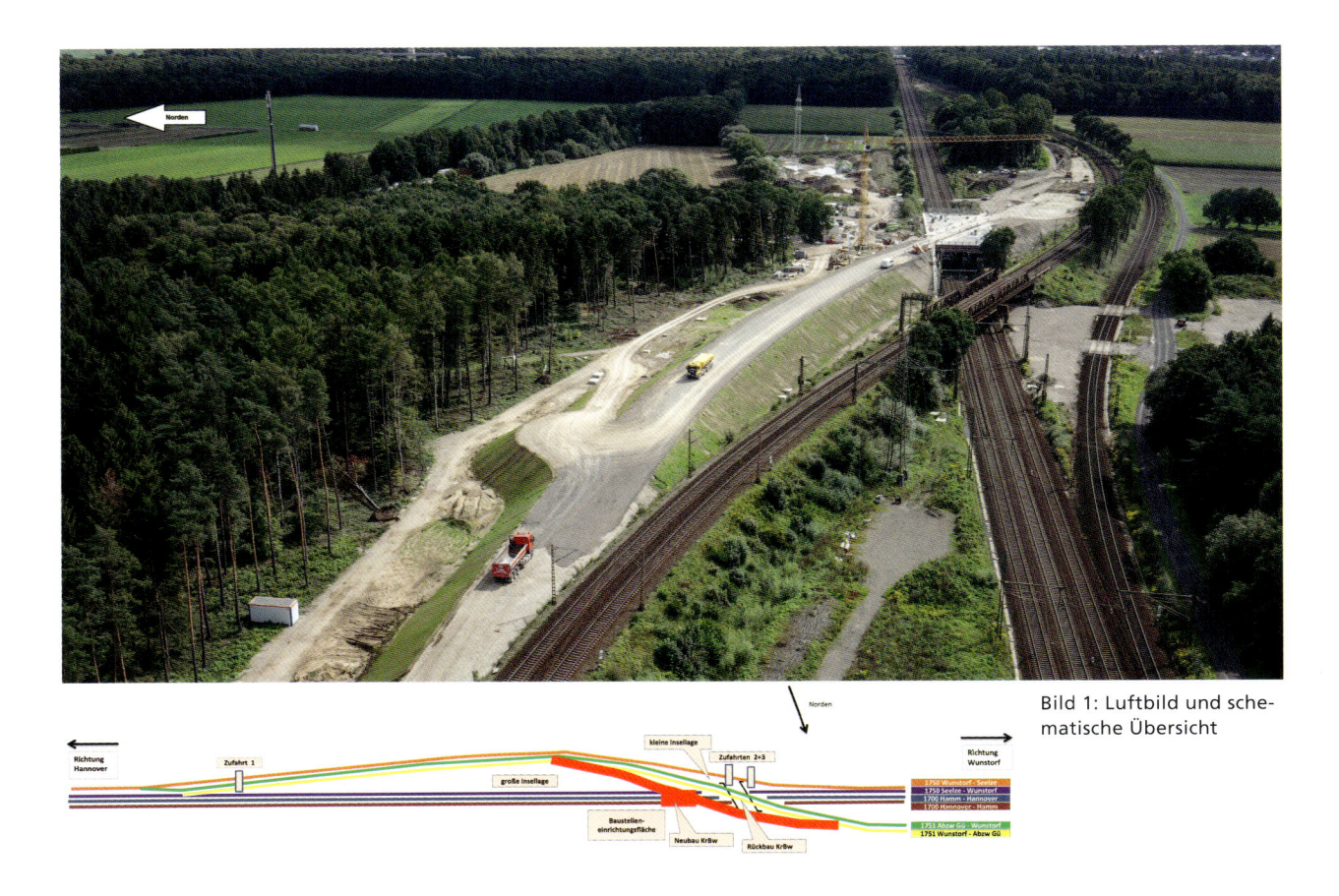

Bild 1: Luftbild und schematische Übersicht

Im Juli 2016 wurde die Ed. ZÜBLIN AG von der DB Netz AG beauftragt, für 21 Mio. Baukosten ein neues Kreuzungsbauwerk zu errichten. Die Lage der Baustelle macht das Projekt zu etwas Besonderem: Die topografische Situation ist aufgrund der Überwerfung ein komplexes Gebilde aus Einschnitt, Damm und Kreuzungsbauwerk für die 6 elektrifizierten Gleise. Die zwei Gleise der ICE-Strecke 1700 Hannover–Hamm und ein Gütergleis der Strecke 1750 Lehrte–Wunstorf werden von der zweigleisigen Strecke 1751 Wunstorf–Abzw. Gümmerwald gekreuzt. Ein Gütergleis der Strecke 1750 führt um das Kreuzungsbauwerk herum und schafft so zwei Insellagen, die nur durch drei bauzeitliche Bahnübergänge erreicht werden können. Für die Überfahrten gab es nur kurze Zeitfenster, die betrieblich bereits im Rahmen der Entwurfsplanung angemeldet wurden.

Bauarbeiten unter dem rollenden Rad

Des Weiteren sorgen bis zu 1000 Züge pro Tag auf allen sechs Gleisen für baubetriebliche Herausforderungen. Ziel musste es sein, den Nah- und

Bild 2: Einbau Fertigteile, Rückbau Schutzgerüst, Neubau Oberleitung

Fernverkehr Richtung Ruhrgebiet, Hannover und Bremen und auch den Güterverkehr in Ost-West- und Nord-Süd-Richtung so wenig wie möglich zu beeinträchtigen. Aus diesem Grund wird die Strecke 1751 neu trassiert und das neue Rahmenbauwerk auf der Ostseite des Bestandsbauwerkes neu errichtet.

Für die Errichtung des neuen, rund einen Kilometer langen Bahndammes mussten 25.000 m² Wald gerodet werden. Außerdem wurde eine Eisenbahnüberführung verlängert, eine Gasleitung mit einem Ingenieurbauwerk überbaut, ein Durchlass verlängert und ein neuer Durchlass gebaut (siehe Bild 1 und Schema).

Die Arbeiten mussten unter dem rollenden Rad bzw. unter Aufrechterhaltung des gesamten Bahnverkehrs erfolgen. Da ein Teil des Bauwerks in der Insellage liegt, wurde ein Schutzgerüst errichtet, das sowohl den Transport von Material über die drei Gleise ermöglichte als auch die Absicherung der Arbeiten gegenüber dem ICE-Gleis gewährleistete, das weiterhin mit bis zu 200 km/h befahren wurde. Während der gesamten Bauzeit gab es keine Langsamfahrstellen.

Erste Herausforderung war die Errichtung des Schutzgerüstes im Herbst 2016 innerhalb vieler kurzer aneinandergereihter Nachtsperrpausen, in denen die Gründung in Gleisnähe realisiert werden musste. Zu diesem Zweck hatte die Ed. Züblin AG das Gründungsverfahren optimiert und durch entsprechende Probeversuche verifiziert.

Das erste Zeitfenster war die Sperrpause zu Ostern 2017. Es sollten innerhalb von 11 x 6 Stunden 31 Fertigteile zu je 47 t eingebaut werden (Bild 2). Um dieses Ziel erreichen zu können, errichtete die Ed. Züblin AG in nur 4,5 Monaten die 98 Gründungsbohrpfähle und die Widerlager. Mit einer taggenauen Ermittlung anhand von Probewürfeln wurde die geforderte Betonfestigkeit überprüft, um die Bauteile entsprechend früh belasten zu können. Somit konnten die kurz vor der Ostersperrpause betonierten Widerlager als Auflager der Fertigteile genutzt werden.

Logistische Herausforderungen in engen Zeitfenstern

Durch die schiefwinklige Überführung der Gleise erstreckt sich das Rahmenbauwerk auf über 100 m Länge (Diagonale). Aufgrund dieser Geometrie steigen die Zwangsbeanspruchungen vor allem aus Temperaturunterschieden. Dadurch entstehen auch quer zur Spannrichtung große Zugspannungen, die durch die Bewehrung aufgenommen werden müssen. Da dieser Umstand im Entwurf nicht entsprechend berücksichtigt wurde, musste während der Ausführungsplanung eine Variantenuntersuchung durchgeführt werden, was zu einer Neudimensionierung der Fertigteile führte. Die Fertigteile wurden mit breiterem Flansch ausgeführt, um die erforderlichen Übergreifungslängen der Zugbewehrung zu gewährleisten. Dadurch war neben der geplanten Spannbettvorspannung auch

Bild 3: Endzustand Kreuzungsbauwerk

eine Spanngliedvorspannung mit nachträglichem Verbund erforderlich, die noch im Herstellerwerk aufgebracht wurde. Die Planung musste auf Grund der bevorstehenden Sperrpausen in kürzester Zeit realisiert werden. Möglich wurde dies nur durch eine enge Abstimmung zwischen allen Beteiligten, besonders dem techn. Büro der Ed. Züblin AG, dem Prüfstatiker und der Projektleitung der DB Netz AG.

Als zusätzliche Herausforderung mussten in der Sperrpause das Schutzgerüst und die Oberleitungsmaste zurückgebaut werden. Die Abhängung der Oberleitung wurde dann direkt an den Fertigteilen montiert. Hierzu war eine detailgenaue Abstimmung der Arbeiten und Logistik unterschiedlicher Gewerken und Unternehmen notwendig.

Um die Zwangsspannungen infolge Hydratationswärme zu reduzieren, wurde bei der anschließenden Betonage des Überbaus mit zwei verschiedenen Betonsorten und zwei Betonpumpen gearbeitet. Das Einbringen der unterschiedlichen Betonsorten erfolgte zeitgleich frisch in frisch, da nur der Kern des Überbaus den hochwertigeren Beton enthalten sollte.

Weil der Papierlauf der Pläne teilweise zeitlich zu knapp ausfiel, führte die Bauüberwachung die Abnahme der Bewehrung auf der Basis digitaler Pläne auf dem Tablet durch. Die enge Terminschiene für Bestellung der Bewehrung, Lieferung, Einbau und Abnahme war nur durch verlässliche Absprachen zwischen der Bauleitung, der Projektleitung und den Prüfern möglich.

Anfang Juli 2017 war dann das komplette Kreuzungsbauwerk mit seiner Länge von 72,2 m und einer Brückenfläche von 1525 m² fertiggestellt. Es wurden hierfür über 8100 m³ Beton und über 1200 t Stahl verbaut (Bild 3).

Zahlen und Fakten

Gründung:	
Bohpfähle	1800 lfdm
Bohrpfahlbeton	2000 m³
Bewehrungsstahl	200 to
Fundamentplatte:	
Fundamentbeton	1260 m³
Bewehrungsstahl	320 to
Füllbeton	1250 m³
Widerlager+Wände:	
Beton	1760 m³
Bewehrungsstahl	310 to
Fertigteile Überbau:	
Beton	570 m³
Bewehrungsstahl	171 to
davon Spannstahl	67 to
Überbau + Kappen:	
Beton	1300 m³
Bewehrungsstahl	215 to
Bodenmassen:	
Material eingebaut	126 000 m³
davon für Damm Nord	61 000 m³
davon für Damm Süd	36 000 m³

Anschwenkung der neue Trasse

Nach der Fertigstellung des neuen Kreuzungsbauwerks waren nicht etwa Züge die ersten Fahrzeuge, die über die Brücke rollten, sondern die Lkw, die das Erdmaterial zur Errichtung des südöstlichen Bahndamms anlieferten. Zwar wurde auch schon parallel zur Erstellung des Brückenbauwerks in jeder möglichen Sperrpause Dammmaterial in die große Insellage gefahren, aber für die benötigten Materialmengen waren diese knappen Zeitfenster nicht ausreichend. Auch die Ostersperrpause wurde deshalb mit genutzt: In den möglichen drei bis vier Stunden Nettoarbeitszeit parallel zur Fertigteilmontage wurden über drei Gleise (ICE-Strecke und Gütergleis) Schüttgüter mit zwei fahrbaren Förderbändern in die große Insellage transportiert. Dies war notwendig, da zeitgleich zur Fertigstellung des Bauwerks auch eine Rampe hoch zum Bauwerk erstellt sein musste, damit ein sicherer und termingerechter Transport des weiteren Materials gewährleistet werden konnte.

Die Lkw, die mit dem benötigten Dammmaterial beladen wurden, hätten aneinandergereiht eine Länge entsprechend der Strecke Hannover–Hamburg (160 km) erreicht.

Bild 4: Kranstandort kleine Insellage

Die Anschwenkung der neuen Trasse an die alte Strecke erfolgte im Rahmen einer 33-tägigen Vollsperrung der Strecke 1751 Wunstorf–Abzw. Gümmerwald. In dieser Zeit wurden nicht nur der Damm in den Anschlussstellen erstellt, sondern auch der Oberbau errichtet sowie die nötigen Arbeiten an den Oberleitungen und der Signaltechnik durchgeführt. Im Rahmen der Baubesprechungen wurden zahlreiche verschiedene Gewerke bereits im Vorfeld koordiniert, sodass nach Abnahme der einzelnen Gewerke die Inbetriebnahme des neuen Kreuzungsbauwerkes planmäßig am 10. Dezember 2017 um 0:00 Uhr erfolgen konnte. Mit Spannung erwarteten dann auch die Projektbeteiligten in der Nacht die erste elektrifizierte Fahrt.

Abbruch der alten Fachwerkbrücke

Die letzte große Herausforderung in diesem Projekt war der Abbruch des alten Kreuzungsbauwerks Ende Dezember 2017. Das Bestandsbauwerk besteht aus zwei hintereinander angeordneten Parallelfachwerküberbauten mit Stützweiten von je 33,60 m. Nordwestlich ist das Bauwerk auf zwei feste Lager, südöstlich auf zwei bewegliche Lager aufgelegt. Mittig ist es über zwei Kipplager auf das Mitteljoch (Portalrahmen) aufgelegt.

Bild 5: Krandimension

Die Auflagerung in die Kipplager erfolgt gemäß Gerbergelenk, wobei das südöstliche Bauwerksteil auf das nordwestliche Teil aufgelegt ist. Für den Abbruch wurde in der kleinen Insellage ein Liebherr Raupenkran LR 1500 eingesetzt, der die zwei Überbauten und den Portalrahmen in einem Zeitfenster von einmal vier Stunden und einmal fünf Stunden (Sperrpause des Gütergleises der Umfahrung) bei einer Gesamtsperrpause von 54 Stunden (ICE-Strecke und Gütergleis) herausheben sollte. Die geringe Ausdehnung in Verbindung mit der Keilform der kleinen Insellage machte den Aushub der beiden Überbauten zu einer besonderen Herausforderung (Bild 4). Eine Abstimmung des Krantyps in Verbindung mit der Ausladung und der ermittelten Gewichte der Überbauten war eine Sache von wenigen Zentimetern. Für den Kranaufbau und -abbau standen zudem nur Zeitfenster von jeweils 15 Stunden zur Verfügung. Krane mit fahrbaren Zusatzgewichten kamen daher aufgrund der Geometrie und der notwendigen Umbauzeiten nicht in Frage. Es wurden etliche 3-D-Modelle mit verschiedenen Krantypen erstellt, bis der Raupenkran ausgewählt wurde. Die Lasten wurden über 1,5 m breite Kettenfahrwerke abgetragen, wobei die Aufstandsfläche mit Hilfe von Baggermatratzen auf 5 m verbreitert wurde (Bild 5). Nach dem Aushub des südöstlichen Überbaus war ein Umsetzen des Krans erforderlich, da die Ausladung für den Aushub des nordwestlichen Brückenteils mit ca. 23 m am größten war. Die Überbauten wogen jeweils rund 155 t, hinzu kam der Portalrahmen mit rund 50 t.

Ausblick

Damit sich auch das neue Bauwerk (Bild 6, rechts) nahtlos in die Landschaft einfügt, wird bis Ende 2018 der Waldrand in Abstimmung mit der unteren Naturschutzbehörde und der zuständigen Forstgenossenschaft gestaltet.

Marc Booß
Ed. Züblin AG,
Direktion Nord, Oberbauleiter
marc.booss@zueblin.de

Silvia Kotter
DB Netz AG, Regionalbereich Nord,
Projektleiterin
silvia.kotter@deutschebahn.com

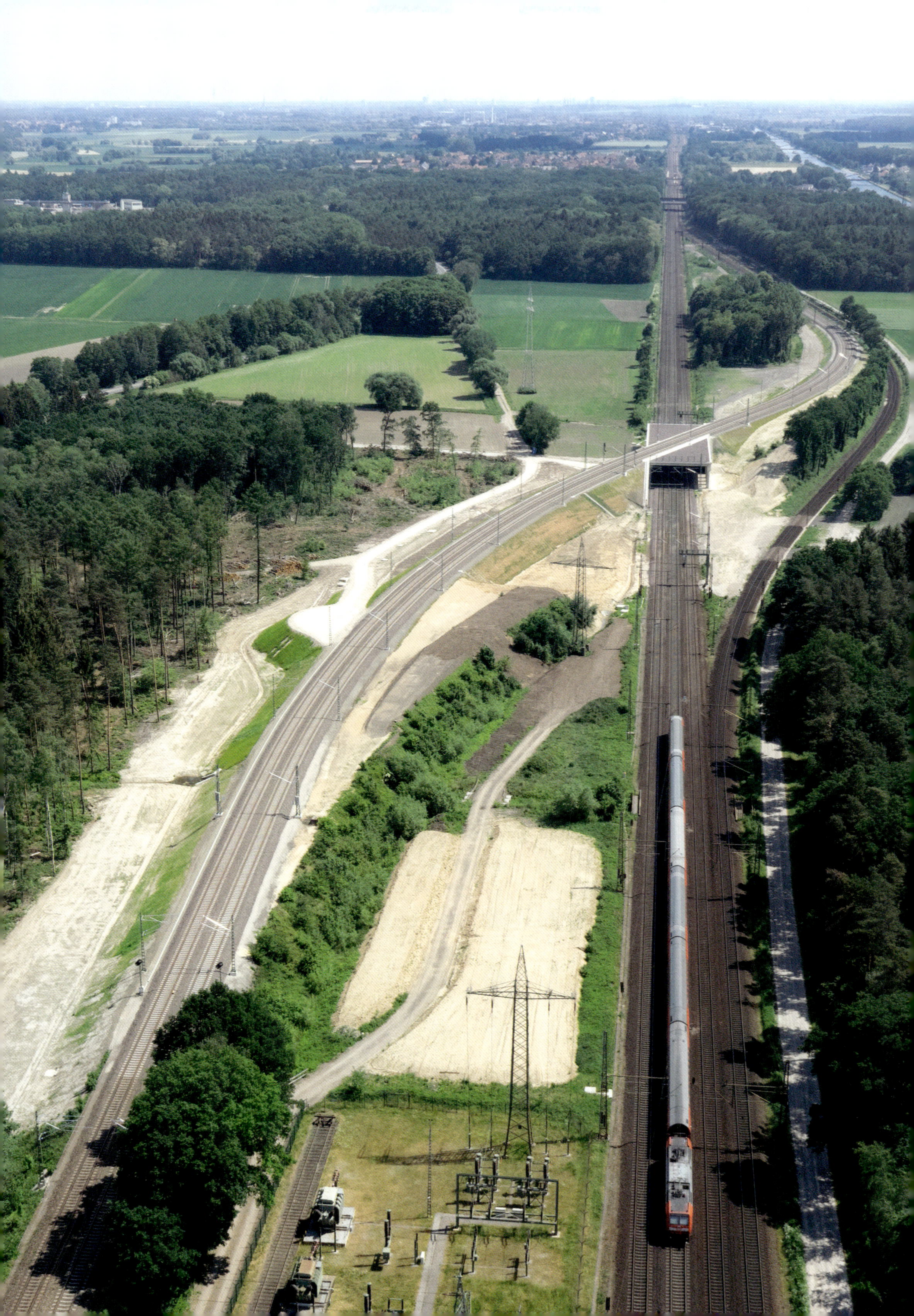

Lebensräume für Kleintiere im „VarioStein"

Beim Bau neuer Bahnbrücken in Friedberg (Hessen) sowie im nahe gelegenen Friedrichsdorf wurden im Rahmen der Errichtung notwendiger Brückenanschlüsse an das vorhandene Gelände gleichzeitig Lebensräume für verschiedene Arten geschützter Tiere geschaffen. Diese Realisierung erfolgte mit dem neu entwickelten VarioStein als Lebensraum für Kleintiere.

Bild 1: Brücke „Spießwald" bei Friedrichsdorf

Beim Neubau von Brücken (siehe Bild 1) lässt es sich nicht vermeiden, dass im Baustellenbereich die über viele Jahre entstandenen Ökosysteme zerstört werden. Dies muss aufgrund europäischer Artenschutzgesetze stets durch Maßnahmen zum Schutz von Pflanzen- und Tierarten ausgeglichen werden.

Die DB Netze hat zur artenschutzfachlichen Begleitung der Wiederherstellung des Bauumfelds der beiden Brückenbauwerke das Institut für Umweltplanung Dr. Kübler GmbH aus Rengsdorf beauftragt. Im Vorfeld wurden durch die Experten des Instituts die vorkommenden Tierarten erfasst. So finden sich im Schotterbett der Bahngleise und deren Umgebung regelmäßig geschützte Eidechsen-

arten und andere Kriechtiere, wie hier die seltene Schlingnatter. Sie sonnen sich auf den Steinoberflächen und nutzen das Schotterbett als Versteck oder finden in dessen Nähe ihr Winterquartier. Unter den Brücken finden sich häufig seltene Arten von Fledermäusen. Die Böschungen bilden mit vielen Wildpflanzen Lebensräume für Insekten.

Neben den ökologischen Anforderungen bestand bei den genannten Vorhaben die Notwendigkeit, die Brückenelemente so an das weiterlaufende Schienennetz anzubinden, damit sie für die Streckenbegehung durchgängig sind. Das Institut für Umweltplanung hat in Zusammenarbeit mit der Firma RUZ Mineralik GmbH unter Berücksich-

Bild 2: Projekt Friedberg – VarioStein als Stützmauer mit Abdeckungen

tigung der technischen Erfordernisse mit dem Einsatz der VarioSteine ein innovatives Konzept zur Schaffung alternativer ökologischer Lebensräume entwickelt und realisiert.

Das Produkt

Die Firma RUZ Mineralik GmbH produziert schon seit langem sogenannte Schwergewichtssteine. Das sind Betonelemente mit einem Standardgewicht von ca. zwei Tonnen. Der Stein (siehe Bild 2) ist in seinen Standardabmessungen 2,55 m lang, 0,55 m hoch und 0,60 m breit, er ist aus hochwertigem Hartgestein-Recycling gefertigt und hat sich zu einem universalen Problemlöser im Landschaftsbau entwickelt: Er ist praktisch und nachhaltig!

Durch die Weiterentwicklung des Steins entstehen heute Stützmauern, Lärmschutzwände, kurzzeitige oder dauerhafte Bauwerke sowie Lebensräume für eine große Zahl geschützter Tiere. Seine Oberfläche kann nach Bedarf in Struktur und Farbe den Anforderungen angepasst werden. Eine spezielle Oberflächenstruktur ermöglicht auch den Einsatz als Schallschutzstein (siehe Bild 3).

In den dargestellten Projektbeispielen wurden Steine in Granitoptik eingesetzt, die mit den Betonfertigelementen der Brücke harmonisieren. Basierend auf den Untersuchungen und Empfehlungen des Instituts für Umweltplanung Dr. Kübler wurden

Bild 3: VarioStein mit Schallschutzoberfläche

Module für Insekten, Vögel, Fledermäuse, Reptilien und den Igel verwendet (siehe Bilder 4 und 5).

Die eingebauten Module, wie z. B. der Insektenblock, bieten für zahlreiche Wildbienenarten oder Schlupfwespen einen Platz, in dem sie ihre Eier, geschützt vor Regen und Wind, ablegen können. Auch Florfliegen werden sich hier wohlfühlen – überaus nützliche Lebewesen, für die Blattläuse, Spinnmilben und kleine Raupen eine Delikatesse sind. Der Insektenblock, ebenso wie die Nistkästen, die es für nahezu alle heimischen Vogelarten gibt, sind aus wetterfestem Holzbeton gefertigt.

Ein Bestandteil des Konzepts sind auch Kästen, die Fledermäusen, z. B. der Zwergfledermaus, als

Bild 4 und 5: Lebensräume für Fledermäuse, Reptilien, Wildbienen und andere Insekten im Gleichgewicht

Bild 6: Quartiersteine für Fledermäuse

Bild 7: Quartiersteine für Igel, Wildbienen und Reptilien

Sommerquartier dienen können. Für die geselligen Säugetiere, die gerne in kleinen Kolonien zusammen wohnen, sind die in den VarioStein eingelassenen Holzbetonkästen bestens geeignet (siehe Bild 6). Sie bieten in ihrem Innenraum eine grobe und raue Oberfläche, die den Fledermäusen beim Hineinklettern und Anhaften einen guten Halt bietet. Außerdem ist das Material sehr atmungsaktiv und sorgt somit für ein angemessenes Mikroklima im Kasteninnern.

Im „Untergeschoß der Kleintierwohnheime" befindet sich auch ein Igelwohnhaus. Es besteht aus Holz und ist in den VarioStein so integriert, dass es ausreichend Wetterschutz bietet. Der nachtaktive Einzelgänger findet hier einen idealen Unterschlupf und bei Bedarf auch sein Winterquartier. Da der Igel sehr empfindlich gegen Zugluft ist, sind die Behausungen so gebaut, dass der Igel durch eine Trennwand vom Eingang geschützt ist.

Für die Reptilien wurden die meisten Aussparungen verwendet, da besonders beim Projekt „Spießwald" eine größere Anzahl von Schlingnattern und Eidechsen angetroffen wurde. Die Aussparungen im Stein können vor Ort mit lokalem Material wie Steinen oder Holz befüllt werden. Diese bieten den Durchgang zur dahinterliegenden Gesteinsauffüllung, die die Tiere als frostfreie Zone zur Überwinterung nutzen können. Das Bild 8 lässt das „Lego-Prinzip" zur Steinverbindung sowie die Stahlösen als Transporthilfe erkennen.

Bild 8: Draufsicht VarioStein mit Grobschotter-Hinterfüllung als Reptilien-Winterquartier

Bild 9: Brücke Friedberg – unterschiedliche Steinmaterialien kommen ergänzend zum Einsatz

Bauablauf

Im September 2017 wurden die Steine an der Bahnbrücke Friedberg vom Bauunternehmen Adolf Lupp GmbH & Co.KG, Gießen, eingebaut. Hierbei wurden die Vorteile des VarioSteins hinsichtlich einer besonders preisgünstigen Variante, zur Verwendung einer nicht tragenden Böschungssicherung, sehr geschätzt. Mit den tierspezifischen VarioSteinen wurden die Brückenflanken beidseitig verlängert (siehe Bild 9). Die errichteten Stützmauern haben eine Gesamtlänge von 18 Metern und eine Höhe von ca. einem Meter. Sie beinhalten Unterschlupfmöglichkeiten für Reptilien, Fledermäuse und Insekten.

Die Hangbefestigung wurde im unteren Bereich mit Natursteinen ausgeführt. Bei den notwendigen Stützmauern entlang der Straße kamen wiederum die VarioSteine zum Einsatz. Durch die Möglichkeit, die Oberfläche des Betonsteins in Natursteinoptik herzustellen, konnte in Bezug auf das Stadtbild eine harmonische Lösung realisiert werden.

Bei dem zweiten Brückenbauprojekt in Friedrichsdorf wurde mit dem Vario-Reptilienstein eine ein Meter hohe und 13 Meter lange Stützmauer hergestellt. Diese bietet Unterschlupfmöglichkeiten für Igel, Reptilien und Insekten (siehe Bild 10). Dank der Aussparungen im VarioStein schuf man auch hier einen Durchgang in das dahinterliegende Erdreich.

In Frühjahr 2018 wurden die Böschungen mit verschiedenen Straucharten neu bepflanzt, so dass Insekten, Vögel usw. eine geeignete Nahrungsquelle zur Verfügung haben. Im Fußgängerbereich wurde

Bild 10: Brückenbauprojekt Friedrichsdorf

Bild 11: Informationstafel

eine Informationstafel installiert, die zum Thema VarioStein und Artenschutz informiert.

Fazit

Diese beiden Beispiele zeigen, dass wichtige und notwendige Bauprojekte so realisiert werden können, dass die Bedürfnisse von Ökonomie und Naturschutz, sehr gut zu vereinbaren sind. Die erwarteten Vorteile des VarioSteins hinsichtlich der Zeit- und Kostenersparnis bei der Bauausführung haben sich voll bestätigt. Zukünftig dienen regelmäßig durchgeführte Beobachtungen (sogenanntes Monitoring) dazu, die Funktionalität der künstlich nachgebauten Lebensräume zu überwachen.

Ergänzend bleibt anzumerken, dass alle VarioSteine ressourcenschonende Produkte darstellen. Der Beton, aus dem sie hergestellt werden, wird mit Splitt aus aufbereitetem Recyclingschotter der DB hergestellt. Er ist güteüberwacht und von hochwertiger Qualität. So ergibt sich aus Sicht der DB eine sinnvolle Wiederverwertung und eine praktizierte Kreislaufwirtschaft.

Dr. Karin Kübler
Geschäftsführerin
Institut für Umweltplanung
Dr. Kübler GmbH, Rengsdorf
info@kuebler-umweltplanung.de

Ana Adriana Hociota
Entwicklungsingenieurin
RUZ Mineralik GmbH, Heilbronn
info@ruz-mineralik.net

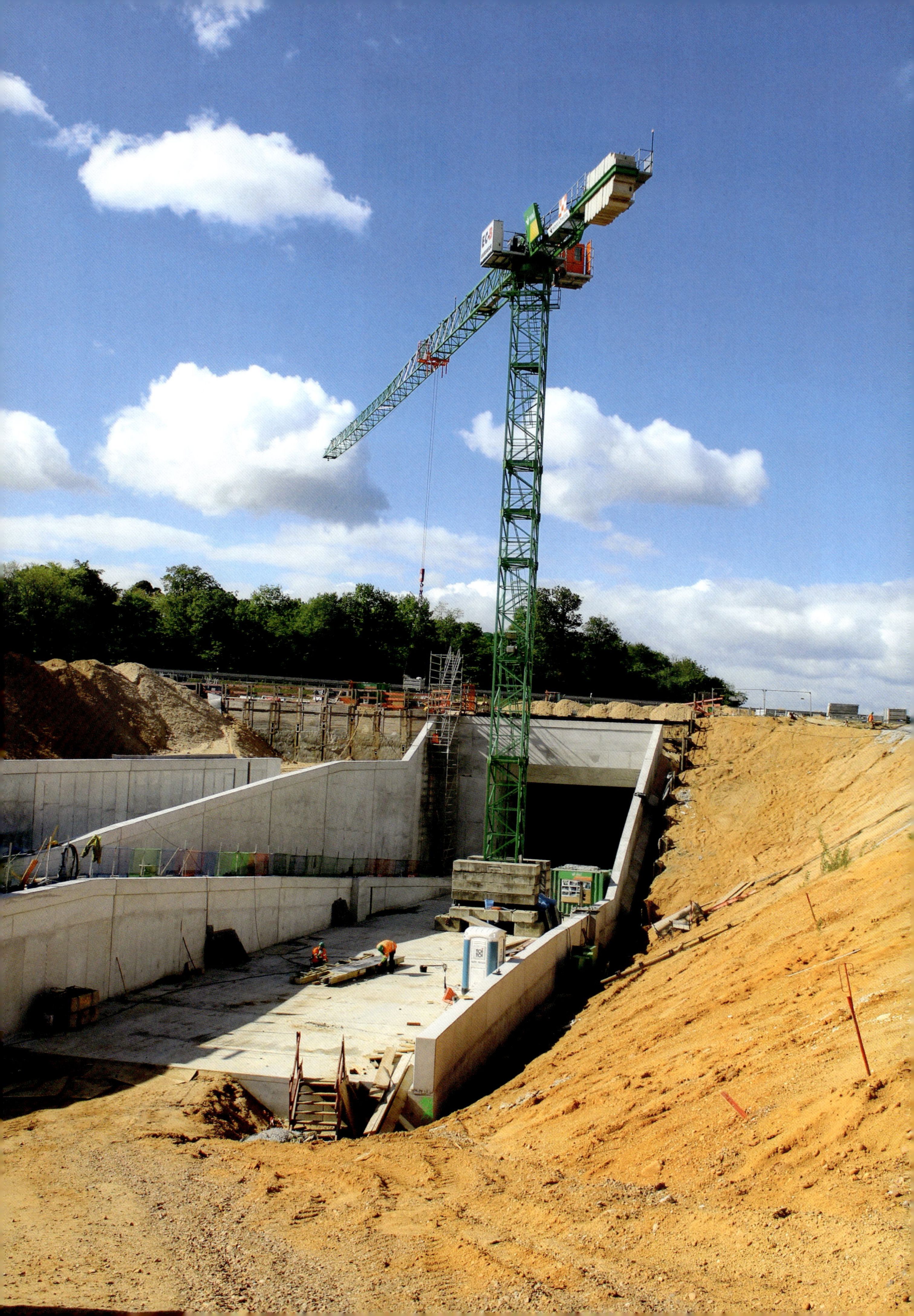

Elektronisches Stellwerk für 120jährige Strecke

Die Ausrüstung der im Jahr 1896 erbauten Strecke zwischen Merseburg (a) und Schkopau (e) mit moderner Leit- und Sicherungstechnik einschließlich der Anbindung der Betriebsstelle an das 2013 in Betrieb genommene elektronische Stellwerk (ESTW) in Merseburg wurde im September 2016 begonnen.

Bild 1: Entladung von Langschienen

Um auch künftig den technischen und betrieblichen Anforderungen des Eisenbahnverkehrs zu entsprechen, wird die Infrastruktur in Sachsen-Anhalt grundlegend modernisiert. Für die Anbindung an das ESTW Merseburg waren in den Bereichen der Bahnhöfe Merseburg, Leuna und Schkopau umfangreiche Spurplananpassungen, Kabeltiefbauarbeiten sowie der Neubau der Oberleitungs- und elektrischen Energieanlage im Bahnhof Schkopau erforderlich. Darüber hinaus wurde die Verkehrsstation Schkopau mit einer Fußgängerüberführung modernisiert und es wurden, um zukünftig Beeinträchtigungen durch den Eisenbahnverkehr für Anwohner möglichst gering zu halten, Lärmschutzwände errichtet. Ein Vorhaben, das trotz guter Planungsvorlage mit vielen Herausforderungen verbunden war und letztendlich nur mit einem klaren und engen Kommunikationskonzept bewältigt werden konnte.

Der Baubereich zur zweiten Baustufe ESTW Merseburg befindet sich im Bundesland Sachsen-Anhalt, Landkreis Saalekreis, und erstreckt sich in Nord-Süd-Richtung von Schkopau bis Merseburg. Die Lage des bautechnischen Projektbereichs umfasst die Strecke 6340 Halle (S)-Baunatal–Guntershausen von ca. km 7,000 bis ca. km 14,000.

Der Startschuss für die bauliche Umsetzung der zweiten Baustufe des Projekts ESTW Merseburg fiel im September 2016. Den Zuschlag für die Hauptbauleistungen des anspruchsvollen, zeitlich eng terminierten Bauvorhabens erhielt das Bauunternehmen LEONHARD WEISS.

Planung

Der Auftrag beinhaltet die Erstellung der Ausführungsplanungen der Fachgewerke Oberbau- und Tiefbau, Personenverkehrsanlage einschl. der elektrischen Energieanlagen, Ingenieur- und Stahlbau sowie Kabeltiefbau. Um die definierten Leistungsziele erreichen zu können, mussten die einzelnen Planpakete je Fachgewerk erstellt, fachtechnisch geprüft und objektübergreifend abgestimmt werden. So wurden im Zuge der Planungsphase die Ausführungsplanungen für die jeweiligen Gewerke in kürzester Zeit umgesetzt. Um das Pensum in der Kürze der Zeit realisieren zu können, wurde ein technischer Planungskoordinator eingesetzt. Dieser diente als Schnittstelle und Ansprechpartner für den Auftraggeber und war federführend verantwortlich für den gesamten Planlauf einschließlich fachlicher Prüfung und Abruf der Bestandspläne bei den betroffenen Institutionen. Durch die vorherrschende Bebauung musste ein besonderes Augenmerk auf die Belange der Anlieger gelegt werden. Ebenfalls war aufgrund der unterschiedlichen Bauphasen eine detaillierte Betrachtung und Abstimmung der technischen Bearbeitung für Baubehelfe, Bauverfahren und Bauhilfszustände notwendig. Diese Planungs- und Organisationsleistungen wurden durch LEONHARD WEISS in enger Zusammenarbeit mit dem Auftraggeber durchgeführt und entsprechend in der Planung berücksichtigt. Hier mussten die tangierenden Planungen überlagert und abgestimmt werden, zudem erfolgte die Koordination mit Prüfern, Behörden sowie Dritten, die in den Bauablauf und die Ausführungsplanung einzubeziehen waren. Weiter wurden unterschiedliche, umfangreiche Entsorgungs- und Logistikkonzepte und kleinteilige Abbruchkonzepte für unterschiedliche Bauzustände durch LEONARD WEISS ausgearbeitet und zur Freigabe der Rückbauplanungen mit dem entsprechenden Prüfer abgestimmt.

Trassierung

Der betrachtete Gleisumbaubereich wechselt von beginnender Anschnittslage in Dammlage und weiterführend in Einschnittslage. Mit Annäherung an den Bahnhof Merseburg gehen die Gleisanlagen in Geländegleichlage über.

Diese topograpfischen Gegebenheiten und die begrenzten Zufahrtsmöglichkeiten machten die Umsetzung des zeitlich anspruchsvollen Projekts nicht einfacher. Um einen störungsfreien Bauablauf zu gewährleisten, hatte die Andienung der Baustelle einen maßgebenden Anteil am Erfolg des Projekts.

Bild 2: Luftbildaufnahme Bahnhof Schkopau

Bauablauf und Logistik

Die Bauzeit betrug 12 Monate und war in insgesamt fünf Bauphasen gegliedert, deren Umsetzung größtenteils unter der Maßgabe der Aufrechterhaltung des laufenden elektrischen Eisenbahnbetriebs erfolgte. Jede einzelne Bauphase hatte

Bild 3: Auslegen von Betonschwellen in konventioneller Bauweise

ihre baulichen und bahnbetrieblichen Besonderheiten, die es zu berücksichtigen galt. Somit waren für die unterschiedlichen Bauphasen auch entsprechende Langsamfahrstellen erforderlich. Diese mussten von Beginn der Baumaßnahme bis zu ihrem Abschluss geplant, aufgebaut, unterhalten und wieder außer Betrieb genommen werden. Hierzu führte die Auftraggeberseite regelmäßig baubetriebstechnologische Besprechungen durch, in denen übergreifende Abstimmungen erfolgten. In der Bauphase 2 wurde der Bahnbetrieb ganz eingestellt, die Strecke vollständig gesperrt und der Umbau des kompletten Bahnhofs Schkopau vorgenommen. Die Aufrechterhaltung des Personenverkehrs während der Totalsperrung des Streckenabschnitts zwischen Halle und Merseburg stellte ein Schienenersatzverkehr sicher.

Die Inbetriebnahme der neuen Leit- und Sicherungstechnik fand mit Ende der zweiten Bauphase statt. Dadurch konnte die Gesamtanlage im Endzustand in Betrieb genommen werden; pünktlich zur Eröffnung der Feierlichkeiten zum 500-jährigen Reformationsfest in Wittenberg! Der modernisierte Streckenabschnitt wurde wegen des erhöhten Personenverkehrs für die Feierlichkeiten als Umleitungsstrecke für ICE benötigt.

Die Bauphasen 0 und 1 beinhalteten Vorleistungen wie die Herstellung von bauzeitlich erforderlichen Provisorien, Vegetationsarbeiten zur Baufeldfreimachung, vereinzelte Kampfmittelerkundungen sowie die Herstellung von Lagerplätzen und Baustraßen für die spätere Logistik im Baufeld. Vor allem wurde in diesen beiden Bauphasen der Rückbau von für die Aufrechterhaltung des Eisenbahnbetriebs entbehrlichen Altanlagen vorangetrieben. Insgesamt wurden sechs Bahnhofsgleise, 13 Weichen, die sicherungstechnische Bestandsanlage einschl. des unterkellerten einstöckigen Stellwerks, die Gleisfeldbeleuchtung, der alte Haus- und Mittelbahnsteig mit Wartehalle und die Personenüberführung der ehemaligen Verkehrsstation zurückgebaut. In Zahlen sind das jeweils rund 19.000 lfm Schienen, 7.000 Holzschwellen, 12.000 Betonschwellen, 20.000 t Schotter und 55.000 t Bodenaushub, die aus dem Baufeld bewegt werden mussten.

Erschwert wurden die Vorarbeiten durch das Auffinden in Betrieb befindlicher Bestandskabel aus den 1970er Jahren im unmittelbaren Baufeld der Gleis- und Tiefbauarbeiten, die zu Leistungsverschiebungen in die Bauphase 2 führten. Eine weitere Besonderheit war das Auffinden von Reliquien längst vergangener Tage, wie zum Beispiel Munition und die zum Bunker ausgebaute Unterkellerung des Mittelbahnsteigs.

Für die Anbindung an das bestehende elektronische Stellwerk ESTW Merseburg waren im Bahnhof Schkopau umfangreiche Spurplananpassungen erforderlich. Die Umsetzung der Leistungen erfolgte innerhalb von acht Wochen in der Bauphase 2. Hier wurden sechs Weichen und drei Bahnhofsgleise inklusive neuem Unterbau einschließlich Entwässerung auf einer Gesamtlänge von rund 3.000 m, ein Haus- und Mittelbahnsteig mit jeweils 155 m inklusive neuer Personenüberführung in Stahlbauweise mit einer Spannweite von 27 Metern, eine Beleuchtungsanlage, 700 m Lärmschutzwand sowie eine Kappenergänzung, um die erforderliche Randwegbreite an einer bestehenden Eisenbahnüberführung einhalten zu können, errichtet. Als Vorleistung für den Systemausrüster wurden in acht Wochen rund 33.000 m Kabel und 2.500 m Kabelgefäßsystem sowie 23 neue Rammrohrgründungen mit Signalfußadapter System TecDown errichtet. Aufgrund der im Baugrund angetroffenen Hindernisse ergaben sich zusätzliche Herausforderungen an den Bauablauf und die Durchführung der Logistik in Bauphase 2.

Im Hinblick auf die knappe Bauzeit, die schwierigen Zuwegungsmöglichkeiten, das beschränkte Baufeld und die unterschiedlichen, zeitgleich zu realisierenden Gewerke war das Bauvorhaben außerordentlich anspruchsvoll. Aufgrund des Leistungspensums und der Vielfältigkeit der relevanten Gewerke und Leistungen war es erforderlich, rund um die Uhr zu arbeiten. In dieser Zeit standen die leitenden Projektingenieure des Regionalen Projektmanagements der DB AG als ständige Ansprechpartner für den Generalunternehmer

Bild 4: Stellen und exakte Ausrichtung von Stützen für die Lärmschutzwand

LEONHARD WEISS zur Verfügung, was maßgeblich zum erfolgreichen Abschluss beigetragen hat.

Gleichwohl waren im Vorfeld umfangreiche Abstimmungen und Sperrpausenplanungen mit den Vertretern der beteiligten Gewerke Oberleitung, Weichenheizung und dem Systemausrüster der Signalanlage erforderlich.

Die Besonderheit der beiden letzten Bauphasen 3.1 und 3.2 war, dass das Baufeld den Charakter einer Linienbaustelle aufwies und ein Rangieren im Baufeld nur bedingt sowie zu fest definierten Zeiten gemäß Betriebs- und Bauanweisung (Betra) möglich war. In diesen zwei Bauphasen wurden jeweils die beiden Streckengleise auf einer Gesamtlänge von 5.300 m einschließlich Unterbau und Tiefenentwässerung erneuert. In Abstimmung mit der Projektleitung kam zur Optimierung des Bauablaufs Großmaschinentechnik in Form der Planumsverbesserungsmaschine PM 1000 URM zum Einsatz. Diese Spezialtechnik bereitet in einem Arbeitsgang den ausgebauten Schotter auf, so dass dieser rohstoffschonend sofort wieder eingebaut werden kann. So konnten die Leistungsverschiebungen aus den vorhergehenden Bauphasen aufgeholt und ein schnellerer Neubau der erforderlichen Planumsschutzschicht (PSS) umgesetzt werden.

Im Anschluss an den maschinellen Umbau folgten der konventionelle Gleisumbau je Streckengleis sowie der Neubau von Entwässerungs- und Versickerungsanlagen. Bei der Gleisentwässerung kamen verschiedene technische Ausführungsvarianten zum Einsatz. Es wurden Bahngräben, Tiefenentwässerungen, Sickerschlitzleitungen und Auslaufbauwerke in die nahegelegene Saale umgesetzt. Parallel dazu erfolgten im selben Abschnitt des Gleisneubaus die Tiefengründung und die Errichtung dreier weiterer Lärmschutzwandabschnitte mit einer Gesamtlänge von 2.200 m. Dieser neue Lärmschutz wurde im Bereich des Bahnhofs Merseburg an den Bestand angeschlossen.

Um die Linienbaustelle realisieren zu können, war ein detaillierter und auf alle Gewerke abgestimmter Bauablauf erforderlich. Hierzu wurden die Gewerke Gleisbau, Erd- und Tiefbau sowie Oberleitungsneubau betrachtet, abgestimmt und erfolgreich umgesetzt. Auf Änderungen im Bauablauf wurde in ständiger Abstimmung mit der Projektleitung „just in time" reagiert und es wurden durch Entscheidungen die entsprechenden Vor- oder Folgeleistungen gesteuert und angepasst. Dies war nicht immer einfach, jedoch war jedem bewusst, dass die Realisation nur funktionieren wird, wenn sie wie in Bauphase 2 Hand in Hand mit allen Beteiligten erfolgt.

Bild 5: Planumsverbesserungsmaschine PM 1000 URM im Einsatz

Umwelt- und Emissionsschutz

Aufgrund der innerstädtischen Lage der Baumaßnahme und der Lage zur Saale war es erforderlich, die Eingriffe und Beeinträchtigungen auf ein Minimum zu beschränken. Deshalb wurden alle erforderlichen Maßnahmen in enger Abstimmung mit der umwelttechnischen Bauüberwachung durchgeführt. Im Vorfeld der jeweiligen Bauphasen wurde der zu erwartende Baulärm prognostiziert und der Bauablauf zur Minimierung der Lärmimmissionen während der Ausführungszeit optimiert. Speziell mit dem Einsatz der Planumsverbesserungsmaschine PM 1000 URM in der Ortslage Merseburg erfolgten weiterführende Untersuchungen zum möglichen Einsatz mobiler Lärmschutzwände. Besonders lärmintensive Arbeiten und Arbeiten bei Nacht wurden den unmittelbar betroffenen Anrainern durch die Verteilung von Informationsflyern angekündigt. Um Geräuschemissionen vorzubeugen, wurde die Baumaßnahme mit der neuesten Maschinentechnik aus dem unternehmenseigenen Fuhrpark der Bauunternehmung LEONHARD WEISS realisiert.

Kampfmittel

Der Bereich der Baumaßnahme ist gemäß der Kampfmittelanfrage bei der Polizeidirektion Süd

Bild 6: Produktive Leistungsgeräte auf engem Raum

des Landes Sachsen-Anhalt als Kampfmittelverdachtsfläche (ehemaliges Bombenabwurfgebiet) ausgewiesen. Somit musste vor Beginn der Tiefbaumaßnahmen der Baubereich auf das Vorhandensein von Kampfmitteln überprüft werden. Dies erfolgte mit entsprechend gebotener fachmännischer Sorgfalt.

In Summe wurde für das Projekt zweite Baustufe ESTW Merseburg im gesamten Umbaubereich der Maßnahme auf rund 40.000 qm eine Flächensondierung durchgeführt. Sämtliche Leistungen des Gleisbaus und Kabeltiefbaus wurden somit untersucht. Für die Tiefengründung der Lärmschutzwände und Oberleitungsanlage fanden zirka 700 Erkundungsbohrungen mit entsprechender Auswertung statt. Baubegleitend wurde im Zuge der Aushubverladung die Kampfmittelfreiheit durch einen qualifizierten Feuerwerker visuell kontrolliert. Größere Kampfmittelfunde, die den Bauablauf weiter beeinflusst hätten, blieben zur Erleichterung aller aus.

Zusammenfassung

Das Bauvorhaben ESTW Merseburg wurde erfolgreich und termingerecht in Betrieb genommen. Gemeinsam und durch die tatkräftige, konstruktive Begleitung aller am Projekt beteiligten Ingenieure der DB AG wurde das sieben Kilometer lange Baufeld durch LEONHARD WEISS als Generalunternehmer erfolgreich in allen Inbetriebnahmestufen innerhalb von zwölf Monaten unfallfrei umgesetzt.

Dipl.-Ing. Stefan Bolz
Leiter Projektmanagement STE,
DB Netz Leipzig
stefan.bolz@deutschebahn.com

Dipl.-Ing. (FH)/Dipl. Wirtsch.-Ing. (FH) Yüksel Büyükasik
Bereichsleitung Generalunternehmer Netzbau, LEONHARD WEISS GmbH & Co. KG
y.bueyuekasik@leonhard-weiss.com

Dipl.-Ing. Jens Brand-Gast
Arbeitsgebietsleiter Projekte STE 1,
DB Netz AG, Leipzig
jens-.je.brand-gast@deutschebahn.com

MBA, BEng, Matthias Fritz
Bauleiter
LEONHARD WEISS GmbH & Co. KG
m.fritz@leonhard-weiss.com

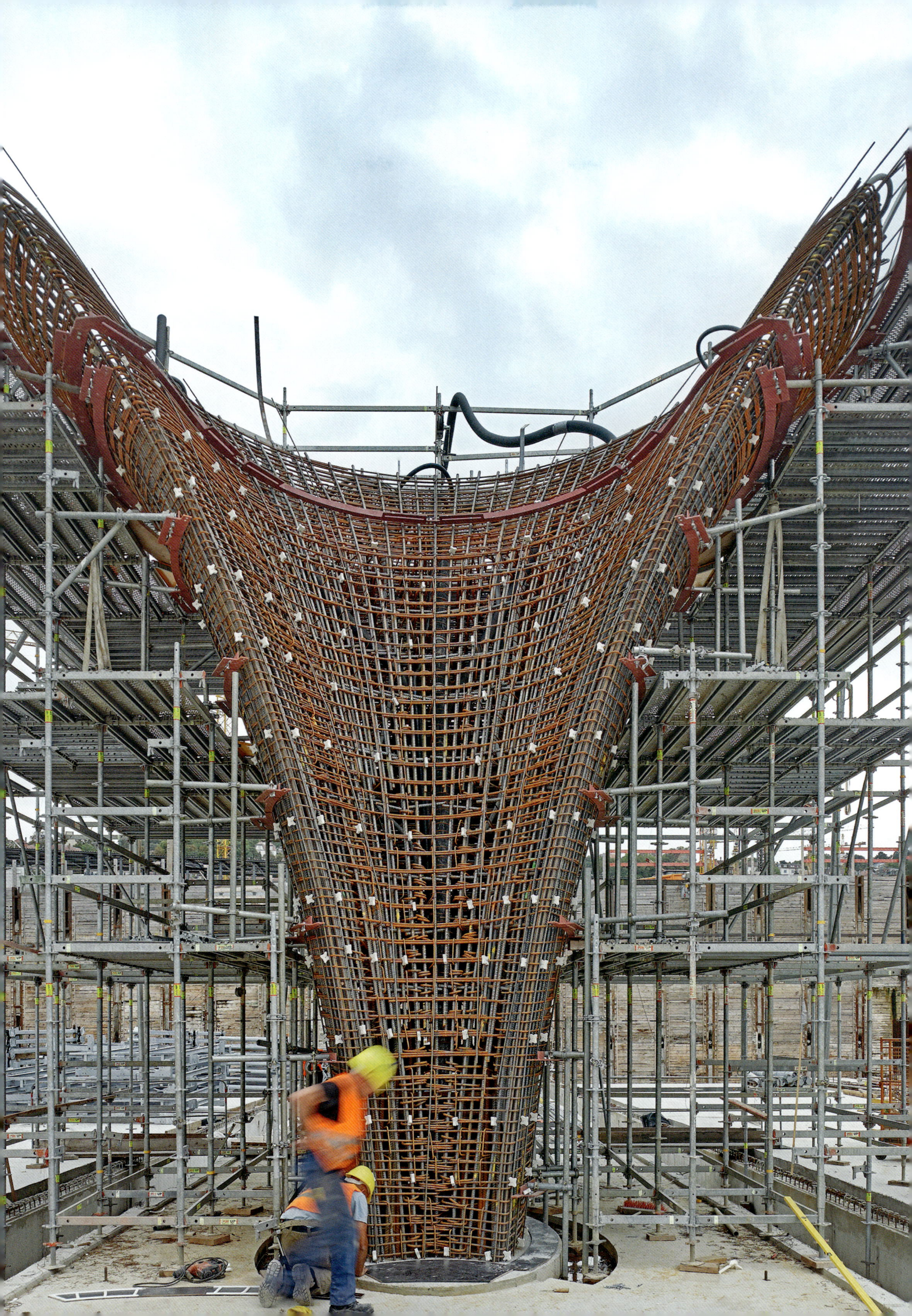

Hauptbahnhof Mannheim: Ein Nadelöhr wird erweitert

Der Mannheimer Hauptbahnhof ist einer der wichtigsten und größten Bahnknotenpunkte im Südwesten Deutschlands. Der Neubau des Bahnsteigs F trug nun wesentlich dazu bei, die Leistung des Bahnverkehrsraums Mannheim nachhaltig zu steigern.

Bild 1: Inbetriebnahme des Bahnsteigs F

Der Verkehr im Großraum Mannheim wächst kontinuierlich. Der Hauptbahnhof bewegt sich vor allem zu Hauptverkehrszeiten an seiner Kapazitätsgrenze. Vor dem Bau des neuen Bahnsteigs F war eine Doppelbelegung von Gleisen notwendig, um den Bahnsteigbedarf zu decken. Mehrverkehre konnten nur noch außerhalb der Stoßzeiten aufgenommen werden. Die Wünsche der Besteller des Nahverkehrs, weitere Züge über Mannheim zu leiten, konnten in der Vergangenheit wegen fehlender Kapazitäten nicht erfüllt werden. Die dadurch bedingten Abweichungen vom Fahrplan verminderten nicht nur die allgemeine Betriebsqualität im Hauptbahnhof Mannheim, sondern beeinflussten zusätzlich auch die Pünktlichkeit im angrenzenden Nah- und Fernverkehrsnetz der Deutschen Bahn.

Der Neubau des Bahnsteigs F war nun eine notwendige Maßnahme, um den Knoten Mannheim zu stärken und die Kapazitäten zu erweitern. Der neue Bahnsteig ist vor allem für die Nutzung durch Nahverkehrszüge vorgesehen und unterstützt so eine Entmischung von Nah- und Fernverkehrszügen.

Durch die Vermeidung von Doppelbelegungen an den Bahnsteigen wird eine deutlich verbesserte Orientierung für den Fahrgast erreicht. Die beiden neuen Ein- und Ausstiegsmöglichkeiten schaffen die Voraussetzungen für ein erweitertes Fahrplanangebot und erhöhen die gesamte Betriebsqualität. An den Gleisen des neuen Bahnsteigs F wenden beispielsweise die Linie S8 von Mannheim in Richtung Schwetzingen – Karlsruhe, ebenso die

Linien Trier – Saarbrücken – Mannheim (RE1) und Mainz – Mannheim (RE 6).

Dies führt vor allem an den bestehenden Gleisen 7, 9 und 10 zu einer deutlichen Entlastung.

Der Bau des neuen Bahnsteigs ist auch eine Voraussetzung für die Realisierung der von den Nahverkehrsgesellschaften konzipierten und zur Ausschreibung anstehenden Schienenpersonennahverkehrs-Konzepte der S-Bahn Rhein-Neckar und des Rhein-Main-Neckar-Express. Insgesamt stellt die Maßnahme einen wichtigen Beitrag zur Sicherung der Zukunftsfähigkeit des Logistikstandorts Mannheim dar.

2014 wurde die Zürcher Bau GmbH von der Deutschen Bahn mit den Arbeiten zur Baufeldfreimachung sowie mit Kabeltiefbau- und Kabelverlegearbeiten als Vorarbeiten für den Neubau des Bahnsteigs F im Hauptbahnhof Mannheim beauftragt. Im Jahr 2016 erhielt die Zürcher Bau GmbH den Zuschlag für die Erstellung des neuen Bahnsteigs F sowie für die Anpassung des vorhandenen Bahnsteigs E. Dieser Auftrag beinhaltete neben den Bauleistungen auch die Ausrüstungsgewerke Beschallung und Beleuchtung sowie die Ausführungsplanung aller Gewerke.

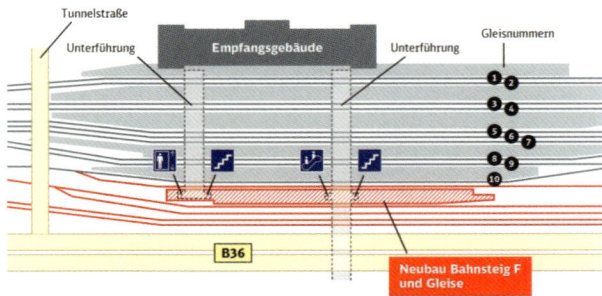

Bahnsteiglänge	210 Meter
Bahnsteighöhe	76 Zentimeter über Schienenoberkante
Bahnsteigdachlänge	143 Meter
Bahnsteigbreite	9,10 Meter
Nutzbare Bahnsteigkanten	2
Zugang West	Aufzug und Treppe
Zugang Ost	Fahrtreppe und Treppe
Rückbau	2.800 Metern Gleise, 14 Weichen
Neubau	2.200 Meter Gleise, 20 Weichen

Bild 2: Eckdaten des Bahnsteigs F

Baubeschreibung

Baufeldfreimachung

Um im Hauptbahnhof Mannheim die erforderlichen Flächen für den Neubau des Bahnsteigs F zu schaffen, musste südlich des Bahnsteigs E der Spurplan für die vorhandenen Gleise geändert und nach Süden in Richtung Bundesstraße 36 verlegt werden.

Da die dort vorhandene Hauptkabeltrasse als erdverlegte Leerrohrtrasse mit einer zu geringen Überdeckung durch das Baufeld der neuen Gleisanlage verlief, musste diese komplett freigelegt und ausgebaut werden. Die Kabelschutzrohre, die zum Teil mit in Betrieb befindlichen Kabeln belegt waren, wurden umgelegt und mit einer Holzkonstruktion gesichert. Nach dem Freischalten der Kabel konnten die Rohre geöffnet und die Kabel ausgebaut werden.

Zur Baufeldfreimachung wurden insgesamt 1.500 m nicht mehr benötigte Kabelkanäle und 20 Kabelschächte ausgebaut und entsorgt. Weiterhin wurden in den verschiedenen Bauphasen ca. 83.000 m freigeschaltete Altkabel der verschiedenen Fachdienste zurückgebaut.

Kabeltiefbau und Kabelverlegung

Im ersten Bauschritt wurde entlang der B36 eine neue Hauptkabeltrasse mit einer Länge von 650 m hergestellt, die über die neu erstellte Gleisquerung DN1200 eine direkte Verbindung zum Stellwerk MPF hat. Im Bereich des Stellwerks wurde eine Rohrtrasse mit 36 Leerrohren DN150 bis zu einer Grabentiefe von 4 m als Verbindung zwischen der neu erstellten Querung und dem Stellwerk hergestellt. Entlang der Gleise wurden die Kabeltrassen als Kabelkanäle in verschiedenen Größen mit einer Gesamtlänge von ca. 5.200 m erstellt. Die Gleisquerungen wurden in offener Bauweise mit Leerrohrpaketen bis zu 16 x DN110 mit einem Ortbetonmantel hergestellt. Insgesamt wurden während der Bauzeit 270 m Querungen mit 62 Kabelaufbauschächten bis Größe IX und einer Tiefe bis zu 3,5 m erstellt. Im Zuge der Tiefbauarbeiten wurden immer wieder Bestandskabel angetroffen, die nicht oder erst zu einer nachfolgenden Bauphase freigeschaltet wurden. Diese Kabel mussten je nach Erfordernis in die Kabeltrasse eingebunden oder in provisorische Kabeltrassen umverlegt werden, beispielsweise die 20-KV-Leitung des HBF Mannheim und eine 15-KV-Speiseleitung.

Für die geänderten und neuen Signalstandorte wurden 30 Signalfundamente in kleiner und großer Bauform sowie etliche Fertigteilfundamente für Lichtsperrsignale gegründet. Die Signalfundamente wurden größtenteils als Rammrohrgrün-

Bild 3: Blick in die Zielbaugrube der Gleisquerung DN1200

dungen mit einer Rammrohrlänge von 5 m mit Signalfußadapter System „Invatec" realisiert. Das Einbringen der Rammrohre erfolgte mit einem Zweiwegebagger mit Anbauramme, vorwiegend in Nachtsperrpausen.

Nach Fertigstellung der Hauptkabeltrasse wurden neue Kabel aller Fachdienste bis zu einem Durchmesser von 70 mm verlegt. In enger Abstimmung mit dem Fachdienst DB Kommunikationstechnik wurden Kupfer- und Glasfaserkabel eingespleist und umgeschaltet. Durch die notwendige Verlegung von kompletten Kabelwerkslängen mussten die Kabel auch außerhalb des eigentlichen Baufelds in bereits bestehende Kabeltrassen verlegt werden, welche dazu freigeschnitten, gereinigt und teilweise instandgesetzt oder ergänzt wurden. Des Weiteren mussten an verschiedenen Stellen entsprechende Muffen- und Mehrlängenbausätze eingebaut werden, um eine regelwerkskonforme Kabeltrasse und Kabelverlegung zu gewährleisten. Für den Fachdienst LST wurden etwa 11.600 m neue Stammkabel mit bis zu 200 Adern verlegt. Über diese Stammkabel wurden in verschiedenen Signalbauzuständen die neuen Elemente der Außenanlagen angeschaltet. Zur Inbetriebnahme der einzelnen Signalbauzustände wurden insgesamt 53.000 m LST-Stichkabel zu den entsprechenden Elementen in die Kabeltrassen verlegt. Für die elektrischen Energieanlagen/Weichenheizungsanlagen wurden die neuen und zum Teil bestehenden Weichen verkabelt sowie Maststeuerkabel und Kabel zur Gleisfeldbeleuchtung neu verlegt. Insgesamt waren es im Zuge der Baumaßnahme ca. 120.000 m Kabel aller Fachdienste.

Zusammenhangsarbeiten

Im Zusammenhang mit der Realisierung des Bahnsteigs F wurde auch die Fernmeldetechnik des ehemaligen BASA-Gebäudes auf der Bahnhofssüdseite ins Stellwerk MPF verlegt. Hierzu mussten auch im Stellwerksgebäude Kabeltrassen erstellt werden. Die innerhalb des Gebäudes hergestellten Wand- und Deckendurchbrüche wurden nach erfolgter Kabelverlegung brandschutztechnisch geschlossen, um den Anforderungen an den Brandschutz des Stellwerks zu genügen. Nach Verlegung der Fernmeldetechnik musste eine Netzersatzanlage zur redundanten Stromversorgung aufgebaut und in Betrieb genommen werden.
Um den reibungslosen Bahnbetrieb während der verschiedenen Bauzustände sicherzustellen und Gefährdungen durch gleisfahrbare Baumaschinen auszuschließen, wurden in den verschiedenen Signalbauzuständen 18 Baugleissperren, davon zwei doppelte Baugleissperren in Weichen, nach Vorgabe der signaltechnischen Planung eingebaut.

Neubau Bahnsteig F

Der als Mittelbahnsteig konzipierte Bahnsteig F hat eine Gesamtlänge von 210 m. Die Bahnsteiganfänge sind versetzt gebaut, wodurch sich eine Gesamtlänge von 238 m ergibt. Die Breite über den gesamten Bahnsteig beläuft sich auf 9,1 m, die Höhe der Bahnsteigkante beträgt analog der

Bild 4: Herstellung neuer Kabeltrassen (Provisorium)

Systemhöhe der S-Bahn Rhein-Neckar 76 cm. Der Bahnsteig E wurde um 55 Meter am östlichen Ende verkürzt und angepasst, um durch umfangreiche Trassierungsarbeiten die Fahrwegsituation im Gesamten zu verbessern.

Bahnsteigbau

Aus betrieblichen Gründen musste der neue Bahnsteig in 2 Abschnitten, getrennt nach Längsrichtung, gebaut werden. Im ersten Abschnitt wurden die Bahnsteigkanten entlang des Gleises 912 errichtet, ebenso wie die Hauptkabeltrasse des Bahnsteigs. Auch die Bahnsteigentwässerung, sowohl für Bahnsteig als auch Bahnsteigdach, wurde in diesem Bauabschnitt angelegt. Das taktile Blindenleitsystem wurde, bis auf wenige Teilbereiche, bereits für den Endzustand erstellt. Nach Inbetriebnahme des Gleises 912 zum Fahrplanwechsel 2016/2017 wurde mit dem zweiten Teilabschnitt, der Fertigstellung des kompletten Bahnsteigs, begonnen.

Um auch zur Teilinbetriebnahme des Bahnsteigs eine behindertengerechte Nutzung zu ermöglichen, musste ein höhengleicher Übergang zwischen dem Bahnsteig E und dem Bauzustand des Bahnsteigs F hergestellt werden. Hierzu wurde eine Behelfsbrücke als Stahl-Holz-Konstruktion über die gesperrten Gleise eingebaut, die mit wenig Zeitaufwand in den nächtlichen Sperrpausen aus- und wiedereingebaut werden konnte.

Konstruktiver Ingenieurbau

Die Zugänge zum Bahnsteig F wurden über die bestehenden Personenunterführungen West und Ost, die vorher schon zu den Bahnsteigen A bis E führten, realisiert. Die östliche Personenunterführung war bereits durchgehend vorhanden. Zum Bahnsteig F wurden von hier aus eine Treppe mit Zwischenpodest sowie der Schacht für die auf- und abwärts führende Fahrtreppe als Stahlbetonbauwerk erstellt. In der bestehenden Unterführung wurden für den Anschluss der neuen Treppen die Deckenplatte und die Wände abgebrochen.

Die vorhandene westliche Personenunterführung endet am Bahnsteig E. Sie wurde deshalb um etwa 17 m als Stahlbetonrahmenbauwerk mit einer lichten Weite von 4,67 m bis zum neuen Bahnsteig F verlängert. Als Zugang zum neuen Bahnsteig wurden eine Treppenanlage und ein Aufzug erstellt. An beiden Bahnsteigzugängen wurden

Bild 5: Herstellung der Gleisquerung DN 1200

sowohl die Bodenbeläge als auch der keramische Wandbelag eingebaut. Das in den Unterführungen vorhandene taktile Blindenleitsystem wurde für die zusätzlichen Bahnsteigzugänge angepasst und ergänzt.

Bahnsteigdach

Der Bahnsteig wurde im Bereich der Bahnsteigzugänge West und Ost auf einer Länge von 141 m überdacht. Gemäß den Vorgaben des Bauentwurfs wurde das Dach als „redesign Bahnsteigdach Typ Essen" ausgebildet. Die Stützen der Stahlkonstruktion wurden entweder auf den aufgehenden Bauwerkswänden der Bahnsteigzugänge oder auf Einzelfundamenten verankert. Auf der Stahlkonstruktion wurde der weitere Dachaufbau mit Holzpfetten und -sparren aufgebaut und mit einer

Bild 6: Überblick Gleisfeld mit dem neuen Bahnsteig F

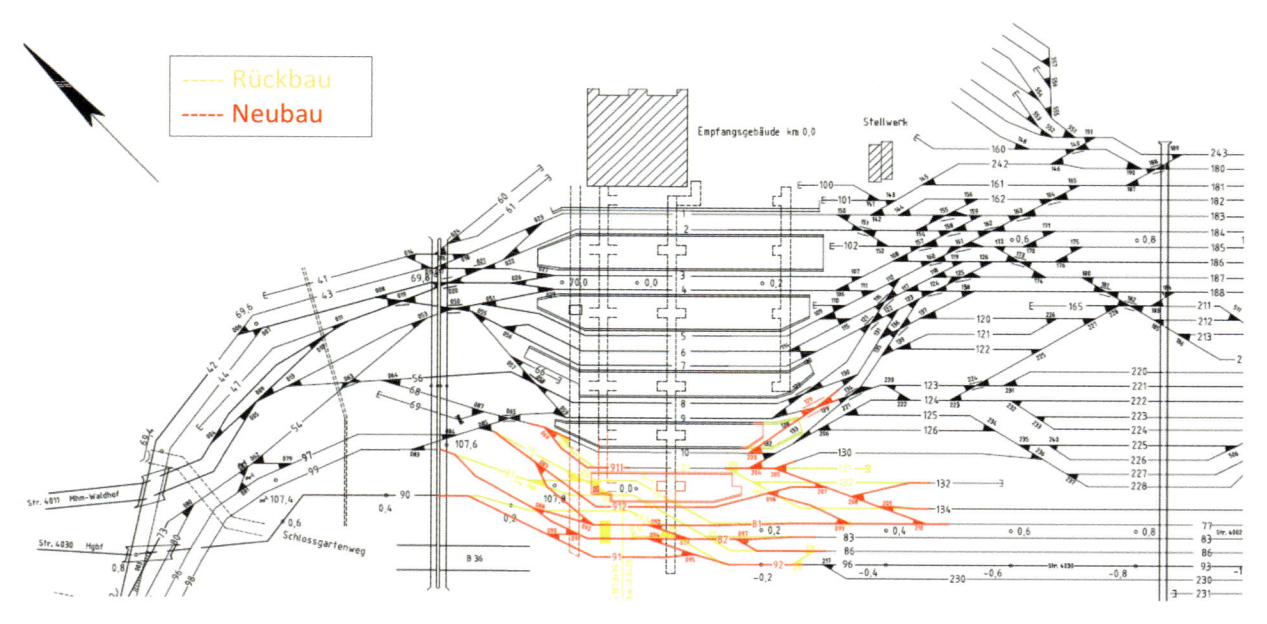

Bild 7: Schematische Übersicht der Gesamtbaumaßnahmen (Quelle: Stefan Geckle, DB Netz AG)

Dachhaut aus Sandwichelementen versehen. Die Untersicht der Holzkonstruktion wurde mit einer Alu-Paneeldecke geschlossen. In Längsrichtung wurde jeweils an den Dachaußenseiten und über den Bahnsteigzugängen ein Medienbandsystem eingebaut. In diesem Medienbandsystem wurden im unteren Teil die Bahnsteigbeschallung und -beleuchtung eingebaut. Der obere Teil wurde als Kabelführungssystem zur Verlegung der notwendigen Kabel ausgebildet. Das gesamte Kabelführungssystem im Bahnsteigdach wurde so konzipiert, dass ein nachträgliches Einziehen von Kabeln über die vorhandenen Kabelführungssysteme im Bahnsteigdach und in den Dachstützen ohne aufwendige Demontagearbeiten möglich ist.

Bahnsteigausstattung

Der Bahnsteig wurde nach Vorgabe des Auftragsgebers mit der üblichen Bahnsteigausstattung – wie z. B. Sitzbänke, Infovitrinen, Abfallbehälter, Raucherbereiche mit Aschenbechern, Streugutbox usw. versehen. Zusätzlich wurde für den Reisendenaufenthalt ein Windschutz mit Sitzbänken aufgebaut. Zur Reisendeninformation wurde jeweils an den Bahnsteigzugängen für jedes Gleis eine Fahrgastinformationsanlage installiert. Durch den zusätzlichen Bahnsteig F musste das gesamte Wegeleitsystem im Hauptbahnhof Mannheim angepasst und neu beschildert werden. Für die Strom- und Datenversorgung des neuen Bahnsteigs wurden am westlichen Bahnsteigende neue Verteilerschränke mit den entsprechenden Unterverteilungen aufgebaut. Von diesen Unterverteilungen wurden sämtliche Elemente der Bahnsteigbeleuchtung und -ausstattung verkabelt.

Logistik und Bauablauf

Die logistische Andienung der Baustelle konnte größtenteils nur gleisgebunden durchgeführt werden. Durch den laufenden Betrieb im Hauptbahnhof Mannheim, mit bis zu 680 Zug- und Rangierfahrten pro Tag, war hierfür eine detaillierte Vorplanung und Abstimmung unumgänglich. Um in der gleisgebundenen Logistik möglichst flexibel agieren und auf betriebliche Einschränkungen reagieren zu können, wurden mehrere Flächen zur Be- und Entladung sowie für den Materialumschlag eingerichtet. Lediglich für den ersten Abschnitt des neuen Bahnsteigs stand in nächtlichen Sperrpausen eine temporäre Baustellenzufahrt zum Baufeld zu Verfügung. Über diese Zufahrt wurden die Geräte und Materialien für den Baugrubenverbau sowie die Stahlbauteile des Bahnsteigdachs transportiert.

Die Arbeiten zur Baufeldfreimachung starteten im September 2014 und wurden nach einer Bauzeit von 39 Monaten mit der Inbetriebnahme des angepassten Bahnsteigs E im November 2017 abgeschlossen. Während der Bauarbeiten wurde die Nutzung der vorhandenen Betriebsgleise weitgehend aufrechterhalten. Der Bau unter rollendem Rad erforderte entsprechende betriebliche Vorkehrungen. Um den laufenden Betrieb im Hauptbahnhof Mannheim aufrechtzuerhalten, war die Bauzeit unterteilt in 15 baubetrieblich vorgegebene Bauschritte mit insgesamt neun Signalbauzuständen und jeweils eigenen Teilinbetriebnahmen. Durch die größtenteils betrieblich komplexen Bau- und Signalzustände und die vielen gleichzeitig tätigen Gewerken war die tagesscharfe Einhaltung der Teil- und Hauptinbetriebnahmen nur durch eine enge und kooperative Zusammenarbeit zwischen Auftragnehmer und Auftraggeber sowie aller weiteren Beteiligten möglich.

Stefan Geckle
Projektleitung
DB Netz AG
stefan.geckle@deutschebahn.com

Thomas Börsig
Bauleitung
Zürcher Bau GmbH
th-boersig@zuercher.de

Mobilitätsdrehscheibe am Hauptbahnhof Augsburg

Der Hauptbahnhof Augsburg wird als Verkehrsknotenpunkt für die Zukunft fit gemacht. Die Modernisierung umfasst die engere Verknüpfung der Verkehre des ÖPNV in Augsburg mit dem Regional- und Fernverkehr auf den Anlagen der DB AG. Kernprojekt ist dabei die Unterfahrung des Bahnhofs mit einem zweigeschossigen Tunnel als Teil der Mobilitätsdrehscheibe Augsburg. Basierend auf der Wirkung dieses Projekts werden am selben Ort eine Vielzahl von Eigenprojekten der DB AG realisiert.

Bild 1: Zentralperspektive Hauptbahnhof Augsburg (Verteilerebene und Straßenbahnhaltestelle)

Für die sich direkt beeinflussenden Projekte wurde im Jahr 2013 ein Kreuzungsvertrag zwischen den Stadtwerken Augsburg (SWA), der Stadt Augsburg und der DB AG abgeschlossen.

Die sich entwickelnde multiple Projektstruktur gemeinsam zu steuern, abzustimmen, aber auch, wo notwendig, abzugrenzen, ist die große Herausforderung für die beteiligten Organisationen. Dafür wurde von den Projektpartnern eine Gesamtprojektleitung installiert. Hier arbeiten Stadtwerke Augsburg und DB Netz Hand in Hand. Es werden abgestimmte Terminpläne, baubetriebliche Konzepte, gemeinsame Ausschreibungen von Bau- und Planungsleistungen und gemeinsame Sicherungsmaßnahmen umgesetzt.

Mobilitätsdrehscheibe Augsburg – ein zentrales innerstädtisches Verkehrsprojekt

Die Mobilitätsdrehscheibe Augsburg (MD) ist ein innerstädtisches Infrastrukturgroßprojekt mit besonderen Fragestellungen des Bauens im Bestand und unter rollendem Rad: Das Projekt besteht aus verschiedenen Teilprojekten und erstreckt sich von den Anfängen der Planung bis zur Realisierung der letzten Teilprojekte über einen Zeitraum von 25 Jahren.

Die sechs Teilprojekte (TP) der Mobilitätsdrehscheibe befinden sich in verschiedenen Planungs- und Ausführungsphasen:

- Neubau der Straßenbahnlinie 6 nach Friedberg (realisiert)
- Neuer Königsplatz – Ausbau zum zentralen Straßenbahn-/Busverkehrsknoten (realisiert)
- Ausbau Theodor-Heuss Platz/Eserwallstr. und Wendeschleife Schülestr. (realisiert)
- Umbau Hauptbahnhof mit unterirdischer Straßenbahnhaltestelle – MDA-Hbf (im Bau)
- Neubau Straßenbahnlinie 5 (zurzeit in Planung)
- Verlängerung Straßenbahnlinie 1 (zurzeit in Vorplanung)

Das TP „Mobilitätsdrehscheibe Augsburg – Hauptbahnhof" (MDA-Hbf) liegt im Kreuzungsbereich des Hauptbahnhofs Augsburg und erstreckt sich in Nord-Süd-Richtung über Zusammenhangsmaßnahmen in die Gleisvorfelder, sowie in West-Ost-Richtung in die angrenzenden Stadtviertel Augsburgs hinein. Es ist vorgesehen, hier eine unterirdische Straßenbahnhaltestelle mit darüber liegender Verteilerebene zu errichten. Der Straßenbahntunnel unterquert den Hauptbahnhof hierbei nahezu im rechten Winkel. Der gesamte technische Ausbau des Tunnels über alle Ebenen sowie die Erstellung der Gleis- und Oberleitungsanlagen der Straßenbahn erfolgt vsl. ab dem Jahre 2021.

In Summe entstehen somit drei Ebenen:

- (Ebene 0) überregionaler Zugverkehr DB
- (Ebene –1) Verteilerebene
- (Ebene –2) Straßenbahnhaltestelle

Alle Ebenen sind über Festtreppen, Rolltreppen und Aufzüge kundenfreundlich und barrierefrei so miteinander verbunden, dass den Passagieren eine bequeme Umsteigebeziehung zwischen Fernverkehr und Nahverkehr zur Verfügung steht.

Baubereiche Teilprojekt MDA-Hbf

Das Teilprojekt MDA-Hbf ist in drei Baubereiche mit insgesamt sieben Bauteilen aufgeteilt.

Bild 2: Projektübersicht der Mobilitätsdrehscheibe Augsburg

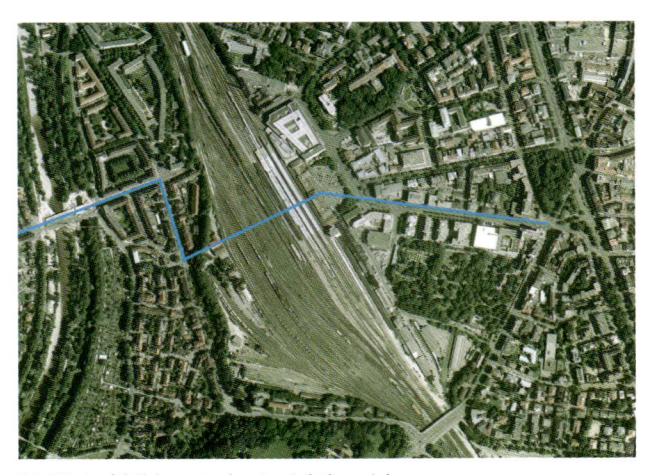

Bild 3: Luftbild zentraler Projektbereich (blaue Linie = zukünftige Straßenbahnführung)

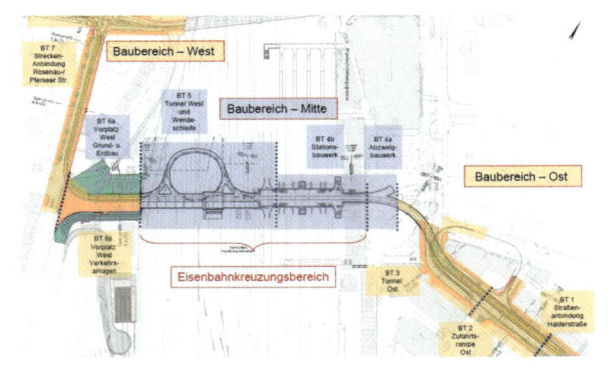

Bild 4: Übersicht Bauteile MDA Hbf

Damit hat das Teilprojekt MDA-Hbf eine Gesamtlänge von 1026 m (645 m Tunnel und 381 m oberirdische Verkehrsanlagen).

Baubereich Ost

Die Straßenanbindung in der Halderstraße, die Zufahrtsrampe und der Tunnel Ost mit einer Länge von 342 m bilden den Baubereich Ost.

Die Straßenbahnen fahren über eine ebenerdige Straßenanbindung in der Halderstraße in die sich anschließende Rampe zum Tunnel ein. Dies erforderte eine umfassende Neugestaltung des Straßenraums.

Baubereich Mitte

Der anschließende Baubereich besteht aus einem Tunnelaufweitungsbereich, der Unterfahrung des Bahnhofshauptgebäudes, dem Stationsbauwerk unterhalb der DB-Bahnsteige, dem Tunnel West mit unterirdischer Wendeanlage und dem Vorplatz West mit einer Länge von 388 m zzgl. 120 m Wendeanlage.

Im Aufweitungsbereich unmittelbar vor der Fassade des Bahnhofsgebäudes handelt es sich um ein Abzweigbauwerk mit einer zukünftigen Ausbauoption für eine weitere Straßenbahnstrecke, das in offener Bauweise (Baugrube mit Berliner Verbau) zweigeschossig hergestellt wird. Über dem Straßenbahntunnel, befinden sich die Betriebsräume für die Straßenbahnausrüstungstechnik, Elektrotechnik, sowie TGA-Räume.

Als Teilbauwerk ist außerdem das denkmalgeschützte, aus dem Jahre 1845, stammende Empfangsgebäude des Bahnhofs zu unterqueren.

Die Unterquerung erfolgt hier in Deckelbauweise, allerdings aufgrund der beschränkten Zugänglichkeit, auf DSV-Säulen (Düsenstrahlverfahren), die bis in 25 m Tiefe hinabreichen.

Durch die nicht vorhandene durchgängige Fundamentierung des Empfangsgebäudes sowie inhomogener Bodenverhältnisse kann es zu unterschiedlichen Setzungen bei den weiteren Arbeitsprozessen des Fassadenabbruchs und bei Aushub- und Verankerungsarbeiten unterhalb des Deckels kommen. Da zudem auch Deckelbereiche unterhalb der bestehenden Fassaden Ost und West des Gebäudes ergänzt werden müssen, sieht die Planung vor, die Ost- und Westfassade des Empfangsgebäudes mit Stahlträgern zu durchörtern und mit hydraulischen Pressen zu unterbauen, um bei Setzungsbewegungen nach Abbruch der unteren Fassadenbereiche und/oder Aushub- und Ankerarbeiten unter dem Deckel entsprechend nachjustieren zu können.

Das ca. 95 m lange Stationsbauwerk wird als zweigeschossiges Bauwerk unterhalb der DB-Bahnsteige in fünf einzelnen „Eisenbahnüberführungen (EÜ's)" errichtet. Diese werden unterhalb der Gleise 1–12 jeweils paarweise, einschließlich der zugehörigen Bahnsteige, in Deckelbauweise (Großbohrpfähle mit Stahlbetonrahmen) gebaut. Diese Bauweise wurde gewählt, um Sperrzeiten und damit die Beeinträchtigung der Kunden so gering wie möglich zu halten. Die Eisenbahnüberführungen (EÜ's) bestehen aus der Verteilerebene (Ebene –1) einschließlich der neuen Bahnsteigzugänge, sowie der neuen Straßenbahnhaltestelle (Ebene –2) mit zwei Außenbahnsteigen. Alle Ebenen werden in der späteren Ausbauphase durch Aufzüge, Fahrtreppen und Festtreppen barrierefrei miteinander verbunden.

Im Westen an das Stationsbauwerk anschließend, erfolgt die Unterquerung der Gleise des Güterbereichs in einem zweigleisigen, 133 m langen Tunnel, der in offener Bauweise im Schutze eines Berliner Verbaus hergestellt wird. Der Tunnel West endet mit einem Portal ca. 100 m vor der Rosenaustraße. Er erhält etwa in der Mitte (in Längsrichtung des Tunnels) einen Lichthof mit einer Größe von 21 m Länge und 18,80 m Breite. Südlich am Lichthof angebaut befinden sich die Entrauchungszentrale und ein Treppenzugang der DB Netz zur Erreichung der Abstellanlagen.

Entlang des Tunnel West integriert verläuft parallel zur Straßenbahntrasse ein zur Verteilerebene (–1) hin ansteigender Fußgängerweg, der den westlichen Stadtteilen Augsburgs einen direkten Zugang zur Verteilerebene und damit zu den Zügen der DB in der Ebene (0) oder den Straßenbahnlinien in der Ebene (–2) bietet.

Bild 5: Baugrube Aufweitungsbereich Bauteil 4a

Bild 6: Längsschnitt Stationsbauwerk

Auf der Nordseite des Tunnel West wird zudem ein unterirdischer eingleisiger Wendetunnel ebenfalls in offener Baugrube (Berliner Verbau) erstellt, in dem die Straßenbahnlinien wenden können und Wendemöglichkeiten bei Betriebsstörungen geschaffen werden.

Der Augsburger Hauptbahnhof liegt auf einem Geländerücken zwischen dem Lech und der Wertach und damit ca. 10 m höher als das Straßenniveau der Rosenaustraße westlich des Bahnhofs. Daher wurde ein ca. 10 m tiefer Böschungseinschnitt zwischen Rosenaustraße und Portal Tunnel West notwendig, der sog. Vorplatz West, der wiederum nördlich durch eine Böschung und südlich durch eine Bohrpfahlwand begrenzt wird.

Um diesen Böschungseinschnitt am Vorplatz West überhaupt herstellen zu können, waren umfangreiche Abbruch- und Umbauarbeiten alter DB-Anlagen notwendig. So wurden u. a. alte Betriebsgebäude abgebrochen und die Niederspannungshauptverteilung des Bahnhofs außer Betrieb genommen und durch neue Trafoanlagen inkl. umfangreicher neuer 50-Hz-Verkabelung ersetzt.

Bild 7: Luftbild Tunnel West mit Wendeanlage

Baubereich West

Der Baubereich West besteht aus der Straßenanbindung Rosenaustraße mit einer Länge von 296 m. Stadtauswärts Richtung Westen biegt die Straßenbahn ab Vorplatz West nach Norden in die Rosenaustraße ab und bindet an der nächstfolgenden Kreuzung in das bestehende Straßenbahnnetz ein.

Baulogistik und Zeitbedarf Stationsbauwerk und Tunnel West

Aufgrund der Situation, einen Tunnel bei laufendem Bahnbetrieb in offener Bauweise unter einem Bahnhof zu bauen, sind baulogistisch und -betrieblich besondere Überlegungen notwendig. Für die geplanten Bauaktivitäten in den verschiedenen Baufeldern sind zahlreiche Gleissperrungen notwendig, die gemeinsam geplant und im Rahmen der „Integrierten Bündelung" bei der DB zentral angemeldet werden.

Bereits in den Jahren 2012/13 stand bei Erstellung des Logistikkonzepts die Verfügbarkeit der Bahnanlage während der Bauzeit zum Nutzen der Kunden der Eisenbahninfrastruktur- (EIU) und Eisenbahnverkehrsunternehmen (EVU) im Fokus.

Die Baulogistik für alle Kreuzungsmaßnahmen wurde konzeptionell darauf abgestellt, die Inselbaustellen vorzugsweise durch den Rohbau des Tunnel West zu ver- und entsorgen. Über diesen Tunnel werden die Stoffe und Geräte zu den Einsatzorten ab- und antransportiert. Die Versorgung mit Bahnwagen dient als Ergänzung. Somit wird der Normalbetrieb am Bahnhof nur in sehr geringem Umfang mit Zugfahrten für die Baustellen belastet.

Der neue Bahnsteig F dient dabei, während der jeweiligen Sperrungen der bestehenden Bahnsteige (A-E), als Ersatzbahnsteig. Somit ist die Sperrung von jeweils zwei Gleisen unter Beibehaltung des derzeitigen Betriebskonzeptes zu ermöglichen.

Unter diesen Rahmenbedingungen beträgt der Zeitbedarf für die Erstellung des Deckels im Bereich der fünf Bahnsteige des Stationsbauwerks ca. 3,5 Jahre.

Darüber hinaus sind bestehende Stumpfgleise durch Einbau der entsprechenden LST-Anlagen und Kundeninformationssysteme in Betriebsgleise umzuwandeln, sowie Zugdeckungssignale (ZDS) nachzurüsten. Damit verbunden sind signifikante Anpassungen des Relaisstellwerks (RSTW) aus dem Baujahr 1971.

Für die Sicherung der kapazitätsgerechten Zuwegung zu den Bahnsteigen bei Schließung der Mittelunterführung wird der bestehende Posttunnel mit seinen Rampen als Personenunterführung (PU) mit Anbindung an den Bahnsteig F hergerichtet.

Damit ergibt sich für das TP MDA-Hbf eine Gesamtbauzeit (ohne Planungsphase) von ca. acht Jahren zzgl. einem halben Jahr Inbetriebnahmeaktivitäten.

Der Fahrgastbetrieb für den Straßenbahntunnel ist zurzeit für das Jahr 2023 geplant.

Bild 8: Verteilerebene (Ebene –1)

Bild 9: Straßenbahnhaltestelle (Ebene –2)

Die Projekte der DB AG im Umfeld des Hauptbahnhofs Augsburg

Im räumlichen und zeitlichen Kontakt der Errichtung des Straßenbahntunnels werden die DB Netz AG und die DB Station & Service AG weitere Projekte am Augsburger Hauptbahnhof realisieren.

Das Projekt MDA wirkt für sein Umfeld nahezu wie ein Katalysator zur Auslösung einer Reihe weiterer Maßnahmen. Insbesondere der Verlust des Bestandsschutzes an einer Reihe von Anlagenteilen im Zuge der Baufeldfreimachung erfordert eine genaue Leistungsplanung und Projektzuweisung.

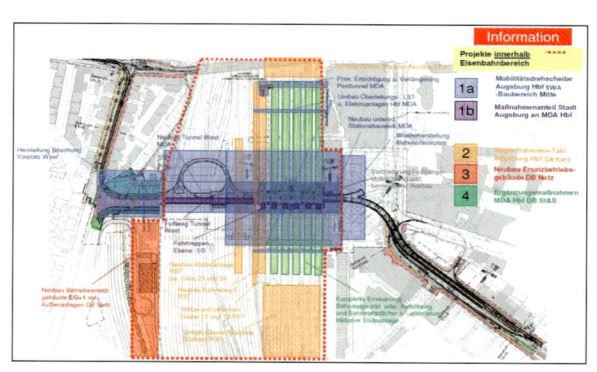

Bild 10: Übersicht sich überlagernder Projekte

Hier soll nur auf die signifikanten Projekte hingewiesen werden. Gleichzeitig finden noch Oberbauerneuerungen oder Aufwertungen der Anlagen der DB Station & Service AG statt.

Das Projekt „Regio-Schienen-Takt (RST)"

Dieses Projekt basiert auf einer Finanzierungsvereinbarung der Bayrischen Eisenbahngesellschaft und der DB Netz AG aus dem Jahr 2007.

Inhalt der Aufgabenstellung ist die Erhöhung der Kapazität des Regionalnetzes des Bahnknotens Augsburg. Kernstück sind der neue Bahnsteig F mit den Gleisen 10 und 12 und die Schaffung von besseren Fahrmöglichkeiten aus allen auf den Bahnhof zulaufenden Linien. Für einen effizienten Betrieb wird der Bahnsteig F mit ZDS ausgerüstet. Es werden in Bobingen/Inningen eine Blockverdichtung mit neuem ESTW und der Bau von ZDS in Donauwörth umgesetzt. Weiterhin wird eine zweigleisige Abstellanlage mit der Möglichkeit zur Innenreinigung und mit den neuen Gleisen 23 und 24 gebaut.

In einem zweiten Schritt wird eine Wendeschleife am Bahnhof Augsburg-Oberhausen umgesetzt.

Für die Realisierung der ZDS wurde beim Neubau der Anlagen im Bahnhof Donauwörth eine allgemeine Zulassung für Grundschaltungen dieser Signalart im RSTW-Typ SIEMENS 60 erarbeitet, die dann erstmals für den Umbau eines solchen Stellwerkstyps in Augsburg zur Anwendung kam.

Bild 11: Bautenstand Bahnsteig F April 2018

Das Projekt „MDA-Ergänzungsmaßnahmen (MDAE)"

Da mit dem Projekt MDA nur die ca. 70 m der Bahnsteige über der EÜ in die Neuzeit überführt werden, steht die DB Station&Service AG vor der Herausforderung, den Altbestand ebenfalls an die Anforderungen an ein modernes Stationsbauwerk anzupassen. Da dabei auch die PU-Süd umzubauen ist, die Bahnsteige jedoch mindestens zwei Zuwegungen benötigen, ist ein gleichzeitiger Bau der Bahnsteige mit dem Projekt MDA, und dem dort verankerten Neubau der Mittelunterführung, nicht möglich. Der Baubeginn wird sich unmittelbar an die IBN des neuen Stationsbauwerks anschließen.

Die Bahnsteige werden vollständig auf die Höhe von 76 cm umgebaut. Sie werden mit Dächern und Kundeninformationssystemen nach neuestem Stand der Technik ausgerüstet.

Die Taschengleise, da nicht mehr dem Regelwerk entsprechend, entfallen zukünftig oder die Bahnsteigköpfe werden als Z-Bahnsteige ausgebildet. Damit sind auch die Zufahrtsmöglichkeiten auf die Gleise an den Bahnsteigen neu zu organisieren.

Bild 12: Stumpfgleis 901 wird mit MDAE zurückgebaut und für MDA mit Signalisierung zum Betriebsgleis eingerichtet

Das Projekt „Ersatz der Oberleitungsanlage (OLA) und der Gleisfeldbeleuchtung (GFB)"

Im Zuge der Grundlagenermittlung der Projekte MDA und RST wurde die bestehende OLA am Bahnhof Augsburg bezüglich der gegebenen

Die OLA wird projektbezogen für MDA, RST und MDAE umgesetzt. Die dann noch zu ersetzenden Anlagenteile werden in einem eigenen Projekt ab 2024 neu gebaut.

Mit dem Entfall der OLA-Masten ergibt sich die Notwendigkeit des Neubaus der GFB im Rangierbereich, da diese an den OLA-Masten abgehängt ist. Auch hier wird die Ausbildung der regelwerkskonformen Lichtverhältnisse zu Anpassungen der Trassierung führen. Die Realisierung ist ab 2024 vorgesehen.

Das Projekt „Abstellanlage mit den Gleisen 25-27 und 31-33"

Um den Entfall der Stumpfgleise infolge der Sicherung der Bauzustände des Projekts MDA und der Umbauten des Projekts MDAE auszugleichen, werden nördlich und südlich des Lichthofs des Straßenbahntunnels zwei Abstellanlagen mit je drei Stumpfgleisen errichtet.

Hier wird darauf geachtet, die Anlagen möglichst ohne Neigung im bestehenden Gütergleisbereich anzuordnen. Dafür ist das Gelände einzuebnen und mit Stützwänden einzufassen.

Die südliche Anlage mit den Gleisen 31–33 wird ab 2020 realisiert. Die nördliche Anlage mit Gleisen 29–31 wird ab 2024 umgesetzt.

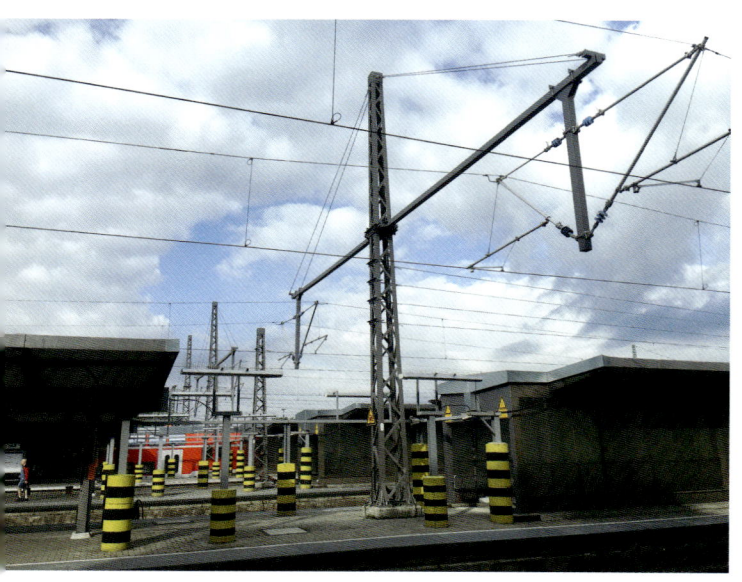

Bild 13: Ersatz Querfelder im Bereich der bestehenden Fernbahnsteige

Tragfähigkeit untersucht. Dabei wurde deutlich, dass an die bestehende, z.T. aus 1936 stammende Anlage, keine weiteren Elemente für neue Weichen oder Gleise der Projekte MDA, RST, MDAE abgehängt werden können.

Somit ergibt sich die Notwendigkeit des vollständigen Ersatzes der Oberleitungsanlagen (OLA) am Bahnhof Augsburg. Da diese als Querfeldanlage mit Feldlängen bis zu 90 m ausgebildet ist, die gemäß gültigem Regelwerk durch eine Ausführung mit Einzelmasten zu ersetzen ist und bei den bestehenden Gleisabständen keine Mastgassen vorhanden sind, ergeben sich direkte Auswirkungen auf die Trassierung der Bahnhofsköpfe.

Bild 14: Baufeld Abstellanlage 31-33

Das Projekt „Stützwände"

Im Zusammenhang mit der im Projekt RST beinhalteten Blockverdichtung nach Bobingen/Inningen ist am Bahnhof Morellstraße die Stützwand mit einer Höhe von bis zu 6 m und den darauf positionierten OLA-Masten zu ersetzen. Mit diesem Projekt werden weiterhin Stützwände zwischen den Gleisen 12 und 17, auf denen Masten der neuen OLA-Anlagen errichtet werden können und in der Ausfahrt nach Norden, Stützwände vor der EÜ „Holzbachbrücke" erneuert.

Fazit

Die Kreuzungsprojekte der SWA und der DB AG stellen aufgrund der hohen Komplexität und der langen Laufzeit eine für alle Projektbeteiligten höchst anspruchsvolle, technische, logistische und kaufmännische Aufgabe dar.

Sie sichern nach Fertigstellung durch die Errichtung eng vernetzter und kundenfreundlicher moderner Anlagen den effizienteren Betrieb von ÖPNV und Bahn.

Bild 15: Zwischenbauzustand der OLA für Erneuerung Stützwand Morellstraße

Dietmar Orwat
Stadtwerke Augsburg
Projektgesellschaft mbH
dietmar.orwat@sw-augsburg.de

Thomas Thürer
DB Netz AG
thomas.thuerer@deutschebahn.com

Im Tunnel durch den Tunnel unter dem Petersberg

Der zweigleisige 368 m lange Petersbergtunnel auf der Strecke 3010 Koblenz HBF – Trier HBF wurde im Jahr 1879 in Betrieb genommen. Der Tunnel durchfährt den 123 Meter hohen Petersberg an der Moselschleife bei Bremm. Die maximale Überdeckungshöhe beträgt in Tunnelmitte etwa 95 Meter.

Bild 1: Schutzeinhausung und Tunnelaufweitungssystem (TAS) = ungestörter Bahnbetrieb

Die zweigleisige Strecke verläuft im Tunnel mit einem Radius von ca. 500 m. Der Tunnelquerschnitt ist hufeisenförmig mit einer lichten Breite von ca. 8,0 m und einer Höhe von ca. 6,5 m über Schienenoberkante. Die Querschnittsfläche beträgt 52 m².

Der Petersbergtunnel ist mit einem Mauerwerksgewölbe aus Schiefer und Kalksteinbruch ausgekleidet. Die Gewölbestärke beträgt ca. 0,85 m, die Widerlager besitzen Dicken von 1,00 m.

Beide Portale wurden zum Ende des 2. Weltkrieges gesprengt und im Jahr 1946 wieder aufgebaut. 1970 wurden im Zuge der Elektrifizierung der Strecke die Tunnelsohle und die Gleislage abgesenkt.

Aktuelle Baumaßnahme

Auf Grund des langen Nutzungszeitraums weisen der Tunnel und die Bereiche der Stützmauer ein umfassendes Schadensbild auf, sodass zur Weiterführung eines sicheren Bahnbetriebs eine Erneuerung des Tunnels unumgänglich war.

Die Ziele der Erneuerung des Petersbergtunnels sind, neben der dauerhaften Behebung der Schadensbereiche im Tunnel und der Stützmauer Süd, die Einhaltung der Lichtraumprofile sowie der Sicherheitsräume nach aktuellem Regelwerk.

Nach Abschluss der Erneuerung hat der Tunnel folgende Ausmaße:

Bild 2: Ausbruch Fels und Mauerwerk

Offene Bauweise
Portal Nord   l ≈ 20 m   (2 Blöcke à 10 m)
Bergmännische
Bauweise   l ≈ 340 m   (34 Blöcke à 10 m)
Offene Bauweise
Portal Süd   l ≈ 18 m   (2 Blöcke à 9 m)

Da die Strecke 3010 hoch frequentiert ist und eine Stilllegung über einen längeren Zeitraum nicht möglich ist, entschloss sich die Deutsche Bahn AG dazu, den Petersbergtunnel nach der „Tunnel-im-Tunnel-Methode" bei laufendem Betrieb zu erneuern. Bei dieser Methode wird der Tunnelquerschnitt, unter Aufrechterhaltung der Oberleitungsanlagen und des Bahnbetrieb, zur Vergrößerung des Gleisabstands im Sprengvortrieb aufgeweitet und gemäß den gültigen Anforderungen mit einer neuen Stahlbetoninnenschale ausgebaut. Für die Herstellung des zur Tunnelaufweitung geplanten bauzeitlichen Gleiswechselbetriebs auf einem Gleis war eine Totalsperrung der Strecke von vier Wochen vorgesehen.

Diese Methode hat sich bereits bei vorangegangenen Baumaßnahmen bewährt, der Petersbergtunnel ist jedoch das erste elektrifizierte Projekt der DB Netz AG, das mit diesem Verfahren aufgeweitet und erneuert werden soll.

Konzept Schutzeinhausung

Im Oktober 2016 erhielt die ARGE Marti Tunnel Petersberg den Zuschlag für die Erneuerung des elektrifizierten, zweigleisigen Petersbergtunnels auf der DB-Strecke 3010 Koblenz HBF – Perl.

Mit großem Interesse hat die Marti GmbH Deutschland mit ihren Partnern die Ausschreibung der Deutschen Bahn beantwortet.

Die Marti Gruppe baut weltweit Tunnel unter den schwierigsten Anforderungen und meistert diese erfolgreich. Aber einen Tunnel unter laufendem elektrifiziertem Bahnbetrieb zu erweitern, stellte auch die Firmen der Marti Gruppe vor eine neue Herausforderung.

Um dieses Projekt anbieten zu können, wurde auf das Know-how der gesamten Marti-Gruppe zurückgegriffen.

Schon in der Angebotsphase wurden Konzepte unterschiedlicher Art erstellt um Technik, Innovation und Sicherheit zu vereinen. Mit ihrem gewählten und letztendlich umgesetzten Konzept hat die Marti Gruppe völliges Neuland betreten.

Folgendes Konzept der Schutzeinhausung zur Gewährleistung eines sicheren Bahnbetriebs wurde von der ARGE erarbeitet und mit dem Auftraggeber abgestimmt und geplant:

Um während der Bauarbeiten einen gesicherten elektrifizierten Fahrbetrieb mit 145 Zügen pro Tag auf dem Betriebsgleis zu ermöglichen, wird zum Schutz der Fahrleitung (hier Stromschiene) und aus Gründen des Arbeitsschutzes eine durchgängige Kompletteinhausung vorgesehen.

Zur Aufrechterhaltung der Sicherheit, wird innerhalb der Einhausung ein Fluchtweg angeordnet und zusätzlich alle 60 m eine Fluchttür eingebaut. Als weitere Sicherheitsmaßnahmen werden eine Löschwasserleitung, eine Branddedektion sowie eine Videoüberwachung installiert.

Innerhalb des Tunnels werden der Rahmen und die Abdeckung der Einhausung in Leichtbauweise aus Holz mit Brandschutzbeschichtung hergestellt. Die Wände werden mit einem Schutznetz flächengesichert.

Zur Aussteifung in Längsrichtung werden jeweils zwei 2 m-Felder jedes 12 m-Einzelsegments durch eine Holzbeplankung der senkrechten Wandflächen verstärkt.

Geplant ist, die einzelnen vorgefertigten Segmente in der Sperrpause über das Bahngleis einzeln in den Tunnel zu verfahren und mit den Fundamenten zu verankern.

Außerhalb des Tunnels in den Portalbereichen wird eine Stahlrahmenkonstruktion zur Abtragung der Belastung aus Wind und Schnee erforderlich. Die Flächenabdeckung wird hier aus Trapezblechen hergestellt.

Das vorgesehene Tunnelaufweitungssystem fährt schienengebunden separat über der Einhausung und hat einen zusätzlichen Gewölbeschutz im Alttunnel im Abbruchbereich, sodass die Einhausung keine Belastung durch die Abbrucharbeiten erhält.

Für die Bewehrungsarbeiten und das Betonieren der neuen Tunnelaußenschale ist der Bahnbetrieb ebenfalls durch die Einhausung geschützt.

Dieses Konzept beinhaltet alle von der DB Netz AG gestellten Mindestanforderungen und deckt darüber hinaus den hohen Anspruch der Marti Gruppe in Bezug auf Sicherheit für Bahn- und Baustellenbetrieb werden.

Nach der Konzeption standen der ARGE von der Ausführungsplanung bis zur Herstellung/Produktion der Schutzeinhausung gerade einmal vier Monate zur Verfügung.

Bauablauf und Logistik

Bedingt durch die Lage des Projektabschnitts beeinflussen folgende Zwangspunkte die Ausführung der Tunnelerneuerung maßgeblich:

- Moselbrücke nach Ediger-Eller im Anschluss an das Nordportal
- Bestehender Tunnel mit einem Radius von ca. 500 m
- Dammbereich im Anschluss an des Südportal

Des Weiteren liegt die Baustelleneinrichtungsfläche auf der Gemarkung Neef in der Hochwasserzone der Mosel. Daher musste die Fläche von ca. 92,2 m NN auf 96,1 m NN angeschüttet werden, damit ein Überschwemmen der BE-Fläche im Hochwasserfall verhindert wird.

Da die Andienung des Nordportals mit Baustoffen, Materialien und Geräten nur eingeschränkt möglich ist, kommt der Logistik über die BE-Fläche im Süden und den Tunnel das Hauptaugenmerk zu. Über diese Fläche erfolgen die komplette Baustellenversorgung sowie die Abfuhr der Abbruch- und Ausbruchmaterialien. Somit ist die Einrichtung einer leistungsfähigen und auf alle Bauphasen abgestimmten Baustelleneinrichtungsfläche maßgebend für die erfolgreiche Abwicklung der Baumaßnahme.

Die Arbeiten zur Erneuerung des Petersbergtunnels erfolgen in fünf Bauphasen:

In der **Bauphase 1** von Februar bis Mai 2017 erfolgten die Baufeldfreimachung, die Aufschüttung der hochwassergeschützten Baustelleneinrichtungsfläche sowie die Baustelleneinrichtung inkl. Erschließungsmaßnahmen.

Bild 3: Einheben des Tunnelaufweitungssystem (TAS)

Die Bauarbeiten im Tunnel begannen mit **Bauphase 2** innerhalb einer knapp vierwöchigen Sperrpause vom 6.5.2017 bis zum 2.6.2017. In diesem Zeitraum wurde neben dem Rückbaus der bestehenden Oberleitung und des Oberbau die Tunnelsohle auf tragfähigen Grund abgefräst und die bewehrten und verankerten Ortbetonfundamente für die Schutzeinhausung und das Tunnelaufweitungssystems (TAS) hergestellt. In diesen Fundamenten wurde eine Stahlschiene eingebaut auf welcher später das TAS stehen und voranschreiten wird.

Anschließend konnten die Schutzeinhausung aus 39 Elementen in den Tunnel verfahren und aufgestellt werden.

Danach wurden ein neuer Oberbau hergestellt sowie das Stromschienensystem montiert.

Die Bahnstrecke Neef–Edinger-Eller ist während der Baumaßnahme eingleisig.

Termingerecht am 2.6.2017 um 6:00 Uhr wurde die Totalsperrpause aufgehoben und die Strecke wieder in Betrieb genommen. Alle Beteiligten waren stolz in dieser kurzen Zeit solch eine Leistung erbracht zu haben.

Im Anschluss wurden in der **Bauphase 3.1** die Sicherungsarbeiten an der Stützwand Süd, den umliegenden Weinbergmauern sowie an dem Abbruch der Stützmauer am Südportal vorgenommen. Die Stützmauern und das Tunnelportal wurden mit Ankern, Spritzbeton sowie Stahlnetzen gesichert. Durch die beengten Platzverhältnisse und um die Weinberge in nächster Nähe zu schützen, konnte nur mit kleinem Gerät und viel Körpereinsatz gearbeitet werden.

Um die Weinbergmauern vor den Erschütterungen des Sprengens zu schützen, mussten auch diese mittels Stahldrahtnetzen und Verankerung gesichert werden.

Die **Bauphase 3.2** beinhaltet die eigentliche Aufweitung des Tunnels von 52 m² auf ca. 110 m² unter laufendem Betrieb. Durch den Einsatz der durchgängigen Schutzeinhausung über 470 m erfolgen der Abbruch des Bestandstunnels (Mauerwerk/Hinterpackung) sowie der Ausbruch des Felses im Sprengvortrieb ohne Beeinflussung des

Bild 4: Rückbau Tunnelportal Süd

laufenden Bahnbetriebs. Lediglich zu den zweimal täglich anberaumten Sprengungen muss der Bahnbetrieb kurzzeitig für 15 Minuten unterbrochen werden. Der Vortrieb erfolgt von Süd nach Nord.

In **Bauphase 4 und 5** werden die Widerlager, die Tunnelentwässerung sowie von Nord nach Süd die neue Innenschale des Tunnelgewölbes blockweise hergestellt. Die Ausbildung der Portale im Norden und Süden erfolgt ebenfalls in dieser Bauphase. Währenddessen wird der Bahnbetrieb von der Baumaßnahme getrennt durch die Schutzeinhausung erfolgen.

Tunnelaufweitungssystem

Neben der Konzeption der durchgehenden Schutzeinhausung wurde auch das für die Vortriebsarbeiten notwendige Tunnelaufweitungssystem innerhalb der Marti Gruppe in Rekordzeit konstruiert und gefertigt. Auch hier wurde in Zusammenarbeit von Maschinentechnik und Bau- und Projektleitung die optimale technische Lösung nach Stand der Technik erarbeitet.

Das TAS wurde von der Marti Technik in Moosseedorf (Schweiz) hergestellt und zur Vorabnahme montiert. Für die Endmontage erfolgte der Transport an die Mosel.

Die Anlieferung und der Aufbau des TAS vor Ort stellten einen weiteren Höhepunkt für das Projekt dar.

Die größten Schwierigkeiten waren die Ausmaße und das dementsprechende Gewicht der einzelnen TAS-Wagen von insgesamt 225 t. Um diese Ausmaße zu bewegen, war schweres Gerät erforderlich – ein Raupenkran der Klasse SL 3800 wurde für diesen Einsatz auf der BE-Fläche aufgebaut. Das Einheben des TAS' an seinen Einsatzort über den Gleisen, konnte wiederum nur in nächtlichen Sperrpausen erfolgen. In den Nächten vom 27. und 28. August 2017 war es soweit. Das TAS wurde mittels des Raupenkrans mit drei Hüben von der BE-Fläche über die Schutzeinhausung und das Bahngleis eingesetzt. Der Einsatz fand unter folgenden Randbedingungen statt:

▌ Arbeiten nur in nächtlichen Zugpausen von jeweils drei Stunden möglich
▌ Einzelgewicht der TAS-Komponenten von bis zu 127 t
▌ Höhenunterschied der BE-Fläche zur Bahnstrecke (Dammlage) ca. 20 m

- Abstand Schutzeinhausung zu TAS von nur 20 cm

Mit dem Aufbau des TAS' war ein weiterer wichtiger Schritt beim Projekt Erneuerung Petersbergtunnel erfolgt.

Neben dem Tunnelaufweitungssystem gehören folgende weitere Maschinen zum Gerätekonzept der ARGE Tunnel Petersberg:

- zwei Tunnelvortriebs- und Lademaschinen ITC
- drei Muldenkipper
- zwei Betontransporter
- zwei Betonpumpen
- ein Teleskopstapler
- ein Hochbaukran

Innenschale
Da der Tunnel mit 340 m relativ kurz ist und die Logistik auch bei den Arbeiten der Ortbetoninnenschale sehr komplex, wurde zeitgleich mit Vortriebsbeginn die Konzeption des Schalwagen und der Arbeitsvorbereitung für die Innenschale und Portale begonnen.

Zusammenfassung

Die Erneuerung des Petersbergtunnels mit der Tunnel-im-Tunnel-Methode und das von den Projektbeteiligten umgesetzte Konzept der kompletten Schutzeinhausung inkl. integriertem Stromschienensystem in Kombination mit dem Tunnelaufweitungssystem hat sich bewährt.

So konnten der Rückbau der Stützwände, die Sicherung der Voreinschnitte, der Rückbau des Tunnelportals Süd und die Herstellung der Luftbogenstrecke ohne Einfluss auf den Bahnbetrieb abgeschlossen werden. Auch die Vortriebsarbeiten und die nicht vorhandenen Einwirkungen der Sprengungen bestätigten die Erwartungen der Ausführenden.

Mit diesem System sind der optimale Arbeitsschutz für die Baubeteiligten sowie ein ungestörter und sicherer Bahnbetrieb ohne Einschränkungen gewährleistet.

Das Projekt Erneuerung Petersbergtunnel darf bedenkenlos als richtungsweisendes Pilotprojekt bezeichnet werden.

Janina Allmendinger
Projektleitung ARGE Tunnel Petersberg
c/o Marti GmbH Deutschland

Steffen Gräbitz
Projektleitung ARGE Tunnel Petersberg
c/o Marti GmbH Deutschland
steffen.graebitz@martiag.ch

Zwei neue Rettungsstollen für den Mainzer Tunnel

Die Arbeitsgemeinschaft Rettungsstollen Mainzer Tunnel, bestehend aus den Firmen Alfred Kunz Untertagebau München, NL der August Reiners Bauunternehmung GmbH, Feldhaus Bergbau GmbH & Co. KG und BuM Beton- und Monierbau GmbH, hat im Auftrag der DB Netz AG (Regionales Projektmanagement Mitte, Tunnelbauabteilung) unter herausfordernden Bedingungen – mitten im Stadtgebiet Mainz und unmittelbar an der Bahnstrecke unter beengten Platzverhältnissen – den Neubau von zwei zusätzlichen Rettungsstollen zwischen dem alten und dem neuen Mainzer Tunnel erfolgreich realisiert.

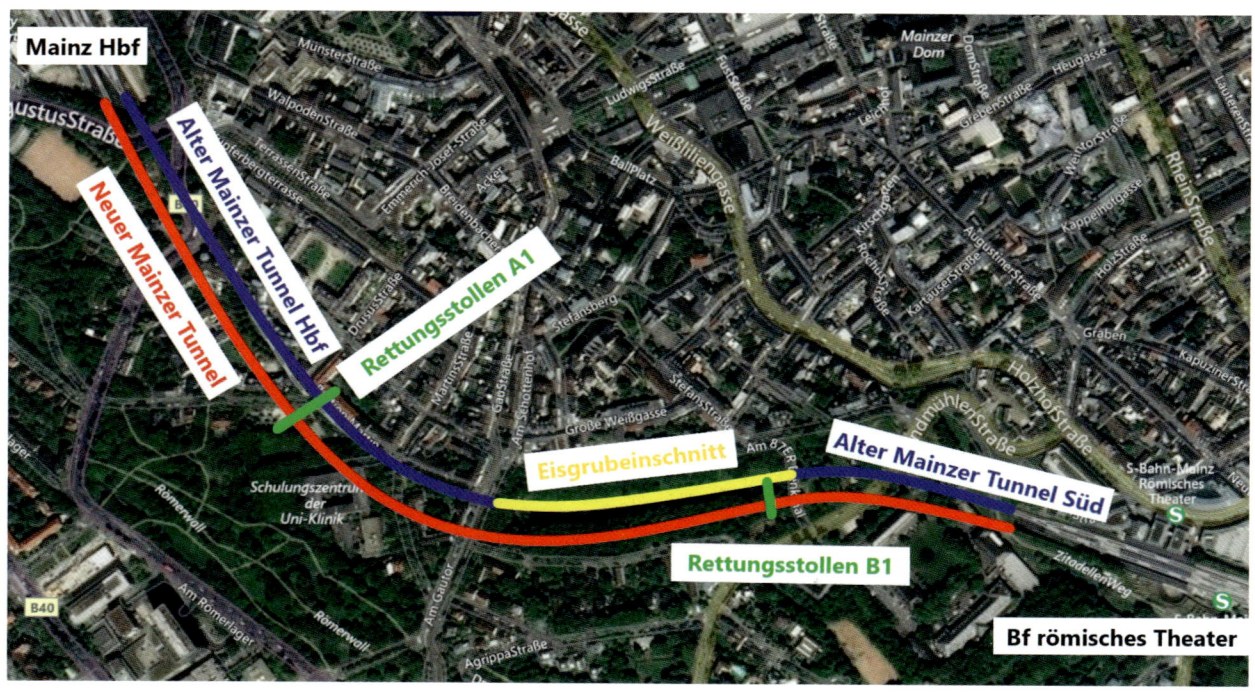

Bild 1: Übersichtslageplan Mainzer Tunnel und zusätzlicher Rettungsstollen

Die beiden je zweigleisigen Mainzer Tunnel beginnen unlängst am Hauptbahnhof und führen in ihrem Verlauf zum Bahnhof Römisches Theater. Dabei sind die beiden alten Mainzer Tunnel durch den sogenannten Eisgrubeinschnitt auf einer Strecke von rd. 290 m unterbrochen. Um die Tunnel besonders im Hinblick auf die Sicherheit für die Zukunft zu rüsten, wurde hier der bereits bestehende Rettungsstollen um die Stollen A1 und B1 ergänzt.

Der Projektauftrag umfasste neben der Erstellung der Ausführungsplanung, den Vortriebs- und Rohbauarbeiten der Rettungstollen A1 und B1 sowie ihrer temporären und dauerhaften Zugangsbauwerke ebenso die Einrichtung der Tunnelausstattung der neuen Stollen sowie die Anpassung der Ausstattung von neuem und alten Mainzer Tunnel, von den elektrischen Energieanlagen über die Telekommunikationsanlagen bis hin zur Löschwasserleitung und Fluchtwegbeschilderung. Um die Betriebseinschränkungen des Bahnverkehrs auf ein absolutes Minimum zu reduzieren wurden nicht nur Maßnahmen hinsichtlich des Bauverfahrens getroffen, sondern auch feste Schutzwände in den

Einflussbereichen installiert, hinter denen die Bauarbeiten verschwanden, so dass die Baumaßnahme für den Bahnreisenden und den Bahnbetrieb nahezu unbemerkt ausgeführt werden konnte. Für die Arbeiten, die im unmittelbaren Einflussbereich von Gleisen vorgenommen werden mussten, waren von vornherein bahnbetrieblich angemeldete und vertraglich vereinbarte Gleissperrpausen definiert, die dem Projekt eine absolute Termintreue abverlangten.

Zu den drei größten Herausforderungen, die es bei der Umsetzung des Projekts zu bewältigen galt, zählten die baulogistischen Aufgaben, das Annähern der Vortriebe an die Bestandstunnel und deren Öffnung sowie das vollständige Ausrüsten und Einbinden der elektrotechnischen Ausrüstung der Rettungsstollen und die Anpassung der bestehenden Ausrüstung ohne größere Beeinträchtigung des Bahnbetriebs.

Die angesetzte Bauzeit von der Aufnahme der Tätigkeiten bis zur Inbetriebnahme der Rettungsstollen betrug dabei 14 Monate, der Startschuss fiel im September 2015. Das Auftragsvolumen lag bei rund 5 Mio. €.

Bild 2: Blick in den temporären Schacht am Rettungsstollen A1

Rettungsstollen A1

Für die Herstellung des eigentlichen Rettungsstollens A1, der den alten und neuen Mainzer Tunnel miteinander verbindet, wurde zunächst im Bereich des Parkplatzes am Pulverturm ein 25 m tiefer, temporärer Schacht mit einem Durchmesser von 6 m errichtet. Die beiden Eisenbahntunnel verlaufen an dieser Stelle parallel zueinander mit einem Abstand von etwa 27 m. Der Schacht wurde dabei meterweise abgeteuft und mit einer bewehrten Spritzbetonschale gesichert (Bild 2). Von dort wurde je ein Stollen mit einem Ausbruchsquerschnitt von rund 15 m² an die bestehende Schale des alten und des neuen Mainzer Tunnels mit insgesamt 21 Vortriebsmetern aufgefahren und gesichert. Nach Herstellung der Innenschale des Rettungsstollen A1 wurde der Zugangsschacht verfüllt und die bauzeitlich beanspruchte Parkplatzfläche wieder in den ursprünglichen Zustand versetzt.

Rettungsstollen B1

Der Rettungsstollen B1 befindet sich in der Nähe des 87er Denkmals an der Zitadelle in Mainz und wurde aus dem Eisgrubeinschnitt heraus an den neuen Mainzer Tunnel geführt. Dabei waren rund 36 Tunnelmeter auszubrechen und mit einer entsprechenden bewehrten Spritzbetonaußenschale zu sichern. Vor der Aufnahme der Vortriebsarbeiten musste im steilen, stark bewachsenen und schwer zugänglichen Böschungsbereich des Eisgrubeinschnitts auf einer Breite von gut 20 m der Boden lagenweise abgetragen werden um die Tunnelanschlagwand herzustellen. Der sogenannte Voreinschnitt, indem auch das spätere Portalbauwerk zu liegen kam, wurde dabei mit einer bewehrten Spritzbetonschale versehen, die in die Böschung mit 16 m langen temporären Injektionsbohrankern zurückgesichert wurde (Bild 3). Der Voreinschnitt befand sich unmittelbar am Gleis des im Eisgrubeinschnitts unterbrochenen alten Mainzer Tunnels. Aufgrund dieser Randbedingungen wurde die Böschung mit einem umfangreichen Messprogramm engmaschig beobachtet. Um

Bild 3: Herstellen Anschlagwand am Rettungsstollen B1

Bild 4: Tunnelvortrieb, Herstellen der Spritzbetonschale

Mit dem Bagger wurde sich in der Kalotte meist meterweise den bestehenden Betonschalen von altem und neuem Mainzer Tunnel genähert, die Sohle wurde in 2 m Abschlägen nachgezogen. Abschlagsweise wurde die zumeist zweilagig bewehrte Spritzbetonschale als temporäre Gebirgssicherung im Trockenspritzverfahren ergänzt. Für die Herstellung der kompletten Spritzbetonsicherungen musste das Trockenspritzverfahren gewählt werden, zum einen um unter den beengten Platzverhältnissen schnell reagieren zu können und zum anderen aus Gründen der Wirtschaftlichkeit. Das Verarbeiten von Trockenspritzbeton stellte aufgrund der dabei auftretenden Staub- und Lärmbelastung ganz besondere Anforderungen hinsichtlich der zu ergreifenden Schutzmaßnahmen an den Arbeits- und Gesundheitsschutz der Mitarbeiter sowie auch an den Immissionsschutz der Umwelt. So war das Tragen von Schutzanzügen und belüfteten Vollvisierhelmen vorgeschrieben, ebenso wie eine massive Bewetterung der Stollen und der Schachtanlage (Bild 4).

Eine besondere Herausforderung bestand darin die Vortriebe an die Tunnel heranzuführen, da hier negative Auswirkungen auf den Bahnverkehr, beeinflusst durch Erschütterungen, Setzungen und Beeinträchtigungen aus Änderung der statischen Situation der Tunnel (Bettung), durchaus hätten erwartet werden können. Unter Berücksichtigung von umfangreichen statischen Voruntersuchungen und örtlichen geologischen Aufschlussbohrungen wurden bereits mit der Ausführungsplanung wirksame Gegenmaßnahmen entwickelt, um die Vortriebe sicher anzuschließen. So wurden vorauseilend aus dem Stollen heraus kleine Injektionsbohrpfähle hergestellt, die bis zur Betonschale der Bestandstunnel reichten, um Lasten, die bei der Spannungsumlagerung durch das Weggraben des bettenden Erdreichs auftreten, abzufangen und abzuleiten (Bild 5).

Nachdem die Vortriebe ihr Ziel erreicht hatten – die Bestandsschalen der unter Betrieb stehenden Mainzer Eisenbahntunnel – wurde damit begonnen die Durchbrüche auszuführen. Vor dem Herstellen der rechteckigen Öffnungen mit den Maßen von etwa 2,90 m x 3,10 m wurden im Rahmen von nächtlichen Gleissperrpausen in den Tunneln stabile Schutzwände montiert, die den gesamten Baubetrieb vom Bahnbetrieb trennten.

Die Bestandstunnel wurden in den Einflussbereichen während der gesamten Baumaßnahme dauerhaft und zum Zeitpunkt der Annäherung und der Durchbrüche verstärkt vermessungstechnisch überwacht, um die Betriebssicherheit des uneingeschränkten Eisenbahnverkehrs zu gewährleisten. Es

gegenseitige Beeinflussungen aus Bauarbeiten und Bahnbetrieb auszuschließen, wurde eine 2,5 m hohe Schutzwand, bestehend aus Steckträgern mit Panelausfachung, entlang der beeinflussten Gleisstrecke errichtet. Nach Abschluss der Rohbauarbeiten, des Einbaus der Innenschale in den Stollen und Herstellung des Portalbauwerks, wurde das Portalbauwerk hinterfüllt und die Schutzwand wieder demontiert.

Vortriebe und Rohbau

Die geologische Situation, die der Schacht und die Stollen durchörtern, lässt sich im Allgemeinen als sehr wechselhaft und dennoch gut beherrschbar beschreiben. In den oberen acht Metern wurde bei der Herstellung des Schachts eine inhomogene Auffüllung angetroffen, bestehend aus Sanden, Kiesen, Schluffen und Kulturschuttresten. Die Auffüllung ist das Ergebnis der vielfältigen Bautätigkeiten an diesem Standort und reicht von der Zeit der römischen Besiedlung bis hin in die heutige Zeit und steht insbesondere im Zusammenhang mit dem Ausbau der Stadt Mainz zur Bundesfestung. Unterhalb der Auffüllung steht der gewachsene Boden an, der sich zusammensetzt aus einer Wechselfolge von mehrlagigen Tonen, Schluffen, Sanden sowie gesteinsharten Kalk- und Mergelsteinlagen unterschiedlichster Mächtigkeiten von bis zu einem Meter und ist als charakterisierend für das Mainzer Becken zu beschreiben. Der Grundwasserspiegel liegt unterhalb der Stollensohlen.

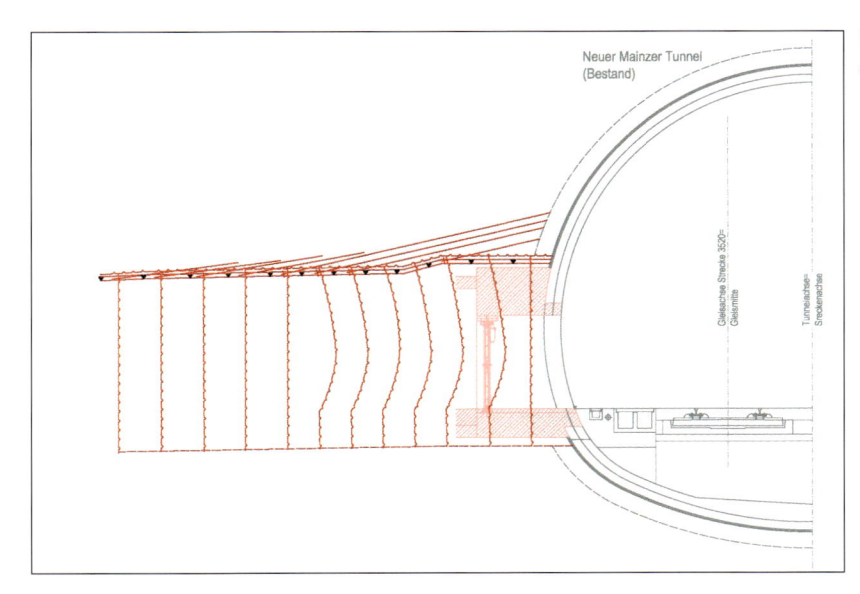

Bild 5: Planausschnitt Anschlussbereich, Ausführungsplanung

konnten dabei keine nennenswerten Verformungen festgestellt werden.

Die Durchbrüche wurden unter Überwachung der Erschütterungen durch entsprechende Mess- und Warnsysteme ausgeführt. Dabei wurden in einem ersten Schritt die Ecken des Ausbruchsprofils der Bestandsschalen mittels Kernbohrungen durchörtert. Von den Ecklöchern aus wurden mit einer Seilsäge der rechte, linke und obere Schnitt ausgeführt. Die Betonschale blieb an der unteren Seite bis zum Schluss eingespannt. Der Beton wurde in einem weiteren Schritt quadratmeterweise durch hydraulische Sprengungen entfestigt und letztlich mit einem Hydraulikmeißel abgetragen. Die tunnelseitigen Schutzwände waren derart konzipiert, dass ein Durchschlagen von gegebenenfalls herabfallenden Betonbrocken ausgeschlossen werden konnte (Bild 6).

Die Stollen wurden mit einer 0,30 m starken, wasserundurchlässigen Betoninnenschale ausgebaut. Der Beton wurde blockweise in 9 m Blöcken eingebracht. Zum Abschalen wurde ein konventioneller Holzschalwagen eingesetzt, die Sohlen wurden vorab betoniert.

Besondere Anforderungen hinsichtlich der Schalungen ergaben sich durch die geometrischen Randbedingungen der Anschlussblöcke – jene Blöcke, die die Stollen mit den bestehenden Tunneln verbinden. Hier wurde von dem rundlichen Stollenprofil auf einen rechteckigen Durchgangsquerschnitt gewechselt. Dabei war der direkte Anschluss der Schalung an den gewölbten Bestandstunnel zu berücksichtigen. Die wiederverwendbare Holzschalung wurde auf Grundlage von 3-D Scans der örtlichen Gegebenheiten passgenau angefertigt.

Abschließend wurde im Eisgrubeinschnitt das Portalbauwerk hergestellt, der Ausgang aus dem Stollen B1 ins freie Gelände.

Bild 6: Durchbruchsituation

Bild 7: Blick in den fertiggestellten Rettungstollen B1

Ausrüstung Rettungsstollen und Anpassung von neuem und alten Mainzer Tunnel

Nach Fertigstellung des Rohbaus starteten die Ausrüstungsarbeiten mit dem Einbringen der speziell angefertigten Flucht- und Rettungstüren. Im Rahmen von zwei nächtlichen Vollsperrungen der Tunnelanlage mussten die Hauptarbeiten ausgeführt werden. Hierzu gehörten die Installation von Beleuchtungen in den Stollen sowie das Anpassen der Beleuchtung der Hauptröhren, die Einbindung der Stollen an das BOS-Funknetz, die Ergänzung der Trockenlöschwasserleitung und die Installation des Tunnelnotrufsystems zusammen mit der physikalischen Anbindung an das bereits bestehenden System. Dabei wurden rund 6 km Kabel neu verlegt. Während der planmäßigen Vollsperrung arbeiteten 55 Mann in 6 Gewerken in den Tunneln und den Stollen, um nach intensiver Vorplanung und Optimierung der Arbeiten, den termingerechten Fertigstellungsfortschritt zu gewährleisten und die Vollsperrungen so kurz wie möglich in Anspruch zu nehmen. Abschließend musste am Tag der Inbetriebnahme der neuen Rettungstollen (Bild), quasi über Nacht, die komplette Fluchtwegbeschilderung in den Haupttunneln hinsichtlich der neuen Fluchtwegsituation geändert werden. Da sich während des Betriebs der Tunnel kein Zwischenzustand in der Beschilderung einstellen durfte, wurden vorab die neuen Schilder angebracht und abgeklebt. Mit 4 Teams wurden nahezu zeitgleich die alten Schilder demontiert und die neuen Schilder aktiviert.

Baulogistische Herausforderungen

Die Baustelle für den Schacht und den Stollen A1 lag inmitten eines innerstädtischen Wohngebiets, unmittelbar neben einer denkmalgeschützten Schwergewichtsmauer und schützenswerter Vegetation. Die baubegleitenden Maßnahmen hinsichtlich der besonderen Lage der Baustelleneinrichtungsflächen, des Immissionsschutzes der Anwohner, der Beweissicherung der Bestandsbebauung und der messtechnischen Überwachung im Hinblick auf auftretende Erschütterungen und Setzungserscheinungen durch den Tunnelvortrieb der historischen Bestände, waren dabei ein maßgebender Faktor und mit vielen Einschränkungen bezüglich des Baubetriebs verknüpft. Ebenso musste die Erdmassenabfuhr unter der Auflage der Begrenzung des täglichen Lastverkehrs bewältigt werden. Eine besondere Herausforderung war der tiefe und enge Zugangsschacht am Rettungsstol-

Bild 8: Fertiggestelltes Portal B1 mit Lärmschutzpanelen

len A1: Neben der Organisation für Material- und Betonandienung waren für die Sicherstellung von Flucht- und Rettungsmöglichkeiten aus dem Schacht während der Bauzeit Festlegungen und innovative Lösungen mit Berufsgenossenschaft, Feuerwehr und der Bahn zu treffen.

Die Baustelle für den Stollen B1 lag inmitten des begrünten Damms des Eisgrubeinschnitts. Der Angriffsort befand sich am Fuß der etwa 25 m hohen und steilen Böschung, die Lagerflächen befanden sich am Fuße auf der anderen Seite an der Windmühlenstraße. Die komplette Logistik (Materialandienung, Ausbruchsmaterialförderung, Gerätetransporte) musste mit einem Turmdrehkran vom Damm aus bewältigt werden. Hierdurch war der Einsatz von Arbeitsmaschinen mit mehr als 5 Tonnen ausgeschlossen.

Die Projektziele konnten termingerecht erreicht werden, die Rettungsstollen gingen pünktlich in Betrieb (Bild 8). Dies ist nicht zuletzt der guten Zusammenarbeit und dem engen Dialog zwischen dem Auftraggeber, der DB Netz AG und der ARGE Rettungsstollen Mainzer Tunnel sowie den beteiligten Nachunternehmern zuzuschreiben. Alle Herausforderungen im Projekt konnten dank intensiver Arbeitsvorbereitung und fortwährender gemeinsamer Abstimmung sowie schneller Reaktion auf Unvorhergesehenes durch das Projektteam bewältigt werden. Somit kann der Bau der beiden Mainzer Rettungstollen als Vorzeigeprojekt, für einen optimalen Ablauf in Planung, Ausführung, Steuerung und Qualitätssicherung gesehen werden.

Dipl.-Ing. René Hallbauer
Projektleiter,
Alfred Kunz Untertagebau
rene.hallbauer@alfredkunz.de

M. Eng. Theresa Jansen
Projektleiterin, DB Netz AG,
Tunnelbauabteilung, RPM Mitte
theresa.jansen@deutschebahn.com

Richtiger Schienenschliff für lange Lebensdauer

Neben den Neu- und Ausbauprojekten der Schieneninfrastruktur wird bei der DB Netz AG im sogenannten Oberbauprogramm jährlich ein technischer Bedarf von ca. 1.200 Kilometer Gleisen und bis zu 2.300 Weichen umgebaut. Nach Ablauf der technisch/wirtschaftlich sinnvollen Nutzungsdauer werden die Anlagen mittels einer Ersatzinvestition erneuert. Um speziell für die Schienen nach einem Umbau für den kommenden Lebenszyklus eine optimale Qualität zu gewährleisten, ist das Schienenschleifen der entscheidende Arbeitsschritt.

Bild 1: Schleifmaschine RG48

Warum müssen neue Schienen geschliffen werden? Ist das Neuschienenschleifen oder, umfassender formuliert, die Neuschienenbearbeitung überhaupt erforderlich? Ja, es gibt dafür drei gewichtige Gründe. Erstens: Es ist die während des Walzprozesses entstehende randentkohlte Schicht der Schienen zu entfernen. Diese Schicht ist weich und birgt die Gefahr der beschleunigten Riffelbildung. Zweitens: Es sind mit dem Einbau der Schienen einhergehende Beschädigungen der Schienenfahrfläche zu beheben. Dies können Schottereindrückungen und eingefahrener Schmutz, häufig durch Zweiwegefahrzeuge verursacht, sein. Derartige Beschädigungen sind der Ausgangspunkt für Rissbildungen. Drittens: Es ist ein durchgehend anforderungsgerechtes Schienenkopfquer- und -längsprofil herzustellen. Vor Ort hergestellte Schweißungen sind in ihrer Ebenheit und Gradlinigkeit u. U. zu verbessern, die gewalzte Querprofilkontur – u. U. – zu verändern.

Bereits vor einigen Jahrzehnten wurde nachgewiesen, dass das Neuschienenschleifen (damals wurde ausschließlich geschliffen) direkt zur Verzögerung des erstmals notwendig werdenden Instandhaltungsschleifens beiträgt.

Länge über Puffer	62.325 mm
Breite	3.138 mm
Höhe über SO	4.216 mm
Gesamtgewicht	270 t
Anzahl der Radsätze	12
Anzahl der Drehgestelle	6 (4 Triebdrehgestelle, 2 Laufdrehgestelle)
Raddurchmesser	920 mm
Spurweite	1.435 mm
Motorleistung	2 à 1.007 kW
Eigenfahrgeschwindigkeit	100 km/h
kleinster befahrbarer Radius	150 m
Lichtraumprofil	G1 (UIC 505-1)
Dieseltank	9.085 l
Wassertank	25.000 l
Schleifverfahren	Computergesteuertes Schleifen mit rotierenden Schleifsteinen
Schleifmodule	48 Elektroschleifmotore je 30 PS
Schleifgeschwindigkeit	2–15 km/h (9 km/h)
Materialabtrag	0,25 mm / Schleiffahrt bei R = 300 mm
Schleifbereich	70° (Fahrkante) bis 45° (Außenkante)
Schleifsteine	Ø 260 mm, Höhe bis 85 mm
Staubabsaugsystem	2 hochleistungsfähige Trockenabsaugsysteme
Messsysteme	integrierte Messeinrichtungen für Schienenkopfquer- und -längsprofil sowie Materialabtrag und Spurweite, Wirbelstromprüfsystem
kleinster Arbeitsradius	180 m
Arbeitsrichtung	an keine Richtung gebunden

Bild 2: Technische Daten der Schleifmaschine RG48 II

Das Bauunternehmen SCHWEERBAU führt die Neuschienenbearbeitung mit Schleif-, Fräs- und Drehhobelmaschinen aus. Während die Schleifmaschinen RG 48 I und RG 48 II sowie die Fräsmaschinen SF 03, SFU 04 und HSM für die Neuschienenbearbeitung in Gleisen eingesetzt werden, haben die Drehhobelmaschinen D-HOB 2500 ihren Einsatzschwerpunkt in den Weichen [1]. Außer Zweifel steht, dass mit allen Maschinen die in den Ril 824.4010 (Neuschienen bearbeiten) und 824.8310 (Schienenbearbeitung abnehmen) gestellten Forderungen hinsichtlich Materialabtrag, Schienenkopfquer- und -längsprofilgenauigkeit sowie Schliffbild und Rauhigkeit erfüllt werden können. SCHWEERBAU's Auftraggeber sind in Deutschland die DB Netz AG und Bauunternehmungen, die im Auftrag der DB AG im Einsatz sind. Die Aufgabenstellungen in der Neuschienenbearbeitung reichen von einigen hundert Metern Gleis und ein, zwei Weichen bis zu zig Kilometern Gleis und zig Weichen, die deutschlandweit zu realisieren sind.

Im Folgenden werden einzelne Bauvorhaben, insbesondere aus dem Regionalbereich Nord, unter dem Gesichtspunkt der Neuschienenbearbeitung vorgestellt.

Bauvorhaben „Lehrte – Hämelerwald"

Das Neuschienenschleifen war Bestandteil der von SCHWEERBAU im Bauvorhaben „Lehrte – Hämelerwald" ausgeführten Gleiserneuerung. SCHWEERBAU hatte im 5.443 m langen Bauabschnitt in der Zeit vom 03.–10. März 2017 seinen Umbauzug UM-Schweerbau P 95, seine Reinigungsmaschine RM 900 und seine RPM RS 900 im Einsatz. Das Neuschienenschleifen fand im Anschluss an den am 13./14.5.2017 durchgeführten Belastungsstopfgang in der Nacht 14./15.5.2017 mit der RG 48 II (Bild 1 und 2) statt, d. h., wie im Regelwerk vorgesehen, als tatsächlich letzter Arbeitsgang. Hervorzuheben ist der begrüßenswerte Umstand, dass es planungsseitig gelungen ist, der hohen Belastung dieser Strecke Rechnung tragend, das Neuschienenschleifen so kurzfristig nach der Gleiserneuerung einzuordnen. Denn je früher die oben genannten Nachteile einer neuen Schiene und die Auswirkungen aus der Bautätigkeit behoben werden, desto besser ist es für den Lebenszyklus der Schiene. Der geforderte Materialabtrag von 0,3 mm wurde mit dem SCHWEERBAU Standardschleifverfahren für Neuschienen in zwei Bearbeitungsfahrten erbracht. Beispielhaft wird das Aussehen der Schienenfahrfläche nach dem Schleifen gezeigt (Bild 3). Typisch für dieses Bauvorhaben war, dass die Schienen der Form 60 E2, eingebaut mit der Neigung 1:40, teilweise sogar vor ihrer

Bild 3: Geschliffene Schiene

Bearbeitung bereits eine geringfügige negative Abweichung zum Zielprofil im Bereich Y-25 bis Y-30 besaßen. Das Neuschienenschleifen hätte folglich auch mit der Gleis- und Weichenschleifmaschine GWM 550 ausgeführt werden können. Im Übrigen setzt die ÖBB für das Neuschienenschleifen diesen Maschinentyp fast ausschließlich ein [2].

Bauvorhaben „Burgdorf – Lehrte, Burgdorf Gl. 642"

Im Bauvorhaben „Burgdorf–Lehrte, Burgdorf Gl. 642" wurde in der Schicht 15./16.7.2017 das Neuschienenschleifen ebenfalls mit der Schleifmaschine RG 48 II ausgeführt. Die Maschine war von Rathenow zugeführt und auf dem Abstellplatz Hannover Linden stationiert worden. Entsprechend Maschinenbestellzettel der DB Netz AG waren auf der mit der Geschwindigkeit v_{max} = 140 km/h befahrenen Strecke in zwei Teilabschnitten insgesamt 7.406 m Gleis mit einem Materialabtrag von 0,3 mm zu schleifen. Es war also eine klassische Aufgabenstellung. Das Zielprofil des Schienenkopfes 60 E2 1:40 wurde bei der Anforderung der zulässigen Abweichung von ±0,5 mm im Bereich Y-25 / Y-30 mit einer Genauigkeit von +0,3 mm/−0,5 mm hergestellt. Damit wurde der Forderung nach Ril 824.4010, Ausgabe 10/2017, in dem Bestreben, der Entstehung von HeadCheck besser vorzubeugen, bereits jetzt schon entspro-

chen. Es sei an dieser Stelle angemerkt, dass neue Schienen das Walzwerk mit radialen Abweichungen von + 0,5 mm/−0,3 mm anforderungsgemäß verlassen. Diese Schienen sind jedoch im verlegten Zustand, d. h. unter Berücksichtigung der tatsächlich vorhandenen Schienenneigung sowie in Abhängigkeit von der örtlich zulässigen Geschwindigkeit mit einer Genauigkeit von +0,3 mm/−0,5 mm für v ≤ 160 km/h bis ± 0,2 mm für v > 280 km/h zu bearbeiten. In Bögen ≤ 3000 m wird die bogenäußere Schiene mit einer Genauigkeit von 0/−0,6 mm hergestellt. Das Schienenkopfquerprofil wird mit einer maschinenintegrierten Messeinrichtung auf der Basis des Triangulationsverfahrens je 25 cm gemessen (Bild 4). Die Auswertung erfolgt basierend auf sieben charakteristischen Messpunkten der Schienenkopfkontur in Abschnitten zu 10 m. Die Ergebnisse werden in einem kontinuierlichen Messschrieb dargestellt. Diese Art und Weise der Aufbereitung der Schienenkopfquerprofilmessergebnisse gewährleistet, der Datenflut diskreter Querprofilmessungen je 250 m Gleis bzw. je 50 m Gleis auf Strecken mit Geschwindigkeiten mit örtlich zulässiger v > 160 km/h Herr zu werden (Bild 5). Die Schienenkopfquerprofilmessungen werden gleichzeitig dazu genutzt, den durch das Schleifen erzielten Materialabtrag zu ermitteln. Dazu werden die Null- und Endmessungen über die Schienenkopfflanke, d. h. den gemessenen, jedoch nicht geschliffenen Bereich, superpositioniert. Die Entwicklung und Einführung der maschinenintegrierten Abtragmessung war ein logischer Schritt, da sich die hohe Fertigmeterleistung der RG 48-er Maschinen und Handmessungen selbst bei einer Häufigkeit erforderlicher Abtragmessungen je 500 m in der Sache ausschließen. Im genannten Bauvorhaben betrug der Materialabtrag 0,30 mm – 0,35 mm. Die RG 48 II führte das Neuschienenschleifen wie üblich in zwei Schleiffahrten mit unterschiedlichen Schleifbildern aus. Die reine Bearbeitungszeit betrug 110 Minuten. Einschließlich der Fahr- und Wartezeiten waren 305 Minuten erforderlich. Die bestellte Schichtdauer von sechs Stunden spiegelte in sehr guter Weise die Möglichkeiten, das Potenzial eines RG 48-er Einsatzes, aber auch die sich aus den baubetrieblichen Abläufen ergebenden zeitlichen Notwendigkeiten wider.

Bauvorhaben „GE Linsburg Gl. 2 + Linsburg – Nienburg"

Im Bauvorhaben „GE Linsburg Gl. 2 + Linsburg–Nienburg" lautete die Aufgabenstellung für die RG 48 I, anstelle der üblichen 0,3 mm Materialabtrag eine Materialschicht von 0,5 mm zu entfernen. Der höhere Materialabtrag war augen-

Bild 4: Schienenkopf-
querprofilmessung,
Triangulation

scheinlich dadurch bedingt, dass a) intensivere Beschädigungen aus dem Baustellenverkehr vorhanden waren und b) ein langer, aber noch in der Norm liegender Zeitraum von sechs Monaten zwischen der Gleiserneuerung und dem Schienenschleifen verstrichen war. Erste HeadCheck, sichtbar in einer rostfarbenen Spur, hatten sich bereits entwickelt. Deren Beseitigung wurde anhand der maschineninstallierten Wirbelstromprüftechnik nachgewiesen. Die Wirbelstromprüfung ist Bestandteil jeder Mess- und Prüfdokumentation der Schienenbearbeitung. Auf 82 % des 8.045 m umfassenden Auftrags zur Neuschienenbearbeitung wurde in drei Schleiffahrten eine Materialschicht von 0,5 mm abgetragen. Im verbliebenen Gleisabschnitt war für das Herstellen einer fehlerfreien Schiene sogar ein Materialabtrag von 0,7 mm erforderlich.

Bauvorhaben „SiE 6185 Rathenow – Staffelde"

Im Bauvorhaben „SiE 6185 Rathenow – Staffelde" demonstrierte die Schleifmaschine RG 48 II ihr enormes Leistungsvermögen. Das Neuschienenschleifen schloss sich unmittelbar an die von der Bahnbaugruppe ausgeführte Schienenerneuerung auf der seit 1998 betriebenen Schnellfahrstrecke Berlin – Hannover an. Beginnend bei km 172,240 wurden aufsteigend in drei Teilabschnitten

Bild 5: Kontinuierliche Querprofilmessung

Bild 6: Hobelaggregat des D-HOB 2500 I im Einsatz

22.660 m Gleis geschliffen. Das Schienenkopfquerprofil 60 E2 1:40 wurde in zwei Schleiffahrten mit einer Genauigkeit von ±0,3 mm hergestellt. Der Materialabtrag betrug auftragsgemäß 0,30–0,35 mm. Es war eine Schicht von neun Stunden Dauer bestellt worden, die letztlich auch benötigt wurde, obwohl davon auf die Ausführung der Schleifarbeiten nur 5,5 Stunden entfielen.

Bauvorhaben „Nörten-Hardenberg"

Im Bauvorhaben „Nörten-Hardenberg" war die Neuschienenbearbeitung an 9 Weichen, vornehmlich 1200-er Weichen, auszuführen. Die Weichen werden teils mit 100 km/h, teils mit 280 km/h befahren. SCHWEERBAU setzte dazu in zwei Schichten vom 13.5. bis 15.5.2017 seinen Drehhobel

Bild 7a: Schiene vor dem Drehhobeln. Geschädigte Schienenfahrfläche

Bild 7b: Mit dem D-HOB 2500 bearbeitete Schiene

D-HOB 2500 I (Bild 6) ein [3]. Übermäßig ausgeprägte Einfahrungen in der Schienenfahrfläche veranlassten den QüS dazu, anstelle der beauftragten 0,3 mm Materialabtrag einen Abtrag von 0,5 mm einzufordern. Für einen Drehhobel hat das grundsätzlich keinen Einfluss auf die Produktivität der Maschine. Die Weichen wurden einschließlich aller begleitenden Arbeiten in 608 Minuten bearbeitet (Bild 7a und Bild 7b). Aufgrund der intensiven und detaillierten Vorbereitung des Bauvorhabens durch die DB Netz AG und die SCHWEERBAU Bauleitung, allerdings auch wegen der – leider – untypisch geringen Entfernung zwischen dem Abstellplatz der Maschine und der Baustelle, entfielen nur 55 Minuten in der ersten Schicht und 87 Minuten in der zweiten Schicht auf Fahr- und Wartezeiten und damit nur 17 % der Gesamteinsatzzeit. Die Bearbeitung der Weichen erfolgte nicht nur einzeln, sondern teilweise auch im Zusammenhang (Bild 8). Für jede Weichengeometrie und Weichenlage gibt es spezifische Programme. Es wird unterschieden: Ist das Gleis ein Stamm- oder Zweiggleis, ist die Weiche spitz oder stumpf, ist eine Links- oder Rechtsweiche zu hobeln. Im Herzstück wurden die Weichen ausschließlich des Bereichs Flügelschienenknick – K-Punkt bearbeitet. Das Hobeln der Zunge erfolgte bis zu einer Kopfbreite von 23 mm. Neben der hohen Produktivität der Drehhobelmaschinen besteht der Vorteil dieses Verfahrens darin, dass die in Gleisen mit zulässiger $v \geq 160$ km/h erforderliche Reinigung der Weichen einschließlich ihrer Anschlusslängen nicht vorgenommen werden muss, da das Verfahren so gut wie staub- und funkenfrei ist. Die Gleitstühle/Rollen waren nach dem Hobeln unverändert sauber. Das Hobeln beginnt und endet sehr kontinuierlich mit einer Rampe von 1:1000 bzw. auch mit 1:2000. Die Isolierstöße wurden unproblematisch bearbeitet. Sie stellten keine besondere Herausforderung dar.

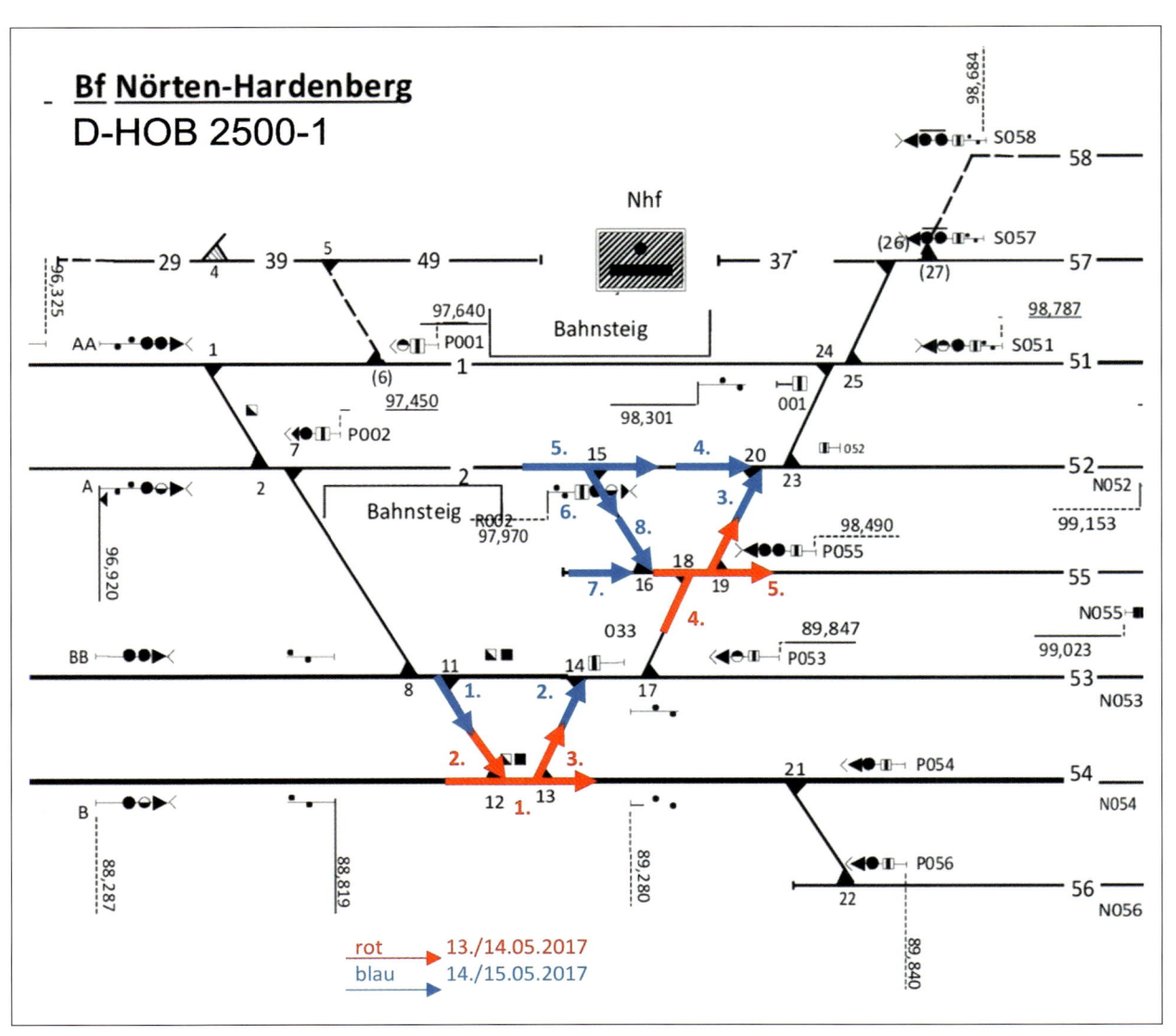

Bild 8: Weichenbearbeitung auf dem Bf. Nörten-Hardenberg

Bild 9: Hochleistungsfräsmaschine HSM

Bauvorhaben „VDE 8.1 Nürnberg – Ebensfeld – Erfurt"

Obwohl die nachfolgend beschriebene Neuschienenbearbeitung nicht zum Oberbauprogramm gehört, soll aufgrund der außerordentlichen Rangstellung dieses Vorhabens an dieser Stelle darüber berichtet werden.

Die Neuschienenbearbeitung im VDE-Projekt 8.1 Nürnberg – Ebensfeld – Erfurt zählte im Jahr 2017 zu den umfangreichsten SCHWEERBAU Aufträgen dieser Art. Mit den Fräsmaschinen SF 03, SFU 04 und HSM (Bild 9) wurden im Auftrag der DB Bahnbau, der Porr Gleisbau und der L. Weiss GmbH abschnittsweise in den Monaten April bis August 2017 insgesamt 112 km Gleis entsprechend den Anforderungen der Neuschienenbearbeitung gefräst. Da vornehmlich Schienen der Festen Fahrbahn gefräst wurden, stand insbesondere die Beseitigung der randentkohlten Schicht im Fokus. Das heißt nicht, dass es auch baubetrieblich bedingte Beschädigungen der Schienenfahrfläche gegeben hat. Die Fräsmaschinen wurden häufig mit einer nachlaufenden Schleifmaschine GWM 550 zwecks BüG-Bearbeitung ergänzt. Charakteristisch für das Bauvorhaben und den Einsatz dieser Maschinen waren

- die geringfügigen in Anzahl und Tiefe angetroffenen Eindrückungen auf der Schienenfahrfläche sowie die insgesamt minimalen Beschädigungen, die unproblematisch beseitigt wurden,
- die überwiegende Ausführung des Neuschienenfräsens als tatsächlich letzte Arbeit am Gleis – kein Einbringen von Schmutz durch Baufahrzeuge,
- die Realisierung des 0,3 mm Materialabtrags in einer Bearbeitungsfahrt,
- die Herstellung des Schienenprofils 60 E2 in der Neigung 1:40 mit einer Genauigkeit von 0 mm/–0,2 mm,

▎ das weitestgehend funken- und staubfrei verlaufende Fräsen, wodurch eine Reinigung der Festen Fahrbahn nicht erforderlich war.

Die Schichtleistungen betrugen durchschnittlich 3.400 m Gleis. Den Bauablaufplänen Rechnung tragend gab es Abweichungen nach oben bis 4.800 m und nach unten bis 2.900 m.

Als Fazit der hier beschriebenen Ergebnisse der von SCHWEERBAU mit unterschiedlichen Verfahren in Gleisen und Weichen ausgeführten Neuschienenbearbeitung wird festgehalten:

1. Die randentkohlte Schicht neuer Schienen sowie Beschädigungen aus dem Baustellenverkehr wurden gesichert behoben.
2. Das Profil 60 E2 1:40 wurde entsprechend der Abnahmerichtwerte für das Schienenkopfquerprofil mit hoher Zuverlässigkeit hergestellt.
3. Grundsätzlich wurden Materialabträge von 0,30 mm/0,35 mm erzielt. Neuschienenbearbeitungen am Ende der sechsmonatigen Ausführungsfrist machten jedoch teils Abträge bis 0,50 mm/0,70 mm erforderlich.
4. Die Head-Check-Freiheit wurde nachgewiesen.

Diese hier getroffenen Schlussfolgerungen lassen sich auch auf die anderen von SCHWEERBAU ausgeführten Aufträge der Neuschienenbearbeitung übertragen.

Eine gut geplante, allseitig vorbereitete und anforderungsgerecht ausgeführte Neuschienenbearbeitung – das ist die Grundlage und der Ausgangspunkt für ein, selbst bzw. gerade bei intensivster Nutzung hinsichtlich Streckenlast sowie Geschwindigkeit und Beschleunigung der Fahrzeuge, langes Leben der Schiene.

Martin Behse
Regionalbereich Nord,
Leiter Projekte Oberbau,
DB Netz AG
martin.behse@deutschebahn.com

Dr.-Ing. Dieter Hartleben
Schweerbau GmbH & Co. KG
Niederlassungsleiter
berlin@schweerbau.de

Innovative Gleiserneuerung in der Verbundvergabe

Im Frühjahr 2018 konnte eine der infrastrukturellen Hauptschlagadern der Deutschen Bahn AG zwischen Düsseldorf und Köln-Mülheim auf insgesamt 22 Kilometer in nur sechs Wochen komplett saniert werden – bei kaum eingeschränktem Verkehr. Die Vergabe der Leistungen erfolgte im Rahmen der sogenannten Verbundvergabe, d. h. das beauftragte Bauunternehmen (Swietelsky) war auch für die Auswahl und Beauftragung des Sicherungsunternehmens zuständig. Zielsetzung der Verbundvergabe ist die engere Kooperation von Bau und Sicherung bei der Planung und Umsetzung der Maßnahme, um die Sicherheit der Beschäftigten zu erhöhen, den Koordinations- und Nachtragsaufwand (bei der Bahn) zu minimieren und Kostenvorteile für den Hauptauftraggeber zu realisieren.

Bild 1: Umbauzug mit Baustellenlogistik (Portalkran) und Sicherung mit technischen Warnsystemen

Es standen nur sechs Wochen zur Verfügung, um insgesamt 22 km Gleis (inklusive Schotter und Schwellen) komplett zu tauschen – und das bei kaum eingeschränktem Verkehr. Rund 260 Züge pro Tag mit einem Gesamtgewicht von 130.000 Tonnen hatten eine Erneuerung der Schienen und Schwellen nach 30 Jahren unumgänglich gemacht.

Engagiert für diesen Job wurden im Rahmen einer Verbundvergabe ausgewiesene Experten mit innovativen Technologien. Die österreichische Gleisbaufirma Swietelsky bot mit der RU 800-S ihr Flagschiff auf, 100 Mio. € Hochtechnologie auf 800 m Länge verteilt. Rund 27 Mitarbeiter sind pro Schicht allein auf der Maschine beschäftigt, hinzu kommen Kräfte für die Vermessung, die Signaltechnik, Logistik und Bauüberwachung. Nur wenige Meter trennt diese Kräfte von den vorbeifahrenden Zügen auf den Nachbargleisen. Neben eigenen Kräften der Tochterfirma (RTS Rail Transport Services GmbH) wurde daher von Swietelsky auf die Sicherungsexperten von CONDOR aus Essen zurückgegriffen.

Verbundmaßnahme zur technischen Leistungsoptimierung

Die Vergabe der Leistungen erfolgte im Rahmen der sogenannten Verbundvergabe, d. h. dass das beauftragte Bauunternehmen (Swietelsky) auch für die Auswahl und Beauftragung des Sicherungsunternehmens zuständig war. Zielsetzung der Verbundvergabe ist die engere Kooperation von Bau und Sicherung bei der Planung und Umsetzung der Maßnahme, um

- die Sicherheit der Beschäftigten zu erhöhen,
- den Koordinations- und Nachtragsaufwand (bei der Bahn) zu minimieren und
- Kostenvorteile für den Hauptauftraggeber zu realisieren.

Vorgesehen ist bei der Verbundvergabe, dass sich das Bauunternehmen mit dem ausgewählten Sicherungsunternehmen bereits in der Angebotsphase abstimmt, wie Bau- und Sicherungsleistungen möglichst optimal miteinander verzahnt werden können. Im Unterschied dazu werden bei den sonst üblichen Ausschreibungen Bau- und Sicherungsleistungen getrennt ausgeschrieben. Soweit das Bauunternehmen dann nicht genauso baut, wie es für die Ausschreibung der Sicherungsleistungen geplant war, müssen beide Auftragnehmer durch den Auftraggeber koordiniert werden. Manchmal führen Optimierungen von Bauabläufen zu derartigen Steigerungen des Aufwandes bei Logistik und Sicherung, dass eine vermeintliche Einsparung das Gesamtergebnis der Maßnahme verschlechtert.

Die Planung einer Verbundmaßnahme erfordert allgemein neben der guten Zusammenarbeit der Beteiligten intensive Kenntnisse über die verschiedenen Bauverfahren, Baumaschinen und die entsprechenden Sicherungsverfahren. Für die Planung und Optimierung von Bau- und Sicherungsleistungen hat CONDOR gemeinsam mit den Softwareexperten der IVE-Hannover SOG-SIP entwickelt. SOG-SIP baut auf dem erfolgreichen SOG (Sperrpausenoptimierung im Gleisbau)-Modul auf und ergänzt die bekannten Wege-Zeit-Diagramme um die Planung der Sicherungsleistungen. Jedes gemeinsame Angebot sollte daher als Unikat verstanden werden. Gerade bei komplexen Maßnahmen führen eine unbedarfte Planung bzw. der spätere

Bild 2: Sicherung mit qualifiziertem Personal und modernster Technik

Wechsel des Sicherungsunternehmens gegen einen billigen Alternativanbieter dazu, dass mangelndes Wissen über die Planungsgrundlagen zur Gefährdung des (bau-)eigenen Personals führt.

Bild 3: Arbeiten ohne Unterbrechung des Zugverkehrs

Bild 4: Der Maschineneinsatz beim Bauen unter dem rollenden Rad

Von der Planung zur Ausführung

Bei der Maßnahme zwischen Köln und Düsseldorf lief die Planung für Bau, Logistik und Sicherung bereits Monate im voraus. Ausgeschrieben wurde die Leistung bereits im Sommer 2017. Schließlich mussten 43.000 m Schienen, zur Verlegung in 180-m-Stücke aufgeteilt, jedes Teilstück mit einem Gewicht von 11 Tonnen, just in time an der Baustelle für die RU 800-S verfügbar sein. Hinzu kamen 36.000 Schwellen sowie 23.000 Tonnen Schotter zur Verfüllung und Verbindung mit dem gereinigten Altschotter. In gleicher Menge musste natürlich auch Altmaterial entsorgt werden. Neben dem fortlaufenden Zugverkehr musste auch diese logistische Ver- und Entsorgung über die verbliebenen Gleise organisiert werden – eine Meisterleistung der Logistiker der Swietelsky sowie der für den Bahnbetrieb zuständigen Stellen der Deutschen Bahn. Immer wieder wurden in den Monaten vor Baubeginn Anpassungen aufgrund betrieblicher Notwendigkeiten, Fahrplanumstellungen oder sonstiger nicht vorhersehbarer Einflüsse erforderlich.

Jegliche Änderung der baulichen oder betrieblichen Abläufe beeinflusst die (geplanten) Sicherungsmaßnahmen. Zu berücksichtigen waren im vorliegenden Projekt u. a. die Nähe zum Hauptbahnhof Düsseldorf mit einer Vielzahl von möglichen Fahrwegen, die Verbindung von Fernverkehr, Güterverkehr und Nahverkehr sowie die enge Nähe zu Wohnvierteln. Dies erfordert vom Sicherungsunternehmen nicht nur planerische Kompetenz, sondern auch Erfahrung im Umgang mit solchen Maßnahmen und die Verfügbarkeit von technischen Systemen. Als einer der Marktführer in Deutschland setzt CONDOR das Know-how aus zehn bundesweit verteilten Geschäftsstellen sowie kabel- und funkbasierende technische Warnsysteme (ATWS) ein. Soweit möglich, werden statt der lärmerzeugenden Warnsysteme sogenannte Feste Absperrungen (FA) eingesetzt, z. B. die patentierten CONDOR-Systeme, „spot", die sich durch besonders schnelle Montage und hohe Stabilität auszeichnen. spot erfüllt als eine der wenigen zugelassenen festen Absperrungen die europaweite Norm 16704:2017 und entspricht damit dem Stand der Technik.

Bis kurz vor Beginn der Maßnahme wurden die Planungen immer wieder optimiert, die notwendigen Langsamfahrstellen für den übrigen Zugverkehr geplant und eingerichtet und Planungen für die Sicherung angepasst. Im Interesse der Anwohner wurde z. B. der Lärm der Warnsysteme durch die Kombination im Bauablauf mit eingesetzten Festen Absperrungen deutlich ggü. der Ursprungsplanung reduziert. Da der Einsatz von festen Absperrungen aufgrund der erforderlichen Arbeitsbreite und der gegebenen Gleisabstände nicht durchgehend möglich war, war auch hier eine genaue Planung und Abstimmung mit dem Bauablauf für die jeweiligen Montage- und Demontageschritte von Fester Absperrung bzw. technischen Warnsystemen erforderlich.

Bild 5: Feste Absperrung „spot" mit Weichenlösung

Bauausführung und Zeitmanagement

Die Sanierung der 22 km war nicht nur für die Beteiligten von Bahn, Bau und Sicherung eine hochspannende Angelegenheit. Vertreter der Presse gaben sich die Klinke in die Hand. Die schiere

Größe und Funktionalität der RU 800-S brachte die schnell als „Monstermaschine" titulierte Technologie sogar zur besten Sendezeit ins Fernsehen. Allein die Kernmaschine wiegt 650 Tonnen, hinzu kommen vor- und nachgehängte Wagen für die auszuwechselnden Schwellen und den Schotter.

4.000 PS treiben die Maschine an, die zentimetergenau die Neuschienen samt Schwellen und Schotter dort einbaut, wo vor dem Eintreffen der Maschine noch die Altschienen lagen. Mit rund 180 m pro Stunde arbeiten sich Maschine und Bedienpersonal voran, wenn es mal schneller gehen soll, um z. B. Störungen aufzufangen, können es auch mal bis zu 250 m pro Stunde sein. Für die Versorgung der Kernmaschine mit Neuschwellen fährt ein Portalkran permanent zwischen der Kernmaschine und den Versorgungswagen hin und her.

Mit der RU 800-S bewegt Swietelsky zweifelsohne eine der modernsten Gleisbaumaschinen in Europa, sie ist zudem die einzige Maschine weltweit, die in einem Arbeitsgang sowohl die Verlegung der Gleise als auch die Schotterreinigung bewältigt. Auch im Internet ist die Maschine inzwischen ein „Star" – rund 3 Mio. Mal wurde ein Youtube-Video über den Einsatz der RU 800-S bereits angeklickt.

Die hohe Arbeitsgeschwindigkeit reduziert die zeitlichen Einschränkungen des Betriebs deutlich und begründet die hohe Auslastung von Maschine und Mannschaft. Es gibt wohl kaum einen staugeplagten Autofahrer, der nicht von einer vergleichbaren Maschine für den Straßenbau träumt.

Als pünktlich zum Beginn der Pfingstferien die Strecke wieder für den allgemeinen Verkehr freigegeben werden konnte, hatten sich die Vorplanungen bewährt. Die vorgegebenen Sperrzeiten wurden eingehalten und auch technische oder betriebliche Störungen führten zu keinen Verzögerungen einzelner Meilensteine. Dies war auch das Ergebnis eines gezielten Risikomanagements der Beteiligten mit Einplanung von Pufferzeiten für mögliche technische, organisatorische und personelle Unwägbarkeiten. Flexibilität im Laufe des Bauprozesses, kurze Abstimmungswege und Unterstützung statt Claim-Management zeichnen erfolgreiche Verbundvergaben aus.

Sicherung mit fester Absperrung und technischen Warnsystemen

Bis kurz vor Beginn der Maßnahme waren Anpassungen des Sicherungskonzeptes u. a. aufgrund der betrieblichen Vorgaben mit mehreren Alternativversionen erforderlich. Im Extremfall hätten mehr als 70 Schienenkontakte bis in den Düsseldorfer Hauptbahnhof installiert werden müssen, um alle Fahrtmöglichkeiten sicher zu erfassen und die Baukräfte zu warnen.

Zum Einsatz kamen schließlich rund 6.500 m feste Absperrung und 4.500 m technische bidirektionale Funk-Warnsysteme. Vor Beginn der Maßnahme mussten jedoch zunächst die Langsamfahrstellen eingerichtet werden, um die Geschwindigkeit im Nachbargleis auf 120 km/h zu beschränken.

Für die Sicherung mit Fester Absperrung bietet sich u. a. die von CONDOR entwickelte feste Absperrung spot zur Verfügung, die nicht nur den neuesten Europäischen Normen entspricht (was nicht für alle noch zugelassenen festen Absperrungen gilt), sondern auch unterbrechungsfrei durch Weichen- und Kreuzungsbereiche gebaut werden kann. Mit der Zulassung auch für derartige Einsatzbereiche konnte ein bislang oftmals vorhandenes Risiko beim Einsatz fester Absperrungen geschlossen werden.

Da große Teile der Strecke durch dichtbesiedelte Wohngebiete führen, wurde gemeinsam mit dem Umweltamt und der Bahn entschieden, dass die Warnung mit den technischen Warnsystemen nur

Bild 6: „spot" Langsamfahrsignale

Bild 7: Akku Ladekoffer

Bild 8: Überwachungsposten mit Funkfernauslösung

dort erfolgen sollte, wo aufgrund der Arbeitsbreite der Maschine keine feste Absperrung montiert werden konnte. Somit erfolgte quasi eine parallel zur Maschine fortlaufende Umsetzung der akustischen Warnung und festen Absperrung.

Auch für die Warnung der Beschäftigten kam neueste Technik zur Anwendung. Maschinenseitig ist die RU 800-S mit Warngebern von Zöllner GmbH ausgerüstet, die genauso auf der Maschine montiert sind, dass die Warnsignale an jedem Arbeits- und Aufenthaltsort auf und entlang der Maschine wahrgenommen werden. Besonders gefährdet sind die sogenannten Seitenläufer, also die Baukräfte, die nicht ständig auf der Maschine sind, sondern sich teilweise neben der Maschine aufhalten müssen. Diese wurden durch gesonderte Kräfte der Sicherungs-ARGE permanent überwacht. Für den Fall, dass erkennbar die Warnung nicht aufgenommen wird, können die Überwachungsposten manuell (über eine Funkfernsteuerung) die Maschinenwarnung erneut aktivieren. Zusätzlich wurden durch die Sicherungs-ARGE mobile Einzelwarnkomponenten (Lynx EWK-L) bzw. Kettenhörner (AW-126 L) entlang der Baustelle aufgestellt. Mit einer maximalen Lautstärke von 126 dB (ab 1.1.2019 müssen die Warnsignalgeber mit einer automatischen Pegelanpassung auf 65 dB ausgerüstet sein, soweit sie näher als 1.000 m zu einer Wohnbebauung aufgestellt werden) werden Baukräfte und sonstige Beteiligte sicher gewarnt. Für die optimale Konfiguration von der Detektion bis zur Warnausgabe in Verbindung mit den sonstigen Sicherungsmaßnahmen und dem Bauablauf erfolgte vor Baubeginn eine intensive Planung und Projektierung. Jeder auf der Baustelle tätige Mitarbeiter wurde in den getroffenen Sicherungsverfahren, deren Anpassung an den Bauablauf und dem richtigen Verhalten in Gefahrsituationen unterwiesen.

Bild 9: Die Entwicklung geht weiter

Insgesamt wurden auf der Baustelle mehr als 100 unterschiedlichste akkubetriebene Funksysteme für die Detektion, Verarbeitung und Warnung eingesetzt, so dass sich auch die Ladekoffer der neuesten Generation bewähren konnten. Bis zu neun Akkus werden ladestromüberwacht in einem praktischen und IP65-geschützten Transport- und Ladekoffer gleichzeitig geladen.

Innovationen und Zukunftsaussichten

Sowohl bei Swietelsky und RTS, als auch bei CONDOR laufen die Entwicklungen für weitere innovative Ansätze im Gleisbau permanent auf Hochtouren.

Schon bald wird bei Swietelsky die RU 800-S die Position des Flagschiffs an eine neue, noch modernere Maschine abtreten müssen. Gemeinsam mit Plasser & Theurer entwickelt Swietelsky aktuell eine Gleisumbaumaschine, die zusätzlich zur RU 800-S noch den eingebrachten Schotter direkt stopft, d. h. verdichtet. Aktuell sind dafür noch gesonderte Stopfmaschinen erforderlich, die wieder eigene Sperrzeiten und Logistik benötigen. In rund zwei Jahren soll die neue Maschine auf die Gleise gebracht werden, man kann gespannt sein, ob es bis dahin vielleicht auch etwas automatisierter auf den Autobahnbaustellen zugeht.

Damit es für die Anwohner von Gleisbaustellen zukünftig ruhiger wird, hat CONDOR bereits auf der InnoTrans 2016 temporäre Lärmschutzwände vorgestellt, die ergänzend an die feste Absperrung (niedrige Ausführung) oder als gesonderte Wände mit eine Höhe von bis zu 6,40 m (hohe Ausführung) aufgestellt werden können. Insbesondere für Baustellen, die aufgrund betrieblicher Belange nur nachts oder an Wochenenden betrieben werden können, bieten die schnell montierbaren, luftgefüllten Wände ein enormes Potenzial, um auch in wohnnahen Bereichen zu bauen.

Parallel zur Baustelle in Düsseldorf wurde auch erstmals CONDOR-intern die neueste Softwarelösung (PEGASUS) zur Qualifikationsüberwachung getestet. Mittels einer App auf dem Smartphone können Sicherungsaufsichten zukünftig die Gültigkeit der für den jeweiligen Einsatz notwendigen Qualifikationen ihrer Mitarbeiter überwachen. Statt eines Papiernachweises mit einer Vielzahl von Einzelblättern, Stempeln etc. reicht eine einfache RFID-Karte, mit der die Sicherungsaufsicht Zugriff auf die servergesicherten Daten hat. Tätigkeiten, die eine Vielzahl von Einzelqualifikationen und Nachweise erfordern, können unaufwendig zu sogenannten Rollen zusammengefasst und ebenso mit einer einzelnen Abfrage geprüft werden. Zugleich laufen im Hintergrund zahlreiche Prozesse ab, die das Management entlasten, bis hin zur Erinnerungsmail an den Mitarbeiter und seinen Vorgesetzten, dass einzelne Qualifikationen oder Unterweisungen bald auslaufen und aufgefrischt werden müssen. Selbstverständlich können in gleicher Form auch jegliche andere Qualifikationen überwacht werden, z. B. von Baukräften, Sicherheitsmitarbeitern an Flughäfen, Beschäftigten in Chemieunternehmen etc. Ebenso sind Anbindungen an Zutrittskontrollsysteme, Zeiterfassung oder das Gerätemanagement möglich.

Bild 10: Temporäre Lärmschutzwände

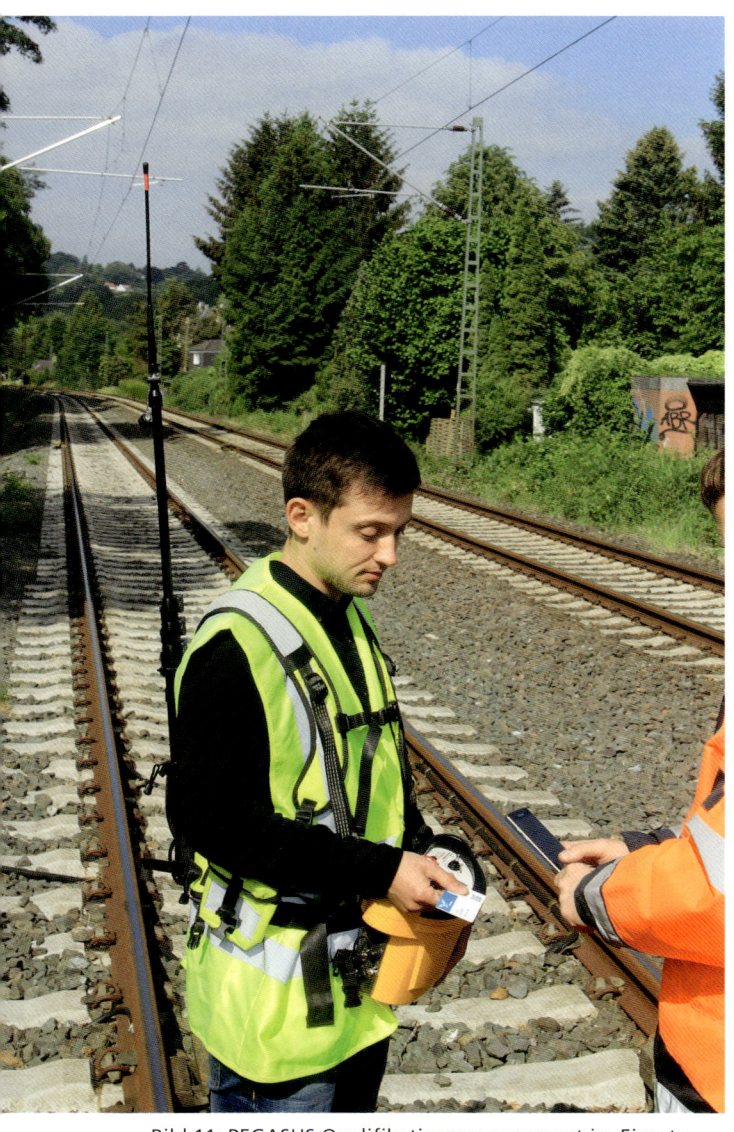

Bild 11: PEGASUS Qualifikationsmanagement im Einsatz

Zusammenfassung

Durch die enge Kooperation zwischen der bauausführenden Swietelsky, der eigenen Logistik- und Sicherungsabteilung RTS sowie dem ARGE-Partner CONDOR konnte eines der anspruchsvollsten Bauverfahren in 2018 in vollem Umfang und im gesetzten, knappen Zeitrahmen umgesetzt werden. Modernste Technologie, qualifiziertes Personal sowie eine hochprofessionelle Organisation der Beteiligten inklusive des Hauptauftraggebers Deutsche Bahn haben ihren Beitrag zum Gelingen des Projektes beigetragen.

Die gezeigten Innovationen stellen klar, dass der Bahnbau kein alter Hut ist, sondern hohe Professionalität und auch Innovationskraft bedeutet. Gerade für junge Menschen, die in ihrem Berufsleben mehr als das eintönige Allerlei erleben möchten, bieten Bahnbau, Logistik und Sicherung Potenziale zur Weiterentwicklung innerhalb sicherer Arbeitsverhältnisse.

Cornelius Toussaint
Geschäftsführer/CEO,
CONDOR GmbH
c.toussaint@condor-sicherheit.de

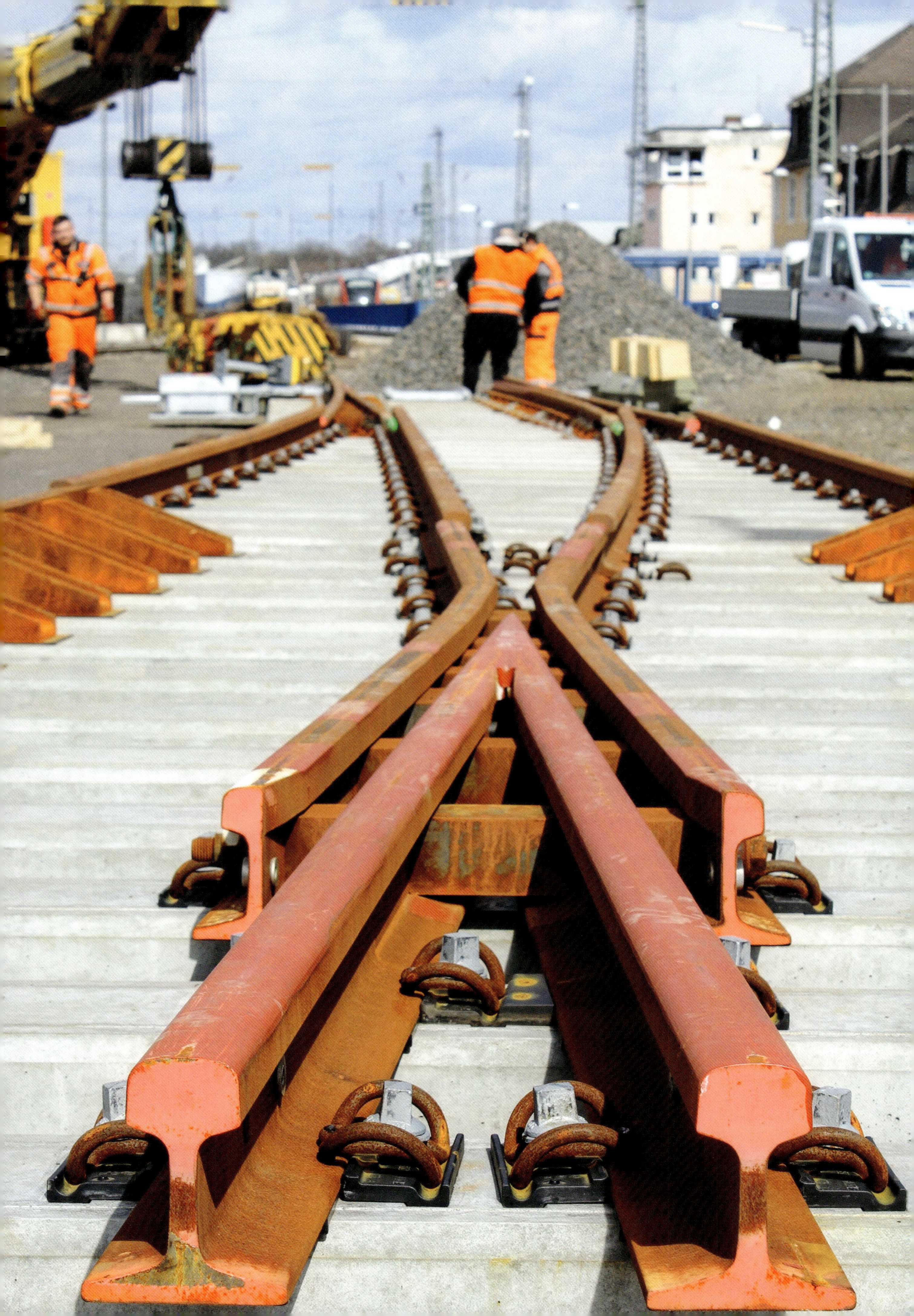

Neue Sicherungsanlage für Bahnübergang Borgsdorf

Die vorhandene Bahnübergangssicherungsanlage km 22,460 Borgsdorf des Baujahrs 1961 entspricht nicht mehr dem Erscheinungsbild der Eisenbahn-Bau- und Betriebsordnung (EBO). Die zu planenden Maßnahmen an der technischen Sicherung des Bahnübergangs dienen zur Herstellung eines Zustandes gemäß der Eisenbahn Bau- und Betriebsordnung.

Bild 1: BÜ km 22,4 Borgsdorf vor Beginn des Umbaus 2017

Aufgabenstellung

Die Blinklichter in den Andreaskreuzen werden zurzeit mit einer befristeten Ausnahmegenehmigung des BMV BS betrieben. Die Anpassung der BÜ – Sicherungen wird aus Gründen der Sicherheit und Abwicklung des Verkehrs zwingend erforderlich.

Die vorhandene Bahnübergangssicherungsanlage in der Bauform eVs ist im Rahmen eines Neubaus durch eine Bahnübergangssicherungsanlage mit Vollabschluss und Gefahrenraumüberwachung in der Bauform Simis LC mit beidseitigen Fuß- und Radwegen in der Überwachungsart Hp mit in der Regel- und Gegenrichtung jeweils Fern- und S-Bahn zu ersetzen. Hierbei ist der niveaugleiche Bahnsteigzugang innerhalb der Sperrstrecke des Bahnübergangs zum Mittelbahnsteig zu berücksichtigen.

Lage im Netz

Der Bahnübergang befindet sich an der zweigleisigen elektrifizierten Hauptbahn Strecke 6088 Berlin-Gesundbrunnen, 41W119 – Birkenwerder – Neubrandenburg – Stralsund und der zweigleisigen Gleichstrom-S-Bahn Strecke 6030

Berlin-Gesundbrunnen, 41W711 – Oranienburg bei km 22,460 innerorts der Stadt Hohen-Neuendorf, Stadtteil Borgsdorf. Der BÜ befindet sich im Regionalbereich Ost der DB AG im Bundesland Brandenburg und wird vom Europa-Radweg Berlin – Kopenhagen gekreuzt.

Geplanter Zustand der Anlage

Der Bahnübergang wird mit einer rechnergesteuerten Lichtzeichenanlage mit Vollabschrankung vom Typ SIMIS-LC mit Lichtzeichen gelb/rot, in die Sicherungsanlage einbezogenem kombiniertem Geh- und Radweg, Bahnsteigzugang in der Sperrstrecke, Gefahrraumfreimeldung (GFR) und der Überwachungsart Hp (LzHH/F-Hp(GFR)) ausgerüstet.

Die neue Anlage bekommt die Bezeichnung BÜ 22,4.

An der Bahnübergangssicherungsanlage des Bahnübergangs im Bahnkilometer 22,460 erfolgt keine Anpassung an den Telekommunikationsanlagen. Fernsprecher sind nicht vorhanden. Die elektrotechnischen Anlagen sind zu erneuern, da diese nicht mehr den gültigen Vorschriften entsprechen.

Die S-Bahnstromanlagen sind den Erfordernissen entsprechend an die Gegebenheiten des neu gestalteten Bahnübergangs Borgsdorf anzupassen. Hierzu gehören insbesondere die Anpassung der Stromschienenanlage, der S-Bahnstrom-Kabelanlage sowie der Kabelkanäle im Anschlussbereich der GGSG-Kabel an die Stromschienenanlage, einschließlich Anordnung von neuen Bockschwellen zur Aufnahme der höhenverstellbaren Stromschienenträger.

Bauablauf

Aufgrund der geringen Verfügbarkeit von Gleissperrpausen auf dem vielbefahrenen Streckenabschnitt der Fern- und S-Bahn zwischen Birkenwerder und Oranienburg musste die bauliche Realisierung in zwei Bauphasen unterteilt werden. Die erste Bauphase umfasste alle Streckenkabeltiefbauarbeiten sowie die Rammrohrgründungen für die neu erforderlichen BÜ-deckenden Signale, u. a. Tiefgründung für zwei Signalausleger. Weiterhin wurden die Oberbauerneuerung und der Einbau der neuen BÜ-Befestigung in der ersten Bauphase bereits realisiert.

Die Bauphase 2 umfasst im wesentlichen den Straßen- und Gehwegbau im Endzustand sowie alle Leistungen der Leit- und Sicherungstechnik einschließlich der Errichtung der neuen Bahnübergangssicherungsanlage (BÜSA) mittels neuen Schranken und Lichtzeichen, das Aufstellen der Signalausleger und Signale sowie die Anpassung der technischen Abhängigkeiten zwischen BÜSA und dem Stellwerk der Bk Borgsdorf. Die Leistungen der Bauphase 2 sollen im Dezember 2018 abgeschlossen werden.

Gewerke

Bahnkörper und Oberbau

Es ist keine Veränderung der Gleisgeometrie geplant. Im BÜ-Bereich sind alle Schwellen und Schienen zu erneuern. Es sind Betonschwellen der Belastungsklasse B90 zu verwenden. Da der BÜ-Belag verschlissen ist, sind neue Betonplatten analog zur bisherigen Befestigung einzubauen. Als neue Bahnübergangsbefestigung kommen Großflächenbetonplatten vom Typ Chemnitz zum Einbau. Es werden Innenplatten und Außenplatten mit einer Länge von je 2.600 mm verlegt. Der neue BÜ-Belag ist mit einem Überstand von mindestens 0,3 m zur Verbindungslinie der Wegkanten herzustellen. Die äußere Auflagerung der Außenplatten erfolgt auf vom Hersteller mitgelieferten Abschlusssteinen, welche auf einem in Ortbeton ausgeführten Streifenfundament aufgelagert werden. Der Einbau und die Verlegung erfolgen generell unter Beachtung der Einbauhinweise des Herstellers. Seitlich an den Randplatten werden Kupplungsauflaufbleche angeordnet. Außen wird die bituminöse Straßenbefestigung bis an die Auflagersteine geführt. Die Fugen sind dauerelastisch zu vergießen.

Bild 2: Einsatz der Stopfmaschine im Rahmen der Oberbauerneuerung

Bild 3: Neu errichtete Bahnübergangsbefestigung und Asphaltarbeiten

Straßenbau

Die vorhandene Fahrbahnbreite beträgt 6–8,15 m. Ein Ausbau gemäß Ril 815 (Fahrbahnbreite ≥5,5 m) ist damit nicht erforderlich. Infolge der Neugestaltung des Zugangsbereichs zur S-Bahn-Haltestelle Borgsdorf inklusive Rampe für mobilitätseingeschränkte Personen und Anordnung einer Schranke unter Einhaltung des geforderten Sicherheitsabstands wird die Straßenbreite im gesamten BÜ-Bereich auf 6 m reduziert. Die bestehende Fahrbahnbreite vor und hinter dem BÜ wird auf die neue Fahrbahnbreite im BÜ-Bereich verzogen. Auf der Bahnsteig abgewandten Seite wird ein kombinierter Rad-/Gehweg mit einer Breite von 2,5 m angeordnet. Auf der Bahnsteig zugewandten Seite wird ein von der Fahrbahn baulich abgetrennter Gehweg errichtet. Die Radfahrer werden auf einem Fahrradschutzstreifen auf die Fahrbahn geleitet. Die Straßenbefestigung ist im BÜ-Bereich zu erneuern.

Hochbau

Zwischen den S-Bahn-Gleisen im II. Quadranten wird ein Schalthaus für die Aufnahme der Sicherungstechnik errichtet.

Bahnsteigzugang

Der vorhandene Bahnsteigzugang zum S-Bahn-Bahnhof Borgsdorf, der sich zwischen den Gleisen der Strecke 6030 und somit innerhalb der Sperrstrecke beim Stellwerk „Bk Borgsdorf" befindet, muss im Rahmen der BÜ-Maßnahme zur Erneuerung der technischen Sicherung verändert werden. Diese Umgestaltung des barrierefreien Zugs muss nach Ril 813.0202 sowie DIN 18024-1 erfolgen.

Der Zugang zum Stellwerk erfolgt über die Rampe. Am Zwischenpodest wird das Geländer der Rampe durch den Einbau eines verschließbaren Tors für den Zugang zum Stellwerk unterbrochen.

Die vorhandenen Bahnsteigkanten bleiben in ihrer Lage und Anordnung erhalten und werden durch diese Rampenanlage nicht tangiert. Der Zaun, der sich zwischen dem bahnlinken Gleis der Strecke 6030 und dem Bahnsteigbereich am Stellwerk befindet, ist abgängig. Dieser wird neu hergestellt.

Tiefbau

Alle Anlagenteile im BÜ-Bereich werden neu verkabelt. Es sind im BÜ-Bereich neue Kabelschachtanlagen, Gleis- und Straßenquerungen zu errichten.

Die BÜSA erhält eine Fußgängerakustik mit fünf Lautsprechern (jeweils am Mast der Lichtzeichen

Anlagen der Leit- und Sicherungstechnik

Sicherungselemente

BÜ- Bauart:	SIMIS LC LzHH/2F – Hp (GFR)
Gleisschaltmittel:	Radsensor Typ WSD
Schrankenantriebe:	Fahrbahnschranken A1 – A4 Typ: SIM 6/13
	doppelseitige Schrankenlagerung
Fußgängerschranke A5	Typ: SIM 6/13
	einseitige Schrankenlagerung
Halbschranken:	4 Stück, Profil rund
	Baumlänge, Halbschranke 1: 7.000 mm
	Halbschranke 2: 7.000 mm
	Halbschranke 3: 7.000 mm
	Halbschranke 4: 7.000 mm
Fußgängerschranken:	1 Stück, Profil rechteckig
	Schranke 5: 3.000 mm
Straßensignale:	14 Stück; S1 bis S5, S7, S10 und S12 bis S14 mit Andreaskreuz
Fußgängerschutzbügel:	5 Stück (am Mast S1, S2, S3, S12 und S13)
Lichtzeichen:	gelb/rot mit Kontrastblende, LED-Ausführung
	200 mm Durchmesser
Seitenlichter:	ja, 4 Stück (am Ausleger von S1 und S2,
	am Mast von S2 und S3)
Fußgängerakustik:	ja, nachts absenkbar
Signalmaste:	1 Stück Normalmast; 5 Stück Peitschenmast
Erdungsart:	Tiefenerder für Schalthaus einschließlich Anschluss der BÜSA an die Anlagen
	der Bahnerdung gem. Ril 819.0907
Handschalteinrichtungen:	Hilfseinschalttasten HET: nein
	Autom. Hilfseinschaltung AutoHET: nein
Unwirksamkeitstasten UT:	nein
Rangierschalter RT:	nein
Einschalttasten ET:	nein
Anrückmelder:	6 Stück
Gefahrraumfreimeldung:	ja, GFR
Überwachendes STW:	Stw Bk Borgsdorf

S1, S2, S3, S4 und S13) mit nächtlicher Lautstärkeabsenkung.

Die Lichtzeichen werden so angeordnet und ausgerichtet, dass aus allen zuführenden Richtungen die Erkennbarkeit der Bahnübergangssicherungsanlage gewährleistet ist.

Der Bahnsteigzugang bleibt in der Lage zwischen den beiden S-Bahn-Gleisen erhalten. Für die Umsetzung des Bahnsteigmittelzugangs ist eine Unternehmensinterne Genehmigung (UiG) zu beantragen. Der Zugang wurde so angeordnet, dass die Abstände zum Gefahrenraum eingehalten wurden und die Gefahrenraumfreimeldeanlage die Freiprüfung des Gefahrenraums störungsfrei durchführen kann. Der Zugang aus Richtung Bahnsteig wird mit Lichtzeichen gelb/rot, Andreaskreuz und einer Akustik angekündigt. Die Bahnübergangssicherungsanlage wird mit einer Gefahrenraumfreimeldeanlage ausgerüstet. Für die BÜ-Verkabelung kommen Kabel bis Außendurchmesser 25 mm mit Nagetierschutz zur Anwendung. Die Steuerungselektronik der Anlage, die hierfür notwendige Stromversorgung und das Kabelabschlussgestell befinden sich im Betonschalthaus.

Für alle Gegengleise müssen die fehlenden BÜ-deckenden Signale nachgerüstet werden. Hierzu werden jeweils vier neue Vor- und Hauptsignale des HL-Signalsystems erforderlich, die zur vorhandenen Stellwerksbauform GS II DR der Blockstelle Bk Borgsdorf kompatibel sind. Zwei dieser neuen Signale müssen aufgrund der geringen Gleisabstände zwischen S-Bahn und Fernbahn zur Vermeidung der Signalverwechslungsgefahr als Signalausleger errichtet werden. Für die Signalausleger werden Tiefengründungen mittels eines Rammrohrs von 8,5 m Länge und mit einem Durchmesser von 711 mm erforderlich, welche aufgrund des

Bild 4: Einbringen des Rammrohrs für den Signalausleger km 21, 245

Standorts zwischen den S-Bahn- und Fernbahngleisen nur von einem Bahnwagen aus gegründet werden konnten.

Kabelanlage

Alle Anlagenteile der neuen BÜSA einschließlich der Anrückmelder werden neu verkabelt. Die Anrückmelder werden neu, mit sternviererverseilten und induktionsgeschützten Kabeln, an die Bk Borgsdorf angeschlossen. Als Kabelführungssysteme können teilweise die vorhandenen Tröge entlang der Strecke genutzt werden. Für die Verkabelung der Anrückmelder müssen in den Geländeeinschnittbereichen aufgeständerte Trogtrassen neu errichtet werden.

Stromversorgung und Erdung

Für die Schrankenantriebe, Lichtzeichen und Batterien muss die BÜSA mit einer ausreichenden Stromversorgungsanlage ausgestattet werden. Die Stromversorgung der BÜSA ist für eine Netzausfallzeit von drei Stunden auszulegen.

Das BÜS-Gestell in der Blockstelle Borgsdorf muss ebenfalls mit einer ausreichenden Stromversorgungsanlage ausgestattet werden. Um auch hier die Stromversorgung für eine Netzausfallzeit von drei Stunden zu gewährleisten, sind Batterien vorzusehen. In den Räumen der Blockstelle Borgsdorf ist Aufstellfläche dafür vorhanden.

Die Strecke Berlin-Gesundbrunnen–Stralsund ist elektrifiziert. Die Schrankenantriebe, Straßensignale, Anrückmelder und Schienen im Bereich der Anrückmelder sind nach Ril 819.1203, SPU 17 mit künstlichen Erdern, vorzugsweise Tiefenerdern, zu erden (Blitzschutz).

Das BÜ-Schalthaus sowie das Schalthaus am Stellwerk B2 sind mit Tiefenerdern auszurüsten, welche in die Anlagen der Bahnerdung einzubeziehen sind.

Elektrotechnische Anlagen

Die vorliegende Planung umfasst die 50 Hz-Stromversorgung des neuen BÜ-Schalthauses

Bilder 5a und 5b: BÜ nach Ende der Bauphase 1

am km 22,4, die BÜ-Beleuchtung und die neue Rampenbeleuchtung zum Mittelbahnsteig. Die Gebäudeinstallation und die Unterverteilung des BÜ-Betonschalthauses sind Bestandteil des Schalthausmoduls. An den 30-kV-Kabeln sind keine Arbeiten erforderlich. Da sich die Kabel jedoch im Baubereich des BÜ befinden, ist bei durchzuführenden Tiefbauarbeiten die Kabellage zu beachten (ggf. sind Suchschachtungen notwendig). Die Form, das Übergabeformat und die Anzahl der Dokumentationen richten sich nach den Vorschriften Ril 121, 885, 886 sowie dem „Handbuch für die Erstellung von Ausführungs- und Bestandsunterlagen für Anlagen der S-Bahnstromversorgung Berlin".

Helmut Ahrens
Dipl.-Ing. (FH)
Projektleiter Projekte STE Nord
helmut.ahrens@deutschebahn.com

Michael Schelske
Dipl.-Ing. (FH)
Projektingenieur Projekte STE Nord
michael.schelske@deutschebahn.com

Bild- und Quellennachweis

Bildnachweise

Frank Sennhenn
Grusswort 6
DB AG

Eleonore Lohrum / Jannik Grimm
Planungsbeschleunigung für moderne Verkehrswege 8
Bild 1 Hajo Dietz / DB AG / Bild 2, 3 DB AG

Daniel Forsmann
Projekte besser umsetzen – die Weichen sind gestellt 14
Bild 1, 2 DB AG

Christoph Klenert / Matthias Klein / Michael Gieschke / Martin Reichelt / Johannes Lorch / Sven Adam
BIM hilft bei Neuplanung Offenburg – Riegel 18
Bild 1, 2, DB Netz AG / Bild 3, 4 Planungsbüro Obermeyer / Bild 5 Ausschnitt Programm VIS-ALL®3D

Thilo Liebig
Lean Construction jetzt! 26
Bild 1, 2 DB AG

Tobias Richter / Thomas Herr
Knoten Halle: erfolgreich mit Lean Management 30
Bild 1 Klaus Heinrich / Spezial Team GIH GmbH+Co.KG / Bild 2, 3 DB Netz AG / Bild 4 T. Richter / Bild 5 C. Weilert / Bild 6 T. Richter

Heinz Ehrbar
Projektbeschleunigung von Infrastrukturmaßnahmen 36
Bild 1, 2 DB AG / Porträtfoto BMVI

Heike Hörz
Digitalisierung treibt den Kulturwandel 38
Bild 1 Neuhold / DB AG / Bild 2 DB AG

Bastian Schütt / Steffen Scharun / Valentin Beill
BIM fördert Partnerschaft in der Bauausführung 42
Bild 1, 3-5 OBERMEYER

Marcus Schenkel / Dr. Matthias Bergmann
Ausbau Stendal–Uelzen im BIM Pilotprojekt 48
Bild 1 Screenshot aus BIM-Modell der INGE Sweco / E+B / BuP / Bild 2 – 5 albert.ing

Reinhard Dohmke / Veit Appelt / Otto Sporbeck / Klaus Tilger / Peter Drecker
Linienbestimmung für eine neue Eisenbahnstrecke 54
Bild 1, 3 – 9, 11 Korfin® apluss / Bild 2 DB AG / Bild 10 IFOK GmbH

Thomas Lottig / Benjamin Döring
Dank Partnerschaft pünktlich wieder in Betrieb 66
Bild 1, 3 – 10 Spitzke SE / Bild 2 DB AG

Markus Kretschmer
2. Stammstrecke München – Planung optimiert 74
Bild 1 augensturm / DB AG / Bild 2, 6 Fritz Stoiber Productions / DB AG /
Bild 3, 4, 5 DB AG / Bild 7 Pablo Castagnola / DB AG

Regine Thometzek / Sandra Braunreuter 80
Acht Monate, vier Gleise, 9,5 Kilometer Strecke
Bild 1 – 11 LEONHARD WEISS

Melanie Dittkrist / Christian Hering / Ulrich Mölke / Rainer Schmidt
Mehr Güterzüge, weniger Lärm in der Lausitz 86
Bild 1, 8, 9 Bahnbaugruppe / Bild 2, 5, 6, 7 DB AG / Bild 3, 4 M. Dittkrist / DB AG

Mirko Vogel / Johannes Neufeld / Gerd-Dietrich Bolte / Angelica Britz
Projekte für nachhaltige Mobilität in den Metropolen 94
Bild 1 Quelle: Umweltbundesamt / Bild 2 Quelle: Mercatorstiftung 2016 /
Bild 3 Fraport AG / Bild 4, 5 DB AG / Bild 6 P. Eichler / DB AG / Bild 7 Quelle: Bundesinstitut für Bau-,Stadt- und Raumforschung, Bonn 2017

Norbert Janiak / Ilona Nadler
Mehr Kapazität schaffen
für den Deutschlandtakt 102
Bild 1 Quelle: Verflechtungsprognose 2030, im Auftrag des BMVI 2014 /
Bild 2 PRINS 2016 / Bild 3, 5 DB Netz AG / Bild 4 www.rhein-main-neckar.de

Florian Liese
Bahnausbau in der Metropolregion München 108
Bild 1 Büro Auer und Weber / Bild 2,3, 5-8 DB AG / Bild 4 Autobahndirektion Südbayern / Bild 9 MVV / PRpetuum GmbH

Christian Beckmann / Stefan Röver
ETCS und Digitale Schiene Deutschland 114
Bild 1, 2 DB AG

Bernd Elsweiler / Karsten Bruß
Erstes digitales Stellwerk: Aufbruch in die Zukunft 120
Bild 1 Erzgebirgsbahn / Bild 2, 3 DB AG

Mustapha Ezzaki
DB-Brückenprogramm: 875 Brücken bis 2019 124
Bild 1-5 DB AG

Malte Holz / Teresa Krüger
Eisenbahnüberführung ersetzt zwei Bahnübergänge 128
Bild 1 Harms / Bild 2, 3, 4, 6, 8 Ruhrmann / Bild 5 Echterhoff / Bild 7 Niedersächsische Landesbehörde für Straßenbau und Verkehr

Fritz Mögle / Florian von der Heyde / Peter Prisslinger
Brücken schieben auf der Gäubahn 132
Bilder Gottlob Brodbeck GmbH +Co.KG

Alexander Maier / Sascha Martin-Albrecht
Kreuzungsbauwerk Mannheim Friedrichsfeld 138
Bilder Zürcher Bau GmbH

Marc Booß / Silvia Kotter
Neues Kreuzungsbauwerk Gümmerwald 146
Bilder 1-5 Ed. Züblin AG
Bild 6 T. Schultze-Landre

Dr. Karin Kübler / Ana Adriana Hociota
Lebensräume für Kleintiere im „Variostein" 152
Bild 1,2, 6-11 Institut für Umweltplanung Dr. Kübler GmbH /
Bild 3-5 RUZ Mineralik GmbH

Stefan Bolz / Jens Brand-Gast / Yüksel Büyükasik / Matthias Fritz
Elektronisches Stellwerk für 120jährige Strecke 158
Bilder LEONHARD WEISS

Stefan Geckle / Thomas Börsig
Hauptbahnhof Mannheim:
Ein Nadelöhr wird weiter 164
Bild 1, 3-5 T.Börsig / Zürcher Bau GmbH / Bild 2, 6 S.Geckle / DB AG

Dietmar Orwat / Thomas Thürer
Mobilitätsdrehscheibe
am Hauptbahnhof Augsburg 170
Bilder Stadtwerke Augsburg Projektgesellschaft

Janina Allmendinger / Steffen Gräbitz
Im Tunnel durch den Tunnel
unter dem Petersberg 178
Bild 1, 4 A. Gadiot / Bild 2 S. Gräbitz /
Bild 3 pam-networks

René Hallbauer / Theresa Jansen
Zwei neue Rettungsstollen
für den Mainzer Tunnel 184
Bild 1, 3, 4 DB AG / Bild 2, 6, 7, 8 Arge Rettungsstollen Mainzer Tunnel / Bild 5 Dr. Spang Ingenieurgesellschaft für Bauwesen, Geologie und Umwelttechnik mbH

Martin Behse / Dr. Dieter Hartleben
Richtiger Schienenschliff
für lange Lebensdauer 190
Bilder Hartleben / Schweerbau

Cornelius Toussaint
Innovative Gleiserneuerung
in der Verbundvergabe 198
Bild 1-3, 5,6,7,8, 10, 11 CONDOR GmbH /
Bild 4, 9 Swietelsky

Helmut Ahrens / Michael Schelske
Neue Sicherungsanlage
für Bahnübergang Borgsdorf 206
Bilder DB AG

Bildseiten

Neubaustrecke VDE 8.1:
Überholbahnhof Theuern
Kniestedt/DB AG 13

VDE 8 zwischen Coburg und Bamberg:
Nordportal Tunnel Kulch
Kniestedt/DB AG 25

Bau der neuen Bahnsteighalle
für den Stuttgarter Hauptbahnhof
Ramsbacher/DB AG 41

Oberleitungserneuerung
Ylmas/DB AG 53

Oberbausanierung
Holtorp/DB AG 93

Neubaustrecke VDE 8.1:
Talbrücke Langewiesen 1.700 m
Kniestedt/DB AG 127

Gateway Garden Frankfurt-Main –
Egloff/DB AG 157

Bau der neuen Bahnsteighalle Stuttgarter Hbf.:
Stahlbewehrung Kelchstütze
Ramsbacher/DB AG 163

Eigene Gleise für S6 Bad Vilbel
Egloff/DB AG 205

Quellen

Tobias Richter / Thomas Herr
Knoten Halle: erfolgreich mit Lean Management 30
[1] Weilert, C.; Masterarbeit „Analysierung der Implementierung des Last Planner System in Infrastrukturprojekten",
Hochschule Merseburg, 2016

Heike Hörz
Digitalisierung treibt den Kulturwandel 38
[1] Wolfgang Schivelbusch, Geschichte der Eisenbahnreise (Zur Industrialisierung von Raum und Zeit im 19.Jahrhundert), Carl Hanser Verlag, 2. Auflage: März 2002

Daniel Forsmann
Projekte besser umsetzen –
die Weichen sind gestellt 42
Dieser Artikel erschien in einer abgewandelten Form bereits in der Fachzeitschrift Der Eisenbahn Ingenieur im Juli 2017.

Dr. Marcus Schenkel / Dr. Matthias Bergmann
Ausbau Stendal – Uelzen im BIM Pilotprojekt 48
[1] https://www.bmvi.de/SharedDocs/DE/Artikel/G/reformkommission-bau-von-grossprojekten.html; abgerufen 01.10.2017
[2] Reformkommission Bau von Großprojekten, Endbericht; Bundesministerium für Verkehr und digitale Infrastruktur; Berlin; Juni 2015; 112pp.
[3] Stufenplan Digitales Planen und Bauen; Bundesministerium für Verkehr und digitale Infrastruktur; Berlin; Dezember 2015; 20pp.
[4] BIM-Implementierung DB Netz AG; DB Netz AG; Projekt I.NGXBIM, 02.10.2017.
[5] HOAI: Verordnung über die Honorare für Architekten- und Ingenieurleistungen.
[6] Sammelfinanzierungsvereinbarung SV 49 / 2016; Berlin; 05.10.2016.
[7] BIM Project Planning Execution Guide, Version 2.0 Prof. John Messner; State College Pennsylvania, Juni 2010
[8] British Standard BS1192:2017+A2:2016, British Standards Institution, London, 2016
[9] Kommentar zum GWB-Vergaberecht, Hans-Peter Kulartz, Werner Verlag, 2016
[10] Kommentar zum VgV, Hans-Peter Kulartz, Werner Verlag, 2016
[11] Vorgehensmodell zur vergaberechtskonformen Ausschreibung und Bieterauswahl; Bergmann, Schenkel; Bautechnik 03 / 2018
[12] Bundesverkehrswegeplan 2030; Bundesministerium für Verkehr und digitale Infrastruktur; Berlin; 03.08.2016; 193pp.

Martin Behse / Dr. Dieter Hartleben
Richtiger Schienenschliff für lange Lebensdauer 190
[1] Hartleben, D.: Bewährte und innovative Schienenbearbeitung.
In: Infrastrukturprojekte 2016 – Bauen bei der Deutschen Bahn, S. 54–61
[2] Hartleben, D.: Schienenbearbeitung – Schienenschleifen als Lärmschutzmaßnahme.
VDEI-Nachhaltigkeitsforum Bahn – 4. Symposium Lärmschutz, Berlin, 01.-02.06.2016, VDEI Akademie
[3] Hartleben, D.: Stroje pro opracování kloejnic v kolejích a výhybkách
(Maschinen für die Schienenbearbeitung in Gleisen und Weichen)
20. konference Železniči dopravní cesta 2018, Ústí nad Labem, 10.-12.04.2018, S. 34–40

PMC Media House – ein Partner der Deutschen Bahn AG

PMC Media
International Publishing

Bauen bei der Deutschen Bahn

Infrastrukturprojekte 2018 — NEU 2018!
1. Auflage 2018, Hrsg.: DB Netz AG,
224 Seiten, gebunden,
ISBN: 978-3-96245-163-9, **€ 39,-***

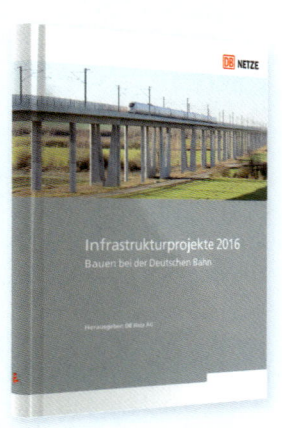

Infrastrukturprojekte 2016
1. Auflage 2016, Hrsg.: DB Netz AG,
162 Seiten, gebunden,
ISBN: 978-3-96245-063-2, **€ 38,-***

Infrastrukturprojekte 2014
1. Auflage 2014, Hrsg.: DB Netz AG,
160 Seiten, gebunden,
ISBN: 978-3-96245-062-5, **€ 38,-***

Infrastrukturprojekte 2012
1. Auflage 2012, Hrsg.: DB Netz AG,
248 Seiten, gebunden,
ISBN: 978-3.96245-061-8, **€ 48,-***

Weitere DB-Bücher

Der Katzenbergtunnel
1. Auflage 2012,
Hrsg.: DB Projektbau GmbH,
120 Seiten, gebunden,
ISBN: 978-3-96245-022-9, **€ 35,-***

Ausbaustrecke Augsburg-München
1. Auflage 2012,
Hrsg.: DB Projektbau GmbH,
111 Seiten, gebunden,
ISBN: 978-3-96245-003-8, **€ 35,-***

Hier bestellen: www.pmcmedia.com

* Preise inkl. MwSt, zzgl. Versand

BESTELLUNGEN:
Tel.: +49 7953 718-9092
Fax: +49 40 228679-503
E-Mail: office@pmcmedia.com
Online: www.pmcmedia.com

PER POST:
PMC Media House GmbH
Kundenservice
D-74590 Blaufelden

PMC Media House GmbH
Espenschiedstr. 1 | D-55411 Bingen
Office Hamburg (c/o DVV Media Group GmbH)
Heidenkampsweg 75 | D-20097 Hamburg
www.pmcmedia.com

Partner der Bahn

Bahnbau

Hering Bau GmbH & Co. KG
Systeme
Neuländer 1
57299 Burbach
Tel: +49-2736-27-0
Fax: +49-2736-27-109
www.heringinternational.com

Leistungen:
Lärmschutz, Systemdächer, Bahnsteigdächer, modula®e Systembahnsteige, Bahnbau, Gleisbau, Ingenieurbau, Kabeltiefbau, Schienenkrane

Zürcher Bau GmbH
Gleisbau - Ingenieurbau - Tiefbau
Robert-Zürcher-Straße 1-6
77974 Meißenheim
Tel: +49 (0) 7824 6465 - 0
Fax: +49 (0) 7824 6465 - 33
E-Mail: zuercher@zuercher.de
Internet: www.zuercher.de

Leistungen:
- Gleisbau
- Ingenieurbau
- Tiefbau und Bahnsteigbau
- Recycling und Logistik
- Maschinentechnik

Bahnbaukomponenten

TripleS-Systeme GmbH
Brunshofstraße 6-8
45470 Mülheim an der Ruhr
Tel.: +49 208 911 020-10
Fax: +49 208 911 020-29
Internet: www.triples-systeme.com
E-mail: info@triples-systeme.com

Leistungen:
- Geothermische Weichenheizung und Flächentemperierung in Beton- und Asphaltflächen,
- Modulare Bahnsteige,
- SPS-Steuerungssoft- und Hardware,
- Planung

Bahninfrastruktur

Rail Power Systems GMBH
Garmischer Straße 35
81373 München
T +49 89 41999-0
F +49 89 41999-270
info@rail-ps.com
www.rail-ps.com

Leistungen:
Rail Power Systems GmbH ist einer der führenden Anbieter in der Systemauslegung und -optimierung, Planung, Integration, Realisierung, Wartung und Instandhaltung der Eisenbahninfrastruktur. Beginnend von der ersten Fragestellung bis hin zur Umsetzung von Komplettlösungen in den Bereichen systemtechnische Auslegung, Fahrleitung, Bahnenergieversorgung, 50Hz-Anlagen und Großgeräten.

Partner der Bahn

Bahninfrastrukturdienstleistungen

DB Bahnbau Gruppe GmbH
Firmensitz
Am Studio 1 A
12489 Berlin

Leistungen:
Als ein Unternehmen der Deutschen Bahn AG sind wir Deutschlands führender Full-Service-Anbieter für die Bahn-Infrastruktur – wir gewährleisten die Verfügbarkeit der Schienenwege für unsere Kunden in Deutschland und Europa. Wir planen, erstellen und halten Anlagen der Eisenbahninfrastruktur instand.

SPITZKE SE
GVZ Berlin Süd
Märkische Allee 39/41
14979 Großbeeren
Tel.: +49 33701 901-0
Fax: +49 33701 901-190
E-Mail: info@spitzke.com
Internet: www.spitzke.com

Leistungen:
Fahrweg, Technik, Ingenieurbau, Ausrüstung/Elektrotechnik, Logistik, Fertigung

Bahnübergangssysteme

KRAIBURG STRAIL GmbH & Co. KG
STRAIL | STRAILastic | STRAILway
Göllstr. 8
84529 Tittmoning
Tel.: 08683/701-0
E-Mail: info@strail.de
Internet: www.strail.de

Leistungen:
- Bahnübergangssysteme für alle Belastungen
- Schallschutzwände und Geländerausfachungen
- Kunststoffschwellen
- Schienenstegdämpfer
- Rasengleissysteme
- Kammerfüllelemente bis SOK

Baugrund

Geotechnisches Ingenieurbüro Dipl.-Ing. A. Pampel GmbH
Stöhrerstraße 14
04347 Leipzig
Tel.: 0341/244350
Fax: 0341/2443540
E-Mail: info@gce-pampel.de
Internet: www.gcepampel.de

Leistungen:
Baugrundbegutachtung, Gründungsberatung, Geotechnische Beratung, Erdstatische und Geohydraulische Berechnungen, Qualitätskontrolle im Erdbau, Eignungs- und Materialuntersuchungen (z. B. Bodenverbesserung, PSS, FSS), Labor für Bodenmechanik, Standsicherheitsnachweise, u. v. m.

Baustellensicherung

CONDOR Technik GmbH
Ruhrtalstraße 81
D-45239 Essen
Telefon +49 201 841 53 - 0
Fax +49 201 841 53 - 151
www.condor-sicherheit.de [condor-sicherheit.de]
www.spot-group.eu [spot-group.eu]

Leistungen:
CONDOR sichert bundesweit Baustellen mit qualifiziertem Personal und modernster Technik (spot).

RTS Rail Transport Service GmbH
Landsberger Straße 480
81241 München
Tel.: +49 89 82075236-0
Fax: +49 89 82075236-45
E-Mail: Sicherung@rts-rail.com
Internet: www.rts-rail.com

Leistungen:
RTS Komplettdienstleister für Sicherung von Gleisbaustellen mit neuester Technik.

Betonteile für die Bahn

Firma
Betonwerk Rieder GmbH
Mühlenweg 22
A-5751 Maishofen
Tel.: +43 6542-6900
E-Mail: office@rieder.at
Internet: www.rieder.at

Leistungen:
Lärmschutz, Stützwände, Leitwände, Betonfertigteile für die Bahn. Zum Beispiel Rieton Gleisabsorber, 360° - niedrige Lärmschutzwand oder hochabsorbierende Bahnsteigkante

Partner der Bahn

Boden-, Böschung- und Hangstabilisierung

Sidla & Schönberger Spezialtiefbau GmbH
Iggensbacher Str. 40
94508 Schöllnach
Tel.: 09903 / 9318-0
Fax.: 09903 / 2374
E-Mail: info@sidla-schoenberger.de
Internet: www.sidla-schoenberger.de

Leistungen:
Böschungs- und Hangstabilisierung
Tiefgründige Bodenverfestigung im FMI-Verfahren
Dichtwandherstellung im FMI-Verfahren
Spritzbetonarbeiten
Randwegkonstruktion (gem. EBA-Zulassung)
Zementinjektion
Stützmauersanierungen
Felssicherungsarbeiten
Erschütterungsfreie Sprengarbeiten
Gründungsarbeiten mit Mikropfähle
Anker- und Vernagelungsarbeiten

Brückenbau

Gottlob Brodbeck GmbH & Co. KG
Straßen- und Ingenieurbau
Maienwaldstraße 25
72555 Metzingen
Tel.: +49 (7123) 963 – 0
E-Mail: info@g-brodbeck.de

Leistungen:
Brückenbau
Konstruktiver Ingenieurbau
Hochbau
Schlüsselfertigbau
Sanierung und Instandsetzung
Straßen- und Tiefbau
Netzbau

Bauunternehmung
Gebr. Echterhoff GmbH & Co. KG
Industriestr. 9
D-49492 Westerkappeln
Tel.: +49(5456) 81-0
Fax: +49(5456) 81-27
E-Mail: info@echterhoff.de
Internet: www.echterhoff.de

Leistungen:
- Ingenieurtief-, Brücken- und Turmbau
- Kanal- und Rohrleitungsbau
- Spezialtiefbau, Rohrvortrieb und Stollenbau
- Industriebau und schlüsselfertiges Bauen
- Stahlbau und Reparatur von Baumaschinen
- Projektentwicklung

INROS LACKNER SE
Rosa-Luxemburg-Str. 16
18055 Rostock
Tel.: 0381 45 67 80
E-Mail: rostock@inros-lackner.de

Leistungen:
- Objekt- und Tragwerksplanung
- Einstufungsberechnungen
- Hauptprüfungen nach DIN 1076
- Kreuzungsvereinbarungen
- Nachrechnungen
- Wettbewerbsentwürfe
- Zulassungen im Einzelfall
- Alle Planungen unter Verwendung der BIM-Methodik

Partner der Bahn

Building Information Modeling (BIM)

A+S Consult GmbH
Schaufußstraße 19
01277 Dresden
Deutschland
Tel.: +49 351 312 13 30
Fax: +49 351 312 13 32
E-Mail: ulrike.poeche@apluss.de
Internet: www.apluss.de

Leistungen:
A+S stellt die 5D-Plattform KorFin mit einem umfassenden BIM-Datenmodell aller Bestands-, Planungs- und Inventarisierungsdaten her. Die Planungsausbildung der Plattform wird ständig für neue 5D-Fachschalengeneratoren erweitert. A+S ist Auftragnehmer des größten deutschen BIM-Bahnprojektes ABS 46/2.

---

albert.ing GmbH
Consulting | BIM-Management | IT
Webseite: www.albert-ing.com
BIM-Plattform: www.squirrel-cde.de
E-Mail: bim@albert-ing.com
Telefon: 069/77075580
Hanauer Landstraße 184
60314 Frankfurt am Main

Leistungen:
albert.ing unterstützt Auftraggeber, Planer und Baufirmen bei der Einführung und Anwendung der BIM-Methodik. Wir gestalten effiziente Strukturen und Prozesse für Informationsmanagement und Kollaboration. Unsere BIM-Plattform Squirrel ist die webbasierte CDE (Common Data Environment) für das Modellmanagement

---

INROS LACKNER SE
Theaterstr. 15
30159 Hannover
Tel.: 0511 367 00 0
E-Mail: hannover@inros-lackner.de

Leistungen:
- Einsatz der BIM-Methodik in der Projektsteuerung, Planung und Bauüberwachung für Aus- und Neubaustrecken, Tunnel-Brückenbaumaßnahmen, Bahnhöfe und Stationen, S-, U- und Stadtbahnen Umschlagbahnhöfe, Terminals
- Unterstützung der Auftraggeber bei der Implementierung der BIM-Methodik

Spiekermann GmbH Consulting Engineers
Fritz-Vomfelde-Str. 12
40547 Düsseldorf
Tel.: +49 211/5236-0
Prenzlauer Promenade 28a
13089 Berlin
Tel.: +49 30/446693-0
E-Mail: info@spiekermann.de
Internet: www.spiekermann.de

Leistungen:
Masterplanung; Trassierung; Oberbaukonstruktionen; Entwässerung; Verkehrsbauwerke; Bahnhöfe; Eisenbahntechnische Ausrüstungen; Bahnübergänge; Container-Terminals und Güterverkehrsanlagen; Bauüberwachung Bahn

---

Feste Fahrbahn

Firma
Betonwerk Rieder GmbH
Mühlenweg 22
A-5751 Maishofen
Tel.: +43 6542-6900
E-Mail: office@rieder.at
Internet: www.rieder.at

Leistungen:
Lärmschutz, Stützwände, Leitwände, Betonfertigteile für die Bahn. Zum Beispiel Rieton Gleisabsorber, 360° - niedrige Lärmschutzwand oder hochabsorbierende Bahnsteigkante

Gleisbau

Plasser & Theurer
Export von Bahnbaumaschinen
Gesellschaft m.b.H.
Johannesgasse 3
A-1010 Wien, Österreich
Tel.: +43 1 515 72 - 0
Fax: +43 1 513 18 01
E-Mail: export@plassertheurer.com
Internet: www.plassertheurer.com

Leistungen:
Plasser & Theurer katapultiert den Gleisbau in eine neue Ära. Innovationen sorgen für neue wirtschaftliche, ökologische und ergonomische Standards. Am deutlichsten zeigt sich die Dynamik an der jüngsten Fahrzeuggeneration, wo Hybridantriebe und sogar vollelektrische Maschinen zum Einsatz kommen.

Swietelsky Baugesellschaft mbH
Landsberger Straße 480
81241 München
Tel.: +49(0)89/820 750 - 5 50
Fax: +49(0)89/820 750 - 55 50
E-Mail: info@swietelsky-bahnbau.de
Internet: www.swietelsky.com

Leistungen:

SWIETELSKY Vorreiter modernster Gleisbautechnik Europaweit.

Gleisinfrastrukturbau

LEONHARD WEISS GmbH & Co. KG
Leonhard-Weiss-Str. 22
73037 Göppingen
Leonhard-Weiss-Str. 2-3
74589 Satteldorf
E-Mail: gleisbau@leonhard-weiss.com
Internet: www.leonhard-weiss.de

Leistungen:
LEONHARD WEISS, gegründet 1900, ist eines der leistungsstärksten deutschen Bauunternehmen.
Angebot im Gleisinfrastrukturbau:
– Gleisinfrastrukturprojekte
– Gleis- und Weichenumbau, -neubau, -ausbau
– Oberbauschweißen
– Stadtbahnsysteme
– TRAVETTO Fahrwegsysteme
– ESTW / ERTMS
– GSM-R / ETCS
– Leit- und Sicherungstechnik
– Verkehrsstationen
– Lärmschutzwände
– Tunnelnachrüstungen
– Signalgründung TECDOWN

Partner der Bahn

Hochbau

BUNG Ingenieure AG
Englerstraße 4
69126 Heidelberg
Tel.: +49 6221 306-0
E-Mail: info@bung-gruppe.de
Internet: www.bung-gruppe.de

Leistungen:
Machbarkeitsstudie | Planung aller Phasen | Statisch-konstruktive Prüfung | Überwachung der Ausführung | Bauwerksprüfung und Gutachten | Sanierungskonzepte

Ingenieurbau

Ed. Züblin AG
Direktion Nord
Bereich Ingenieur- und Hafenbau
Reeperbahn 1
20359 Hamburg
E-Mail: direktion-nord@zueblin.de

Leistungen:
Mit ihrem Bereich Ingenieur- und Hafenbau ist die ZÜBLIN-Direktion Nord kompetenter Partner der Bahn bei der Realisierung von Ingenieurbauwerken. Als regionale Organisation innerhalb der Ed. Züblin AG ist die Direktion Nord mit ihrem Leistungsspektrum im gesamten Hoch- und Ingenieurbau schwerpunktmäßig in den acht nördlichen Bundesländern aktiv.

Ingenieurdienstleistungen

INROS LACKNER SE
Steinerstr. 15, Haus B
81369 München
Tel.: 089 726 33 09 50
E-Mail: muenchen@inros-lackner.de

Leistungen:
- Projektsteuerung, Planung und Bauüberwachung (Bahn), Planprüfung, BVB-Leistungen für: Aus- und Neubaustrecken, Bahnhöfe und Stationen, NE-, Industrie-, Werks- und Hafenbahnen, S-, U- und Stadtbahnen, Umschlagbahnhöfe, Terminals

**Institut für Umweltplanung
Dr. Kübler GmbH**
Fritz-Henkel-Str. 22
56579 Rengsdorf
Dr. rer. silv. Karin Kübler
Tel. 02634-1414 Fax 02634-1622
E-Mail: info@kuebler-umweltplanung.de
Internet: www.kuebler-umweltplanung.de

Leistungen:
Das Institut für Umweltplanung Dr. Kübler GmbH erstellt Gutachten wie Umweltverträglichkeitsstudien, LBP, FFH- und VSG-Verträglichkeitsstudien mit entsprechenden Kartierungen von Biotoptypen und Fauna-Arten wie Vögel, Fledermäuse, Haselmaus, Wildkatze, Insekten und andere. Ein Schwerpunkt stellt die Umweltbaubegleitung nach DB-Zertifizierung dar.

Partner der Bahn

Ingenieurdienstleistungen

Mailänder Consult GmbH
Mathystraße 13
76133 Karlsruhe
Tel.: 0721 / 9 32 80 - 0
Fax: 0721 / 9 32 80 - 10
E-Mail: info@mic.de
Internet: www.mic.de

weitere Bürostandorte:
Stuttgart, Frankfurt am Main, München

Leistungen:
Schiene
Straße
Ingenieurbau
Hochbau/Städtebau
Umwelt/Landschaft
Geologie/Altlasten
Projektmanagement
Flächenmanagement
Gutachten

Obermeyer Planen + Beraten GmbH
Hansastr. 40
80686 München
Tel.: +49 89 57 99 - 0
Fax: +49 89 57 99 - 910
E-Mail: info@opb.de
Internet: www.opb.de

Leistungen:
Verkehrsanlagen | Technische Ausrüstung Bahn | Verkehrsbauwerke & Brücken | Tunnelbauwerke | Immissionsschutz | Baumanagement | Bauoberleitung | Örtliche Bauüberwachung | Qualitätssicherung

---

Schüßler-Plan Ingenieurgesellschaft mbH
Lindleystraße 11
60314 Frankfurt am Main
Internet: www.schuessler-plan.de

Leistungen:
Die Sicherung der Mobilität von morgen und der umweltverträgliche Ausbau der Verkehrsnetze gehören zu unseren zentralen Zukunftsaufgaben. Moderne Infrastrukturmaßnahmen erfordern ganzheitliche Lösungen. Dieser Herausforderung nehmen sich unsere Ingenieure tagtäglich in der Planung, der Beratung und dem Management von Verkehrsanlagen und Ingenieurbauwerken an. Wir kooperieren mit führenden Forschungseinrichtungen/ Instituten und sind in der BIM-Anwendung einer der führenden deutschen Ingenieurgesellschaften.

Spiekermann GmbH Consulting Engineers
Fritz-Vomfelde-Str. 12
40547 Düsseldorf
Tel.: +49 2 11/52 36 - 0
Prenzlauer Promenade 28a
13089 Berlin
Tel.: +49 30/44 66 93 - 0
E-Mail: info@spiekermann.de
Internet: www.spiekermann.de

Leistungen:
Masterplanung; Trassierung; Oberbaukonstruktionen; Entwässerung; Verkehrsbauwerke; Bahnhöfe; Eisenbahntechnische Ausrüstungen; Bahnübergänge; Container-Terminals und Güterverkehrsanlagen; Bauüberwachung Bahn

Kunststoffschwelle

KRAIBURG STRAIL GmbH & Co. KG
STRAIL | STRAILastic | STRAILway
Göllstr. 8
84529 Tittmoning
Tel.: 0 86 83 / 701 - 0
E-Mail: info@strail.de
Internet: www.strail.de

Leistungen:
- Bahnübergangssysteme für alle Belastungen
- Schallschutzwände und Geländerausfachungen
- Kunststoffschwellen
- Schienenstegdämpfer
- Rasengleissysteme
- Kammerfüllelemente bis SOK

Lärmschutz

Firma
Betonwerk Rieder GmbH
Mühlenweg 22
A-5751 Maishofen
Tel.: +43 6542-6900
E-Mail: office@rieder.at
Internet: www.rieder.at

Leistungen:
Lärmschutz, Stützwände, Leitwände, Betonfertigteile für die Bahn. Zum Beispiel Rieton Gleisabsorber, 360° - niedrige Lärmschutzwand oder hochabsorbierende Bahnsteigkante

KRAIBURG STRAIL GmbH & Co. KG
STRAIL | STRAILastic | STRAILway
Göllstr. 8
84529 Tittmoning
Tel.: 0 86 83 / 701 - 0
E-Mail: info@strail.de
Internet: www.strail.de

Leistungen:
- Bahnübergangssysteme für alle Belastungen
- Schallschutzwände und Geländerausfachungen
- Kunststoffschwellen
- Schienenstegdämpfer
- Rasengleissysteme
- Kammerfüllelemente bis SOK

Leit- und Sicherungstechnik

Spiekermann GmbH Consulting Engineers
Fritz-Vomfelde-Str. 12
40547 Düsseldorf
Tel.: +49 2 11 / 52 36 - 0
Prenzlauer Promenade 28a
13089 Berlin
Tel.: +49 30 / 44 66 93 - 0
E-Mail: info@spiekermann.de
Internet: www.spiekermann.de

Leistungen:
Masterplanung; Trassierung; Oberbaukonstruktionen; Entwässerung; Verkehrsbauwerke; Bahnhöfe; Eisenbahntechnische Ausrüstungen; Bahnübergänge; Container-Terminals und Güterverkehrsanlagen; Bauüberwachung Bahn

Oberbau

Getzner Werkstoffe GmbH
Herrenau 5
6706 Bürs
Österreich
Tel.: +43 (0) 5552 201-0
E-Mail: info.buers@getzner.com
Internet: www.getzner.com

Leistungen:
Getzner – engineering a quiet future
Die elastischen Lösungen von Getzner aus Sylomer® und Sylodyn® reduzieren Erschütterungen und Lärm wirksam, wovon in erster Linie Anrainer von Bahnstrecken profitieren. Für Bahnbetreiber reduzieren sich der Instandhaltungsaufwand und die Lebenszykluskosten für eine Strecke.

INROS LACKNER SE
Im Schwenkrain 8
70376 Stuttgart
Tel. 0711 794 808 000
E-Mail: stuttgart@inros-lackner.de

Leistungen:
- Projektsteuerung, Planung und Bauüberwachung (Bahn), Planprüfung, BVB-Leistungen für: Aus- und Neubaustrecken, Bahnhöfe und Stationen, NE-, Industrie-, Werks- und Hafenbahnen, S-, U- und Stadtbahnen Umschlagbahnhöfe, Terminals

---

thyssenkrupp Schulte GmbH
thyssenkrupp Schulte GmbH
Dienstleistungen Infrastruktur Oberbau
thyssenkrupp Allee 1, Q10
45143 Essen
Tel.: +49 201 844 53 2681
E-Mail: thomas.ritlewski@thyssenkrupp.com
Internet: www.thyssenkrupp-schulte-oberbau.de

Leistungen:
Innovative Produkte, StahlDigital und Dienstleistungen rund um die Schwelle.
– Nachhaltige Schwellensysteme aus Stahl
– Exklusiver und praxisbewährte elastische Schienenlagerungen ECF
– Schieneninstandhaltung durch unseren Schienenfräszug
– Ganzheitliche Konzepte und Lieferung zur Schallreduzierung

Oberbausysteme und -komponenten

thyssenkrupp Schulte GmbH
thyssenkrupp Schulte GmbH
Dienstleistungen Infrastruktur Oberbau
thyssenkrupp Allee 1, Q10
45143 Essen
Tel.: +49 201 844 53 2681
E-Mail: thomas.ritlewski@thyssenkrupp.com
Internet: www.thyssenkrupp-schulte-oberbau.de

Leistungen:
Innovative Produkte, StahlDigital und Dienstleistungen rund um die Schwelle.
– Nachhaltige Schwellensysteme aus Stahl
– Exklusiver und praxisbewährte elastische Schienenlagerungen ECF
– Schieneninstandhaltung durch unseren Schienenfräszug
– Ganzheitliche Konzepte und Lieferung zur Schallreduzierung

Oberleitungen

BUNG Ingenieure AG
Zweigniederlassung Dresden
Hainsberger Straße 5
01159 Dresden
Tel. +49 351 47758-0
E-Mail: infodresden@bung-ag.de
Internet: www.bung-gruppe.de

Leistungen:
Machbarkeitsstudie | Planung aller Phasen | Erschließungsprojekte | Entwässerungsanlagen und Sonderbauwerke | Überwachung der Ausführung | Bauwerksprüfung und Gutachten | Sanierungskonzepte | Sicherheitsaudits an Straßen SAS

Spiekermann GmbH Consulting Engineers
Fritz-Vomfelde-Str. 12
40547 Düsseldorf
Tel.: +49 211/52 36-0
Prenzlauer Promenade 28a
13089 Berlin
Tel.: +49 30/44 66 93-0
E-Mail: info@spiekermann.de
Internet: www.spiekermann.de

Leistungen:
Masterplanung; Trassierung; Oberbaukonstruktionen; Entwässerung; Verkehrsbauwerke; Bahnhöfe; Eisenbahntechnische Ausrüstungen; Bahnübergänge; Container-Terminals und Güterverkehrsanlagen; Bauüberwachung Bahn

Planung Ingenieurbauwerke

BUNG Ingenieure AG
Englerstraße 4
69126 Heidelberg
Tel.: +49 6221 306-0
E-Mail: info@bung-gruppe.de
Internet: www.bung-gruppe.de

Leistungen:
Machbarkeitsstudie | Objekt- und Tragwerksplanung in allen Leistungsphasen | Statisch-konstruktive Prüfung | Überwachung der Ausführung | Bauwerksprüfung und Gutachten | Sanierungskonzepte

INROS LACKNER SE
Jechtinger Str. 11
79111 Freiburg
Tel.: 0761 470 9010 00
E-Mail: freiburg@inros-lackner.de

Leistungen:
- Projektsteuerung, Planung und Bauüberwachung (Bahn) für: anspruchsvolle Ingenieur-, Brücken- und Hochbauten, Industriehallen, Werksbahnhöfe, Terminals

Partner der Bahn

Projektmanagement

Höcker Project Managers GmbH
Josef-Neuberger-Straße 4
44787 Bochum
Tel.: 02 34 / 32 59 96 0
Fax: 02 34 / 32 59 96 100
E-Mail: info@hoecker-pm.com
Internet: www.hoecker-pm.com

Leistungen:
Projektmanagement, -steuerung, -planung in den Branchen Verkehr, Energie, Telekommunikation, Industrie, Städtebau und Hochbau

---

IINROS LACKNER SE
Holstenplatz 18
22765 Hamburg
Tel.: 040 306 833 0
E-Mail: hamburg@inros-lackner.de

Leistungen:
- Projektsteuerung und Projektmanagement für Aus- und Neubaustrecken, Bahnhöfe und Stationen, NE-, Industrie-, Werks- und Hafenbahnen, S-, U- und Stadtbahnen Umschlagbahnhöfe, Terminals

---

kvin ingenieurgesellschaft mbH
Rathausstraße 13
06108 Halle (Saale)
Tel.: +49 (0) 3 45 - 6 82 87 30
E-Mail: info@kvin-ig.de
Internet: www.kvin-ig.de

Leistungen:
Die kvin ingenieurgesellschaft mbH ist ein Partner, der öffentliche und private Auftraggeber, wie z. B. die Deutsche Bahn AG bei der Vorbereitung, Planung und Realisierung von Infrastrukturmaßnahmen unterstützt. Kernkompetenz im Bereich Bahnbau ist neben dem klassischen Projektmanagement, die zielgerichtete Steuerung durch Methodiken des Leanmanagement und das Risikomanagementverfahren CSM-RA.

**Stadtwerke Augsburg
Projektgesellschaft mbH**
Hoher Weg 1
86152 Augsburg
Tel.: 0821/6500-6500
Fax.: 0821/6500-5427
E-Mail: info@sw-augsburg.de
Internet: www.sw-augsburg.de

Leistungen:
Projektmanagement, Koordination von Planungs-, Ingenieur- und Bauleistungen im Verkehrswegebau des öffentlichen Personennahverkehrs sowie Tunnelbau und Tiefbau.

Schallschutz

Firma
Betonwerk Rieder GmbH
Mühlenweg 22
A-5751 Maishofen
Tel.: +43 6542-6900
E-Mail: office@rieder.at
Internet: www.rieder.at

Leistungen:
Lärmschutz, Stützwände, Leitwände, Betonfertigteile für die Bahn. Zum Beispiel Rieton Gleisabsorber, 360° - niedrige Lärmschutzwand oder hochabsorbierende Bahnsteigkante

Schallschutzwände

Firma
Betonwerk Rieder GmbH
Mühlenweg 22
A-5751 Maishofen
Tel.: +43 6542-6900
E-Mail: office@rieder.at
Internet: www.rieder.at

Leistungen:
Lärmschutz, Stützwände, Leitwände, Betonfertigteile für die Bahn. Zum Beispiel Rieton Gleisabsorber, 360° - niedrige Lärmschutzwand oder hochabsorbierende Bahnsteigkante

Forster Metallbau Gesellschaft m.b.H.
Weyrer Straße 135
3340 Waidhofen/Ybbs
Tel.: +437442 501-0
E-Mail: laermschutz@forster.at
Internet: www.forster.at

Leistungen:
Schallschutzwände aus Aluminium und Glas
Niedrigschallschutzwände
Hochabsorbierende Vorsatzschalen für Tunnel und Wannenbauwerke

OTTO FUCHS KG
Derschlager Straße 26
58540 Meinerzhagen
Tel.: +49 2354 73-0
E-Mail: info@otto-fuchs.com
Internet: www.otto-fuchs.com

Leistungen:
Herstellung von LSW-Elementen und Zubehör
Unterstützung bei Planung und Projektierung

Schienenschleifen

SCHWEERBAU GmbH & Co. KG
Bauunternehmen
Industriestraße 12
31655 Stadthagen
Tel.: +49 5721 7804-0
Fax.: +49 5721 7804-50
E-Mail: stadthagen@schweerbau.de
Internet: www.schweerbau.de

Leistungen:
Gleisbau, Schienenbearbeitung, Schweißtechnik, Tiefbau

Partner der Bahn

Schwelle

thyssenkrupp Schulte GmbH
thyssenkrupp Schulte GmbH
Dienstleistungen Infrastruktur Oberbau
thyssenkrupp Allee 1, Q10
45143 Essen
Tel.: +49 201 844 53 2681
E-Mail:
thomas.ritlewski@thyssenkrupp.com
Internet:
www.thyssenkrupp-schulte-oberbau.de

Leistungen:
Innovative Produkte, StahlDigital und
Dienstleistungen rund um die Schwelle.
– Nachhaltige Schwellensysteme aus Stahl
– Exklusiver und praxisbewährte elastische
  Schienenlagerungen ECF
– Schieneninstandhaltung durch unseren
  Schienenfräszug
– Ganzheitliche Konzepte und Lieferung
  zur Schallreduzierung

Tiefbau

Langmatz GmbH
Am Gschwend 10
82467 Garmisch-Partenkirchen
Tel.: +49 8821-920-0
Fax: +49 8821-920-159
E-Mail: info@langmatz.de
Internet: www.langmatz.de

Leistungen:
Schächte, Gleisanschlusskästen,
Outdoor-Gehäuse, Glasfaser-Netzverteiler,
Sicherungskästen mit Überspannungs-
schutz, individuelle technische System-
lösungen

Tunnelbau

BUNG Ingenieure AG
Englerstraße 4
69126 Heidelberg
Tel.: +49 6221 306-0
E-Mail: info@bung-gruppe.de
Internet: www.bung-gruppe.de

Leistungen:
Machbarkeitsstudien | Objekt– und Trag-
werksplanung in allen Leistungsphasen |
Statisch-konstruktive und tunnelbau-
technische Prüfung | Überwachung der
Ausführung | Sicherheitsgutachten | Sicher-
heitsdokumentationen | Risikoanalysen |
Gesamtsicherheitskonzepte | Alarm- und
Gefahrenabwehrpläne

Marti GmbH Deutschland
Zettachring 10 A
70567 Stuttgart
Tel. +49 711 9331 69 60
Fax +49 711 9331 69 88
E-Mail: info@martigmbh.de
Internet: www.martigmbh.de

Leistungen:
Bauwerkssanierung, Bautenschutz,
Mechanisierter Vortrieb, Konventio-
neller Vortrieb, Raise Boring und Injek-
tionen, Pfahl-, Schlitz- und Spundwände,
Mikro- und Großbohrpfähle, Vollverdrän-
gungsbohr- und Ortbetonrammpfähle,
Boden- und Felsanker, Fördertechnik,
Schalungsbau, Ingenieurbau, Oberbau,
Oberleitungsbau

Partner der Bahn

Tunnelbau

**Alfred Kunz Untertagebau
Niederlassung der August Reiners
Bauunternehmung GmbH**
Frankfurter Ring 213
80807 München
Tel.: +49 89 32361-4
Fax: +49 89 32361-510 M
E-Mail: info@alfredkunz.de
Internet: www.alfredkunz.de

Leistungen:
Als erfahrener Partner der Deutschen Bahn AG bieten wir die zuverlässige Gesamtabwicklung von Infrastrukturmaßnahmen rund um den Tunnelbau.

Verkehrswegebau Schiene

BUNG Ingenieure AG
Englerstraße 4
69126 Heidelberg
Tel.: +49 6221 306-0
E-Mail: info@bung-gruppe.de
Internet: www.bung-gruppe.de

Leistungen:
Machbarkeitsstudie | Planung aller Phasen | Erschließungsprojekte | Entwässerungsanlagen und Sonderbauwerke | Überwachung der Ausführung | Bauwerksprüfung und Gutachten | Sanierungskonzepte | Sicherheitsaudits an Straßen SAS

INROS LACKNER SE
Bismarckstr. 91
10625 Berlin
Tel.: 030 315 730 0
E-Mail: berlin@inros-lackner.de

Leistungen:
- Projektsteuerung, Planung und Bauüberwachung (Bahn), Planprüfung, BVB-Leistungen für: Aus- und Neubaustrecken, Bahnhöfe und Stationen, NE-, Industrie-, Werks- und Hafenbahnen, S-, U- und Stadtbahnen Umschlagbahnhöfe, Terminals

Spiekermann GmbH Consulting Engineers
Fritz-Vomfelde-Str. 12
40547 Düsseldorf
Tel.: +49 211/52 36-0
Prenzlauer Promenade 28a
13089 Berlin
Tel.: +49 30/44 66 93-0
E-Mail: info@spiekermann.de
Internet: www.spiekermann.de

Leistungen:
Masterplanung; Trassierung; Oberbaukonstruktionen; Entwässerung; Verkehrsbauwerke; Bahnhöfe; Eisenbahntechnische Ausrüstungen; Bahnübergänge; Container-Terminals und Güterverkehrsanlagen; Bauüberwachung Bahn

Weichen

voestalpine BWG GmbH
Alte Wetzlarer Straße 55
35510 Butzbach, Deutschland
Tel.: +49/6033/892-0
Fax: +49/6033/892-113
info.bwg@voestalpine.com
www.voestalpine.com/bwg

Leistungen:
Spezialist für Weichentechnologie für Hochgeschwindigkeit und Mischverkehr, Nahverkehr (Straßen-, Stadt- und U-Bahnen) sowie Industrie- und Hafenbahnen; Planung; logistische Begleitung; Beratung beim Einbau der Weichen; Schweißen; ganzheitliche Instandhaltung (Service & Weichenschleifen); Weichenschleifen; Weichenschwellen